U0632385

国家清史编纂委员会·文献丛刊

汪叔子　张求会编

陈宝箴集

中

中华书局

国家清史编纂委员会出版委员会

（按姓氏笔画排序）

陳寶箴集

錢仲聯
題

中国出版集团重点图书出版资助项目

广州市社会科学界联合会资助出版项目

委戴德诚会办南学会札（川沙汪氏舒斋藏摄片，陈宝箴手稿）

通饬晓谕招考出洋学生札（川沙汪氏舒斋藏摄片，此为幕僚承书而由陈宝箴审改签发者）

目　录

卷二十九　公牍七

卷三十二　　公牍十

卷二十三　公牍一

各营军械尚未补足请将年例
盘查展缓题报详文（节录）*

窃照湖北各标镇协营军火、器械、战船、马匹等项，例应每年十月委员盘查，造具册结，于封印前具题。惟自军兴以来，武汉等府前次屡被贼扰，各营军械毁失居多，即未被扰之处，先后征调出师，遗失损坏，所存无几，已责成各营于补领积欠俸饷内督饬该兵丁自行陆续赔补，曾经奏明"俟各营补足原额，再行循例具题"在案。

兹查各营军械毁失动缺者多，只以鄂省近年奉拨协饷以及工赈经费等项需用浩繁，库款益形支绌，而绿营积欠俸饷又准部咨停给，以致原失军械难以补制齐全。现届光绪十六年盘查具题之期，经臣委员逐一查验，现存军械尚属坚利合用，其未经补制各件，应俟库款充裕，补发欠饷，添制齐全，再行循例造册具题，以昭核实。

---

* 据后附张之洞《各营军械尚未补足请将年例盘查展缓题报摺》摘录。按：本集所收陈宝箴公牍诸件，颇有从其上司、下属公文摘录而来。惟当摘录之际，若干字句，不免犹存该上司、下属官样语气（如本篇内"经臣委员逐一查验"句，其"臣"字乃鄂督张之洞自称），而非陈氏发文所宜有者。虽然，既乏别本，无可遽改，是以仍从其旧，读者鉴之。下同。

〖附〗张之洞：各营军械尚未补足 请将年例盘查展缓题报摺*
（光绪十六年十二月初十日）

湖广总督臣张之洞跪奏，为湖北各营损失军械尚未一律补制足额，请将年例盘查仍行展缓题报，以昭核实，仰祈圣鉴事：

【前略】据署湖北布政使陈宝箴详请具奏前来。臣复核无异，除咨部外，谨会同湖北巡抚臣谭继洵、湖北提督臣程文炳恭摺具陈，伏祈皇上圣鉴。谨奏。

硃批："兵部知道。"

为续解鄂省协滇月饷事会详（节录）**

兹复勉筹长沙平银二万两，发交云南催饷委员知县吴本仁承领，转发百川通商号汇解赴滇，以应要需。

〖附〗张之洞：续解鄂省协滇月饷片***
（光绪十六年十二月初十日）

再，前准户部咨："议复云贵总督岑毓英等奏'四川省欠解协滇月饷，请照数补解'案内，令四川省协滇月饷自光绪十五年起，每月协解银二万三千两，下剩银七千两，改拨湖北按月协解。光绪十五年二月二十一日具奏，奉旨：'依议。钦此。'"咨行钦遵办理，

---

* 据《光绪朝硃批奏摺》，第58辑，第800~801页。

** 据后附张之洞《续解鄂省协滇月饷片》摘录。

*** 据《光绪朝硃批奏摺》，第58辑，第804页。

叠经筹解银五万六千两，由前督臣裕禄附片具奏在案。

旋因鄂省饷源竭蹶，无款可拨，以致未能续解。【中略】等情，由署湖北布政使陈宝箴会同善后局司道详请奏咨前来。除分咨外，谨会同湖北巡抚臣谭继洵附片具陈，伏祈圣鉴。谨奏。

砵批："户部知道。"

会同拨解光绪十六年九至十二月
协滇饷银详文（节录）*

在于司库动拨长沙平银六千两，局库动拨长沙平银六千两，江汉关第一百二十一结所征六成洋税项下动支库平足色银八千两，作为光绪十六年九月起至十二月止四个月分协滇饷银，均发交云南催饷委员知县吴本仁领汇赴滇。

〖附〗张之洞：拨解光绪十六年
九至十二月协滇饷银片**
（光绪十六年十二月初十日）

再，前准户部咨："议复四川总督刘秉璋奏'滇省新旧协饷无力解足'案内，令川省月协滇饷银二万三千两自光绪十五年九月起，每月减去银五千两，改由湖北在于盐货等厘及司库各款内按月协解银三千两，江汉关六成洋税项下按月协解银二千两，如六成洋税无款，应准在四成洋税项下凑解"等因。业将上年九月起至本年八月止应协滇省饷银照数拨解，附片奏报在案。

---

*　据后附张之洞《拨解光绪十六年九至十二月协滇饷银片》摘录。

**　据《光绪朝砵批奏摺》，第58辑，第804～805页。

　　兹据署湖北布政使陈宝箴会同善后局司道暨署湖北汉黄德道监督江汉关税务江麟瑞详称："【中略】"等情,详请奏咨前来。除分咨外,谨会同湖北巡抚臣谭继洵附片具奏,伏祈圣鉴。谨奏。

　　硃批:"户部知道。"

为预拨光绪十七年第一批甘肃新饷银事会详（节录）*

　　在于盐课厘金项下预拨光绪十七年第一批甘肃新饷银十万两,于本年十二月初八日发交汉镇天成亨、百川通、协同庆等商号汇解,赴甘肃藩库交收。

〔附〕张之洞:预拨光绪十七年第一批甘肃新饷银片**
（光绪十六年十二月初十日）

　　再,承准军机大臣字寄:"光绪十六年八月十五日奉上谕:'户部奏《筹拨甘肃新饷》一摺,甘肃关内外各军饷银关系紧要,现经该部将光绪十七年新饷指拨湖北省银三十三万两,著该督抚等严饬司道按照部拨数目,于本年十二月底止赶解三成,至来年四月底止再解三成,其余四成统限九月底扫数解清等因。钦此。'"当经恭录转饬遵办去后。

　　兹据署湖北布政使陈宝箴会同善后局司道详称:"【中略】"等情,详请奏咨前来。除分咨外,谨会同湖北巡抚臣谭继洵附片具

---

　*　据后附张之洞《预拨光绪十七年第一批甘肃新饷银片》摘录。
　**　据《光绪朝硃批奏摺》,第58辑,第805页。

陈,伏祈圣鉴。谨奏。

朱批:"户部知道。"

合衔筹议学政改乘轮船事详文(节录)*

查学政按试荆州府,由襄河前往,水、陆均多阻滞,今若改道长江,乘坐轮船,行程迅速,试事克期,既免生童守候之苦,亦省州县供应之烦。应请即自本年荆州科试为始,援照广东成案,奏请改乘轮船,官轮、商轮均可随宜乘坐。

所有官轮油煤、商轮船价等费,应即在向来经行之各该州县于应支夫马款内酌量提拨,所费甚属有限。至由荆州上至宜昌府,官、商各轮俱属通行,若乘民船上驶,水程又多三百里,艰滞尤甚,将来学政按试宜昌,应请一并改乘轮船,以期利便。

〖附〗张之洞、谭继洵、赵尚辅:
会奏学政改乘轮船摺**
(光绪十七年正月十三日)

湖广总督臣张之洞、头品顶戴湖北巡抚臣谭继洵、湖北学政臣赵尚辅跪奏,为学政按试荆、宜两府,援案陈请改道乘坐轮船,以速行程而惠士林,恭摺仰祈圣鉴事:

窃照湖北荆州、宜昌两府岁、科两试,学臣向由江夏雇坐民船,

---

　*　据后附张之洞等《会奏学政改乘轮船摺》摘录。

　**　据《光绪朝朱批奏摺》,第104辑,第847～848页。按:此摺另见《张之洞全集》,第二册,第783～784页。今仍其题。又按:陈宝箴等奉札筹议湖北学政赵尚辅请改乘轮船按试荆州一事,可参阅张之洞光绪十六年十一月十一日《札藩、臬二司议学院按试荆州改坐轮船》,见《张之洞全集》,第四册,第2736～2737页。

取道汉阳、汉川、沔阳、天门等州县，至潜江县属之泽口登陆，前赴江陵棚次，中途阻水难行。到荆州后，乘民船溯江上至宜昌。舟行异常濡滞，行程不能克期，生童齐集，守候需时，诸多未便。臣尚辅前于光绪十五年十月岁试荆州，内河行舟，动淹旬日。

而陆行驿路频年被水冲坍，修理维艰，多半沦浸水中，无从辨认路径。循行民埝之上，迂回曲折，昼夜兼程，夫役倍形困苦。若遇深宵风雨，役夫失足堕水，时有淹毙，文卷、关防漂没损湿，在在可虑。沿途居民避水远出，行程百余里，无客店可以栖止，并少食物购买。本届科试，若仍由襄河、泽口一路行走，水、陆均多稽滞，殊形窒碍。

查近年广东高、廉、潮州等府，学政按试，叠经奏明改坐轮船，钦奉谕旨允准在案。若由武昌省改乘轮船①，溯江而上，计程二三日可抵荆州，生童刻期取齐，无须守候，亦无文卷损失、夫役淹毙之虞，拟请援案奏明改乘轮船。与臣之洞、臣继洵函商前来，当经檄行司局筹议详办去后。兹据湖北藩、臬两司会同善后局司道详称："【中略】"等情，具详请奏前来。

臣之洞、臣继洵查学臣函商、司局议详各节，系属实在情形，若改乘轮船，既足以惠寒儒，亦兼以恤州县，实于试事有裨。合无仰恳天恩，俯准自本年荆州府科试为始，改道长江，乘坐轮船，将来按试荆州、宜昌两府，均即照此办理，以速行程而惠士林，出自圣主鸿慈。谨合词恭摺具陈，伏祈皇上圣鉴训示。谨奏。

　　硃批："著照所请，该部知道。"

---

　　①　"省"，《张之洞全集》作"省城"。

为借款修葺荆州驻防旗营
各官衙署事会详(节录)*

遵查荆州驻防旗营大小衙署皆为栖止、办公之所,今因年久朽坏,借款修补,自不容缓,惟司库各款凑解京、协等饷以及例支一切要需,时虞不继,实属无可筹拨。

拟请仍在宜昌川盐局税课项下拨借银一万五千两,解交旗营,择要修补,由荆州将军转饬妥办,俟工竣之日,照例造具册结送部查核。所借银两,仍请分作十年扣还,由宜昌川盐局于每月应解旗营俸饷项内按月扣银一百二十五两,陆续归还,以清借项。

〖附〗张之洞、谭继洵:借款修葺荆州
驻防旗营各官衙署摺**
(光绪十七年正月十三日)

湖广总督臣张之洞、头品顶戴湖北巡抚臣谭继洵跪奏,为援案借款修葺荆州驻防旗营各官衙署,以资办公,恭摺仰祈圣鉴事:

窃照湖北荆州驻防旗营大小官员衙署,遇有坍塌,例准借款修葺,前因修费无出,曾经于同治十年、光绪七年两次奏准在于宜昌川盐局税课项下借款兴修各在案。

兹准荆州将军祥亨咨称:"荆州驻防滨临江河,潮湿极甚,又加近年雨水过多,各官衙署于光绪七年修理后,又及十年,椽柱、墙垣诸多朽坏,若不及时修补,势将坍塌,将成巨工。查光绪七年拨

---

* 据后附张之洞等《借款修葺荆州驻防旗营各官衙署摺》摘录。
** 据《光绪朝硃批奏摺》,第64辑,第670~671页。

借川盐局税课银一万五千两，由应解旗营俸饷内分作十年扣还，扣至十七年六月，即已如数还清。今按大小官员借俸兴修，共估需工料银三万三百二十两，请照案借拨，以资修理"等因，当经行令湖北藩司会同盐道查案筹议详办去后。

兹据署湖北布政使陈宝箴、盐法武昌道瞿廷韶会详称："【中略】"等情，详请具奏前来。臣等查荆州驻防旗营各官衙署自光绪七年借项修葺，迄今已及十年，既经勘明墙屋多形朽坏，自应及时兴修，以资办公。相应仰恳天恩，俯准仍在宜昌盐局川课项下借拨银一万五千两，给发赶修，分作十年，于应解旗营俸饷内按月扣还，以清款目。除咨部外，谨会同荆州将军臣宗室祥亨合词具奏，伏祈皇上圣鉴训示。谨奏。

硃批："该部知道。"

查核鄂省光绪十三年以前 民欠钱粮豁免事会详（节录）*

此次恭奉恩旨豁免民欠钱粮，应自光绪六年起，至十三年止，以已入奏销之数为准；递年有无带征，则以州县板串为凭。时逾数年，款目繁杂，必须悉心勾稽，方足以昭核实而杜欺隐。曾经前任司、道援照成案，详明由司设局，遴派补用同知章嘉谋专司其事，并委补用知府许炳恭、黄仁黼二员会同办理，调查历年实征簿册、串根，互相核对，必使针孔相符，如有征存银两，立即扫数提解，不准稍有隐混。

现据各该府州转据所属各州县卫造具册结，呈由该署藩司陈宝箴、署粮道恭钊复加查核，计自光绪六年起，至十三年止，积年民

---

* 据后附张之洞等《豁免鄂省光绪十三年以前民欠钱粮摺》摘录。

欠未完并溃淹挖压缓征地丁屯饷、芦课正耗钱粮及牙茶峒行河税，共银一百八十五万七千三百五十二两三钱八分三厘；未完漕南米折、随漕驴脚、南折、军安正耗及闲丁帮津、加津、席板、水脚、兑费、租课等款，共银九十六万一千三百七十三两八钱八分三厘八毫五忽；未完籽粒银二百五十二两四分二厘；未完本色黄豆四百一十八石九斗五升九合二勺；未完耤田谷麦三百五十石一升；未完佃欠囚粮谷米三千五百五十五石六斗一升八合六勺；又荆门直隶州湖粮、岁修堤费，共未完银八百二十三两五钱三分五厘。均系实欠在军、在民，并无丝毫隐混。

〖附〗张之洞、谭继洵：豁免鄂省光绪十三年以前民欠钱粮摺*
（光绪十七年正月十七日）

　　湖广总督臣张之洞、头品顶戴湖北巡抚臣谭继洵跪奏，为查明湖北省光绪十三年以前民欠钱粮等项，汇开清单，吁恳天恩，俯准豁免，恭摺仰祈圣鉴事：

　　窃准户部咨："光绪十五年二月初四日钦奉恩诏：'蠲免各直省民欠钱粮，经部酌核，奏请将光绪九年以前民欠，及因灾缓征、带征地丁正耗银谷钱粮，并借给籽种、口粮、牛具，以及漕项、芦课、学租、杂税等项，概行蠲免'，又于光绪十五年三月十六日钦奉恩诏：'豁免各直省民欠钱粮，经部酌核，奏请将光绪十三年以前民欠，及因灾缓征、带征地丁正耗银谷钱粮，并借给籽种、口粮、牛具，以及漕项、芦课、学租、杂税，概行豁免'，由各该督抚详细查明，开单

* 据《光绪朝硃批奏摺》，第66辑，第468～469页。

具奏,均以已入奏销、实欠在民者为准,一面造具应豁钱粮数目清册送部。如在钦奉恩诏以后、未接部文以前有已输在官之光绪十三年以前民欠钱粮,准其流抵次年正赋,即于具奏清单、咨部细册内详细声明等因。具奏,奉旨:'依议。钦此。'"钦遵咨行到鄂,当经前督臣裕禄、前抚臣奎斌札行藩司、粮道,飞饬各属一体钦遵办理在案。

兹据署湖北布政使陈宝箴、署督粮道恭钊会详称:"【中略】"等情,造具清册,详请具奏前来。臣等复核,均属相符。

所有查明光绪十三年以前湖北省民欠未完各款,共银二百八十一万九千八百一两八钱四分三厘零、本色黄豆四百一十八石九斗五升九合二勺、稊田谷麦三百五十石一升、囚田谷米三千五百五十五石六斗一升八合六勺,谨缮清单,恭呈御览,仰恳天恩,俯准一并豁免,以广皇仁。除清册咨送户部外,谨合词恭摺具奏,伏祈皇上圣鉴训示。谨奏。

硃批:"著照所请,户部知道。单并发。"

合衔详报知州循例回避拣员对调文（节录）*

遵查湖南茶陵州知州系部选繁难中缺,既经部咨"照例以总督兼辖省分相当之缺酌量调补",查湖北省选缺知州惟兴国州、归州两缺系有字简缺。

除归州知州毕大琛籍隶湖南,应勿庸议外,查本任兴国州知州宋熙曾现年六十四岁,江苏吴县人,由附贡生在京报捐知州,指发湖北,咸丰十年七月十六日引见,奉旨:"著照例发往。钦此。"十月初七日到省,旋报捐分缺先补用并免试用,光绪八年委署兴国州

事务,五月二十七日到任,九年六月十六日奉文准补,先后委署襄阳、谷城、宜城、光化、蕲州、枣阳等州县印务,均无展参处分,核与调补定例相符。

应请以湖北兴国州知州宋熙曾调补湖南茶陵州知州,所遗兴国州知州即以茶陵州知州沈金润对调。查该二员所调均系有字选缺,衔缺相当,毋庸送部引见。湖北署藩、臬两司均到任未及三月,例不出考,湖南臬司沈晋祥例应回避,勿庸列衔,合并声明。

〔附〕张之洞、谭继洵、张煦:
会奏知州循例回避拣员对调摺*
(光绪十七年二月二十七日)

湖广总督臣张之洞、头品顶戴湖北巡抚臣谭继洵、头品顶戴湖南巡抚臣张煦跪奏,为知州循例回避,拣员对调,恭摺仰祈圣鉴事:

窃照前准部咨:"现任湖南茶陵州知州沈金润,与按察使沈晋祥同系浙江归安县人,即系聚族一处,应令官小者回避出省,应将茶陵州知州照例以总督兼辖省分相当之缺酌量对调"等因,行令拣员请调去后。

兹据署湖北布政使陈宝箴、署湖北按察使恽祖翼、湖南布政使何枢会详称:"【中略】"等情,会详呈请核奏前来。臣复查兴国州知州宋熙曾精明干练,果断有为,任内并无违碍处分,与调补之例相符,应请准其与湖南茶陵州知州沈金润互相调补。俟接准部复,再行分饬各赴调任,以符定制。

所有知州循例回避,拣员对调缘由,谨合词恭摺具陈,伏祈皇

---

　　*　据《光绪朝硃批奏摺》,第 7 辑,第 316～317 页。

上圣鉴，敕部核复施行。谨奏。

　　硃批："吏部议奏。"

筹拨光绪十七年第二批
甘肃新饷银会详文（节录）[*]

　　在于盐课厘金项下筹拨第二批甘肃新饷银六万两，于本年三月初九日发交汉镇天成亨、蔚丰厚、百川通等商号汇解，赴甘肃藩库交收。

〔附〕张之洞：筹拨光绪十七年
第二批甘肃新饷银片^{**}
（光绪十七年三月十八日）

　　再，前承准军机大臣字寄："光绪十六年八月十五日奉上谕：'户部奏《筹拨甘肃新饷》一摺，甘肃关内外各军饷银关系紧要，现经该部将光绪十七年新饷指拨湖北省银三十三万两，著该督抚等严饬司道按照部拨数目，于本年十二月底止赶解三成，至来年四月底止再解三成，其余四成统限九月底扫数解清等因。钦此。'"业经遵照于上年筹解第一批银十万两，附片奏报在案。

　　兹据署湖北布政使陈宝箴会同善后局司道详称："【中略】"等情，详请奏咨前来。臣复核无异，除分咨外，谨会同湖北巡抚臣谭继洵附片具陈，伏祈圣鉴。谨奏。

　　硃批："户部知道。"

----

　　* 据后附张之洞《筹拨光绪十七年第二批甘肃新饷银片》摘录。

　　** 据《光绪朝硃批奏摺》，第58辑，第885页。

会衔详报筹拨光绪十七年
第一批盐厘京饷银事（节录）*

筹拨本年第一批京饷盐厘银三万两,饬委试用同知方藻、试用通判魏庆昭会同管解赴京交纳。

〖附〗张之洞:筹拨光绪十七年
第一批盐厘京饷银片**
（光绪十七年三月十八日）

再,前准户部咨:"预拨光绪十七年京饷案内,提拨湖北盐厘银十五万两,行令分批起解"等因,当经转饬遵办去后。兹据署湖北布政使陈宝箴、盐法武昌道瞿廷韶【中略】等情,详请奏咨前来。臣复核无异,除分咨外,谨会同湖北巡抚臣谭继洵附片具陈,伏祈圣鉴。谨奏。

朱批:"户部知道。"

为筹解宜昌关光绪十六年十月二批
另款加复俸饷银详文（节录）***

宜昌关应解光绪十六年十月分二批另款加复俸饷银二千两,现准宜昌关监督湖北荆宜施道方恭钊移解到司,由该司饬委管解京饷委员试用同知方藻、试用通判魏庆昭带解赴京交纳。

---

　*　据后附张之洞《筹拨光绪十七年第一批盐厘京饷银片》摘录。
　**　据《光绪朝朱批奏摺》,第87辑,第13页。
***　据后附张之洞《筹解宜昌关光绪十六年十月二批另款加复俸饷银片》摘录。

〔附〕张之洞：筹解宜昌关光绪十六年
十月二批另款加复俸饷银片*
（光绪十七年三月十八日）

　　再，前准户部咨："宜昌关前解光绪十二年分原派京员津贴，改为另款加复俸饷银四千两，作为弥补十年欠款，其十年、十一年所欠二万两，即由宜昌关此款按年解部抵补"各等因，当经行令遵照办理。所有宜昌关应解光绪十三、十四、十五等年并十六年七月分前项银两，均经委员搭解赴京交纳，分别奏咨在案。

　　兹据署湖北布政使陈宝箴详称，【中略】等情，详请奏咨前来。臣复核无异，除咨部外，谨会同湖北巡抚臣谭继洵附片具陈，伏祈圣鉴。谨奏。

　　硃批："户部知道。"

鄂省光绪十七年辛卯正科乡试照案
应请依限题派考官详文（节录）**

　　兹届辛卯正科乡试之年，查湖北省光绪十七年辛卯正科乡试应请依限题派考官，按期举行，以宏作育而广登进。其荆州驻防翻译乡试，亦应照案另场办理。

---

　　* 据《光绪朝硃批奏摺》，第86辑，第904页。按：《光绪朝硃批奏摺》标注此片上奏时间作"光绪十六年十一月"。

　　** 据后附张之洞等《鄂省光绪十七年辛卯正科乡试请依限题派考官摺》摘录。

〔附〕张之洞、谭继洵：鄂省光绪十七年辛卯正科乡试请依限题派考官摺*

（光绪十七年三月二十日）

湖广总督臣张之洞、头品顶戴湖北巡抚臣谭继洵跪奏，为湖北省光绪十七年辛卯正科乡试请依限题派考官，恭摺具陈，仰祈圣鉴事：

窃照乡试年分例由礼部题派考官，督抚臣于四月内先期奏明，历经遵办在案。【中略】据署湖北布政使陈宝箴照案详请具奏前来。臣等【中略】除咨明礼、兵二部，并饬将科场应办一切事宜次第赶办外，谨会同湖北学政臣赵尚辅恭摺具奏，伏祈皇上圣鉴训示。谨奏。

硃批："该部知道。"

陈彰五征收钱漕年内扫数全完应请奏奖会详（节录）**

查随州额征光绪十六年司库地丁等款钱粮，除坐支外，实应解银一万九千八百二十五两二钱七分二厘，又应解道库漕南正耗米折、水脚、兑费、随驴、闲丁等款共银一万三百三十七两一钱八分一厘，均于年内扫数全完。

〔附〕张之洞、谭继洵:陈彰五征收钱漕
年内扫数全完请予奖叙摺*

（光绪十七年三月二十二日）

湖广总督臣张之洞、头品顶戴湖北巡抚臣谭继洵跪奏,为征收钱漕年内扫数全完之员,恳请照例奖叙,恭摺仰祈圣鉴事:

窃照钱漕为维正之供,催科乃有司专责,鄂省频年奉提京饷以及指拨协济邻省各饷,全赖地丁等款征解踊跃,藉资挹注,是州县催科之勤惰,实为饷项所攸关。其有催科勤奋、先期完解之员,历经奏请奖叙,均奉俞允在案。

兹据署湖北布政使陈宝箴、署督粮道恭钊会详称:"【中略】"等情,请奏奖前来。臣等查该州额征各款钱粮银两合计在三万两以上,均于年内扫数全完,洵属催科勤奋,自应专案请奖。合无仰恳天恩,俯准将现署随州知州本任崇阳县知县陈彰五照例给予加一级,以示鼓励而昭激劝。谨合词恭摺具陈,伏祈皇上圣鉴。谨奏。

硃批:"著照所请,该部知道。"

查明交代案内亏短银两应行分赔人员
请援恩诏豁免会详文（节录）**

伏查湖北省交代案内有已故知县谢兰,前在监利县任内亏短银七千五百八十二两九分,江陵县任内亏短银五百五十二两三钱

---

　*　据《光绪朝硃批奏摺》,第66辑,第479页。

　**　据后附张之洞等《查明交代案内亏短银两应行分赔人员恭援恩诏豁免摺》摘录。

六分五厘,除查封家产变价备抵银四百二十一两一钱五分,尚欠银
七千七百一十三两三钱五厘。

又已故知县朱华,前在石首县任内亏短银四百三十九两九钱
八分七厘,除查封家产变价备抵银一两一分五厘,尚欠银四百三十
八两九钱七分二厘。

又已故知县朱光耀,前在监利县任内亏短银一千七百四十四
两九钱六分六厘,除查封家产变价备抵银一十两二钱二分,尚欠银
一千七百三十四两七钱四分六厘。

以上三员亏短银两,曾经奏准部复:"以该员等家产既已查钞
备抵,毋庸再行著追,应令在于各该上司名下分赔。"今恭逢光绪
十五年三月十六日恩诏,核其参追奉旨日期,均在恩诏以前,与部
臣奏定豁免章程相符。

〖附〗张之洞、谭继洵:查明交代案内亏短
银两应行分赔人员恭援恩诏豁免摺*
（光绪十七年三月二十二日）

湖广总督臣张之洞、头品顶戴湖北巡抚臣谭继洵跪奏,为查明
湖北省交代案内亏短银两应行分赔人员,恭援恩诏豁免,仰祈圣鉴
事:

窃准户部咨:"常例豁免之案,核其参追奉旨日期,如在光绪
十五年三月十六日恩诏以前者,一经题豁,即行销案,无庸著落上
司分赔,即业经行令分赔者,亦均予注销完案等因。具奏,于光绪
十六年十二月十二日奉旨:'依议。钦此。'"钞录原奏,咨行到鄂,

---

* 据《光绪朝硃批奏摺》,第 81 辑,第 820～821 页。

即经转饬钦遵办理去后。

　　兹据办理湖北清查交代局署布政使陈宝箴、署按察使恽祖翼、署督粮道恭钊查明应豁各员，具详请奏前来。臣等【中略】合无仰恳天恩，俯准一并豁免，以广皇仁。除咨明户部查照外，谨合词恭摺具陈，伏祈皇上圣鉴训示。谨奏。

　　硃批："著照所请，该部知道。"

<h2 style="text-align:center">沈星标征收钱漕年内扫数全完
请专案奖叙会详（节录）*</h2>

　　查麻城县额征光绪十六年司库地丁等款钱粮，除坐支外，实应解银二万九千四百七十五两八钱六厘，又应解道库漕南正耗米折等款共银七千三百一十二两八钱五分七厘，均于年内扫数全完。

<h2 style="text-align:center">〖附〗张之洞、谭继洵：沈星标征收钱漕
年内扫数全完请予奖叙摺**</h2>

（光绪十七年四月十六日）

　　湖广总督臣张之洞、头品顶戴湖北巡抚臣谭继洵跪奏，为征收钱漕年内扫数全完之员，恳请照例奖叙，恭摺仰祈圣鉴事：

　　窃照钱漕为维正之供，催科乃有司专责，鄂省频年奉提京饷以及指拨协济邻省各饷，全赖地丁等款征解踊跃，藉资挹注，是州县催科之勤惰，实为饷项所攸关。其有催科勤奋、先期完解之员，历经奏请奖叙，均奉俞允在案。

---

　　*　据后附张之洞等《沈星标征收钱漕年内扫数全完请予奖叙摺》摘录。
　　**　据《光绪朝硃批奏摺》，第66辑，第486页。

　　兹据署湖北布政使陈宝箴、署督粮道恭钊会详称："【中略】"等情,请奏奖前来。臣等查该县额征各款钱粮银两合计在三万两以上,均于年内扫数全完,洵属催科勤奋,自应专案请奖。合无仰恳天恩,俯准将现署麻城县事补用知县沈星标照例给予加一级,以示鼓励而昭激劝。谨合词恭摺具陈,伏祈皇上圣鉴。谨奏。

　　硃批:"著照所请,该部知道。"

会同筹解光绪十四年三四月
固本兵饷详文（节录）*

　　会同盐法道在盐课项下筹拨银一万两,作为光绪十四年三、四两个月固本兵饷,饬委补用知县陈光斗、任彤光管解赴京交纳。

〔附〕张之洞:筹解光绪十四年
三四月固本兵饷片**
（光绪十七年五月十一日）

　　再,前准户部咨:"原定各省应解固本兵饷,湖广省按月应解银五千两,改令径解部库交纳";又准户部咨:"酌定分年带解固本练饷欠款:拟定有闰之年解十五个月,计银七万五千两;无闰之年解十四个月,计银七万两。即自光绪十一年正月起,按年照数解清"各等因。所有湖北省应解光绪十四年二月以前固本兵饷银两,业经先后委员管解赴部交纳,附片奏报在案。

　　兹据署湖北布政使陈宝箴详称:"【中略】"等情,详请奏咨前

---

　　*　据后附张之洞《筹解光绪十四年三四月固本兵饷片》摘录。

　　**　据《光绪朝硃批奏摺》,第59辑,第2页。

来。臣复核无异,除给咨管解并饬司陆续补解外,谨会同湖北巡抚
臣谭继洵附片具陈,伏祈圣鉴。谨奏。

　　珠批:"户部知道。"

会详筹解广西协饷事（节录）*

　　筹拨广西协饷银二万两,查照来文,较准法码,发交百川通商
号汇赴广西交收,以应要需。

〖附〗张之洞:筹解广西协饷片**
（光绪十七年五月十一日）

　　再,前准户部咨:"议复护理广西巡抚李秉衡奏'边防各营请
拨的饷'案内,令湖北省自光绪十三年起,按月协解广西边军饷银
一万两",业经前督臣裕禄于十三年分筹解银二万两。旋因湖北
库款支绌,力难续筹,咨准户部核复,议令"将调直武、毅二营裁
撤,腾出饷糈约银七万余两,筹解广西军饷";并经北洋大臣李鸿
章奏明:"自光绪十四年起,武、毅二营由直筹饷",奏准咨鄂查照
在案。

　　嗣于十四年分汇拨划解,计共解银十万零三千八百六十六两
四钱;十五年分划拨汇解,计共解银七万一千一百五十三两二钱三
厘四丝;十六年分解过银四万两,并划拨委解两次,计共解银四万
一千七百一十一两零,又筹解〈广东垫付镇〉南关炮费划抵协饷银
一万两①。均经随时附片奏报在案。

――――――――

　　*　据后附张之洞《筹解广西协饷片》摘录。
　　**　据《光绪朝朱批奏摺》,第59辑,第2～3页。
　　①　"广东垫付镇",据张之洞同年八月十九日《光绪十七年二次筹解广西协饷片》
（详后）补入。

兹据署湖北布政使陈宝箴会同善后局司道详称:"【中略】"等情,详请奏咨前来。除分咨外,谨会同湖北巡抚臣谭继洵附片具陈,伏祈圣鉴。谨奏。

朱批:"户部知道。"

委员解交光绪十六年冬季并十七年春季节省银两事会详(节录)*

湖北前议裁减绿营额兵,奏明以光绪十二年春季止截清饷项,司库即于夏季起照数扣发,计各营额设马步守兵内共裁兵二千九百二十一名。原奏声明:"现在湖北章程:督抚标、汉阳协、武昌城守等七营向支全饷,其余各营皆暂按八成开支,今应均照额支数目,核计每年共节省饷干、米折等银五万三千五百十一两一钱二分。"业将十二年夏季起至十六年秋季止节存银两,委员解部交纳。

所有十六年冬季并十七年春季分,按照奏定之数,共该解部库银二万七千三百四十五两六钱六分。现于应支各营十成、八成饷干、米折内,共由司库扣出银二万一十八两五钱八分,粮道库扣出银三千五百四十两六钱;其现按八成支放各营,照额支数目扣解。计不敷扣发银三千七百八十六两四钱八分,并于本年所收地丁项下动支,按数凑足,以符奏定照额节省十六年冬季并十七年春季分应解之数。

所有前项银二万七千三百四十五两六钱六分,饬委补用知县陈光斗、任彤光管解赴部交纳。

---

* 据后附张之洞《筹解光绪十六年冬季并十七年春季节省银两片》摘录。

〖附〗张之洞：筹解光绪十六年冬季
并十七年春季节省银两片[*]
（光绪十七年五月十一日）

再，湖北抽裁绿营额兵饷干、米折等项，前准户部行令："将每年节省银两，自光绪十二年起，陆续委员解部交纳"，历经遵照办理。兹据署湖北布政使陈宝箴、署湖北督粮道恭钊会详称："【中略】"等情，详请奏咨前来。臣复核无异，除给咨管解外，谨会同湖北巡抚臣谭继洵附片具陈，伏祈圣鉴。谨奏。

朱批："户部知道。"

协滇月饷银三万两发交续解会详（节录）^{**}

兹复勉筹长沙平银三万两，两次发交云南催饷委员知县吴本仁承领，转发百川通商号汇解赴滇，以应要需。

〖附〗张之洞：续解协滇月饷银三万两片^{***}
（光绪十七年五月二十一日）

再，前准户部咨："议复云贵总督岑毓英等奏'四川省欠解协滇月饷，请照数补解'案内，令四川省协滇月饷自光绪十五年起，每月协解银二万三千两，下剩银七千两，改拨湖北按月协解。光绪十五年二月二十一日具奏，奉旨：'依议。钦此。'"咨行钦遵办理，

叠经筹解银七万六千两,随时附片奏报在案。

【前略】等情,由署湖北布政使陈宝箴会同善后局司道先后详请奏咨前来。臣复核无异,除分咨外,谨会同湖北巡抚臣谭继洵附片具陈,伏祈圣鉴。谨奏。

硃批:"户部知道。"

拨解光绪十七年第三批甘肃新饷银会详（节录）[*]

在于盐课厘金项下筹拨第三批甘肃新饷银六万两,于五月初三日发交汉镇天成亨、蔚丰厚等商号汇解,赴甘肃藩库交收。

〔附〕张之洞:筹拨光绪十七年第三批甘肃新饷银片^{**}
（光绪十七年五月二十一日）

再,承准军机大臣字寄:"光绪十六年八月十五日奉上谕:'户部奏《筹拨甘肃新饷》一摺,甘肃关内外各军饷银关系紧要,现经该部将光绪十七年新饷指拨湖北省银三十三万两,著该督抚等严饬司道按照部拨数目,于本年十二月底止赶解三成,至来年四月底止再解三成,其余四成统限九月底扫数解清等因。钦此。'"业经钦遵筹解第一、二批甘肃新饷共银十六万两,附片奏报在案。

、兹据署湖北布政使陈宝箴会同善后局司道详称:"【中略】"等情,详请奏咨前来。臣复核无异,除分咨外,谨会同湖北巡抚臣谭

---

* 据后附张之洞《筹拨光绪十七年第三批甘肃新饷银片》摘录。

** 据《光绪朝硃批奏摺》,第59辑,第10页。

继洵附片具陈，伏祈圣鉴。谨奏。

　　硃批：“户部知道。”

委员赴京拨交光绪十七年第二批
盐厘京饷银事会详（节录）[*]

　　筹拨本年第二批京饷盐厘银二万两，饬委补用知县汪元澂、黄凝迪会同管解赴京交纳。

〖附〗张之洞：筹拨光绪十七年
第二批盐厘京饷银片^{**}
（光绪十七年五月二十一日）

　　再，前准户部咨：“预拨光绪十七年京饷案内，提拨湖北盐厘银十五万两，又续拨京饷案内拨湖北盐厘银五万两，行令分批起解”各等因，业经筹拨本年第一批盐厘京饷银三万两，委解赴京交纳，附片奏报在案。

　　兹据署湖北布政使陈宝箴、盐法武昌道瞿廷韶【中略】等情，详请奏咨前来。臣复核无异，除分咨外，谨会同湖北巡抚臣谭继洵附片具陈，伏祈圣鉴。谨奏。

　　硃批：“户部知道。”

---

　　*　据后附张之洞《筹拨光绪十七年第二批盐厘京饷银片》摘录。

　　**　据《光绪朝硃批奏摺》，第 87 辑，第 45 页。

联衔为拨解光绪十七年头四个月协滇饷银详文（节录）[*]

在于司库减平项下动拨长沙平银六千两，善后局动拨长沙平银六千两，江汉关第一百二十四结所征四成洋税项下动支库平足色银八千两，作为光绪十七年正月起至四月止四个月分协滇饷银，先后均发交云南催饷委员知县吴本仁领汇赴滇。所有光绪十六年九月起，至本年四月止，两次动拨司库银两，均请就款开除，俾免缪辖。

〖附〗张之洞：拨解光绪十七年头四个月协滇饷银片^{**}
（光绪十七年五月）

再，前准户部咨："议复四川总督刘秉璋奏'滇省新旧协饷无力解足'案内，令川省月协滇饷银二万三千两自光绪十五年九月起，每月减去银五千两，改由湖北在于盐货等厘及司库各款内按月协解银三千两，江汉关六成洋税项下按月协解银二千两，如六成洋税无款，应准在四成洋税项下凑解"等因。业将光绪十五年九月起，至上年十二月底止，应协滇省饷银照数拨解，附片奏报在案。

兹据署湖北布政使陈宝箴会同善后局司道暨湖北汉黄德道监督江汉关税务孔庆辅详称："【中略】"等情，详请奏咨前来。臣复核无异，除分咨外，谨会同湖北巡抚臣谭继洵附片具陈，伏祈圣鉴。谨奏。

　＊　据后附张之洞《拨解光绪十七年头四个月协滇饷银片》摘录。

＊＊　据《光绪朝硃批奏摺》，第59辑，第23～24页。

硃批：“户部知道。”

合衔详报改委王如松会同管解京饷文（节录）[*]

委解京饷之补用知县黄凝迪现已委署应城县事，所有前项京饷，改委补用知县王如松会同原委补用知县汪元澂管解赴京交纳。

〖附〗张之洞：改委王如松会同管解京饷片^{**}
（光绪十七年五月下旬至六月初）

再，前据湖北藩司、盐道报解第二批盐厘京饷银二万两，又据江汉关道报解第二批洋税京饷银五万两，并东北边防经费银四万两，抵闽京饷改为加放俸饷银八千两，均系详委补用知县汪元澂、黄凝迪会同管解赴京交纳，附片奏报在案。

兹据署湖北布政使陈宝箴、盐法武昌道瞿廷韶、湖北汉黄德道监督江汉关税务孔庆辅详称：“【中略】”等情，详请分别奏咨前来。臣复核无异，除分咨外，谨会同湖北巡抚臣谭继洵附片具陈，伏祈圣鉴。谨奏。

硃批：“户部知道。”

为筹解光绪十七年夏秋季
节省银两事会详（节录）^{***}

湖北前议裁减绿营额兵，奏明以光绪十二年春季止截清饷项，

司库即于夏季起照数扣发，计各营额设马步守兵内共裁兵二千九百二十一名。原奏声明："现在湖北章程：督抚标、汉阳协、武昌城守等七营向支全饷，其余各营皆暂按八成开支，今应均照额支数目，核计每年共节省饷干、米折等银五万三千五百十一两一钱二分。"业将十二年夏季起至本年春季止节存银两，解部交纳在案。

所有十七年夏、秋二季分，照奏定之数，共应解部库银二万六千一百六十五两四钱六分。现于应支各营十成、八成饷干、米折内，共由司库扣出银一万九千三十七两四钱六分，粮道库扣出银三千五百四十两六钱；其现按八成支放各营，照额支数目扣解。计不敷银三千五百八十七两四钱，并于本年所收地丁项下动支，按数凑足，以符奏定照额节省本年夏、秋二季分应解之数。

所有前项银二万六千一百六十五两四钱六分，饬委补用知县汪元澂、王如松管解赴部交纳。

〖附〗张之洞：筹解光绪十七年夏秋季节省银两片[*]

（光绪十七年六月初四日）

再，湖北省抽裁绿营额兵饷干、米折等项，前准户部行令："将每年节省银两，自光绪十二年起，陆续委员解部交纳"，历经遵照办理。兹据署湖北布政使陈宝箴、署督粮道恭钊详称："【中略】"等情，详请奏咨前来。臣复核无异，除给咨管解外，理合会同湖北巡抚臣谭继洵附片具陈，伏祈圣鉴。谨奏。

硃批："户部知道。"

---

[*] 据《光绪朝硃批奏摺》，第59辑，第24～25页。

为筹解光绪十四年五六月
固本兵饷详文（节录）*

会同盐法道在于盐课项下筹拨银一万两，作为十四年五、六两个月固本兵饷，饬委补用知县汪元澂、王如松管解赴京交纳。

〔附〕张之洞：筹解光绪十四年
五六月固本兵饷片**
（光绪十七年六月初四日）

再，前准户部咨："原定各省应解固本兵饷，湖广省按月应解银五千两，改令径解部库交纳"；又准户部〈咨〉："酌定分年带解固本练饷欠款：拟定有闰之年解十五个月，计银七万五千两；无闰之年解十四个月，计银七万两。即自光绪十一年正月起，按年照数解清"各等因。所有湖北省应解光绪十四年四月以前固本兵饷银两，业经先后委员管解赴部交纳，附片奏报在案。

兹据署湖北布政使陈宝箴详称："【中略】"等情，详请奏咨前来。臣复核无异，除给咨管解并饬司陆续补解外，理合会同湖北巡抚臣谭继洵附片具陈，伏祈圣鉴。谨奏。

硃批："户部知道。"

＊　据后附张之洞《筹解光绪十四年五六月固本兵饷片》摘录。

＊＊　据《光绪朝硃批奏摺》，第 59 辑，第 25 页。

会详开报光绪十六年征收应城、竹山
二县盐课钱文数目（节录）*

光绪十六年应城井盐课税，春季分计共征收钱三千四百一十四串四百九十六文，夏季分计共征收钱三千一百二十六串九百五十五文，秋季分计共征收钱二千九百六十四串四百七十五文，冬季分计共征收钱四千二百三十三串四百九十八文；又，是年竹山县川盐陆课计共征收钱二百六十串文。总共通年征收应城县井盐课税并竹山县川盐陆课共钱一万三千九百九十九串四百二十四文，均经随时移解善后局，凑充军饷。

〖附〗张之洞：奏报光绪十六年抽收
应城、竹山二县盐课钱文摺**
（光绪十七年六月初四日）

湖广总督臣张之洞跪奏，为光绪十六年分抽收应城、竹山二县盐课钱文数目，恭摺具陈，仰祈圣鉴事：

窃照湖北竹山县抽收川盐课钱及应城县井课钱文，前经奏明每年汇报一次，所有光绪十五年分抽收前项盐课钱文数目，业经奏报在案。兹据署湖北布政使陈宝箴、盐法武昌道瞿廷韶将光绪十六年分征收应城、竹山两县盐课钱文数目开报前来。臣复加查核，【中略】除收支细数汇案造报外，所有光绪十六年分抽收应城、竹山二县盐课钱文数目，谨恭摺具陈，伏祈皇上圣鉴。谨奏。

---

* 据后附张之洞《奏报光绪十六年抽收应城、竹山二县盐课钱文摺》摘录。
** 据《光绪朝硃批奏摺》，第75辑，第534～535页。

朱批："户部知道。"

黄安县额征钱漕年内扫数全完
请予奖叙会详（节录）*

　　查黄安县额征光绪十六年司库地丁等款钱粮，除坐支外，实应解银一万六千八百三十一两九钱四分五厘，又应解道库漕南正耗米折等款共银四千二百九十三两二钱二分一厘，均于年内扫数全完。

〖附〗张之洞、谭继洵：陶大夏征收钱漕
年内扫数全完请予奖叙摺**
（光绪十七年七月二十四日）

　　湖广总督臣张之洞、头品顶戴湖北巡抚臣谭继洵跪奏，为征收钱漕年内扫数全完之员，恳请照例奖叙，恭摺仰祈圣鉴事：

　　窃照钱漕为维正之供，催科乃有司专责，鄂省频年奉提京饷以及指拨协济邻省各饷，全赖地丁等款征解踊跃，藉资挹注，是州县催科之勤惰，实为饷项所攸关。其有催科勤奋、先期完解之员，历经奏请奖叙，均奉俞允在案。

　　兹据署湖北布政使陈宝箴、署督粮道恭钊会详称："【中略】"等情，请奏奖前来。臣等查该县额征各款钱粮银两合计在二万两以上，均于年内扫数全完，洵属催科勤奋，自应专案请奖。合无仰恳天恩，俯准将现任黄安县知县陶大夏照例给予纪录三次，以示鼓

---

　　*　据后附张之洞等《陶大夏征收钱漕年内扫数全完请予奖叙摺》摘录。

　　**　据《光绪朝朱批奏摺》，第66辑，第516～517页。

励而昭激劝。谨合词恭摺具陈,伏祈皇上圣鉴。谨奏。

硃批:"著照所请,该部知道。"

会衔详请以沈星标补孝感县(节录)*

窃照孝感县知县亢廷镛在任闻讣丁父忧,当经题报开缺,声明所遗要缺容另遴员请补在案。

查截缺章程内载:"丁忧之缺有本日可计者,即以本日作为开缺日期";又例载:"知县应调缺出,令于现任人员内拣选调补,如无合例堪调之员,始准以候补人员题补";又准部咨:"题调缺出,如果实无合例堪调之员,准以奉旨命往及曾任实缺候补并进士即用人员酌量补用"各等语。

今孝感县知县亢廷镛系于光绪十七年三月二十三日丁父忧,应归三月分截缺,系冲、繁、疲、难最要缺,例应在外拣员调补。该县地广民稠,政务纷繁,抚字催科,在在均关紧要,非精明稳练、才识兼优之员,不能胜任。臣等在于通省现任知县内逐加遴选,非现居要地,即人地不甚相宜,一时实无合例堪调之员。

惟查有曾任实缺候补班补用知县沈星标,年四十九岁,浙江嘉善县人,由附生应同治六年丁卯科并补行甲子科本省乡试,中式举人;辛未科会试中式贡士,殿试二甲,朝考一等,五月初二日引见,奉旨:"以主事用。钦此。"签分户部福建司行走。十二年呈请改归知县原班铨选。嗣在甘捐局报捐同知衔,光绪二年二月赴部投供,遵例截取,捐指湖北试用。三年二月初十日经钦派大臣验放,四月初五日到省。五年准补京山县知县,六年二月二十一日到任。九年以领款修筑张壁口月堤,于委员开挖老堤未能查阻,致将新堤

---

* 据后附张之洞等《请以沈星标补孝感县摺》摘录。

冲溃，奏参革职，嗣将工费全数赔缴，并留工效力修复完固，经前督臣卞宝第、前抚臣彭祖贤奏请开复原参革职处分，并免缴捐复银两，十年十一月十一日奉旨："著照所请，该部知道。钦此。"十一年四月请咨赴部，七月初十日经钦派王大臣验放，堪以准其开复原官，仍发原省照例用，十一日复奏，奉旨："依议。钦此。"八月初十日到省，咨准部复："该员系曾任实缺人员，应归候补班补用。"

查该员沈星标安详稳慎，历练最深，以之请补孝感县知县要缺，洵堪胜任。惟调缺请补，与例稍有未符，但人地实在相需，例得声明奏请。合无仰恳天恩，俯念孝感县知县员缺紧要，准以候补班补用知县沈星标补授，实于地方、吏治均有裨益。再，该员系补用知县请补知县，衔缺相当，毋庸送部引见。

〔附〕张之洞、谭继洵：请以沈星标补孝感县摺*
（光绪十七年七月二十六日）

湖广总督臣张之洞、头品顶戴湖北巡抚臣谭继洵跪奏，为繁缺知县拣员请补，恭摺仰祈圣鉴事：

【前略】据署布政使陈宝箴、署按察使恽祖翼会详前来。谨合词恭摺具陈，伏乞皇上圣鉴，敕部核复施行。谨奏。

硃批："吏部议奏。"

解交光绪十四年七至十月
固本兵饷详文（节录）**

会同盐法道于盐课项下筹拨银二万两，作为光绪十四年七、

---

　*　据《光绪朝硃批奏摺》，第 7 辑，第 571～572 页。

　**　据后附张之洞《筹解光绪十四年七至十月固本兵饷片》摘录。

八、九、十四个月固本兵饷,饬委试用知县联均、候补知县黄廷松管解赴京交纳。

〔附〕张之洞:筹解光绪十四年七至十月固本兵饷片[*]

（光绪十七年七月二十八日）

再,前准户部咨:"原定各省应解固本兵饷,湖广省按月应解银五千两,改令径解部库交纳";又准户部咨:"酌定分年带解固本练饷欠款:拟定有闰之年解十五个月,计银七万五千两;无闰之年解十四个月,计银七万两。即自光绪十一年正月起,按年照数解清"各等因。所有湖北省应解十四年六月以前固本兵饷银两,业经先后委员管解赴部交纳,附片奏报在案。

兹据署湖北布政使陈宝箴详称:"【中略】"等情,详请奏咨前来。臣复核无异,除给咨管解并饬司陆续补解外,理合会同湖北巡抚臣谭继洵附片具陈,伏祈圣鉴。谨奏。

朱批:"户部知道。"

会详筹拨委解光绪十七年第一批节省哨勇薪粮银两（节录）^{**}

扣出本年第一批节省抽裁水陆各营哨勇薪粮银五万两,饬委试用知县联均、候补知县黄廷松管解赴京交纳,馀俟续拨委解。

---

*　据《光绪朝朱批奏折》,第59辑,第88页。按:此片上奏日期,《光绪朝朱批奏折》作"光绪十七年九月十五日"。

**　据后附张之洞《筹解光绪十七年第一批节省哨勇薪粮银两片》摘录。

〖附〗张之洞:筹解光绪十七年第一批节省哨勇薪粮银两片[*]

〔附〕张之洞:筹解光绪十七年第一批节省哨勇薪粮银两片

（光绪十七年七月二十八日）

再,湖北省抽裁水陆营哨勇夫,每年节省薪公口粮银七万三千七百四十余两,前经咨明户部:"自光绪十二年三月分起,按月扣出,分起解部",业将十二年三月起至十六年十二月止节省哨勇薪粮银两,分起委解截留,附片奏报在案。

兹据署湖北布政使陈宝箴会同善后局司道详称:"【中略】"等情,详请奏咨前来。臣复核无异,除分咨外,谨会同湖北巡抚臣谭继洵附片具陈,伏祈圣鉴。谨奏。

硃批:"户部知道。"

合衔详请据实奏陈鄂省勇营难再抽裁（节录）^{**}

伏查原单内开"土药税"一条,业经户部议准每年截留银二十万两,以充枪炮厂经费,馀银尽数解部;"购买外洋枪炮、船只、机器"一条,系专指南、北洋而言,鄂省近年本无此举;"盐商捐输"一条,鄂省系行销川、淮两盐口岸,并非产盐之区,川、淮各商之如何捐输,似应查照成案,由四川、两江分别劝办。以上三条,鄂省均可毋庸议及。

惟查"马、步勇营裁减"一条,湖北为各省往来通衢,水陆交

---

　　* 据《光绪朝硃批奏摺》,第59辑,第88页。按:此片上奏日期亦经编者重新推定。

　　** 据后附张之洞等《鄂省勇营实难再议抽裁摺》摘录。

冲，华洋杂处，自军务肃清后，所有防剿各军早经大加裁撤，又于光绪六年及十一年陆续抽裁，厘定营制，仅存步队六营并向食淮饷之缉私步队一营，又马队二营、水师七营一队。其每年裁节勇饷银七万三千七百余两，均系按年如数解部。论节饷，则久已悉索输将；论分防，则实已动形掣肘。

况近来沿江一带会匪散布，勾煽堪虞，武穴教堂先滋事端，宜昌继之，情形尤重，各处匪徒无不乘机思逞。武汉一带，华洋杂处，极费防维，加以豫、湘边境亦复渐有不靖，讹言四起，民心惶惑，应防之地太多，留扎之营太少，若不绸缪未雨，万一贻误事机，所关非细。

臣等督同司道详加体察，时切隐忧，正拟设法暂行添募步队二营，与原防各营分布扼扎，俾资调遣而遏乱萌，另摺奏陈。明知库款支绌，岂不愿力求撙节，仰慰宸廑？无如鄂省勇营裁减过多，现在时势与他省迥有不同，兹为慎重地方起见，不敢不据实直陈。如将来伏莽渐清，有可抽裁之处，再当体察情形，奏明裁减，断不令稍有虚糜。

〔附〕张之洞、谭继洵：鄂省勇营
实难再议抽裁摺*
（光绪十七年八月十九日）

湖广总督臣张之洞、头品顶戴湖北巡抚臣谭继洵跪奏，为鄂省勇营不敷分布，实难再议抽裁，恭摺复陈，仰祈圣鉴事：

窃臣等承准军机大臣字寄："光绪十七年四月二十五日奉上

---

* 据《光绪朝硃批奏摺》，第34辑，第297~298页。

谕：'户部奏《库款支绌，亏短甚巨，酌拟筹饷办法，开单呈览》一摺。朕详加披阅，所拟各条，于筹补库储尚属切实，著依议行。惟筹饷一事，部臣虽尽心擘画，全赖各省疆臣认真督办，不避怨嫌，庶一切诿卸掩饰之弊可除，克臻实效。现当库存奇绌，各直省将军、督抚等受恩深重，必应顾全大局，共济时艰，无待谆谆详谕也。户部原摺并单内应由外办四条，均著钞给阅看。将此各谕令知之。钦此。'"仰见圣主廑虑时艰、力筹节用之至意，跪读之下，钦悚莫名，当经恭录札行司道等钦遵筹议去后。

数月以来，臣等督饬司道详慎筹商，【中略】除暂添步队两营另行具奏外，所有原存马、步勇营实难再议抽裁缘由，据湖北藩、臬两司会同善后局司道具详请奏前来。臣等复加查核，俱系实在情形，除咨户部外，谨合词恭摺具奏，伏祈皇上圣鉴训示。谨奏。

硃批："户部知道。"

合衔详报鄂省营勇过单
拟请暂行添募两营（节录）[*]

查此项会匪纠集伙党，结盟拜会，开立山堂，散放飘布，党与多者竟至数万，少者亦过千人。历来拿获各犯，起出飘布、号簿、伪印等件，所有名目、口号，词意显然悖逆。该匪等踪迹诡秘，声气灵通，布满沿江、沿海各省，阴谋不逞。

鄂省居江皖上游，南北交冲，匪党尤易混迹。本年夏间，沿江焚毁教堂之案叠出，延及湖北，武穴会匪乘机煽惑，散布谣言，武汉地方，华洋杂处，一夕数惊，亟需勇营弹压。

近年鄂省两次裁营节饷，裁去步队十六营，通省仅余步队六

营。另有鼎字一营，系食淮饷，专为零星分布查缉淮北之私而设，不能移作他用。省城驻扎鸿字三营，尚须分防蒲圻茶山、大冶铁山、江夏煤厂及武穴等处。汉口巨镇，绵亘十余里，华商、洋行之所萃，仅驻有升字两营，即专为弹压洋街，已有不给，不得已飞调麻城缉私鼎字副营来省填扎防护，以顾根本。麻城仅驻鼎字一营，北私随即充斥。

旋又于六月内以河南商城、固始等县讹传匪警，麻城、罗田、黄冈、黄陂、孝感一带，居民登时惊扰，纷纷迁徙，急切无营可调，乃于襄河汛段内暂行抽拨炮船数号驰往镇抚，查拿匪棍，讹言始息。而沿江商贾五月内以教堂多事，六月内以豫警谣传，裹足不前，厘金收数因之大绌，计五、六两月已短收钱三万余串。

自五月以来，外府州县凡有教堂、教民之处，无不乘机思逞，小有纷纭，经各地方文武竭力弹压保护，乃近日宜昌又有焚毁教堂之案，情形尤重。假如再有一处生事，直无可以派往防护查办之勇，事体何堪设想？此武汉勇营不敷调拨、顾此失彼之实在情形也。

襄阳毗连秦、豫，仅有马队二营，共只三百余名，亦为巡缉潞私所占。荆州、宜昌、郧阳、施南等府，界连湖南、川、陕，马、步一营俱无。

从前川、楚教匪即由湖北与川、陕交界地方起事。近年兴山、房县一带拿获会匪首犯刘良栋、舒春山等，河南邓州弋获枣阳连世杰等，均经奏明有案。其安陆府属之天门、潜江、京山，汉阳府属之沔阳，襄阳府属之襄阳、光化、均州等州县，及荆门州，凡沿襄河一带，皆有会匪头目，党伙皆盈千累百，往往藉庙会拜神为名，订期聚会，私开炉座，制造军器，兵役往拿，公然抗拒。现已经饬司委员密往查获巢穴多处，若无水、陆营勇协力兜擒，必致酿成巨患。

尤可虑者，湘省会匪所丛，根株众盛，几于无县无之。洞庭湖淤出之南洲，尤为逋逃渊薮，即与湖北石首、公安等县毗连。上年澧州匪首杨思沅、廖星阶等滋事，重烦兵力，业经湖南抚臣张煦奏明在案。今年春间复经两省先后拿获同伙在荆州、岳州放飘之会匪渠魁李典、叶坤山。现在溆浦县复有会匪聚众劫狱、焚抢衙署之案，澧州复有纠众烧毁电杆之案。湘省各属盗匪近日尤为繁多，总由年来宿将凋谢，会党日多，乘隙生心，乱征已见。

湘、鄂接壤，若匪党蠢动，四处响应，调拨则无兵可分，招募则咄嗟莫办，上游有警，各路震惊，驯至燎原势成，图之已晚。且湖南匿名揭帖种类极多，虽经叠次查拿严禁，至今未息，岳、常、澧一带近日尤盛，因之传播鄂省，旧帖方毁，新帖旋出。方今交涉事体最关紧要，何堪再有枝节，以致上贻宸廑？

臣等督同司道等筹商，佥以目前事势，武汉地方总须添募三四营，极少亦必须添募步队两营，方可备有事调拨之用。臣等极知库储支绌，部臣方建裁减勇营一成之议，何敢不遵照筹办，反为添募之举？惟体察现在时势，鄂省勇营实系裁减过多，备御空虚，会匪日滋，交涉紧要，情形岌岌可危，实不敢忘远虑而贻近忧，惜小费而酿大患。设迁就贻误，臣等罪戾滋深。

特两营饷项殊不易筹，复令地方官与绅商再四筹商，均以此事专为绥靖地方，暂添两营断不可少，其一营之饷拟由商民筹捐，不动库款；其一营之饷容臣等督饬司道于司局各款内极力腾挪匀拨，总以无误每年京、协各饷为断。俟一二年后，如果匪戢民安，再行裁撤。

即以筹饷而论：兵力壮盛，民心安帖，商贾畅行，税厘、盐课等款亦必畅旺；鄂省饷章，每年一营不过二万一千余两，所保全之数必远逾于所费之数。筹之已熟，故敢披沥上陈。

如蒙俞允，此所添两营共一千人，拟照他省办法，就此勇数分为四底营,每营二百五十人,调拨较便,声势较壮,合并陈明。

〖附一〗张之洞、谭继洵:添募勇营摺[*]
(光绪十七年八月十九日)

湖广总督臣张之洞、头品顶戴湖北巡抚臣谭继洵跪奏,为两湖会匪伏莽最多,窃发时虞,鄂省营勇过单,备御空虚,现拟设法暂行添募两营,以遏乱萌而维大局,恭摺仰祈圣鉴事:

窃臣等于光绪十七年六月十九日钦奉寄谕:"各省哥老会匪最为地方之害,此等匪徒行踪诡秘,动辄纠集党与,乘机煽乱,甚至造谣惑众,潜谋不轨,若不先事筹办,绝其根株,则涓涓不息,将成江河,后患何堪设想? 著各直省将军、督抚严饬地方文武,实力查缉,严惩首要,解散胁从,慎毋养痈成患,贻害地方等因。钦此。"仰见圣主思患预防、除暴安良之至意。当经恭录咨行,钦遵办理,并出示剀切晓谕各在案。【后略】

臣等为消弭乱萌、顾全大局起见,据湖北藩、臬两司会同善后局司道会详请奏前来,谨合词恭摺具陈,不胜惶悚待命之至,伏祈皇上圣鉴训示。谨奏。

硃批:"著照所请,该部知道。"

〖附二〗张之洞:致陈宝箴书^{**}

请司、局诸公速即确查赈捐余款尚存若干,此后有无续到。拟以指充一营之饷,庶可邀准。细思一营动库款断难邀允,盖嫌与裁营廷寄太相

---

* 据《光绪朝硃批奏摺》,第118辑,第311~313页。按:此摺正文另见《张之洞全集》,第二册,第796~799页。今仍其题。

** 原件藏上海图书馆。此据许全胜整理《陈宝箴友朋书札(一)》录入,载《历史文献》,第三辑,上海科学技术文献出版社2000年4月出版,第159页。

戾也。即<u>查</u>复。洞顿首。

请添勇与请免裁营两摺同时并上，实不妥；若不同时复奏，更不可。

为光绪十七年二次筹解
广西协饷事会详（节录）*

现经筹拨广西协饷银二万两，查照来文，较准法码，发交百川通商号汇赴广西交收，以应要需。

〔附〕张之洞：光绪十七年二次
筹解广西协饷片**
（光绪十七年八月十九日）

再，前准户部咨："议复护理广西巡抚李秉衡奏'边防各营请拨的饷'案内，令湖北省自光绪十三年起，按月协解广西边军饷银一万两"，业经前督臣裕禄于十三年分筹解银二万两。旋因湖北库款支绌，力难续筹，咨准户部核复，议令"将调直武、毅二营裁撤，腾出饷糈约银七万余两，筹解广西军饷"；并经北洋大臣李鸿章奏明："自光绪十四年起，武、毅二营由直筹饷"，奏准咨鄂查照在案。

嗣于十四年分汇拨划解，计共解银十万零三千八百六十六两四钱；十五年分划拨汇解，计共解银七万一千一百五十三两二钱三厘四丝；十六年分解过银四万两，并划拨委解两次，计共解银四万一千七百一十一两零，又筹解广东垫付镇南关炮费

　＊　据后附张之洞《光绪十七年二次筹解广西协饷片》摘录。

＊＊　据《光绪朝硃批奏摺》，第 59 辑，第 75～76 页。

划抵协饷银一万两;本年解过银二万两。均经随时附片奏报在案。

兹据署湖北布政使陈宝箴会同善后局司道详称:"【中略】"等情,详请奏咨前来。臣复核无异,除分咨外,谨会同湖北巡抚臣谭继洵附片具陈,伏祈圣鉴。谨奏。

硃批:"户部知道。"

为循例举办辛卯武乡试详文(节录)*

窃查武闱乡试,凡总督、巡抚同省者,例应以抚臣为主考,督臣为监临,历经遵照办理在案。

兹查湖北省光绪十七年辛卯正科武闱乡试试期伊迩,亟应循例举办,所有内外场考试,自应由臣谭继洵主考,臣张之洞监临。谨将应办一切事宜预为筹备,并拣派提调监试,会同两司随同校阅,以期选拔真才,仰副圣主修明武备之至意。

〖附〗张之洞、谭继洵:
循例举办辛卯武乡试摺**
(光绪十七年八月二十九日)

湖广总督臣张之洞、头品顶戴湖北巡抚臣谭继洵跪奏,为湖北省辛卯正科武闱乡试循例举办,恭摺具陈,仰祈圣鉴事:

【前略】据署湖北布政使陈宝箴具详前来,理合将举行武乡试监临、主考循例分办缘由,会同湖北学政臣赵尚辅恭摺具奏,伏乞

---

　*　据后附张之洞等《循例举办辛卯武乡试摺》摘录。

　**　据《光绪朝硃批奏摺》,第104辑,第872~873页。

皇上圣鉴。谨奏。

　　硃批:"知道了。"

会详甄别庸劣不职各员请酌惩处（节录）[*]

　　窃惟整饬吏治乃绥靖地方之本原,湖北吏治向来尚称平静,其公然贪酷虐民者尚不多见,然疲玩成习亦复不免。臣等到任以来,悉心考察,随时督同藩、臬两司虚公考核,征诸实政,参以舆评。

　　查有施南府同知唐贞吉,违例擅受,不知检束;署随州知州本任崇阳县知县陈彰五,心地糊涂,听断任性;署襄阳县知县本任宜城县知县舒善庆,疏纵要犯,庸懦无能;丁忧孝感县知县亢廷镛,举动乖谬,物议纷腾;枣阳县知县胡承均,才识迂疏,难膺繁要;枝江县教谕黄元吉,违例擅受,浮躁糊涂;随州吏目张锡鉁,控案累累,声名甚劣;盐运使衔道员用试用知府黄仁黼,承办堤工,不洽舆论,惟才力强壮,尚属可造。均应分别惩处。

　　所有唐贞吉一员,应请以州同降补;陈彰五、舒善庆、亢廷镛三员,均请以府经历县丞降补;胡承均一员,应请开缺另补;黄元吉、张锡鉁二员,应请即行革职;黄仁黼一员,应请撤销盐运使衔。

〔附〕张之洞、谭继洵:甄别庸劣
不职各员以肃吏治摺^{**}
（光绪十七年九月十五日）

　　湖广总督臣张之洞、头品顶戴湖北巡抚臣谭继洵跪奏,为甄别

---

　　* 据后附张之洞等《甄别庸劣不职各员以肃吏治摺》摘录。
　　** 据《光绪朝硃批奏摺》,第7辑,第647～648页。

庸劣不职各员,以肃吏治,恭摺奏陈,仰祈圣鉴事:

【前略】兹据湖北署布政使陈宝箴、署按察使恽祖翼查明,禀请酌加惩儆前来。相应奏明请旨分别惩处,以振痼习而肃官方。查施南府同知、宜城县均系部选之缺,如蒙俞允,湖北省现有应补人员,应均请扣留外补,合并声明。谨合词恭摺奏陈,伏祈皇上圣鉴。谨奏。

硃批:"另有旨。"

合衔详报截留款项备拨炼铁经费(节录)[*]

奉准部咨,在于湖北省光绪十七年分应解京饷等款内,截留地丁银三十万两、厘金京饷银十二万两、盐厘京饷银十万两、加放俸饷银十万两、厘金边防经费银八万两。现已尽数截留,另款存储,以备提拨炼铁经费之用。

〖附〗张之洞:截留款项拨充炼铁经费片^{**}
(光绪十七年九月十五日)

再,承准海军衙门并准户部咨:"会奏议准续拨湖北炼铁经费银一百万两,内有应赴海军衙门请领之四十五万两、户部请领之二十五万两,共银七十万两",旋准户部咨:"经海军衙门商准留抵,自应准于湖北应解京饷各项划抵银七十万两,以供该省炼铁之用。光绪十七年六月初八日具奏,奉旨:'依议。钦此。'清单内开:'截留划抵本年地丁京饷银三十万两,厘金京饷银十二万两,西征洋款

---

* 据后附张之洞《截留款项拨充炼铁经费片》摘录。
** 据《光绪朝硃批奏摺》,第87辑,第109~110页。按:此片另见《张之洞全集》,略有脱漏,详第二册,第800~801页。今仍其题。

改为加放俸饷银十万两,厘金边防经费银八万两,盐厘京饷银十万两'"等因,当经转饬遵照去后。

兹据署湖北布政使陈宝箴、盐法武昌道瞿廷韶暨善后局司道详称:"【中略】"等情,具详请奏前来。臣复核无异,除咨呈海军衙门并咨户部查照外,谨会同湖北巡抚臣谭继洵附片具陈,伏祈圣鉴。谨奏。

朱批:"该衙门知道。"

光绪十四年十一、十二并次年正、二月固本兵饷筹拨委解详文（节录）*

会同盐法道于盐课项下筹拨银二万两,作为光绪十四年十一、十二并十五年正、二共四个月固本兵饷,饬委补用同知直隶州沈嵩高、即用知县段承霖管解赴京交纳。

〖附〗张之洞:筹解光绪十四年十一、十二并次年正、二月固本兵饷片**
（光绪十七年九月十五日）

再,前准户部咨:"原定各省应解固本兵饷,湖广省按月应解银五千两,改令径解部库交纳";又准户部咨:"酌定分年带解固本练饷欠款:拟定有闰之年解十五个月,计银七万五千两;无闰之年解十四个月,计银七万两。即自光绪十一年正月起,按年照数解

---

* 据后附张之洞《筹解光绪十四年十一、十二并次年正、二月固本兵饷片》摘录。
** 据《光绪朝朱批奏摺》,第59辑,第59页。按:此片上奏日期,《光绪朝朱批奏摺》作"光绪十七年七月廿八日"。

清"各等因。所有湖北省十四年十月以前固本兵饷银两,业经先后委员管解赴部交纳,附片奏报在案。

兹据署湖北布政使陈宝箴详称:"【中略】"等情,详请奏咨前来。臣复核无异,除给咨管解并饬司陆续补解外,理合会同湖北巡抚臣谭继洵附片具陈,伏祈圣鉴。谨奏。

硃批:"户部知道。"

会详筹拨光绪十七年第四批
甘肃新饷银事（节录）^{*}

在于盐课厘金项下筹拨第四批甘肃新饷银十一万两,于九月初一日发交汉镇天成亨、百川通、蔚丰厚、协同庆等商号汇解,赴甘肃藩库交收。所有光绪十七年分奉拨甘肃新饷银三十三万两,现已扫数解清。

〖附〗张之洞:筹拨光绪十七年
第四批甘肃新饷银片^{**}
（光绪十七年九月）

再,承准军机大臣字寄:"光绪十六年八月十五日奉上谕:'户部奏《筹拨甘肃新饷》一摺,甘肃关内外各军饷银关系紧要,现经该部将光绪十七年新饷指拨湖北省银三十三万两,著该督抚等严饬司道按照部拨数目,于本年十二月底止赶解三成,至来年四月底止再解三成,其余四成统限九月底扫数解清等因。钦此。'"业经

　＊　据后附张之洞《筹拨光绪十七年第四批甘肃新饷银片》摘录。

＊＊　据《光绪朝硃批奏摺》,第59辑,第104～105页。

钦遵筹解第一、二、三批甘肃新饷共银二十二万两，附片奏报在案。

兹据署湖北布政使陈宝箴会同善后局司道详称："【中略】"等情，详请具奏前来。臣复核无异，除分咨外，谨会同湖北巡抚臣谭继洵附片具奏，伏祈圣鉴。谨奏。

朱批："户部知道。"

会衔详请援照镇江关赔款成案
拨解武穴教案偿补各款（节录）*

窃查武穴地方焚毁教堂、殴毙洋人一案，业经办理完结，其英国人武穴洋关分卡扦手柯姓及教士金姓无辜殒命①，情殊可悯，自应酌予抚恤，教堂并失物亦应修复、补还，遵照总理各国事务衙门来电，从优议给。

当经饬令江汉关道与税务司向汉口英领事商明，应允议给该两洋人家属抚恤各洋银二万元，修复教堂、补还失物洋银二万五千元，该领事现已禀明公使，专候复文到日，即可收款完案，业经恭摺具奏在案。

惟查前项洋银共六万五千元，计汉平足色银四万五千三百七十两，折合库平足色银四万三千三百五十两，现在司、关两库实无闲款可筹，拟请援照镇江关上年赔款成案，在于江汉关所征六成洋税项下照数拨解。

---

*　据后附张之洞《武穴教案偿补各款请援照镇江关赔款成案拨解摺》摘录。

①　"及"，《张文襄公全集》作"暨"。

〖附〗张之洞:武穴教案偿补各款请援照镇江关赔款成案拨解摺*

（光绪十七年九月三十日）

【前略】等情,由署湖北布政使陈宝箴、江汉关道孔庆辅会详请奏前来。臣复核无异,谨恭摺具陈,伏乞圣鉴。

硃批:"该衙门知道。钦此。"

为漕折银两严催完解并本年冬漕仍请照章征运事会详(节录)**

伏查奉催漕折银两,因各属完解此项,先于年前发交招商局购买米石,以备来春起运,是以起解京饷稍迟。现查各年分应征漕折项下,除动拨采运外,光绪十五年已解银十一万二千余两,十六年已解银七万两,其尾欠之项,现仍严催各属赶紧全完解部交纳,不敢稍事迟延。

至鄂省漕粮,自改办折征以来,民间相安已久,完纳亦甚踊跃,若骤令规复本色,则征米、征银利弊悬殊,节经各前任督抚臣暨臣等沥情陈奏在案。所有本年冬漕,仍请照章折征,惟思京仓需米孔殷,自应并筹兼顾。查湖北省历届由招商局委员采买正米三万石,承运、承交悉臻妥速,办有成效,虽折征一石之银,不敷买运一石之用,第不敷之款系在各属漕余内所提兑费等项凑济,并不动用漕粮

---

* 据《张之洞全集》,第二册,第801~802页。今仍其题。按:此摺初见录于《张文襄公全集》卷三十《奏议三十》。

** 据后附张之洞等《奉催漕折银两已分批起解并本年冬漕仍请折征兼筹采运摺》摘录。

正项，于解京漕折毫无亏损，而仓储不无裨益，应请照章办理，以供支放之需。

〔附〕张之洞、谭继洵：奉催漕折银两
已分批起解并本年冬漕仍请折征兼筹采运摺*
（光绪十七年十月二十一日）

湖广总督臣张之洞、头品顶戴湖北巡抚臣谭继洵跪奏，为湖北省奉催漕折银两，现已分批起解，并本年冬漕仍请折征兼筹采运，恭摺具陈，仰祈圣鉴事：

窃准户部咨："奏《催江西等省欠解漕折银两并新漕能否起运本色》一摺，光绪十七年八月十四日奉旨：'依议。钦此。'"钞录原奏，咨行到鄂，当经转饬署布政使陈宝箴、署督粮道恭钊妥议详办，兹据该司、道等会详请奏前来。臣等【中略】除咨户部外，谨合词恭摺具陈，伏祈皇上圣鉴训示。谨奏。

硃批："户部知道。"

为续解协滇月饷银二万两事会详（节录）**

兹复勉筹长沙平银二万两，发交云南催饷委员知县吴本义承领①，转发百川通商号汇解赴滇，以应要需。

＊　据《光绪朝硃批奏摺》，第70辑，第448页。
＊＊　据后附张之洞《续解协滇月饷银二万两片》摘录。
①　云南催饷委员之姓名，据张之洞光绪十六年十二月初十日《续解鄂省协滇月饷片》、光绪十七年五月二十一日《续解协滇月饷银三万两片》，均作"吴本仁"。此处"义"字，或系"仁"之误。

〖附〗张之洞:续解协滇月饷银二万两片[*]
（光绪十七年十月二十八日）

再,前准户部咨:"议复云贵总督岑毓英等奏'四川省欠解协滇月饷,请照数补解'案内,令四川省协滇月饷自光绪十五年起,每月协解银二万三千两,下剩银七千两,改拨湖北按月协解。光绪十五年二月二十一日具奏,奉旨:'依议。钦此。'"咨行钦遵办理,叠经筹解银十万六千两,随时奏报在案。【中略】等情,由署湖北布政使陈宝箴会同善后局司道详请奏咨前来。臣复核无异,除分咨外,谨会同湖北巡抚臣谭继洵附片具陈,伏祈圣鉴。谨奏。

朱批:"户部知道。"

为筹拨光绪十七年第三批
盐厘京饷银事会详（节录）[**]

筹拨第三批京饷盐厘银三万两,饬委候补知县黄廷松、分缺间用知县联均会同管解赴京交纳。

〖附〗张之洞:筹拨光绪十七年
第三批盐厘京饷银片[***]
（光绪十七年十月二十八日）

再,前准户部咨:"预拨光绪十七年京饷案内,提拨湖北盐厘

---

　*　据《光绪朝朱批奏摺》,第59辑,第133页。

　**　据后附张之洞《筹拨光绪十七年第三批盐厘京饷银片》摘录。

　***　据《光绪朝朱批奏摺》,第87辑,第134页。

银十五万两，又续拨京饷案内拨湖北盐厘银五万两，行令分批起解"，旋准咨："议准续拨炼铁经费，截留湖北盐厘京饷银十万两应用"各等因。

查湖北奉拨本年盐厘京饷银二十万两，业经拨解第一、二两批共银五万两，并截留银十万两，附片奏报在案。兹据署湖北布政使陈宝箴、盐法武昌道瞿廷韶【中略】等情，详请奏咨前来。臣复核无异，除分咨外，谨会同湖北巡抚臣谭继洵附片具陈，伏祈圣鉴。谨奏。

硃批："户部知道。"

为鄂省劝办顺直赈捐银两扫数解清
并划还各库垫款事会详（节录）[*]

窃照顺直所属各州县上年夏间霖雨为灾，情形甚重，准直隶督臣、顺天府尹臣先后来电、来咨，请为设法助赈，并准户部咨："议复御史余联沅奏请开办各省顺直赈捐，已奉谕旨允准"，咨行前来。

当经臣等一面分委员绅，就湖北本省并分赴湖南广为劝募，以期集腋。并以巨款难于骤集，而畿辅灾黎待拯甚殷，若必俟捐款集解，深恐缓不济急，饬据司局筹议，在于司库借拨银三万两，盐道库借拨银一万两，善后局借拨银二万两，分汇顺直各半济赈，业经先后三次奏咨，并声明："俟顺直赈捐集有成数，再行提还续解。"嗣将湖北、湖南两省及外省各官绅自捐、集捐各款分批汇解顺直，共银二万二千五百两，又专汇直省银八千两，均经咨明有案。

兹再于藩库收存湖北本省赈捐余款内提银一万两，汇解直隶

---

　　*　据后附张之洞等《鄂省劝办顺直赈捐银两扫数解清并划还各库垫款摺》摘录。

充赈,通计顺直赈捐前后共汇解银十万零五百两。其垫解各款六万两,除将鄂省所收顺直赈捐应行请奖之款银一万五千两抵还外,查捐款已成弩末,而垫款未便久悬,拟请将应解户部备荒经费银一万二千两拨还垫款,另片奏明,其余三万三千两均于鄂、湘两省劝募绅商各捐款分别划还清款。

〖附〗张之洞、谭继洵:鄂省劝办顺直赈捐银两扫数解清并划还各库垫款摺*
(光绪十七年十一月初三日)

湖广总督臣张之洞、头品顶戴湖北巡抚臣谭继洵跪奏,为鄂省劝办顺直赈捐银两,扫数解清,并划还各库垫款,恭摺具陈,仰祈圣鉴事:

【前略】据署湖北布政使陈宝箴暨赈捐局司道详请奏咨前来。臣等复核无异,除咨明户部查照外,所有鄂省劝办顺直赈捐银两扫数解清并划还各库垫款缘由,谨合词恭摺具奏,伏祈皇上圣鉴。谨奏。

硃批:"户部知道。"

会详请将应解户部备荒经费银拨还顺直赈捐垫款(节录)**

鄂省自上年夏间开办顺直赈捐,截至本年十月,前后共汇解顺直银十万零五百两,内有奏明借拨鄂省藩司、善后局、盐道各库垫解赈捐银六万两,除陆续收到捐款,分别划还外,尚欠银一万二千两无款归还。赈捐竭力劝募,现已无可设法,而库款关系京、协各饷要需,各有专支,亟须归还清款。

再四筹维,查有湖北应解户部备荒经费一款,前准部咨行令于厘金项下每月酌提银一千两解部存储,以作备荒之用,鄂省连年灾歉,厘金收数短绌,前经勉力筹拨,已将光绪十六年应解备荒经费连闰银一万三千两委员解部交纳在案。

查此项备荒经费原为筹备各省灾赈存储济用,以免另行筹画起见,兹查顺直赈捐借拨库款银一万二千两无款可以归还,惟有将此项备荒经费由厘金项下设法腾挪筹拨,归还库款。以备荒之需抵赈灾之用,名实既属相符,事理亦尚允协。

〖附〗张之洞、谭继洵:请将应解户部
备荒经费银拨还顺直赈捐垫款片[*]
（光绪十七年十一月初三日）

再,【中略】据署湖北布政使陈宝箴会同赈捐局司道详请具奏前来。合无仰恳天恩,俯准将湖北本年应解户部备荒经费银一万二千两划拨顺直赈捐所借库款,以清垫款而重库储。谨合词附片具陈,伏祈圣鉴。谨奏。

硃批:"著照所请,户部知道。"

---

* 据《光绪朝硃批奏摺》,第81辑,第872~873页。按:此为上摺之附片。

详报拨款抚恤火灾文（节录）[*]

已在于本省赈捐余款内酌拨银五千两，派委妥员，会同汉阳县逐户挨查，核实散放；并饬汉阳府、县劝谕该镇绅商量力集捐散放；并据江苏上海道聂缉槼捐银一千两，以资抚恤。现在体察情形，该处被灾各户尚不致流离失所。

［附］张之洞:会奏拨款抚恤火灾片^{**}
（光绪十七年十一月初三日）

再，本年八月二十四日酉刻，汉口镇美仁街民人许义四家因晚炊失慎，以致延烧民房。查汉口与武昌省仅隔一江，隔江瞭望，火势甚炽。其时正当沿江严查匪徒之际，深虑各马头游众莠民乘机生事，当经臣等饬派文武委员乘轮驰往，调集汉口、汉阳水陆各营兵勇，分扎各街口及各马头，会同该处镇、道、府、县弹压扑救。

其时，汉口各善堂及文武各署水龙闻警齐集，分投施救，只以街巷窄狭、房屋稠密，适值风势过猛，分路延烧，至子刻始克全行扑灭。次日详加清查，计延烧一千八百九十余家，幸所焚均系偏僻街巷，尚非滨江正街，亦无匪徒放火抢夺情事。

据署汉阳县陈夔麟查明禀报："此次被灾各户，多系小贸贫民，既无栖止之所，又乏衣食之资，困苦情形，深堪悯恻。"经臣等饬司筹款抚恤。兹据署湖北布政使陈宝箴呈报："【中略】"所有汉口镇失火延烧民房，拨款抚恤缘由，谨合词附片奏陈，伏祈圣鉴。

---

　*　据后附张之洞《会奏拨款抚恤火灾片》摘录。

　**　据《光绪朝硃批奏摺》，第31辑，第375～376页。按:此片另存《张之洞全集》，无所奉硃批，上奏时间标作"光绪十七年九月囗日"。详第二册，第800页。今仍其题。

谨奏。

　　硃批："知道了。即著饬属妥为抚恤，毋任失所。"

会详报解光绪十七年三次广西协饷事（节录）*

　　现复筹拨广西协饷银二万两，查照来文，较准法码，发交百川通商号汇赴广西交收。

〔附〕张之洞：光绪十七年
三次筹解广西协饷片**
（光绪十七年十一月初三日）

　　再，前准户部咨："议复护理广西巡抚李秉衡奏'边防各营请拨的饷'案内，令湖北省自光绪十三年起，按月协解广西边军饷银一万两"，业经前督臣裕禄于十三年分筹解银二万两。旋因湖北库款支绌，力难续筹，咨准户部核复，议令"将调直武、毅二营裁撤，腾出饷糈约银七万余两，筹解广西军饷"；并经北洋大臣李鸿章奏明："自光绪十四年起，武、毅二营由直筹饷"，奏准咨鄂查照在案。

　　嗣于十四年分汇拨划解，计共解银十万零三千八百六十六两四钱；十五年分划拨汇解，计共解银七万一千一百五十三两二钱三厘四丝；十六年分解过银四万两，并划拨委解两次，计共解银四万一千七百一十一两零，又筹解广东垫付镇南关炮费划抵协饷银一万两；本年解过银四万两。均经随时附片奏报在案。

_____

　　*　据后附张之洞《光绪十七年三次筹解广西协饷片》摘录。

　　**　据《光绪朝硃批奏摺》，第59辑，第140～141页。

兹据署湖北布政使陈宝箴会同善后局司道详称："【中略】"等情,详请奏咨前来。臣复核无异,除分咨外,谨会同湖北巡抚臣谭继洵附片具陈,伏祈圣鉴。谨奏。

硃批:"户部知道。"

申报整顿土药税项新章试办一年
收支情形详文(节录)*

现在新章试办已经一年,自应截数造报。计自光绪十六年七月十八日开局起,扣至本年七月十七日止,已满一年,惟各分局、分卡自八月以后陆续开办,日期参差不一,且宜局初办先收十余日,为数有限,应即归入本届一年收数之内。自上年八月初一日起,至本年七月底止,作为新章试办一年期满,以归整齐而便核计。

据宜昌总局报解,自光绪十六年七月十八日开局起,至本年七月底止,共征收土药正耗税银三十一万九千八百七十两零五钱一分一厘四毫,开支一成半局用银四万七千九百八十两零五钱七分六厘七毫,勇粮及南、北两路统带、管带、哨官薪水、公费共支银二万五千二百八十四两一钱二分,除遵照部行拨解枪炮局经费银二十万两外,实存司库银四万六千六百五两八钱一分四厘七毫。

前准部咨,行令专款存储,听候指拨;本年九月复准户部咨称:"将此项土药税厘提还海军经费,所有前项银两,应径解海军衙门兑收,以省周折"等因,应即遵照办理。

查此次新章试办,严禁减折,多方堵缉,该委员等亦皆能奉令维谨;恪遵定章,并于暑雨祁寒之中跋涉深山穷谷之内,或严缉漏

---

* 据后附张之洞等《整顿土药税项新章试办一年收支情形摺》摘录。

私,招徕商贩,或详查路径,扼要堵截,均属异常奋勉。查开局之始,百凡初创,一切经费本已繁多,且鄂省土税局、卡多设于施南、宜昌、郧阳一带万山之中,穷乡僻壤,商贩稀少,食用昂贵,而分局、分卡共计三十余处,断难并省所需。各局用必须一成半,方可敷用,若照部章开支一成局用,实属竭蹶不敷。

至现募缉私勇丁六百名饷项,上年八月曾经奏明南路募勇三百余名,北路募勇二百余名,口粮在于土药税项下开支。本年四月请拨枪炮厂经费奏内复经声明:"除局用经费外,解充枪炮厂经费。"所谓"经费",即系指勇饷而言,计营官、哨弁、勇丁六百余名之薪粮、公费,断非"局用"所能赅括。

查湖北旧设之平善坝、沙市、樊城三处土药税局,仅在本局坐地收税,而于川省土贩入境各处并未设立局、卡稽查征收,以致奸商任意绕越,税收大绌;至宜昌、施南、郧阳等府,向来并无营勇一名,与江南徐州本有马、步各营者迥然不同。此次经臣等筹定新章,专募营勇分途查缉,该土贩慑于兵威,不敢仍前任意闯越偷漏,本届税收之旺,实由于此。

第沿边山岭荒远,道路纷歧,有卡之处必须勇丁弹压,无卡地方尤须勇丁巡逻,既虑势分力弱,尤恐顾此失彼,各局、卡委员均以地阔勇少,恐有疏漏,陆续禀请增募拨补,合计已有六百数十名。

经臣等以现在库款支绌,必须力求撙节,其已募勇丁六百余名裁定为六百名。应支饷项并统带、管带、营哨官薪水、公费,自应按楚军章程,查照前次奏案,在于土税项下按月支给。并饬司局详定章程,南、北两路共只以六百名为定,不得请增,以示限制而节经费。设将来查出土贩别有绕越路径,需勇堵截,届时即由两路委员会商,权衡缓急,通融调拨,总期私贩无从绕越,饷项不值虚糜。

〔附〕张之洞、谭继洵:整顿土药税项新章试办一年收支情形摺[*]

（光绪十七年十一月初四日）

湖广总督臣张之洞、头品顶戴湖北巡抚臣谭继洵跪奏,为遵旨整顿土药税项,筹定新章,试办一年期满,谨将征收及支用、解存各款截数开报,恭摺仰祈圣鉴事:

窃臣等于光绪十六年四月十五日钦奉上谕整顿土药税厘,当于是年八月内将鄂省向来征收土药税项情形及现筹办法,派委文武大员募勇巡缉,详晰奏陈在案。

嗣据宜昌办理土药税务总局委员候补道吴廷华,会同署宜昌镇总兵罗缙绅在宜昌设局开办,并查明川省土贩绕越路径,委员驰往施南、宜昌、荆州、郧阳等府各要隘分投设卡,召募缉私营勇三百余名弹压巡缉,以杜绕越。并以南路宜昌野三关系土贩经由水陆正路,此处抽收既严,奸商自必绕行北路郧、襄一带,以图偷漏,复经委员分赴北路,于光化县之老河口,郧阳府属之郧县、郧西、竹山、竹溪、房县,襄阳府属之襄阳、枣阳、宜城、南漳、均州、谷城,安陆府属之钟祥,及荆门州等处,分设稽查局、卡,验票缉私,专司堵截。并募营勇二百余名,分往各局、卡弹压巡缉。

统计南、北两路延袤二千数百里,分设局、卡三十余处,募勇六百余名,竭力经营,不遗余力。该土贩以巡缉严密,偷漏不易,不能不由正路赴局完税,故本年收数较未定新章以前加征数倍,税务大有起色。而其得力则在多设局、卡,层层布置,尤在各局、卡均有勇

＊　据《光绪朝硃批奏摺》,第77辑,第437～440页。

丁巡缉弹压。缘土贩绕越之路多在万山之中，人迹稀少，且皆系剽悍之徒，百十成群，恃强闯越，若仅数名巡丁，万难集事，非藉勇力无能禁止。上年八月复奏《整顿土药税务摺》内，当经声明："此条为整顿药税之根，断不宜省"等因在案。

【前略】据署湖北布政使陈宝箴转【中略】据署湖北布政使陈宝箴具详请奏前来。臣等复查：从前鄂省征收土药，奸商绕越，委员减折，所在皆是，以故收数甚微，几有积重难返之势；此次钦奉谕旨整顿土药税厘，于开办之初，臣等力持定见，首严局员减折之禁，次求堵缉闯越之方，文武各员皆能奋勉出力，洁己奉公，以故税收大有起色。惟重庆开关以后，挂洋旗之船渐多，不免影射走漏，若税司果能稽察认真，以后庶可常期畅旺。

除现存银四万六千六百五两八钱一分四厘七毫，已饬司遵照部章解交海军衙门外，所有新章试办土药税项届满一年征收、支解各款截数开报缘由，谨合词恭摺具奏，伏祈皇上圣鉴。谨奏。

　　　　硃批："该衙门知道。"

会衔委员赴鄂川湘连界地方设局专收峡路经费（节录）[*]

窃奉会札内开："照得前据委勘峡路工程委员潘令诵捷，会同巴东、归州、东湖等州县，具禀查勘川、楚接界峡路情形，及潘令面呈清摺、图说等件，业经本部堂照会署宜昌镇罗镇复加勘估，筹议办法，并行知北布按二司、善后局在案。查峡路上自川省巫山县交界，下至湖北宜昌府城，四百八十里，若能一律修治宽平，舆马并行，纤路无阻，水陆来往，化险为夷，不惟商旅畅行，免蹈危险，从此

---

　　*　据后附张之洞《札李绍远等赴鄂川湘连界地方设局收峡路经费》摘录。

宜昌以上，东湖、归州、巴东等处地方居民，生计日增，瘠区变为蕃盛。揆厥情形，实为川、楚商民百世之利。且川省夔州以下，已经修至楚境，此等利民要政，鄂省自亦未便视为缓图，自宜及时兴修。惟工需甚巨，库款支绌，其应如何设法筹措及分年办理之法，应饬司局切实筹议详复，以凭核办。除分行外，合亟饬议。为此札仰该司，即便会同善后、牙厘两局，将勘修峡路应如何筹款集捐、如何分年兴修之处悉心会议，妥筹办法，详候核夺"等因，奉此。

本司道等查此项峡路工程，化险为平，通商惠民，实为川、楚商民百世之利，且川省已经竣工入奏，鄂省自亦未便视为缓图。惟叠经潘令诵捷暨宜昌罗镇详切查勘估计，约需工费数十万两，为数甚巨。鄂省库储支绌，断难筹此巨款。

窃思巫、巴两峡为川、楚商旅往来要道，修路经费，亦必于川、楚商货设法筹捐，方能济事，情理亦最为允协。查近日由川入楚商贩，以土药一宗获利为最厚，今若于宜昌野三关等处另收峡路捐资，非特商人于完税之外万难再出此捐，且恐于各局正税转多窒碍。

因思来凤县地方上年设有野三关分卡，抽收土税，其湖北之汉口帮、黄州帮，由四川酉阳州一带贩运土药，入来凤境，下至沙市、汉口行销者，自应仍照部章一律抽收，以杜绕越。其湖南、江西各帮，由四川开县、涪州等处贩运土药，假道来凤地界，数十里即入湖南龙山县境，行销常德、长沙、湘潭等处者，本系过境之土，并不至湖北内地行销，其入湖南境后，尚有各处厘卡，自照部章抽收以后，湖南各帮概行绕越，并无可收之税，是此项过境之土，碍难照入境之土一律抽税，已有明征。若量予变通，于此项土药免其抽税，酌劝捐助地方善举，该土贩当可仍循故道，藉免绕避险远之劳，是于恤商之中即可兼为筹集路工经费之举。

本司道等公同商酌，拟请即与〔于〕来凤与川、湘连界适中之地另设一局①，遴委干员，前往驻局，专收峡路经费。凡川土之入鄂者，仍由来凤现设分卡照旧收税，不准丝毫减折。其不入鄂而入湘、行经来凤地面者，即由新设局员劝令土商酌量输捐，不准稍有抑勒，听其自便。

是以川商乐输之捐，接办川省未修之路，商人谅亦乐从。似此办法，来凤一卡、一局，一征入境照章之税，一收过境酌劝之捐，判然两事，既与鄂省土税正项绝不相妨，而川、楚未修峡道亦可一律告成。是否有当，相应会详，呈候核示饬遵。

〔附〕张之洞：札李绍远等赴鄂川湘连界
地方设局收峡路经费*

（光绪十七年十一月十九日）

为委办峡路经费事：

据湖北布按二司、善后牙厘局司道会详称：“【中略】”等情，到本部堂、院。据此，查所议各节均属妥协，应即照准，除详批回外，应即遴员前往设局办理。

查有湖北候补同知直隶州知州李绍远，堪以派委专办抽收峡路经费事宜；候补通判魏庆昭，堪以派委帮办抽收峡路经费事宜。除分行外，合就札委。为此札仰该牧、倅即便遵照，迅速前往来凤，于川、湘连界适中之地，会同魏倅暨地方官择要设局。

---

① “于”，据《张文襄公全集》校改。

* 据《张之洞全集》，第四册，第 2943～2945 页。今仍其题。按：此札初见录于《张文襄公全集》卷九十八《公牍十三》，题为《札知州李绍远设局收峡路经费》，内容较此简略。

凡川土不入鄂而入湘、经过来凤境各土贩，由该员等劝令酌量捐助峡路经费，不准稍有抑勒。如系入鄂土药贩往汉口、沙市等处销售者，仍由来凤原设分卡委员照现在收税章程，仍旧抽收，不准丝毫折减。此项捐款，与鄂省土药无涉，不得稍有牵混。所收捐数，按月呈报本部堂、院暨藩司、善后局查核，勿庸禀报宜昌土药税局。所收银两，按季径解善后局，专款存储备用。

即由北善后局刊刻木质关防一颗，发交该员领用。该员等即将设局处所及开局日期暨办理情形，先行禀报查核。毋违。特札。

为拿获会匪讯明惩办事会详（节录）*

查湖北地当南北之冲，长江连接重湖，襄河上通陕、豫，武昌、汉口尤为吃重，华洋交错，繁杂难稽，会匪到处勾结，溷迹其间，行踪诡秘，来往靡常。本年沿江上下教案叠出，轮船往返时有劫夺之案。湘省会匪素多，去年至今乘机煽乱，巨案迭出。

春间湖南省禀报拿获匪首李典，旋经江陵县拿获与李典同伙放飘之匪首叶坤山①。其襄河一带，上起光化、襄阳，下至汉阳，近日会匪甚多。本年三月间于京山、天门交界之黑流渡、朱家庙地方，订期聚众起事，当经派拨员弁分往查拿，始各惊散。

八月间，上海、镇江等处盘获英人梅生私运军火，臣等承准总理各国事务衙门来电，沪关盘获梅生，据供："匪党大小头目均在汉口"，而不肯举其姓名，令设法密捕，消患将萌；又准南洋大臣刘坤一电："据梅生供称，匪目系汉口人，现在长江一带，不肯说出姓名"各等因。

＊　据后附张之洞等《拿获会匪讯明惩办摺》摘录。

①　此处及下文之"飘"，《张之洞全集》统作"票"。

　　自本年春夏以来，臣等因湖南会匪萌动，沿江教案纷起，乱征已见，叠经严饬地方文武暨水陆防营清查保甲，整顿操防，一面悬示重赏，购拿渠魁。兹复遴派候补知府李谦总司汉口缉匪事宜，饬令选募健勇，广购眼线，会同管带水师健捷前营提督谢得龙，乘轮沿江上下查拿踩缉。

　　旋据该府李谦督率委员县丞胡子功、把总徐堂，拿获匪首濮云亭、杨清和、桂金亭等，并远近访缉匪踪；提督谢得龙拿获袁老么、章金彪；省城查街委员典史蔡鸿熙、巡检王家瑞、把总马玉升等拿获陈华魁；署汉阳县知县陈夔麟督同汉阳县丞黄新锷拿获李紫荣，并协同李谦捕获各匪；候补副将张国栋拿获聂海秋；汉镇都司高长洪协同各员缉获各匪；署武昌府知府李方豫督饬代理武昌县知县钟期滋拿获高德华、尹中安、余启宇、杨老二，并搜出各匪头目姓名单。

　　又，各该员等先后缉获匪目多名，及江陵县知县龙兆霖督率署沙市巡检陆显仁先行拿获之叶坤山，一并发交武昌府暨委员等分别提犯驰往会鞫。

　　讯据高德华（即高松山）供，系武昌县人，向在扬州入会后，自开楚金山护国堂，供奉洪世武祖。光绪十五年五月，在上海会遇因案正法已革提督李世忠之子李洪（号雨生），说他是会中大哥，拟邀各路同会的人与他父亲报仇，已托洋人在外洋购办军火器械，到齐即行约期起事。要该匪与他帮忙出力，后来定封大官，并说各路头目应授官职，候起事后大众公同商议。今年六月初间，李洪专信知会该匪及各处头目说，军器已经办就，叫该匪等约齐会议起事。七月初一到安庆蒋云家，濮云亭、刘高升、张庆庭、龙松年、许文魁们都先后赶到，商定十月十五日各人邀集党与，分为两支：该匪同蒋云等为下游一支，在安庆会齐，李典同李得胜等为上游一支，在沙市会齐,同时竖旗起事。又商量下游一支中又分为东、西、南、北、中五旗,濮云亭统东旗,刘高升统西旗,张庆庭统南旗,该匪统北旗,蒋云、许文魁统中旗,奉李洪为大元帅。旋因下游一带水陆各营甚多,碍难聚集,各头目互相知会,七月十三、四、五、六等日都到大冶县三夹地方,假名做盂兰会,再行商议。该匪十五日前往,到齐五六十人,大家会商:"沙市兵勇不多,又与湖南、四川连界,官兵追来,也有退步",仍约定十月十五日起事,并商派各头目在汉口、黄州、樊口、黄石港、三夹、杨叶洲、武穴、九江、大通、芜湖、金陵、镇江十二圩各轮船码头均行布置,预备船只等项。该匪旋回镇江,八月在镇江听说镇关、沪关查获洋人军火,该匪害怕,到汉口住了半月,因查拿甚严,又逃回本籍,就被兵差获案。

濮云亭供,系贵州松桃厅人,幼为发匪掳去,后在淮军当勇。入哥老会已二十余年,先是天台山堂,后因认识陈华魁、高德华等,在清江浦开山,是圣龙山明义堂。今年六月,同在安庆蒋云家,与龙松年们商议十月十五日起事,派统东旗。因安庆查得严紧,龙松年与熊启渭、袁孝春等坐堂议事,叫该匪八月到沙市安排十月十五日起事。

陈华魁(即陈德才)供,系江夏县人,向在安徽当勇,与濮云亭同会开堂。经濮云亭供指:"陈华魁人极凶横,同会兄弟都畏惧他,凡开堂,要陈华魁在场压服。"

余启宇供,系武昌县人,向在李典名下入会,去年与刘金魁另开北山堂,为正龙头,各会头目都曾见过。约于十月十五日在沙市起事,叫该匪在黄州、樊口预备船只接应。

尹中安供,系大冶县人,向在李典名下,是莲花山义顺堂。今年各头目约十月十五日起事,嘱该匪到沙市河街找开茶馆的叶坤山。李洪的事,也听高德华说过。

　　李紫荣（即李华堂）供，系湖南耒阳县人；聂海秋（即聂海山）供，系湖北云梦县人；曾与湖南耒阳县拿获之刘健宏等结为哥老会。李华堂为大哥，系北梁山荆义堂，因刘健宏被获，逃至汉口，经耒阳县禀闻，密饬设法拿获。聂海秋在汉口开堂卖飘，被勇丁诱获。于二犯处起出飘布及口号、海底簿，有"坐堂"、"陪堂"、"刑堂"、"礼堂"等名目，且多有悖逆语句。

　　叶坤山供，系四川江北厅人，向在李典名下莲花山义顺堂，到处放飘，传人入会。李典为正龙头，该匪为副龙头。搜出伪印、黄绫飘件，并据尹中安供指"叶坤山是总头目龙松年的帮办"各等情。

　　查以上各犯所供，约期十月十五日在沙市竖旗起事，或先到沙市纠党布置，或分布下游预备接应，悖逆情形，显然有征，实属罪大恶极。武汉人情浮动，华洋杂处，谣言沸腾，当令臬司督同武昌府讯取确供，均立予正法枭示，以昭炯戒而靖人心。其叶坤山一犯，亦经荆州府复讯，禀经批饬正法。

　　至李典（即李春阳），在沙市客店自帖"记名提督"衔条，向人又称"甘肃补用总兵"。在岳州供称，系湖南安化县人，向在营当勇，领受扬州前经正法之匪首谢廷玉飘布，付给"总统玉龙、金象、飞虎、莲花四山大元帅"伪印。上年五月在沙市开立莲花山义顺堂，放飘二百余人，嗣又来岳放飘。在会内称为"龙头大爷"，在福建称"小霸王"等情。据被诱同伙之犯刘鹏抟供称，李典开过山堂四次，自向刘鹏抟说曾放飘六万余张，并亲书李典所传口号，语多悖逆，当将伪印、飘板搜。并查高德华、尹中安等供内，李典伪称"开山王"，查出钞录李典所传口号、伙党，□鹏抟在湖南所供无异，幸经管带振字营副将颜武林等在岳州府城外拿获。查该匪已在荆州布党多人，复又至岳州勾煽，希图将荆、岳联为一气，实属狡谋叵测,经臣之洞批饬迅速正法,以杜逆谋。此案出力人员,应由臣之洞会同湖南抚臣张煦另案奏请奖励。

至李洪(即李雨生),虽据高德华供称为李世忠之子,查访李世忠亲子向来尚属安分,有已中副榜者,闻其义子中有"李洪"之名,当经电达总理衙门在案。惟李世忠旧部多而且杂,其义子亦甚多,鄂省实无从得其确据。总之,高德华既供明其号为"李雨生",则以名、号互相印证,当可踪迹,现仍密饬员弁并咨会各省严密查拿。

其各匪供出匪首,多与沿江各省咨电所开匪首姓名符合,足见声气相通。其中如蒋云(即蒋润)、许文魁经安徽拿获正法,刘金魁经安徽拿获,谭金榜经江苏拿获正法,万松亭经江苏拿获。至各匪供出而未获之最为著名匪首龙大胜(即龙松年)、吴有楚、张庆庭、龙海腾等,亦经钞单电咨沿江各省分投密拿。此缉获长江会匪首要惩办之情形也。

其襄河会匪,据署潜江县知县包鹏飞拿获匪首周克明,并督同千总衔五品军功罗心溶率带勇丁拿获陈堤、李朝奎、李朝寅、张庚万、秦开耀、鞠老五(即鞠长贵)、黄明馨;候补知县京山县县丞吕贤笙拿获李得胜、徐光裕;湖北提标前营左哨外委彭廷富拿获王耀亭;署襄阳县知县茹朝政拿获敦五斤;署湖北提标中军参将蒯德浦督弁拿获张隆庭①、李兴五、翟宝庭等;钟祥县知县徐嘉禾拿获金配庵、鄢会文、李泽湘、张必瑞,并于该县龙会山起获枪炮、火药、炮弹等件;荆门直隶州知州严鹭昌拿获李为书;随州城汛把总武定云拿获杨华亭等。

讯据李朝奎供,系天门人;李朝寅(即李长寅)供,系孝感人;

---

① "张隆庭",原文作"张潅庭",今予径改;《张之洞全集》则作"张荣庭"。

周克明供,系潜江人。同供三犯均与已伤毙之陈堤于上年六月在朱家湖开天福金龙山,共掌一印,散放飘布,起获飘板二方,所刊字样悖逆已极。

李得胜供,系江夏人,初入会充插花当家名目,后升为会内新辅大爷,与在逃之匪首陈先知均为大乾坤山头目,散飘纠党,常在襄河一带抢劫行船商旅,本年二三月间,各该匪于襄河黑流渡抢劫当店。

王耀亭供,系谷城县人,光绪八年在谷城拜韩大发为师,随勾引多人入会,韩大发说该匪能办事,当给印布多张,该匪又添造印布,在河南边界及襄属各处放飘坐堂,后因拿逃至南漳武安堰,改换姓名,仍依旧串会各等供。均属纠党煽惑,潜谋滋事。

除陈堤一犯因拒捕格毙,李得胜一犯暂留质证,续获各匪即行惩办外,其李朝奎、李朝寅、周克明三犯,均据武昌府审讯明确,批饬就地正法;王耀亭,批饬安襄郧荆道就地正法。此缉获襄河会匪首要惩办之情形也。

以上长江、襄河一带拿获各犯,皆系会匪著名头目。其在会中名次稍后者,或留作眼线,或酌予监禁;其有供词狡展、指证未确者,暂行监候质讯,应俟讯明,分别办理。此外在逃著名匪目,仍饬一体严拿,重赏购缉,务获究办,以绝根株。其愚民被匪诱胁入会,仅止领受飘布,并非充当头目及曾经滋事犯案者,概令首悔自新,不准兵役藉端滋扰,以副朝廷除莠安良之意。

臣等查此次哥老会匪勾通洋人,结连长江上下三千里匪党,购运军火,图为不轨,伙党极多,蓄谋至为深险。湖北地处冲繁,既便往来,尤易混匿。光绪九年三月,会匪潜入省城,约期为乱,幸经发觉。兹查首匪高德华所供,各匪会商,本拟十月十五日在安庆、沙市分支同时起事,后又改计十月十五日先在沙市竖旗起事,沿江口岸匪党布满，各犯供证亦皆符合，是长江一带上起荆、岳，下至武汉以下，皆已联为一气，一处蠢动，处处响应，使官兵应接不暇。若非先事破获，仓猝揭竿而起，荆州重镇先已可危。

且本年湖南溆浦、靖州、黔阳、岳州等处，会匪滋事已有数起，必致湖湘一带匪党纷起，武汉下游处处可虞，襄河一带匪徒亦必乘机煽动，湖北勇营素单，即使迅就剿除，而地方震惊，扰害已不堪设想。仰赖庙谟深远，先事钦奉严旨饬拿，叠获首要，立予骈诛，弭此乱阶。

所有在事出力员弁，或越境踩缉不避艰险，或深入贼巢奋勇擒拿，该匪等逞凶拒捕，兵勇合力格斗，实与临敌无异，自应遵旨随案奏请优奖，以资鼓励。

除襄阳、钟祥、荆门、随州等处所获各匪首应俟复加质讯批饬惩办后，查明缉捕出力各员弁，再行汇案奏奖外，所有此次缉匪业经惩办各案，最为出力之盐运使衔湖北候补知府李谦，拟请免补本班，以道员仍留湖北，归候补班前先补用。记名提督谢得龙，拟请交部从优议叙。候补副将张国栋，拟请加总兵衔。补用游击汉镇都司高长洪，拟请俟补游击后，以参将尽先补用。署武昌府知府本任黄州府知府李方豫，拟请赏加盐运使衔。调署汉阳县蕲水县知县陈夔麟，拟请以直隶州知州在任候补。代理武昌县事补用知县钟期瀗，拟请免补本班，以直隶州知州仍留湖北，归候补班前先补用。署潜江县事补用知县包鹏飞，拟请补缺后，以直隶州知州在任候补。候补直隶州知州江陵县知县龙兆霖，拟请俟补直隶州后，以知府在任候补。汉阳县县丞黄新锷，拟请以知县在任候补。署沙市巡检本任湖北粮道库大使陆显仁，拟请加六品衔。湖北试用县丞胡子功，拟请免补本班，以知县仍归湖北尽先补用。补用典史蔡鸿熙、补用巡检王家瑞，均请免补本班，以主簿仍归湖北尽先补用。

千总衔五品军功罗心溶，拟请以千总留于湖北，归标尽先拔补，并赏戴蓝翎。武昌县城守营把总祝镇清、督标中营头司把总徐堂、督标左营二司把总马玉升，均请以千总在任拔补。

〔附一〕张之洞、谭继洵：拿获会匪讯明惩办摺*
（光绪十七年十二月初七日）

湖广总督臣张之洞、头品顶戴湖北巡抚臣谭继洵跪奏，为鄂省拿获会匪首要各犯，讯明照章惩办，遵旨将在事出力员弁择尤请奖，以昭激劝，恭摺仰祈圣鉴事：

窃臣等前经承准军机大臣字寄："光绪十七年六月初六日奉上谕：'各省哥老会匪最为地方之害，叠经降旨查拿，并经各该督抚先后获案奏明惩办。惟此等匪徒行踪诡秘，与游勇、地痞暗相勾结，动辄纠党煽乱，甚至造谣惑众，潜谋不轨，若不先事筹办，绝其根株，则涓涓不息，将成江河，后患何堪设想？著各直省将军、督抚严饬地方文武，实力查缉，如有访获首犯，一面严行惩办，一面准将出力员弁照异常劳绩随案奏请优奖。总期严惩首要，解散胁从，以除奸宄而安良善，慎毋养痈成患，贻害地方等因。钦此。'"仰见圣主弭患防萌、绥靖地方之至意。当经恭录咨行，钦遵办理，剀切示谕，严密查拿在案。

【前略】据湖北按察使陈宝箴会同湖北布政使王之春具详请奏前来。合无仰恳天恩，俯准照奖，以昭激劝，出自逾格鸿慈。

----

* 据《光绪朝硃批奏摺》，第118辑，第404～411页。按：此摺另见《张之洞全集》，第二册，第809～815页。今仍其题。又按：可参阅张之洞光绪十七年六月初三日《札南臬司将会匪李典一犯另拟重办（附单）》（见《张之洞全集》，第四册，第2835～2839页），另可参阅《历史文献》第三辑所刊张之洞《致陈宝箴》第十二、十五、三十四各函（载《历史文献》，第三辑，第153、155、160页）。

除饬取各员弁履历咨部查核,并查明出力弁兵、勇丁择尤咨奖,其出力稍次各员弁分别酌给外奖外,谨合词恭摺具陈,伏祈皇上圣鉴。谨奏。

硃批:"李谦等均著照所请奖励,馀依议。"

〖附二〗张之洞:批北臬司等会详获匪首要各员弁请奏奖*
(光绪十七年十二月十七日)

据详已悉。查详内声叙所获长江各匪首要供情尚略,已查照各犯供词,将紧要情节添叙具奏,并将漏叙襄河所获各匪首要补入。拟奖清摺内,尚有随同龙令兆霖拿获首匪叶坤山之署沙市巡检陆显仁未经列入,已据荆州府详及龙令来电补入请奖。

其鞠老五一犯,因该犯并未认供,批饬复讯详办;其李得胜一犯,批饬暂行缓办,以便质证该犯等因各在案。该二犯应俟复讯明确,分别惩办后,汇入下次奏案办理。

除据详核明会奏,抄稿另札行知外,其外奖各员,应即如详办理。仰即遵照,仍候抚部院批示。缴。龙令来电抄稿并发,清摺存。

合衔恳请测绘舆图展限详文(节录)**

窃惟《会典》一书,分典、例、图三门,典、例所不能详者,每藉图以著明,而舆图一门关系重要,为用宏多,吏事、军事皆所取资,

---

* 据《张之洞全集》,第六册,第 4688～4689 页。今仍其题。
** 据后附张之洞等《测绘舆图恳请展限摺》摘录。

而军事尤为切于实用。康熙间中外戡定，遣使四出测绘舆图，详载经纬度分。乾隆间钦定舆图①，列入《会典·兵部》。迄今泰西各国咸以测绘舆图专属之武职各员。仰惟圣人立象垂法，范围莫外，实足为万世准绳。

查测绘舆图，大要在详于山水之形与道里之数，而地形与天度相应，非将经纬度数实测实量，则山川形势、道里远近必多差误。

湖北素称泽国，境内之水，江、汉为大。江水西自巴东，东至黄梅，约行二千三百余里；汉水北自郧西，南至汉阳，约行一千九百余里。江、汉交汇，湖港杂出，民生利病，此为大端。必应将流向曲折，经过郡县，汇注分流之支派，交错断续之堤垸，吞吐顺逆之穴口，涨落广狭之水界，及当冲沙洲，紧要闸坝，从前湖身、河道之可考者，一一实测，依率为图，始裨实用。

至境内之山，则以郧阳、施南、宜昌为最多，襄阳、荆门次之。嘉庆中教匪跳梁，贼踪出没其间，致稽征讨。山势绵亘，毗连川、陕，多扼塞天险之区、人迹不到之地。测量者测山较难于测水，必应分别枝干，以人行道里绕测山麓及山峰立距、平距之数，深山僻远虽难遍历，亦必测定山峰平距、高低山脉、斜度纡曲之势。

山水形势，不差道里，远近悉合，则疆域、城镇、驿站、营汛之类，始各有所附丽，以成分图、总图。前准会典馆所颁表格，详叙天度经纬，而山之要隘、矿产，水之圩堰、津梁，均列其下，最为得其要领。所有各府及直隶州厅各图，自宜博考事实，附以图说，简括著明，不得空谈形势。其各州县分图，即遵照表格之式，详悉填注，无庸另撰图说。

迭据鄂省各府州县陆续绘送诸图，查与会典馆格式、章程多不

---

① 此句《张之洞全集》作"乾隆间高宗纯皇帝钦定舆图"。

符合，自应博访精通算学、能用仪器之人，分诣湖北六十八州县治所，测天定度，详审形势，于四边之界测其经纬度分，与地面鸟里及人行里，开方命率，如法成图，方有实际。

当于本年五月在省城开设舆图总局，派委道员锡璋、蔡锡勇，会同藩司、善后局司道，遴选人材，购置仪器，拟议举办。拣委分省补用知县邹代钧为总纂，湖北即用知县刘翰藻为提调，招致员绅，教授学生。以三十二人分为四路，每路八人，共测一州县之地。复派员绅三人，住局校定图稿。共计专司测绘者三十六人，既须通晓测算，又须涉历险阻，薪水、夫马之费自宜略予从优。

至于测量仪器，有必须购备者，如经纬仪、度时表，以测天空各曜高弧，并校求时差，定各州县治所及山川、险隘、市镇之经纬；测向仪、记里轮、铜链尺①，以测地面鸟里及人行里、水道湖堤、山势之远近；夺林仪、风雨表，以测山峰之高低。均经转向外洋价买，渐次购齐。惟各种仪器殊鲜通晓善用之人，必须转相教授；学习通晓之后，又须精练目力、手力，若持器稍有动摇，目力稍有模糊，在天度如差一度，在地面即差二百里，事理精微，非仓猝所能娴熟。

湖北各府州县，西北多山，东南多水，既鲜平原旷荡之区，跋涉艰难，复须实测实量，以期详审精当，实非会典馆所定一年限期所能竣事。现在分为四路测绘，八人共测一县，约月余可毕，四路可毕四县，统计以两年测地、一年绘图，三年始可竣事。如能多得精于测量之人设法赶办，至速亦须两年有余。

测量夫马之费，概由局发，不致累及州县。合计省内、省外需用经费，及购备仪器、绘刻工纸各项，需款甚巨，鄂省库储支绌，实无闲款可筹，又未便派累州县。此系奉旨饬办之件，关系通省水

---

① "铜链尺"，《张之洞全集》作"铜炼尺"。

利、江防、边防，拟请即在善后局厘金项下动支，以应要需，总期于
饷需不致贻误。

〖附〗张之洞、谭继洵：测绘舆图恳请展限摺*
（光绪十七年十二月二十六日）

头品顶戴湖广总督臣张之洞、头品顶戴湖北巡抚臣谭继洵跪
奏，为测绘舆图关系重要，请展限办理，以期精密，恭摺具陈，仰祈
圣鉴事：

窃照光绪十五年十月二十八日准会典馆咨："恭颁《钦定舆图
格式》，限期一年，测绘省图、府厅州县图各一分，附以图说，解送
到馆"等因，当经前督、抚臣通饬遵办。惟州县谙悉舆地之学者甚
少，又无测绘仪器，以故茫然无从下手。本年四月二十八日，复准
会典馆咨到续定章程五条及表格一纸，精切详密，始获有所遵循。
叠经转饬湖北藩司会同善后局司道，分别拨款遴员设局开办各在
案。

【中略】

以上各节，据湖北藩、臬两司会同善后局、舆图局司道详请奏
咨前来。

臣等查湖北地处上游，绾毂南北，形势最为冲要。江、汉两大
水，腹地诸湖河，一切水道堤工，非有精确图本，其形势不能瞭然；
而郧、宜、施三府，万山丛杂，界连川、陕，伏莽易生，素为边防战守
吃重之地。舆图之作，实于地方利害得失所关匪细。前抚臣胡林

---

* 据《光绪朝硃批奏摺》，第 104 辑，第 407～410 页。按：此摺正文另见《张之洞全
集》，第二册，第 817～820 页。今仍其题。又按：湖北开办舆图局事，可参阅张之洞光
绪十六年十月初六日《札北藩司等筹议开办舆图局（附单）》，见《张之洞全集》，第四
册，第 2687～2699 页。

翼因绘本省舆图,推及各直省,画图悉遵内府图式,惟当军务倥偬之际,未暇详求测算。

兹以寰宇镜清,恭逢朝廷简命儒臣纂修《会典》,颁发舆图格式、章程,自宜详慎从事,方能精确适用。查会典馆原奏内称:"多一图,有一图之用;多一番考订,收一番考订之功。此事亟须求详,举办不宜更缓,期限却不可太迫",又续发章程五条内开:"实测天度经纬,以为开方计里之根,宜详毋略。此系第一要事,不得草率含糊,以图塞责"等语,实为切中綮要。

测绘事体繁重,原限一年,实难告竣。合无仰恳天恩,俯准自本年五月起展限两年,俾得详细测绘,以求精当而免讹误。臣等仍当随时督催赶办,不令稍有耽延。除咨明会典馆外,谨合词恭摺具陈,伏祈皇上圣鉴训示。谨奏。

硃批:"著照所请。该衙门知道。"

为拟请仍将候补人员
暂停分发一年事会详(节录)*

湖北省前因候补大小各员人数众多,补署无期,曾经前司于光绪四年援案详请前督臣李瀚章、署抚臣潘霨会同奏准,停止分发湖北一年。旋因停止分发一年限满,仍形拥挤,又经奏准再停分发一年,行知遵照在案。计自光绪六年停止限满,迄今十有余年。

湖北向称中省,道、府、州、县以至佐贰杂职共三百余缺,其间多由部选,尚须分别咨留。现计候补道、府已有四十八人,同、通、州、县共二百七十余员,佐杂多至七百二十余员,其丁忧请假未经起复回省者,尚不在内。微论岁计补署得缺不过十之一二,即各项

---

* 据后附张之洞等《会奏请暂停分发摺》摘录。

差使，事少人多，亦难遍及。

候补各员，既罕有差委之期，又别无谋生之术，债累逼迫，衣履不周，困苦情形较之前请停止分发之时尤甚。若需次时苦累过深，即难望其廉隅自饬。鄂省办理军务最久，军功保留较多；现在郑工、海防相继开捐，湖北又滨大江，捐生取其便捷，捐纳分发接踵而来。与其听其自至无可安排，莫若乘其未来设法停止。

该司等往返筹商，拟请援照前请停止分发成案，除由部签掣各项正途人员仍照旧办理外，所有捐纳指省、劳绩保举两项，道府以至未入流、未经赴部分发人员，一律停止分发湖北一年。俟一年限满，如果补署稍通，差委需员，再由该司等察看情形，详请奏明办理。

〔附〕张之洞、谭继洵：会奏请暂停分发摺[*]
（光绪十七年十二月二十七日）

头品顶戴湖广总督臣张之洞、头品顶戴湖北巡抚臣谭继洵跪奏，为湖北候补各员人数拥挤，拟请暂停分发，以疏壅滞，恭摺具陈，仰祈圣鉴事：

窃据湖北布政使王之春、按察使陈宝箴会详称："【中略】"等情，具详请奏前来。臣等查该司等所陈均系属实在情形，相应请旨，准将捐纳指省、劳绩保举两项未经赴部分发人员，停止分发湖北一年，以疏壅滞而资整饬。限满后，如果补署稍通，差委需员，再行察看情形，奏明办理。谨合词恭摺具奏，伏祈皇上圣鉴训示。谨奏。

硃批："吏部议奏。"

---

　　[*] 据《光绪朝硃批奏摺》，第 1 辑，第 212～213 页。按：此摺另见《张之洞全集》，第二册，第 826～827 页。今仍其题。

卷二十四　公牍二

会详请以唐华国补襄阳府同知（节录）[*]

窃照襄阳府同知王毓苣在任病故，当经题报开缺，声明所遗要缺容另拣员请补在案。

查截缺章程内载："病故之缺有本日可计者，即以本日作为开缺日期"；又例载："州县以上应调缺出，令于现任人员内拣选调补，如无合例堪调之员，始准以候补人员题补"；又："道府同知、直隶州知州、通判、知州，如系奉旨命往，或督抚题明留于该省候补，凡系应归候补班补用者，均无论应题、应调、应选之缺，令该督抚择其人地相宜者，悉准补用"；又："题调要缺道府同知、直隶州知州、通判，酌量以候补人员请补时，该省如有截取记名分发人员，应先尽酌量请补，如果实系人地不宜，始准声叙以各项候补请补"各等语。

今襄阳府同知王毓苣系于光绪十七年八月二十八日病故，归八月分截缺，系冲、繁、难题调要缺，且经管老龙堤务，稽查防护，在在均关紧要，非精明练达之员弗克胜任。臣等在于通省现任简缺同知内逐加遴选，实无合例堪调之员。至记名分发班内，虽有杨万庆一员，到省未久，地方情形不熟，未便迁就请补。

---

[*] 据后附张之洞等《请以唐华国补襄阳府同知摺》摘录。

惟查有候补班补用同知唐华国，年五十四岁，湖南善化县人，由监生同知衔遵例报捐同知，指发湖北试用，十一年十二月到省。因前在贵州军营出力汇案保奏，光绪元年十一月二十八日奉上谕："著以本班归候补班前补用。钦此。"嗣报捐本班尽先补用。又因办理牙厘出力保奏，三年八月二十五日奉上谕："著赏加知府衔。钦此。"四年补授陨阳府白河同知，五年四月初六日到任。六年五月二十五日闻讣丁母忧，服满起复，十年六月赴部验到，遵照新章，呈请仍回原省归候补班补用，七月初十日经钦派王大臣验放，九月十六日到省。

查该员唐华国安详稳练，有守有为，且在湖北年久，曾任实缺同知，地方情形熟悉，以之请补襄阳府同知要缺，实堪胜任。惟调缺请补，与例稍有未符，但人地实在相需，例得专摺奏请。合无仰恳天恩，俯念襄阳府同知员缺紧要，准以候补班补用同知唐华国补授，实于地方大有裨益。再，该员系候补同知请补同知，衔缺相当，毋庸送部引见。

〔附〕张之洞、谭继洵：
请以唐华国补襄阳府同知摺*
（光绪十八年正月二十日）

头品顶戴湖广总督臣张之洞、头品顶戴湖北巡抚臣谭继洵跪奏，为繁缺同知拣员请补，恭摺仰祈圣鉴事：

【前略】据布政使王之春、按察使陈宝箴会详前来，谨合词恭摺具陈，伏祈皇上圣鉴，敕部核复施行。谨奏。

---

　　* 据《光绪朝硃批奏摺》，第7辑，第914～915页。

硃批:"吏部议奏。"

会详请以凌兆熊补蕲州知州(节录)*

窃照蕲州知州封蔚礽病故,当经题报开缺,声明所遗要缺容另拣员请补在案。

查截缺章程内载:"病故之缺有本日可计者,即以本日作为开缺日期";又例载:"州县应调缺出,令于现任人员内拣选调补,如无合例堪调之员,始准以候补人员请补";又:"各省知州,如系奉旨命往,或督抚题明留于该省候补,并试用人员因军营出力保奏归候补班补用,无论应题、应调、应选之缺,令该督抚酌量才具,择其人地相宜者,悉准补用";又:"知州遇应用候补时,先尽科甲出身人员";又吏部奏定章程:"嗣后道府以至未入流业经甄别人员,仅只保加候补班次,并未改官,均毋庸甄别"各等语。

今蕲州知州封蔚礽系于光绪十七年十月十六日病故,归十月分截缺,系冲、繁、难兼三要缺,例应由外拣补。该州地广赋繁,素称难治,且界连江西、安徽等省,为入楚门户,抚绥巡缉,在在均关紧要,非精明干练、才能出众之员,难期胜任。臣等在于现任知州并应升人员内逐加遴选,非现居要地,即人地不宜,实无堪以升调之员。

惟查有候补班尽先补用知州凌兆熊,年四十三岁,安徽定远县人,由监生中式同治三年寄籍四川省乡试举人,呈明改归原籍;光绪二年丙子恩科中式进士,以主事签分户部云南司行走。五年在江苏滇捐局遵筹饷例改捐知州,指分广西试用,六年二月初八日到省。一年期满,照例甄别,留省补用。八年委署怀远县事。九年经

---

* 据后附张之洞等《请以凌兆熊补蕲州知州摺》摘录。

前广东抚臣倪文蔚奏调，赴广东差委。十二年以两广创设电线案内出力，保留原省，归候补班尽先补用。十五年以剿平关外陆之平逆匪案内出力，保俟补缺后以直隶州前先补用。均经吏部核准复奏，奉旨："依议，钦此。"是年二月在广东郑工捐局捐离原省，改指广东，归原班补用。十月经臣之洞奏调，赴湖北差委，十一月二十六日到湖北省。十六年二月在湖北新海防捐局捐离广东，改指湖北，归原班补用，接准部文："坐光绪十六年六月二十日行文，按照限减半计算，应扣至是年七月十五日为到省日期。"该员前在广西试用期满，业经甄别，留省补用，嗣保加候补班次，并未改官，照例毋庸再行甄别。

　　查该员凌兆熊才学兼裕，办事精能，且系知州候补班内科甲出身人员，例得先尽补用，以之请补蕲州知州要缺，洵堪胜任。惟调缺请补，与例稍有未符，但人地实在相需，例得专摺奏请。合无仰恳天恩，俯念蕲州知州员缺紧要，准以候补班尽先补用知州凌兆熊补授，实于地方、吏治均有裨益。该员系候补知州请补知州，衔缺相当，毋庸送部引见。

［附］张之洞、谭继洵：
请以凌兆熊补蕲州知州摺*
（光绪十八年正月二十日）

　　头品顶戴湖广总督臣张之洞、头品顶戴湖北巡抚臣谭继洵跪奏，为繁缺知州拣员请补，恭摺仰祈圣鉴事：

　　【前略】据布政使王之春、按察使陈宝箴会详前来，谨合词恭

---

* 据《光绪朝硃批奏摺》，第 7 辑，第 916～917 页。

摺具陈，伏祈皇上圣鉴，敕部核复施行。谨奏。

　　硃批："吏部议奏。"

会详请以李九江补枣阳县（节录）*

　　窃照枣阳县知县胡成均开缺另补，于光绪十七年九月三十日钦奉谕旨，吏部坐十一月初五日行文，按湖北省照限减半扣计，应以十一月二十九日为开缺日期，归十一月分截缺。系要缺，应照例拣员请补。

　　查例载："知县应调缺出，令于现任人员内拣选调补，如无合例堪调之员，准以奉旨命往及曾任实缺候补并进士即用人员酌量补用"等语。今枣阳县知县系繁、疲、难题调要缺，界连豫省，地广政繁，夙称难治，非精明练达、才识兼优之员，难期胜任。臣等在于通省实缺知县内逐加遴选，非现居要地，即人地不宜，实无堪调之员。

　　惟查有即用知县李九江，年五十四岁，甘肃狄道州人，由廪生于同治五年投效精锐全军，随征出力，保以训导尽先前遇缺即选，并戴蓝翎。光绪七年选授隆德县庄浪乡学训导，十二月十二日到任。应八年壬午科本省乡试，中式举人。九年癸未科会试中式进士，殿试三甲，朝考三等，引见，奉旨："以知县即用。钦此。"签掣湖北，十年三月十三日到省。

　　该员李九江朴诚稳练，才识俱优，以之请补枣阳县知县要缺，实堪胜任。惟调缺请补，与例稍有未符，但人地实在相需，例得声明奏请。合无仰恳天恩，俯念枣阳县知县员缺紧要，准以即用知县李九江补授，实于地方、吏治均有裨益。再，该员系即用知县请补

---

　　* 据后附张之洞等《请以李九江补枣阳县摺》摘录。

知县,衔缺相当,毋庸送部引见。

〔附〕张之洞、谭继洵：请以李九江补枣阳县摺[*]

（光绪十八年正月二十日）

头品顶戴湖广总督臣张之洞、头品顶戴湖北巡抚臣谭继洵跪奏,为繁缺知县拣员请补,恭摺仰祈圣鉴事：

【前略】据布政使王之春、按察使陈宝箴会详前来,谨合词恭摺具陈,伏祈皇上圣鉴,敕部核复施行。谨奏。

硃批："吏部议奏。"

会详请以包鹏飞补黄陂县（节录）^{**}

窃照黄陂县知县林元荧病故,当经题报开缺,声明所遗要缺容另拣员请补在案。

查截缺章程内载："病故之缺有本日可计者,即以本日作为开缺日期"；又例载："知县应调缺出,令于现任人员内拣选调补,如果实无合例堪调之员,准以奉旨命往及曾任实缺候补并进士即用人员酌量补用"等语。

今黄陂县知县林元荧系于光绪十七年九月十九日病故,归九月分截缺,系冲、繁、难要缺,例应由外拣员调补。该县界连豫省,地阔赋繁,抚字催科,均关紧要,非精明练达、才望出众之员,难期胜任。臣等在于通省实缺知县内逐加遴选,非现居要地,即人地不宜,实无合例堪以调补之员。

惟查有曾任实缺候补班补用知县包鹏飞,年五十岁,江西南丰

县人，由附生中式同治丁卯科本省乡试举人，辛未科会试中式贡士，殿试三甲进士，朝考三等，由翰林院带领引见，奉旨："以知县即用。"签掣甘肃，亲老告近，改掣湖北，同治十一年到省。旋在黔捐局报捐本班尽先补用，复加捐同知衔，准补钟祥县要缺知县，光绪三年到任。五年正月闻丁父忧回籍，服满起复，经部复准例应仍归甘肃原省补用。在京遵郑工例捐离甘肃原省，改指湖北，归候补班补用，十四年六月初五日到省。接准捐离改指部文，坐光绪十四年八月二十日行文，按照限减半计算，应扣至是年九月十五日为到省日期。

查该员包鹏飞才明识敏、奋发有为，且系进士出身、曾任繁剧实缺人员，以之请补黄陂县知县要缺，洵堪胜任。惟调缺请补，与例稍有未符，但人地实在相需，例得专摺奏请。合无仰恳天恩，俯念黄陂县知县员缺紧要，准以曾任实缺候补班补用知县包鹏飞补授，实于地方、吏治均有裨益。再，该员系候补知县请补知县，衔缺相当，毋庸送部引见。

〔附〕张之洞、谭继洵：请以包鹏飞补黄陂县摺 [*]
（光绪十八年正月二十日）

头品顶戴湖广总督臣张之洞、头品顶戴湖北巡抚臣谭继洵跪奏，为繁缺知县拣员请补，恭摺仰祈圣鉴事：

【前略】据布政使王之春、按察使陈宝箴会详前来，谨合词恭摺具陈，伏祈皇上圣鉴，敕部核复施行。谨奏。

硃批："吏部议奏。"

---

[*] 据《光绪朝硃批奏摺》，第7辑，第919~920页。

合衔参追龚恩培亏欠银两详文（节录）*

兹查前任蕲州卫守备龚恩培,于光绪十七年九月初九日卸事,前在任内有征存未解司、道两库各款共银一千九百九十七两九钱三厘,屡经严催,迄今已逾二参例限,尚未清解,由委员会同接署卫守备翟幹查明,禀经该管府揭报到司。

〖附〗张之洞、谭继洵：龚恩培亏欠银两延不缴解据实参追摺**

（光绪十八年正月二十二日）

头品顶戴湖广总督臣张之洞、头品顶戴湖北巡抚臣谭继洵跪奏,为查明卫守备交代案内亏欠银两,延不缴解,据实参追,恭摺仰祈圣鉴事：

窃照湖北省交代经臣等督饬司道按限清理,不准稍有延欠,【中略】据湖北布政使王之春、按察使陈宝箴、督粮道恽祖翼详请参追前来。

臣等伏查州县卫征存应交银两,关系帑项,不容丝毫蒂欠,今该卫守备龚恩培任内未解银两已逾二参例限,并不清缴,实属延玩,相应请旨将前任蕲州卫守备龚恩培先行革职,勒限两个月如数完缴,倘逾限不完或完不足数,再行从严参办,并照章将应行分赔各职名随案开送。除咨明户部查照外,谨合词恭摺具陈,伏祈皇上圣鉴训示。谨奏。

硃批:"著照所请,该部知道。"

知县循例回避拣员对调会详文(节录)*

窃照前准吏部咨:"新选湖南桂阳县知县余良才,与现任湖南桃源县知县余良栋系同胞兄弟,自应照例令后至之余良才回避出省,应令迅将该员以总督兼辖之湖北省相当之缺酌量对调"等因,当经行令拣员请调去后。

遵查湖南桂阳县知县系部选简缺,应于湖北省简缺知县内酌量调补。兹查有咸丰县知县系无字简缺,现任知县吕福恒年五十岁,山东济宁直隶州人,由附贡生于同治八年在安徽捐局遵筹饷例报捐员外郎。光绪十二年遵海防例改捐知县,归新班即选,十三年二月签掣湖北咸丰县知县,三月初二日蒙吏部带领引见,奉旨:"著照例用。钦此。"是月二十日领凭起程,五月二十日到省,十一月初一日到任。嗣在福建三十次捐案内捐同知升衔,销去试俸在案。

该员老成稳练,任内并无展参处分、有关降调之案,核与对调定例相符,应请调补湖南桂阳县知县。所遗湖北咸丰县知县员缺,应即以新选湖南桂阳县知县余良才对调。查该二员所调均系部选简缺,衔缺相当,毋庸送部引见。

---

* 据后附张之洞等《会奏知县循例回避拣员对调摺》摘录。

〔附〕张之洞、谭继洵、张煦：
会奏知县循例回避拣员对调摺[*]

（光绪十八年三月二十五日）

头品顶戴湖广总督臣张之洞、头品顶戴湖北巡抚臣谭继洵、头品顶戴湖南巡抚臣张煦跪奏，为知县循例回避，拣员对调，恭摺奏陈，仰祈圣鉴事：

【前略】兹据湖北布政使王之春、湖北按察使陈宝箴、湖南布政使何枢、署湖南按察使吕世田会详称："【中略】"等情，会详请奏前来。

臣复查咸丰县知县吕福恒才具明晰、吏事讲求，任内并无违碍处分，核与调补之例相符，应请与新选湖南桂阳县知县余良才互相调补。俟接准部复，再行分饬各赴调任，以符定制。

所有知县循例回避，拣员对调缘由，谨合词恭摺具陈，伏祈皇上圣鉴，敕部核复施行。谨奏。

硃批："吏部议奏。"

合衔为龚恩培亏欠银两解清
请开复处分详文（节录）^{**}

窃查前任蕲州卫守备龚恩培交代案内有征存未解司、道两库各款共银一千九百九十七两九钱三厘，因已逾二参例限，未据清解，经臣等奏参革职，勒限两个月完缴，奉硃批："著照所请，该部

　＊　据《光绪朝硃批奏摺》，第 8 辑，第 96 ~ 97 页。

＊＊　据后附张之洞等《龚恩培亏欠银两解清请开复处分摺》摘录。

知道。钦此。"钦遵转行司道勒限催完。兹查该守备龚恩培欠解各款银两均已如数缴解清楚。

〔附〕张之洞、谭继洵:龚恩培亏欠银两解清请开复处分摺*

（光绪十八年三月二十六日）

头品顶戴湖广总督臣张之洞、头品顶戴湖北巡抚臣谭继洵跪奏,为卫守备交代案内亏欠银两,参后缴解清楚,请将革职处分照例开复,恭摺具陈,仰祈圣鉴事:

【前略】据湖北布政使王之春、按察使陈宝箴、督粮道恽祖翼具详前来,臣等复查无异,相应请旨将前任蕲州卫守备龚恩培革职处分照例开复。除将完解银两入拨造报缘由咨部查照外,谨合词恭摺具陈,伏祈皇上圣鉴训示。谨奏。

硃批:"著照所请,该部知道。"

会详请以李方豫调补武昌府（节录）**

窃查前准吏部咨:"光绪十七年十一月二十七日奉上谕:'湖北武昌府知府员缺紧要,著该督抚于通省知府内拣员调补,所遗员缺著高蔚光补授。钦此。'"臣等查武昌府知府系冲、繁、难、省垣首郡要缺,通省京控发审一切事宜皆当经理,且有中外交涉以及江防、堤防要务,非精明练达、才识兼优之员,弗克胜任。

臣等于通省知府正途各员内逐加遴选,查有现署武昌府事黄

---

* 据《光绪朝硃批奏摺》,第81辑,第928页。

** 据后附张之洞等《请以李方豫调补武昌府摺》摘录。

州府知府李方豫,年五十四岁,江苏江都县人,由监生报捐员外郎,签分工部。同治六年丁卯科顺天乡试中式举人,七年十月奉旨记名以军机章京用,九年传补军机章京。十一年以校对《方略》出力,奉旨:"遇有员外郎缺出,无论题选咨留,即行奏补。"十一月经军机大臣保"俟补缺后,免其试俸,以本部郎中,不论题选咨留,遇缺即补"。十三年补营缮司员外郎。光绪元年丁继母忧,二年校对印本《方略》出力,赏加四品衔,并随带加二级。三年四月服满,充补军机章京,九月奏留候补。四年十月补虞衡司员外郎。五年三月丁父忧,七年服满,充补军机章京,校对《列朝圣训》、《列圣御制诗文集》出力,经军机大臣保"俟补郎中后,作为历俸期满八月奏留候补"。八年补屯田司员外郎。九年补制造库郎中,六月俸满截取,奉旨照例用。十二年九月十五日奉旨补授湖北黄州府知府,十三年三月初三日到任。十七年调署武昌府知府,七月二十日任事。

该员稳练老成,讲求治理,现在署任经理一切,悉臻妥善,实系知府中出色之员,且系正途出身,以之调补武昌府知府,洵堪胜任。

〔附〕张之洞、谭继洵:
请以李方豫调补武昌府摺*

（光绪十八年五月二十八日）

头品顶戴湖广总督臣张之洞、头品顶戴湖北巡抚臣谭继洵跪奏,为省会首府要缺拣员调补,恭摺具奏,仰祈圣鉴事:

【前略】据湖北布政使王之春、按察使陈宝箴会详前来。合无

---

* 据《光绪朝硃批奏摺》,第 8 辑,第 209～210 页。

仰恳天恩，俯念武昌府知府员缺紧要，准以黄州府知府李方豫调补，实于地方、吏治均有裨益。所遗黄州府知府，遵旨即以高蔚光补授。谨合词恭摺具奏，伏祈皇上圣鉴，训示施行。谨奏。

朱批："吏部议奏。"

会衔详请援案开支添设救生红船经费(节录)*

窃查峡江之险甲于天下，上自四川夔、巫交界之涪石起，下至湖北东湖之虎牙滩止，计水程四百余里，险滩五十余处，行旅船只往来，动辄失事，夏秋尤甚，覆溺之患，无日无之，其情状惨不忍言。

光绪二年，前四川督臣丁宝桢在山东巡抚任内，捐集银四千两汇寄到鄂，经前兼署督臣翁同爵札委总兵罗缙绅等钉造大小救生红船十五只，连旧有培元堂等处红船四只、摆江二只，共计船二十一只。光绪八年，前湖南提督臣鲍超奏奉谕旨："著湖广总督、湖北巡抚筹拨款项，于著名险滩处所酌量添设红船，并饬属随时认真救护，以保行旅等因。钦此。"又经前督臣涂宗瀛、前抚臣彭祖贤奏明添设救生红船六只。光绪十二、十四等年，前任浙江按察使黄毓恩先后捐设二只。

统计现设红船二十九只，分泊各滩，均归宜昌镇总兵罗缙绅督率救护。所需舵工水手工食、修艌经费，除黄毓恩所捐二只、培元堂旧有二只有存款备用外，其余二十五只均在宜昌川盐局五成充饷公费项下就近拨给。历年以来，全活人口甚众，颇著成效。惟险滩过多，红船尚少，行旅往来，仍多企望。

兹据湖北宜昌镇总兵罗缙绅禀称："查峡江著名险滩全在湖北境内，江中乱石纵横，地段甚长，相隔十余里或五六里，必有一险

---

*　据后附张之洞等《会奏添设救生红船援案开支经费摺》摘录。

要之滩,有水涨而险者,亦有水枯而险者,情形时有变迁。一遇覆舟求救,近则可以立时往援,远则时虑鞭长莫及。宜昌为川、楚通衢,川盐商人均在该处聚集,自设立通商口岸以来,华洋杂处,益形繁盛。近来重庆开设新关,商贾行旅更倍从前。其滇、黔两省运解铜、铅、军械委员,亦皆由峡江行驶,尤关紧要。凡此往来之官商,莫不倚红船为保护,每至身当危难而卒获安全者,实赖红船救援之力居多。

惟官商船只,大者百余人,小者亦数十人,设遇覆溺,延颈待救,红船仅可容载数人,多则有拥挤沉沦之患,大约每日仍必有覆溺之船,情形甚惨。若次第接救,覆舟危在呼吸,迫不及待,往往难获生全。体察情形,原设红船实属不敷分布,拟请再行添造红船十五只;并添造舢板三号,以资弹压梭巡,督饬认真捞救"等情。

该镇筹议各节均属实在情形,应请照拟添设,各船统归该镇罗缙绅管理,督率救援,以保行旅。所需造船价值,由该司道等核实估计,共需银一千五百余两,当经设法筹捐,拨交该镇罗缙绅督饬兴工赶造,趁此水涨滩险,添设齐全,匀驻险滩,以资拯救,保全实多。且商舶、盐船连樯而下,每逢夏令盛涨,往往停泊不行,今添设红船十五号,连原有之船,共四十四号,分泊梭巡,又得舢板往来稽查弹压,商人恃以无恐,常可通行无阻[①],于抽收盐货厘税等项均有裨益。已于六月赶造工竣,查验船身,一律坚固。

所有六、闰两月添设红船,舵工、水手工食,及舢板哨勇薪粮等费,暂由罗缙绅暨宜昌府、县筹垫,以应急需。统计添设红船十五号、舢板三号,每年经费共需银四千四百余两,三年大修一次,经费银约五百余两,照案仍请在于宜昌川盐局五成充饷公费项下开支,

---

均归善后局造册报销。所费无多,于正项饷需并无妨碍,而峡江行旅受惠无穷。

〔附〕张之洞、谭继洵:会奏添设救生红船援案开支经费摺*

（光绪十八年八月初四日）

头品顶戴湖广总督臣张之洞、头品顶戴湖北巡抚臣谭继洵跪奏,为峡江险滩过密,覆溺尚多,旧设红船不敷分布,拟请添设救生红船十五号并舢板三号,以保行旅,经费援案开支,恭摺奏陈,仰祈圣鉴事:

【前略】经臣等批饬湖北藩臬两司、盐法道会同善后、川盐各局妥议详办,当据该司道详复以【中略】等情,会详请奏前来。

臣等伏查峡江之险上厪宸衷,前经钦奉谕旨:"于著名险滩处所,饬令酌量添设红船,随时认真救护,以保行旅。"仁施广被,感颂同声。现经臣等体察情形,险滩过多,行旅日盛,原设红船实属不敷拯救,督饬该司道等筹捐添设。岁需经费,援案开支,于正项饷需并不相妨,而行旅安全,群欣利涉,洵足以保民命而广皇仁。合无仰恳天恩,俯准照办,出自鸿慈。谨合词恭摺具陈,伏祈皇上圣鉴。谨奏。

硃批:"著照所请,该部知道。"

---

* 据《光绪朝硃批奏摺》,第102辑,第613~615页。按:此摺又见《张之洞全集》,题作《会奏援案开支经费摺》。详第二册,第870~872页。又按:此摺另见《光绪朝东华录》光绪十八年九月壬辰(初七日)条,首尾略去,正文微异,篇末录奉上谕作:"得旨,如所请行。"详《光绪朝东华录》,第三册,总第3156~3157页。

遵议严惩会匪章程详文（节录）*

鄂省为南北冲要，游匪素多，往来无定，最易潜匿，会匪几至无地无之，始则长江上下游一带，近年则襄河上下游一带，随处皆有，根株盘结，消息灵通。该匪等开立山堂，散放飘布，分授伪职、伪号，往往与教匪、游勇、地痞暗相勾结，乘机煽乱。各属所获会匪各案，起到飘布、印章、板片及所讯名目、口号，词意悖逆，显然谋为不轨。上年沿江一带会匪蓄谋滋事，动成巨案，若非先事捕其渠魁，散其伙党，诚如圣谕所云养痈贻患，必致有关大局。亟应明定章程，从严惩办，以遏乱萌。

拟请嗣后责成州县随时访查，如有会匪溷迹境内，立即会督营汛严密拿获，悉心研审。如系会匪为首开堂放飘者，及领受飘布展转纠伙散放多人者，或在会中名目较大，充当"元帅"、"军师"、"坐堂"、"陪堂"、"刑堂"、"礼堂"等名目者，与入会之后虽未放飘展转纠人而有伙同抢劫情事者，及勾结教匪煽惑扰害者，一经审实，即开录详细供摺，照章禀请复讯，就地正法。此外如有虽经入会，并非头目，情罪稍轻之犯，或酌定年限监禁，或在籍锁带铁杆、石墩数年，俟限满后，察看是否安静守法，能否改过自新，分别办理。

其无知乡民被诱、被胁，误受匪徒飘布，希冀保全身家，并非甘心从逆之人，如能悔罪自首、呈缴飘布者，一概宽免究治。其有向充会匪，自行投首，密报匪首姓名，因而拿获〈者〉①，亦一律宥其既往，准予自新。若投首后又能作线引拿首要各犯到案究办，除免罪

---

* 据后附张之洞、谭继洵《酌议严惩会匪章程摺》摘录。按：据张、谭原摺，此详由湖北署臬司恽祖翼拟定，继而由陈宝箴详请具奏。

① "者"，据张、谭原摺所引谕旨补入。

之外，仍由该地方官酌量给赏。总期严惩首要，解散胁从，以除奸宄而安善良。

地方文武员弁，能拿获会匪著名首要审实惩办，即将尤为出力员弁核其情节，照异常劳绩随案请给优奖。如有希图保奖，妄拿无辜，或姑息徇纵，不拿不办，以及曲为开脱，一经查出，即行严参。如此明定章程，各州县有所遵循，自必随时留心，实力查缉，不敢轻纵玩忽，该匪党亦各知所儆惧，地方可期安谧。

〔附〕张之洞、谭继洵：酌议严惩会匪章程摺*
（光绪十八年九月十四日）

头品顶戴湖广总督臣张之洞、头品顶戴湖北巡抚臣谭继洵跪奏，为严惩会匪，分别轻重，酌议办理章程，恭摺具陈，仰祈圣鉴事：

窃臣等承准军机大臣字寄："光绪十七年六月初六日奉上谕：'各省哥老会匪最为地方之害，叠经降旨查拿，并经各该督抚先后获案奏明惩办。惟此等匪徒行踪诡秘，往往与游勇、地痞暗相勾结，动辄纠集党与，乘机煽乱，甚至造谣惑众，潜谋不轨。近来江苏、安徽、湖北、江西等省屡有焚毁教堂之事，其拒捕逞凶、抢劫衙署等案，更层见叠出，半由会匪从中主谋，游手之徒相率附和，以致愈聚愈多，动成巨案。犯事以后，四散逃逸，真犯十不获一。若不先事筹办，绝其根株，则涓涓不息，将成江河，后患何堪设想？著各

---

　　* 据《光绪朝硃批奏摺》，第 118 辑，第 508～511 页。按：此摺正文又见《张之洞全集》，第二册，第 857～859 页。今仍其题。可参阅张之洞光绪十七年六月初九日《札南、北臬司核议严办会匪章程》（见《张之洞全集》，第四册，第 2851 页）、七月初七日《批北臬司详遵议惩办会匪章程》（同上，第六册，第 4669 页）。又按：刑部议奏摺内亦曾转引张、谭此摺，详《光绪朝东华录》，第三册，总第 3177～3181 页。

直省将军、督抚严饬地方文武，随时留心，实力查缉，如有访获会匪首犯，一面严行惩办，一面准将出力员弁照异常劳绩随案奏请优奖。但须查有确实证据，不得因希图保奖妄拿无辜，致滋扰累。凡地方良民，有误买匪徒保家伪票呈缴地方官者，免其治罪；其有向充会匪，自行投首，密报匪首姓名，因而拿获者，亦一律宥其既往，准予自新。该将军、督抚务即出示晓谕，俾众咸知，总期严惩首要，解散胁从，以除奸宄而安良善，慎毋养痈成患，贻害地方，是为至要。将此通谕知之。钦此。'"当即恭录咨行，钦遵办理在案。

臣等自上年春夏以来，因湖南及沿江会匪屡次蠢动滋事，叠经严饬地方文武、水陆防营悬立重赏，购线密缉。奉旨后通饬各属剀切示谕，严密查拿，先后拿获长江会匪首要高德华、叶坤山等及襄河会匪李朝奎等，当将拿获讯明惩办各情形恭摺具奏；并札饬前署按察使恽祖翼详绎例意，参考近年成案，妥议惩办章程，通饬州县遵办去后。嗣据该署司详称："【中略】"等情，详经核定，并由按察使陈宝箴详请具奏前来。

臣等伏查近年会匪日炽，沿江沿海为尤甚，滋蔓愈广，蓄谋愈险，若不及早惩遏，将来终恐为大局之忧。查光绪八年刑部奏定通行章程，各省会匪本有"就地正法"之条，无如州县狃于积习，毫无远虑，往往牵引"异姓结拜弟兄"旧例，曲为开脱，以致伏莽日滋，寖成巨患。

湖北所议章程，自应奏明通行各属，俾有遵守。该司所拟首悔免罪及分别轻重办法，于惩奸弭乱之中，仍不失宥过持平之意，消除巨患，即所以保全善良。文武员弁，如能拿获著名首要，自应酌核案情，钦遵谕旨，随案奏请优奖；如妄拿无辜，扰累闾阎，以及纵匪贻害，亦即严行参处，以仰副朝廷除莠安良、绥靖地方之至意。

所有遵旨惩办会匪、酌议章程缘由，臣等谨合词恭摺具陈，伏祈皇上圣鉴。谨奏。

　　硃批:"刑部议奏。"

会详续获匪首讯明惩办
并择尤保奖出力员弁事(节录)*

　　查湖北自上年拿获沿江、沿汉各匪目惩办后,逆谋渐沮,匪势稍戢,惟著名渠魁尚多漏网未获,仍复到处勾结,意图藉端煽动。如长江会匪大头目龙松年、吴有楚、张庆亭、龙海腾①,襄河会匪总头目陈先知等,皆尚在逃。经臣等详开各该匪年籍、行踪,咨照沿江各省,通饬湖南、湖北两省查拿务获,前经奏明在案。又贺良果一匪,向在田家镇开堂,系李典、高德华一伙单内紧要头目,亦经咨行通缉在案。臣等严饬各员弁悬立重赏,期在必获,勿得松动,并咨会湖北提督臣程文炳一体饬属严拿。

　　自上年冬至本年秋间,先后据统领襄河水师记名提督刘鹤龄,督饬襄河水师前营记名提督谢得龙并督标中军副将蒋泽斌,分派都司王学魁、守备张彪,带同弁勇、眼线,乘驾轮船,先后在湖南湘阴县会同该县将吴有楚拿获,复在江西德化县会同该县将陈先知拿获;署汉阳府知府沈保祥,督同署汉阳县知县陈夔麟、县丞韩徵儁,在汉口地方将贺良果及同伙匪目唐春亭、张春山拿获。

　　又先经江西抚臣德馨饬九江府文武将张庆亭、龙海腾拿获,因无证狡供,嗣经派委沿江巡缉各匪之守备王得胜、守备杨运淇、知县谢元祖拿获该匪伙党质证,由鄂咨会江西,解归湖北提集质证讯

---

　　* 据后附张之洞等《续获匪首讯明惩办并择尤保奖出力员弁摺》摘录。按:原文人名所用恶劣字,如"澱"、"幅"等,悉予改正。

　　① "张庆亭",前录《为拿获会匪讯明惩办事会详》(见本集卷二十三《公牍一》)作"张庆庭"。

办。

并据千总罗心溶、守备周玉林拿获襄河匪首陈大才；统带升字营副将常远藻会同署汉阳府经历董治勋拿获汉口匪首郭生云；监利县城守把总李祖魁拿获湖南岳州匪目谢盛爱；署通城汛把总蔡启发会同分省补用县丞萧焕南，截击格毙岳州汪殿臣伙党、窜扰县境之匪首李以才，并拿获伙匪李际胜、李嘉宾；建始县知县姚学康拿获该县匪首张学祖、龙堂选、施先春；署蒲圻县知县陈树楠会同营汛防营拿获岳州匪首熊大丙；前署黄州协副将丁贞创拿获武穴匪目张毛山；钟祥县知县徐嘉禾拿获金占魁；候补知县吕贤笙拿获吴洪发、廖海山、黄书见、陆平安、廖鼎甲；安陆营丰乐汛把总王连升拿获韩学发、张光禄、韩学成；湖北提标差弁、汛弁拿获谭子达、张其合、张炳富、叶万若。

又据提督刘鹤龄派弁拿获胡德海、朱万成；提督谢得龙饬派都司王学魁，会同汉阳协汉镇领哨千总彭绍美拿获李洪才、朱华山；委办汉口缉匪事务候补道李谦，派委员弁知县周耀崑、千总徐堂、把总王恩平等，拿获长江上下游积匪徐炳奇、柳老幺、陈德元、吴有材、王玉山、吴大贵、王三子、姜焕魁、姜本海、姜本清、周玉亭、夏春山等。又查照江西抚臣德馨来电，拿获田家镇匪首王福堂。

当经批饬臬司分别发交武昌府谳局暨各该道府详加复讯。

据吴有楚供，系湖南湘阴县人，前因李世贵开宝华山，经陈四海荐入会中，嗣开飞龙、福寿等山堂，由新辅大爷推升龙头。上年七月，龙松年等在三夹做会，该匪到过，匡世明、蒋云等，该匪均认识。

陈先知供，系陕西洵阳县人，在襄河驾船，经程国贞邀约入会，后又入甘学贞大乾坤山会，推为大爷，放飘不计其数，公议执掌万福龙头山印。起获该匪伪示，悖逆已极，自称总统，荆、襄等处伙党皆称伪官。

张庆亭（即张金亭）供，系江西德化县人，前在营当勇，后因另案正法之潘登科开双龙山公义堂，派为新辅大爷。龙松年等在三夹做会，开堂议事，伊因患病，旋即走散。

龙海腾（即龙海亭）供，系湖南临湘县人，经吴有楚邀约入会，复与水师营勇陈福林开五龙山堂，派充首领大爷。光绪十年，在福建与匪首翦煌、匡世明相识。

贺良果（即贺起恒）供，系湖南清泉县人，前被伍云开邀入五龙山会，后与陈福林开天顺堂，称为副龙头。在武穴印飘三百余张，邀人入会。并据唐春亭、张春生供指，该匪自陈福林故后，已升为正龙头。

陈大才供，系汉川县人，先与程国贞开万福龙头山，后因万福山印系陈先知执掌，遂与曹先春重刻万福龙头山印，散飘八十余张。又经陈先知派入小乾坤山会，旋又与石占春等在仙桃镇开九华山堂。

郭生云（即郭耀彩）供，系湖南益阳县人，经龙海腾邀约入会，前在湖南开楚金山，称为副龙头，后到武汉散放飘布，又在华容县开英雄山堂，散飘一百八人，所称口号最为悖逆。

谢盛爱（即谢穀怡）供，系湖南巴陵县人，听从逆首汪殿臣邀约入会，派令到各家催贡，名曰"催贡将军"，并随同放火抢劫。据李际胜、李嘉宾供，李以才系汪殿臣部下第四名匪首，最为凶悍，时常下山催贡各等供。

以上吴有楚、陈先知、张庆亭、龙海腾、贺良果、陈大才、郭生云七匪，均经批饬正法枭示。其谢盛爱一犯，解归岳州府质讯明确，亦经臣之洞批饬正法枭示。

其上年已经奏明钟祥县知县徐嘉禾拿获之匪目张必瑞、李泽湘,随州城汛把总武定云拿获之匪首杨华亭,知县吕贤笙拿获之匪首李得胜,千总罗心溶拿获之匪首鞠老五,经安陆府、德安府、武昌府复讯。

据张必瑞供,系钟祥县人,与陈大才、陈先知、李长银、萧开勋各头目认识往来,升为龙头大爷,开堂放飘系万福龙头山,并替萧开勋、陈大才放飘多次。上年绅首贺凤岐收缴飘布,该匪恨其劝散伙党,意欲纠众杀害该绅,旋经营县缉拿,始将匪党惊散,擒获该匪,历供放飘纠众及谋杀绅首等情不讳。

李泽湘供,系钟祥县人,入会五次,先后堂名不一,得受伪职,放飘纠伙六十余人,亲钞海底簿,熟习口号。

杨华亭供,系襄阳县人,听从卢光银纠邀入会,凡入会之人,俟福建九龙山竖旗起事,一同接应,该匪接充坐堂大爷,开立西华山公义堂,有"英雄豪杰定家邦"口号,放飘十余次。

李得胜系江夏县人,供情前奏业经声叙,该匪与著名匪首陈先知均为大乾坤山头目,常在襄河一带抢劫行旅,前因留待质证,现已质讯明确。

鞠老五(即鞠长贵)供,系汉阳县人,与赵万有等在汉口该匪家开木兰堂,放飘收徒,掌管飘板。赵万有是龙头大爷,该匪系桓侯老三,李得胜、陈先知都与相好。

以上张必瑞、李泽湘、杨华亭、李得胜、鞠老五五匪,亦经批饬正法枭示。

此外如王福堂、唐春亭、张春生、朱华山、金占魁、熊大丙、张毛山,及上年拿获之长江匪目章金彪、袁老幺,襄阳匪目敦五斤,襄河匪目金配庵九匪,或已供认会中头目,或兼有掳劫滋事之案,情节甚重,惟其中尚有牵涉他案须待质讯之处,应俟确讯,再行酌核惩办。其余各犯,或供词狡展,或名次在后、情节较轻,均分别监候质讯及限年监禁。其各匪指供未获各要匪，仍饬密拿，务获究办。此外各营县拿获之匪尚多，查系被匪诱胁、尚未为非者，概予保释，准其自新。

查长江上下、大湖南北，各省会匪近年声势已盛，祸机已发，自上年奉旨饬拿以来，各省一律严缉，昨接安徽抚臣沈秉成咨函："龙松年亦经皖省拿获"，是著名渠魁多已就擒。惟此项匪徒伙党太多，各省游勇、奸民效尤接踵，骤难绝其根株，臣等仍当督饬文武，会商邻省，随时认真查缉，不容稍懈，以弭乱萌。

除江西拿获张庆亭、龙海腾二犯之员，已由江西抚臣保奖外，此案出力员弁，自应钦遵谕旨，随案奏请优奖。臣等仍核其情节，分别异常、寻常劳绩，酌请奖励。

所有尤为出力之记名提督谢得龙，请交部从优议叙；督标中军副将蒋泽斌，请以总兵记名简放；湖北尽先补用副将常远藻，请俟补缺后以总兵记名简放；署汉阳府知府沈保祥，请俟补缺后以道员尽先补用；候补直隶州知州调署汉阳县本任蕲水县知县陈夔麟，请旨送部引见；钟祥县知县徐嘉禾，请以同知直隶州在任候补；候补知县吕贤笙、谢元祖、周耀崑，均请俟补知县后以同知直隶州在任候补；补用都司王学魁，请免补都司，以游击留于湖广尽先补用；湖广尽先守备补缺后补用都司张彪，请免补守备，以都司尽先补用，并加游击衔；湖北补用守备杨运淇，请免补守备，以都司尽先补用；尽先守备王得胜、补用守备周玉林，均请免补守备，以都司留于湖广尽先补用；汉阳协汉镇领哨千总彭绍美，请在任以守备尽先补用；湖北尽先千总罗心溶，请免补千总，以守备尽先补用，并加都司衔；督标尽先千总徐堂，请免补千总，以守备尽先补用；准补钟祥县县丞署汉阳府经历董治勋，请以知县在任候补；指省试用县丞韩徵儁，请免补县丞，以知县仍归原省补用；分省试用县丞萧焕南，请免补县丞，以知县仍分省补用；尽先外委喻鸿举、六品军功陈代山，均请以把总归湖广督标尽先拔补，并赏戴蓝翎；候补直隶州知州江西彭泽县知县调署德化县罗广煦，请俟补直隶州后，以知府在任候补；湖南湘阴县知县韩受卿，请在任以直隶州知州候补。

〖附一〗张之洞、谭继洵：续获匪首讯明惩办并择尤保奖出力员弁摺[*]

（光绪十八年九月十四日）

　　头品顶戴湖广总督臣张之洞、头品顶戴湖北巡抚臣谭继洵跪奏，为湖北省续获长江、襄河一带著名会匪首要，及邻省解到归案质讯匪首，讯明分别惩办，遵旨将出力员弁汇案择尤保奖，恭摺仰祈圣鉴事：

　　窃照上年长江一带会匪萌动，叠经臣等严饬地方文武并拣派员弁悬赏购线，沿江上下分路查缉，先后拿获匪首多名，讯明照章惩办，业将在事出力各员遵旨择尤保奖，并声明："襄阳、钟祥、荆门、随州等处所获各匪首，俟复加质讯惩办后，查明出力各员，再行汇案奏奖"等因，仰蒙俞允在案。

　　【中略】

　　据湖北按察使陈宝箴会同布政使王之春查明详请奏奖前来。合无仰恳天恩，俯准照奖，以昭激劝，出自逾格鸿慈。除饬取各员弁履历咨部查照，其千、把以下各弁查明咨部请奖外，臣等谨合词恭摺具奏，伏祈皇上圣鉴。谨奏。

　　硃批："著照所请，该部知道。"

---

　　* 据《光绪朝硃批奏摺》，第 118 辑，第 511~516 页。

〔附二〕张之洞、谭继洵:
请旨饬下各省密拿会匪首翦煌等片[*]
（光绪十八年九月十四日）

再,江西解到会匪头目龙海腾(即龙海亭),讯据该匪供称,光绪十年法人闹事之时,伊正在福建,寄住保举武职后因案正法之刘添顺家内,与会中大头目翦煌、匡世明、彭清泉等相识,常见翦煌、彭清泉与洋人往来甚密。洋人商嘱翦煌等邀集会党多人作为内应,许由外洋预备军火、器械,为之接济,翦煌等均各允诺。适值和议已成,是以中止。伊因与翦煌同会相识,故此得知。上年伊在汉口曾与翦煌等会遇。"翦煌系湖南长沙人,三十多岁,长瘦脸,书生模样,曾在军营,人称为'翦师爷'。匡世明(即旷世鸣)系湖南三厅人,三十余岁,面貌清秀。彭清泉(即彭心泉)系四川人,四十多岁,身中,面胖,无须"各等供。

查该匪翦煌等久通洋人,蓄谋狡险,其罪在寻常会匪头目之上。该匪等既有在闽勾通洋人之事,匡世明一匪又适系江南讯出梅生案内之人,是该匪等于此次勾串洋人私买军火之事显有干涉。核龙海腾所供情节,其中尤以翦煌为主谋渠魁。惟匡世明一匪声名较著,久经各省通缉,而翦煌一匪踪迹较密,知者较少,易于藏匿漏网。

今梅生一犯已经英领事解回英国,但洋人既不能深究,至此等通洋积恶之匪徒,必须擒获诛锄,以除后患。除前已由臣之洞密咨

---

　　* 据《光绪朝硃批奏摺》,第 118 辑,第 516～517 页。按:此片另见《张之洞全集》,无所奉硃批,详第二册,第 862～863 页。今仍其题。

两江、江苏、安徽、江西、福建、台湾各省饬属查拿外，相应请旨饬下各省将军、督抚臣一体严密查拿，务获惩办，毋任漏网，以免再逞诡谋，致酿巨患。谨合词附片密陈，伏祈圣鉴。谨奏。

　　硃批："即著该督密咨各省将军、督抚一体严拿，毋任漏网。"

为派员专办沿边缉捕事宜详文（节录）*

　　窃查湖北省北路沿边各属，如襄阳、光化、随州、枣阳、应山等州县，与河南邓州、新野、唐县、桐柏、信阳连界，素为刀痞、会匪出没之区，号称难治。本年六月、闰六月间，襄阳、谷城、光化一带因时疫流行，匪徒乘机啸聚，造谣煽惑，牵涉教堂，放火烧抢，沿襄河上下数百里间，居民大为惊扰，纷纷迁徙入城、上砦，几酿变端，随州各村亦有匪徒遍插小红旗之事，当经臣等派拨勇营驰往弹压，查拿获犯惩办，均经奏明在案。嗣后又经续获要匪数名，现正分别审办，惟匪党多已逃逸，出没楚、豫边界，劫掠为患。

　　查楚、豫沿边一带，近年以来，哥老会匪颇多，又向有灯花教匪（即白莲教）之类，行踪诡秘，飘忽靡定，与刀匪、会匪互相勾煽，根株纠结，蔓延日广，往往越境行劫，此拿彼窜，恃众窝藏，动辄拒捕。本年入冬以来，襄阳盗案颇多，随州复有查获豫匪多人执持洋枪、刀械入境图劫之事。伏莽潜滋，实为边境隐忧，若不及早设法筹办，难保不养成当日捻匪之患。且襄阳属教堂颇多，该匪藉端生事，于交涉事体必致动生枝节。是以九月内湖北提臣程文炳、安襄郧荆道朱其煊，与河南南阳镇、南汝光道约期会哨，会商联络查缉

---

　　* 据后附张之洞等《派员专办沿边缉捕事宜摺》摘录。按：原摺内虽未声明系据陈宝箴详文而转奏，但已言及"督同臬司陈宝箴详加筹议"，而缉捕乃臬司专责。故此酌收，列作详文，当否，犹祈读者察核之。

之法。

　　臣等督同臬司陈宝箴详加筹议：各州县限于职守，究有畛域之分，必须遴派干员专司督捕，假以事权，辅以兵力，多方侦缉，寻踪购捕，始足以清边境而弭乱阶。

　　查有本任兴国州知州宋熙曾，老成干练，强毅有为，长于诘奸惩暴，熟悉沿边情形，堪以派委总办北路襄阳、光化、随州、枣阳、应山五属缉匪事务。择要于樊城、随州两处轮流驻劄，仍不时往来巡查边境，相机遏截，与豫省文武互相联络协助。令其选募缉勇六十名，以资驱策。边地平衍，追截匪徒，马队最为得力，并派新经移驻樊城之凤字马队中营营官副将刘恩荣督率所部，帮同该员办理沿边五属缉捕事宜。兼饬驻劄襄阳一带缉私之凤字马队前、后二营一体巡逻追捕，不得株守一隅。其沿边地方营汛及操防练军，均准由宋熙曾随时知照协缉，以期应手。

　　如在何处拿获匪徒，即会同该处地方官讯取确供，照章禀请委员复讯，就地惩办。并咨会河南抚臣饬谕豫省沿边各属地方文武：两省如有移缉追捕之事，不分畛域，一体协力围拿，如能多获著名会匪、盗魁，再当奏请优奖，以示鼓励。

〖附一〗张之洞、谭继洵：
派员专办沿边缉捕事宜摺[*]

（光绪十八年十二月初七日）

头品顶戴湖广总督臣张之洞、头品顶戴湖北巡抚臣谭继洵跪

---

[*] 据《光绪朝硃批奏摺》，第 54 辑，第 512～514 页。按：此摺正文另见《张之洞全集》，第二册，第 865～866 页。今仍其题。

奏，为楚省北路边界盗匪日滋，派委文武专员办理沿边缉匪事宜，以靖边圉而遏乱源，恭摺具陈，仰祈圣鉴事：

【前略】除檄饬遵照并咨明河南抚臣外，臣等谨合词恭摺奏陈，伏祈皇上圣鉴。谨奏。

硃批："知道了。"

〖附二〗张之洞：致陈宝箴书（节录）*

前日已见宋令，将大意告知，提电："宋维常已经武营捕获。"甚好。想已悉矣。一、委该令督捕，专管光化、襄阳、枣阳、随州、应山五州县边界；一、准募缉捕亲房眼线，未定数；一、经费准开报；一、派副将刘恩荣马队会办。属其自拟办法呈核，渠已应允。请传该令详询有何见解，渠欲划出应山，云不熟，未允之，此五处应一气。复加斟酌，日内面商定议，以便早回襄阳。【后略】

闻宋令拨勇与之，愿否？渠云愿自募人数，似乎四十名即可。罗守备心溶需若干人，望问之。此等须林武健儿及熟悉眼线①，粮须厚，数不在多，或二十人。

核议宜昌教案详文（节录）**

据该道、府、县印委各员会禀称，查明教堂、洋房被焚情形，叠经会督营汛分途查拿，先后拿获滋事各犯朱发金、赵宗雅、汪望、王德娃子、李宗义、杨长生、何燮臣、余五豹子、高正洪、黄顺荣、易白、熊宏发等十二名，督同逐一研讯。

---

* 原件藏上海图书馆。此据《陈宝箴友朋书札（一）》录入，载《历史文献》，第三辑，第150页。按：可参阅张之洞光绪十八年十一月二十五日《札宋熙曾等专办襄阳德安所属沿边州县缉捕事宜》，见《张之洞全集》，第四册，第3074～3076页。

① "林武"，疑作"武林"或"材武"。
** 据后附张之洞《办结宜昌教案摺》摘录。

　　此案实因法国圣母堂误收民人游姓被拐幼孩启衅,怀疑蓄愤,乌合打闹,失火延烧。其时游姓问知失孩系在教堂,赴堂询问,当经教士令其识认领回,并经该府、县向堂中查出收养幼孩及妇媪六十五名,内瞽目者三名,眼珠仍在,瞽一目者一名,皆系原来因病成瞽,均系其父母自愿送养,实无一挖去目睛伤残形体之事。

　　据朱发金供认:"光绪十七年七月二十九日路过圣母堂,见众人吵嚷,问系游姓失去幼孩在圣母堂寻出,因平日误信讹传洋人有残害幼孩之说,又因见有瞽目小孩数人,怀疑逞愤,不服弹压,同众打闹圣公会新造房屋,并先至圣母堂,同众上楼乱打,一时人多拥挤,不知因何起火,想系翻倒洋油引然所致。又至天主堂堂屋、厨房打闹,致灶内火起,延烧圣母、天主各堂。"

　　赵宗雅供:"打毁圣公会、圣母堂器物,并抢取银两。"汪望供:"打毁圣公会、圣母堂、郭洋人花园窗户器物。"王德娃子供:"打坏圣母堂器物、洋医生屋内药瓶。"李宗义、杨长生供:"打坏天主堂及洋花园物件。"何燮臣供:"打坏圣母堂器物,并向知县出言顶撞。"余五豹子、高正洪、黄顺荣各供:"打坏圣母堂及洋房器具、树木。"易白、熊宏发各供:"碰坏圣母堂门窗。"

　　并据各犯供:"平素均不相识,实系一时乌合,各自打闹,并无为首之人预谋纠约情事。教堂被焚,实因打闹失火延烧,并非有心放火"各等供。反复研鞫,坚执不移,案无遁饰,应即拟结。

　　查例载:"凶恶棍徒,屡次生事行凶,无故扰害良人者,发极边足四千里安置。凡系一时一事,实在情凶势恶者,亦照例拟发。"又律载:"白昼抢夺人财物者,杖一百,徒三年;若因失火而乘时抢夺人财物者,罪亦如之。"又:"故意毁人器物者,计所毁之物即为赃,准窃盗论,免刺,罪止杖一百,流三千里。"又:"窃盗赃一百两,杖一百，流二千里；一百二十两，杖一百，流三千里。"又《名例》载："断罪无正条，援引他律比附。"又："违制者，杖一百。"又："不应为而为，事理重者，杖八十"各等语。

此案朱发金因游姓失孩寻觅，误信讹传，怀疑逞愤，不服弹压，同众打闹圣公会、圣母堂，以致人多拥挤，翻倒洋油，引然起火，并打闹天主堂，以致灶内火起，延烧圣母、天主各堂，究明并无预谋图财情事，亦非挟仇有心放火。惟该犯逞凶肆闹，经地方官弹压，犹敢不服，实属生事扰害，未便稍涉轻纵，应照"凶恶棍徒生事行凶，无故扰害良人，发极边足四千里安置"例，拟发极边充军。

赵宗雅打毁教堂器物，并抢取银四十六两有奇，除抢夺计赃拟徒，轻罪不议外，计毁坏器物估赃已在一百二十两以上，应照"故意毁人器物，计所毁之物即为赃，准窃盗论，窃盗赃一百二十两，杖一百，流三千里"律，拟杖一百，流三千里，免刺。

汪望打毁教堂、洋房三处器物，计赃已及百两，亦应照"毁人器物，准窃盗论，窃盗赃一百两，杖一百，流二千里"律，拟杖一百，流二千里，免刺。各解配折责安置。

王德娃子、李宗义、杨长生、何燮臣、余五豹子、高正洪、黄顺荣七犯，各随众打闹，不服约束，致坏洋房什物，计赃无几，应照违制律，均拟杖一百。王德娃子、李宗义、杨长生各系打闹二处，何燮臣不服弹压，情节较重，应从重各加枷号一个月。易白、熊宏发二犯，仅碰坏窗户玻璃，情节较轻，应照"不应，重"律，拟杖八十，分别折责，满日发落，无干省释。

〔附一〕张之洞:办结宜昌教案摺[*]
（光绪十八年十二月二十七日）

头品顶戴湖广总督臣张之洞跪奏,为湖北宜昌地方焚毁教堂一案办理完结,恭摺具陈,仰祈圣鉴事:

窃照光绪十七年七月二十九日据署宜昌府知府逄润古、署东湖县知县许之琏电禀:"本日早间,宜昌府城外地方有因寻幼孩焚毁天主教堂之事。"当经臣电饬该府、县等确查启衅详细情形,迅将为首滋事之人拿获禀办,并派委荆宜施道方恭钊、候补知府裕庚驰往宜昌,会督府、县切实查办去后。嗣【中略】等情,由湖北按察使陈宝箴复核议拟具详前来。臣复加查核,所拟均属允协,应即照详分别办理。

至法、英、美各国教堂、洋房被焚,所失器具、什物,或系领事,或绅商,或医士,均属无辜受累,自应量予抚恤,以昭朝廷厚待远人之意。惟各国领事原开数目较多,当经饬委员与之详加辩论,切实核减,并经总理衙门与英、美公使辩论核定。

查三国中惟法国教堂房屋最大,器具毁失甚多,议给洋例银十万两;英国损失家数较多,议给洋例银六万六千八百六十一两,又洋九百十元;美国只教堂一处,议给洋例银八千两,以示体恤。共折合库平银十六万四千九百九十六两三钱九分二厘,内由司库拨银三万八千零四十四两零四厘,由宜昌关税拨银十二万六千九百

---

[*] 据《光绪朝硃批奏摺》,第120辑,第194～197页。按:此摺另见录于《张文襄公全集》(卷三十一《奏议三十一》)、《张之洞全集》(第二册,第823～826页),惟上奏日期均作"光绪十七年十二月二十七日"。今仍其题。又按:可参阅张之洞光绪十八年十一月二十九日《札宜昌关道照会英领事付宜昌教案偿款》,见《张之洞全集》,第四册,第3077～3078页。

五十二两三钱八分八厘。饬据江汉、宜昌两关道暨委员候补知府
裕庚，与各该国领事往返妥商定议，均无异言，当令将抚恤银两先
后送交各领事转给完案。

除将抚恤细数、给领日期咨呈总理各国事务衙门暨咨明户部
查核，并将审拟各犯供招咨送刑部外，所有湖北宜昌地方教堂被焚
一案办结缘由，理合会同湖北巡抚臣谭继洵恭摺具奏，伏祈皇上圣
鉴。谨奏。

珠批："该衙门知道。"

〔附二〕张之洞：致陈宝箴书（节录）*

顷闻清恙尚未霍然，念甚。裕守禀已到，宜昌放火之犯，鄙意
拟办以极边军，放火不止此一人，此非纠伙为首。其抢夺、连毁两犯，拟办
满流。请属幕宾详查妥协例条，速即开示。如此是否允洽，即望酌
复。【后略】

会详请以梅冠林调署归州（节录）**

署归州事本任鹤峰州知州丁国桢，现经调署襄阳县知县，所遗
归州印务，即以襄阳县知县梅冠林调署。

〔附〕谭继洵：请以梅冠林调署归州片***
（光绪十九年正月十九日）

再，【中略】据布政使王之春、按察使陈宝箴会详请奏前来，除

＊ 原件藏上海图书馆。此据《陈宝箴友朋书札（一）》录入，载《历史文献》，第三
辑，第160页。

＊＊ 据后附谭继洵《请以梅冠林调署归州片》摘录。

＊＊＊ 据《光绪朝珠批奏摺》，第8辑，第708页。

檄饬遵照外,谨会同督臣张之洞附片具陈,伏乞圣鉴。谨奏。

硃批:"吏部知道。"

会详请以陈富文调署监利县(节录)[*]

监利县知县萧云,现经调署枝江县事,所遗监利县知县印务,即以枝江县知县陈富文调署。

〖附〗谭继洵:请以陈富文调署监利县片^{**}
(光绪十九年正月)

再,【中略】据布政使王之春、按察使陈宝箴会详前来,除檄饬遵照外,谨会同督臣张之洞附片具陈,伏祈圣鉴。谨奏。

硃批:"吏部知道。"

遵派委员押解匡世明等赴宁会审详文(节录)^{***}

光绪十九年二月二十一日奉宪台札开:"照得前因湖北派员赴湖南麻阳地方,拿获会匪头目匡世明解鄂审办,供甚狡展,当经电请两江督部堂刘‘饬将江省所问各匪供词,凡有指出匡世明不法情节及勾串洋人、牵涉军火之事,录〔钞〕录寄鄂,以凭研究’等因。旋准两江督部堂刘咨钞各案匪供过鄂,又经札饬该司转饬委审衙门详核各供词,再提该匪匡世明虚衷逐细研究,一俟审定供招,即行开摺详咨,质讯澈究在案。

兹据该司禀:‘遵饬武昌府督同谳局委员,再提该匪匡世明研

---

   * 据后附谭继洵《请以陈富文调署监利县片》摘录。

  ** 据《光绪朝硃批奏摺》,第8辑,第740页。

 *** 据后附张之洞《咨两江督院委周耀崑乘轮押解匡世明等赴江宁随同审讯(附单)》摘录。

审，据该犯坚供，与徐春庭等并不认识，亦无购运军火情事，再三熬审，矢口不移。'由府开录供摺，呈请核办前来。难保非恃无质证狡供避就，亟应饬令该司迅速遴委明干之员，派拨兵勇、差役，乘坐轮船，刻日将该匪匡世明解赴江宁，听候两江督部堂饬发质讯澈究，以成定谳。

再，近年各处拿获会匪供指匪首匡世明，或称为‘匡生明’，即系一人讹传。至该匪之弟匡生明，另系一人，尚讯无为匪情事，现已一并在麻阳县拿获解鄂，兹应并解江宁质讯。

鄂省委员即令在江宁会讯数次后，先行回鄂禀报核夺。除咨两江督部堂，俟该匪匡世明等解到，饬发质讯澈究，仍俟审定确情录供见复外，合亟札饬。札到该司即便遵照，迅速遴委明干之员，派拨兵勇、差役，乘坐轮船，刻日将该匪匡世明等解赴两江督部堂辕门投收，饬发质讯澈究，仍将委员衔名并派拨起解日期详咨，勿违"等因。

奉此，除饬委补用直隶州知州候补知县周耀崑，将该犯匡世明（即旷世鸣）并该犯之弟匡生明（即盛斌）二名，乘坐轮船，小心押解，赴两江督部堂辕门投收，听候审办。惟查匡匪供称："于光绪十六年回籍以后，并未出外"，而此次派弁缉获该匪之襄河水师统领刘提督鹤龄距该匪家仅百余里，访知该匪确系上年九月回籍，其为有心狡供避就，即此可见。已由司谕知周令以凭会审，并饬在宁随同会讯数次后，即行回鄂禀报核夺。并饬江夏县起具文批，佥差妥役，移拨营勇，随同委员押解外。所有委员衔名及起解缘由，相应详请核咨。

〖附一〗张之洞:咨两江督院委周耀崑乘轮押解匡世明等赴江宁随同审讯附单*

（光绪十九年二月二十五日）

为咨解事:

据湖北按察使陈宝箴详称:"【中略】"等情,到本部堂。

据此,正在核咨间,据该司开送续讯供词前来。查此次所讯供词,该匪自认开立山堂、充当正龙头各节较为切实,自应并将杨清和带往,以备质证。除批示外,相应抄录咨明。为此合咨贵部堂,请烦查照,俟该匪匡世明等解到,饬发质审澈究,仍俟审定确情录供见复,并令该委员在宁随同会讯。望切施行。

匡世明供词

据匡世明(即旷世鸣)供:"小的本是匡盛明,弟匡盛斌,'匡世明'、'匡生明'都是叫别了的。小的身材小,外人都叫小的是'匡矮子'。女人杨氏,是扬州人,十六年二月娶的,只生一女,于十八年正月初一日死了。

小的前往福建入会,是潘汉秋(即潘登科)、彭镜泉开的双龙山忠义堂,派为老六,外口号'义秉秋霜',内口号及香水的名目都忘记了。光绪十一年,小的在福建因潘登科正法,捉拿严紧,逃往崇明地方。

十五年十月,小的到清江,伙同谭金榜、王福章、高德华、李得胜、宋安清们,开盛龙山明华堂四海水五湖香,内口号'志大刚

---

*　据《张之洞全集》,第四册,第3108～3110页。今仍其题。

强'，外口号'正大光明'。小的同谭金榜是正龙头，王福章是派为第三，高德华是'坐堂'，王得胜是'部〔陪〕堂'，江西的张金标是'刑堂'，宋安清是'礼堂'，扬州人李金标是老幺，高庆丰也是上排头目。小的住在扬州，常到七濠口来往，路不甚远，那里来往米船甚多，小的曾住过几月，管住弟兄们不许多事，也殁〔没〕有多少钱。会内人打杨清〈和〉是有的。

十六年九月不记日期，回到湖南家里。去年八月初三四间，到常德住了月余，听开烟馆的龙玉亭说外国装运军火到关上犯了，被捉的人说是小的买办，官有文书捉。九月十几日，小的回家躲避，被拿解送来鄂的。今蒙提讯，小的入会开过山堂，是；办军火的事，小的不清楚。求施恩。"

杨清和供词

据杨清和供："光绪十年，小的在福建凯字营当勇，匡盛明在那里闲往，常到他同会的各营内居住。匡盛明是入的潘登科的会，潘登科正法后，他就到镇江去了。光绪十六年八月间，小的在六濠口会遇，他唤同会内的五六十人，要将小的致死，小的听闻，私自跑了，同行二人被他们捆去。

至匡盛明开的是盛龙山，与谭金榜是一起的，匡盛明怕惹声名，不出名字，以'盛'字开的盛龙山。所有谭金榜放飘的银钱，都归匡盛明的。他住在扬州，常到七濠口地方来往，收米船的钱。他在扬州做了抢案逃回家的。所供是实。"

〖附二〗刘坤一:致陈宝箴书(节录)*

初二日贵委员周司马押犯到宁,祗奉手教,具领一是,就谂春祺日茂为颂。

匡世明一经徐圭山兄弟抵质,不待刑求,即将李洪谋叛、私买军火各情和盘托出;李显谋一闻匡世明供认,不待提质即招,次日服毒自尽。均出意料之外。可谓天网恢恢,疏而不漏。诘问匡世明前在福建与夒煌、彭清泉等谋应洋人之事,坚称不知,此外亦未供出别事。

此间浮议仍谓"李显谋非真李洪",且谓"匡世明与徐春山等均是假托",其无忌惮至此。好在巨憝已诛,隐祸已去,即令铄金销骨,不过谓枉杀一李长寿之儿,逆种亦何足惜?所虑宵小妄传李洪尚在人间,窃其名号以资胁诱。闻我公于此案极为加意,不靳重赏,四路搜求,已得李洪乡人萧先得、李先寿供指李显谋即李洪,踪迹甚为真切。务祈代请香帅、谨帅将全卷钞咨来江①,以为引证之地,是所盼祷。

周司马明白精细,通达政体,善识极宜,诚牧令中之铮铮者,仰见赏鉴有真,良深钦佩。谨肃布复,虔请勋安。统惟朗照,不具。

治愚弟刘坤一顿首。十一。

另奉长械,议论精卓,指示周详,并承钞寄香帅奏稿,无任感

---

* 原件藏上海图书馆。此据柳岳梅整理《陈宝箴友朋书札(二)》录入,载《历史文献》,第四辑,上海科学技术文献出版社 2001 年 1 月出版,第 134~136 页。原札共四节,此处摘录前二节。按:此札末署"十一",应指光绪十九年三月十一日。可参阅刘坤一、张之洞是年三月初五至初七日往来电牍,详《张之洞全集》,第七册,第 5760~5761页。

① "谨帅",宜指湖北巡抚谭继洵(字敬甫)。

佩。第此篇文章当从大处着笔，方合事体而杜后言，若必缕晰条分，转恐投间抵隙。筹之已熟，持之颇坚，仅将梗概面告周司马代达清听矣。"铁厂"与"炼铁"分为两截以清眉目是一定办法，前复王方伯书，微议及此。不审此次所请经费廿万能应手否，以理势揣之，当无异说也。再请台安。

　　　　　　　　　　　　　　　　　　　　坤一又叩。

会详请以唐步云补黄陂县（节录）*

　　窃照黄陂县知县包鹏飞病故，当经题报开缺，声明所遗要缺容另拣员请补在案。

　　查截缺章程内载："病故之缺有本日可计者，即以本日作为开缺日期"；又例载："知县应调缺出，令于现任人员内拣选调补，如实无合例堪调之员，准以奉旨命往及曾任实缺候补并进士即用人员酌量补用"等语。今黄陂县知县包鹏飞系于光绪十八年九月初八日病故，应归九月分截缺，系冲、繁、难要缺，例应由外拣员调补。该县界连豫省，地阔赋繁，抚字催科，均关紧要，非精明练达、才识出众之员，难期胜任。

　　臣等在于通省实缺知县内逐加遴选，非现居要地，即人地不宜，实无合例堪以调补之员。惟查有即用知县唐步云，年四十三岁，江西弋阳县人，由廪生应光绪元年乙亥恩科本省乡试，中式举人；六年庚辰科进士，引见，奉旨："以知县即用。"签分湖北，七年二月初九日到省，委署巴东县事。十四年十月闻讣丁父忧回籍，服满起复，十八年四月二十四日回省，接到部文，准其起复。

　　查该员唐步云才具稳练，勤慎趋公，且系进士出身，以之请补

---

　　* 据后附张之洞等《请以唐步云补黄陂县摺》摘录。

黄陂县知县要缺，洵堪胜任。惟调缺请补，与例稍有未符，但人地实在相需，例得专摺奏请。合无仰恳天恩，俯念黄陂县知县员缺紧要，准以即用知县唐步云补授，实于地方、吏治均有裨益。该员系即用知县请补知县，衔缺相当，勿庸送部引见。

〖附〗张之洞、谭继洵：请以唐步云补黄陂县摺[*]
（光绪十九年二月二十九日）

头品顶戴湖广总督臣张之洞、头品顶戴湖北巡抚臣谭继洵跪奏，为繁缺知县拣员请补，恭摺仰祈圣鉴事：

【前略】据布政使王之春、按察使陈宝箴会详前来，谨合词恭摺具陈，伏祈皇上圣鉴，敕部核复施行。谨奏。

硃批："吏部议奏。"

为兴山县知县熊尔卓呈请
改就教职事会详（节录）^{**}

据同知衔兴山县知县熊尔卓禀称："现年五十四岁，系江西高安县人。由增生中式同治甲子补行咸丰辛酉科本省乡试举人。光绪六年庚辰科会试中式贡士，殿试三甲，朝考二等，引见，奉旨：'以知县即用。'签分湖北，是年八月十三日到省。七年在闽省加捐同知升衔。九年管解京饷，议叙本班尽先补用。十二年准补兴山县知县，是年八月初八日到任，十八年七月初六日卸事。现在情愿改就教职，归部铨选。"

臣等查定例："进士、举人出身之知县，有到任后呈请改就教

---

* 据《光绪朝硃批奏摺》，第 8 辑，第 776～777 页。

** 据后附张之洞等《兴山县知县熊尔卓呈请改就教职摺》摘录。

职者，毋庸定以年限，惟察其任内并无贻误、规避情事，而学问、年力尚堪训课者，准其奏请改教"等语。该员熊尔卓系进士出身，由即用知县补授兴山县知县，到任以来尚无贻误，兹情愿改就教职，察其文理尚优，堪膺司铎，任内并无经手未完之件，亦无规避情事，核与准改教职之例相符。

〔附〕张之洞、谭继洵：兴山县知县熊尔卓呈请改就教职摺[*]

（光绪十九年二月二十九日）

　　头品顶戴湖广总督臣张之洞、头品顶戴湖北巡抚臣谭继洵跪奏，为实缺知县呈请开缺改就教职，恭摺仰祈圣鉴事：

　　窃据湖北布政使王之春、按察使陈宝箴会详称："【中略】"等情，由司会详请奏前来。【中略】相应据情吁恳圣恩，准将兴山县知县熊尔卓开缺，以教职归部按班铨选。谨合词恭摺具奏，伏祈皇上圣鉴，敕部核复施行。再，所遗兴山县知县员缺，湖北省现有应补人员，请扣留，俟接准部复，再行拟员请补，合并陈明。谨奏。

　　硃批："吏部议奏。"

为蔡国桢年满甄别事会详（节录）^{**}

　　兹查蓝翎五品衔候补班前尽先补用知县蔡国桢，于光绪十八年三月二十七日到省起，连闰扣至十九年二月二十七日，试看一年期满。

〖附〗谭继洵:蔡国桢年满甄别片[*]

（光绪十九年三月二十七日）

再，准部咨:"道府州县无论何项劳绩保奏归于候补班人员，令该督抚即以此项人员到省之日起，予限一年，详加察看，认真考核，如系为守兼优、堪膺民社之员，出具切实考语，奏明分别繁简补用等因。"

【前略】据湖北布政使王之春、按察使陈宝箴取造该员履历清册，详请甄别具奏前来。臣随考验该员蔡国桢心精力果，明干有为，堪以繁缺留省补用。除清册咨送吏部查核外，谨会同督臣张之洞附片具陈，伏乞圣鉴，敕部查照施行。谨奏。

硃批:"吏部知道。"

会详筹议查缉会匪情形事（节录）^{**}

窃惟近来各省会匪散布之广，几于无地蔑有。湖北界连川、陕、湘、皖诸省，水陆交冲，匪徒涸迹往来，尤难究诘。光绪十七年，长江上下叠有哄闹教堂之案，兼盘获私运军火一事，会匪乘机思逞。钦奉谕旨，通饬严拿，当经臣等督饬司道暨各将领设法悬赏购捕，访查首要姓名，携带眼线，分往本省及下江、湖南等处，多方踩缉，拿获纠党谋逆之著名渠魁高德华，究出私购军火一案以李洪为首，又叠获濮云亭、叶坤山、陈华魁、吴有楚、陈先知、汪殿臣等各巨慝，并此外首要、次要各匪，分别惩办，不下数十百名。

---

　*　据《光绪朝硃批奏折》，第 8 辑，第 811 页。

　**　据后附张之洞《复陈查缉会匪情形折》摘录。

近又经臣之洞派员在湖南地方叠获首匪匡世明、曾鸣臯〔皋〕①，均系两江督臣咨会查拿私购军火案内之要犯。所有著名渠魁，现已拿办略尽，均经随时奏报，并将出力员弁择尤保奖在案。近来叠经出示晓谕，从前被匪胁惑愚民，均多畏法自新，缴毁飘布。又经奏明添募营勇，分扎要地，弹压巡防，民气尚觉静谧。

惟徒党已多，纠结已久，一时猝难净绝，诚如谕旨所谓"根株未尽，深虞蔓延"者，自当持久不懈，以为消患未萌之计。惟有慎选州县，责成各道府州考核，修明政刑；联络公正绅耆，以为耳目；编查保甲，以知良莠；申讳匿之禁，严养痈之罚。有能缉获开堂放票首要会匪者，仍照异常劳绩予以奖励；诱胁者戒勿妄拿，以安反侧。赏罚既明，吏治自饬。此又"销患未萌"之本务，而非一时一事之比，似不必如原奏所称，"以州县兼画舆图，遍搜伏莽"，转致闾阎惊扰也。

至原奏所称"延揽天下熟悉地形之士，以储将才"一节，查形势为行军要略，现在湖北省本绘有地图，每年提、镇以下轮流巡阅，与邻省会哨，皆必携带营汛驻扎各图，参稽考证，于所辖关津险隘颇能讲求，似与该编修原奏吻合。第形势特为将之一端，大将当以智略为优，偏裨当以朴勇为尚，非熟悉地形即可尽为将之能事，若专以舆图之事责之，则繁密细碎，将才必非所堪。

又如"起用各军旧部熟悉地形之人，以饬营务"一节，现在湘、淮宿将，除已经物故外，多列提、镇大员，次亦皆官副、参、游等官，湖北绿营镇将实缺候补各员及水陆各勇营统将，如熊铁生、刘鹤龄、宋德鸿、樊国泰、谢得龙、常远藻、周德升诸人，大率皆咸丰、同

---

① "皋"，据张之洞光绪十九年三月二十九日《札北皋司将拿获曾鸣臯解司禀办（附单）》改正。详《张之洞全集》，第四册，第3125～3126页。

治间勋绩显著之各统兵大臣旧日部将,均经臣等酌量才具长短,随时委用,仍时有投效来鄂以待驱策者,是原奏"起用各军旧部"之说,现正举行,无须更议。

〔附〕张之洞:复陈查缉会匪情形摺*
(光绪十九年四月二十六日)

窃臣等前承准军机大臣字寄:光绪十八年十一月初六日奉上谕:"翰林院代奏编修陈鼎《请严防各省会匪》一摺。各省会匪,叠经降旨查拿,而根株未尽,深虞蔓延,亟应销患未萌,妥筹办理。除原奏'请酌派各州县银两备赈'一节殊非政体,著勿庸议外;所称'使州县官遍搜伏莽,总兵官巡阅境地,起用各军旧部熟悉地形之人,延揽天下将才'各条,著悉心详筹,奏明办理。原摺均著抄给阅看等因。钦此。"当经恭录札行藩、臬两司,钦遵查照原奏所陈各节,详悉筹议去后。

兹据湖北按察使陈宝箴会同布政使王之春详称:"【中略】"等情,由该司等筹议具详前来。臣等查该司等所陈,均属湖北现在查缉会匪实在情形,谨合词恭摺复奏,伏祈圣鉴。

硃批:"知道了。钦此。"

会详请以盛勋委署宜昌府同知(节录)**

宜昌府同知史醴应给咨赴部引见,所有该同知篆务,应亟委员往署,以重职守。查有新选安陆府同知盛勋,心境明白,举止安详,

---

　*　据《张之洞全集》,第二册,第880~881页。今仍其题。按:此摺当系张之洞、谭继洵联衔会奏。又,此摺初见录于《张文襄公全集》卷三十三《奏议三十三》。

　**　据后附谭继洵《盛勋委署宜昌府同知片》摘录。

堪以署理。

〖附〗谭继洵：盛勋委署宜昌府同知片[*]
（光绪十九年四月二十八日）

再，【中略】据布政使王之春、按察使陈宝箴会详前来，除檄饬遵照外，谨会同督臣张之洞附片具陈，伏祈圣鉴。谨奏。

硃批："吏部知道。"

合衔详请援案开铸银元（节录）^{**}

窃照湖北省据江皖上游，地当南北要冲，汉口、宜昌兼为华洋通商口岸，商贾云集，用钱最广。向章："各州县征收丁漕，各局卡抽收厘金、盐课，皆用制钱完纳"，每年需用之数甚巨。自同治以来，滇铜不旺，洋铜价值日昂，鼓铸久停，青铜制钱本已日罕日珍，近来市面现钱日形短缺，而商民交纳官项以及民间日用交易皆需此物，若听其以小钱充数，则官项受亏，亦非政体，若挑选过于认真，则商民嗟怨。大率湖北各府州县城乡市镇，不惟制钱短缺，即粗恶薄小之现钱亦甚不多，惟以一纸空虚钱条互相搪抵，民间深以为苦而无如之何，通省情形相同。近年鄂省商民生计维艰，市面渐形萧索，此实为一大端。

前督臣裕禄、前抚臣奎斌以鄂省钱少价昂，曾有"请禁轮船装运制钱出口，以平市价"之奏。臣等复以制钱缺少，叠经督饬司道筹议，禁贩运，拿私铸，查铜铺，惩私毁，并严禁回空盐船装运制钱出省，及稽查轮船、夹板船装运出口，按照约章，核实办理，力图整

---

　*　据《光绪朝硃批奏摺》，第 8 辑，第 863 页。
　**　据后附张之洞等《请铸银元摺》摘录。

顿。无如来源既少,民生仍未能纾。又以钱少由于鼓铸无铜,查访鄂省铜、铅各矿尚有数处,如鹤峰州之九台山,安陆县之铜古、黄金等山,均有铜矿,派员分投试办,或以道远运费过多,或以矿少难得大脉,办理均无把握。目睹商艰民困,补救无方,不得不亟筹一变通利济之法。

督同司道再四筹商,佥以广东奏准开铸银元,利用便民,成效昭著。盖银元大小、轻重均有定式,取携甚便,尤利行远,商民便之。不独闽、广、江、浙及江西、安徽、湖南等省商民贸易通用洋银,如湖北汉口、沙市一带向来亦多行用,至商轮来往,则全用洋银交易。利权所在,尤当因时制宜。惟有援照广东成案,开铸银元,庶可以补制钱之不足。缘广东银元若由鄂省远道购致,运费、汇费耗折太多,且不能随时济用。拟即在鄂省自行铸造,购置铸造大、小银元之中等机器全副,先行试办,规模不必甚大,计购办机器、创造厂屋共需经费银四万余两。

查光绪十三年鄂省开铸制钱,曾经奏明拨借司库质当捐银二万两,换钱三万串,借拨盐厘五成外销公费等项钱二万串,共钱五万串,发商生息,为弥补铜、铅折耗之用。旋因洋铜价增,奏明暂停鼓铸,已将此项钱五万串提还藩库、盐道库存储,留备鼓铸要需,约合银三万数千两。拟即动支此项钱文,作为开铸银元购机、造厂之用,其不敷之项,由司局设法于外销之款筹足。

银元大小式样、轻重分两,及缴纳、支发各款,各省行用章程,广东均有户部议准成案可循,通行各省,商民称便已久,一切均拟仿照成案办理,惟银元所铸"广东"字样改为"湖北"。所有湖北省各局卡厘金、盐课,均准商民一律用银元交纳,支发官款一体酌量搭用,俱按照当时洋银市价核算;沿江沿海各省口岸及内地商民,准其与广东银元一体行用,一切听其自然,毫不勉强。至筹解京、协各饷,向用纹银者,仍用纹银。目前与制钱相辅而行,既可以纾民困,亦可以保利权,似为救时急务;将来中国铜产日旺,鼓铸渐充,则制钱与银元仍可相济为用,并无窒碍。

〔附〕张之洞、谭继洵:请铸银元摺*
（光绪十九年八月十九日）

　　头品顶戴湖广总督臣张之洞、头品顶戴湖北巡抚臣谭继洵跪奏,为鄂省制钱缺少,商民交困,拟请援案开铸银元,以便民用而保利权,恭摺仰祈圣鉴事:

　　【前略】据湖北藩臬两司、盐法道会同善后、牙厘两局司道筹议,援案具详请奏前来。合无仰恳天恩,俯准照案开办,以便民用而保利权,地方幸甚。如蒙俞允,臣等当咨取广东各项章程,体察情形,酌量仿照办理。臣等谨合词恭摺奏陈,伏祈皇上圣鉴训示。谨奏。

　　硃批:“户部议奏。”

会详请以彭祖春委署兴山县（节录）**

　　署兴山县知县马士庆调省另候差委,所遗该县印务,亟应委员往署,以重职守。查有新选长乐县知县彭祖春,心地明晰,气质和平,堪以署理。

_____

　　* 据《光绪朝硃批奏摺》,第91辑,第901～903页。按:此摺正文另见《张之洞全集》,第二册,第890～892页。今仍其题。

　　** 据后附谭继洵《彭祖春委署兴山县片》摘录。

〔附〕谭继洵:彭祖春委署兴山县片 *

（光绪十九年八月二十五日）

再,【中略】据布政使王之春、按察使陈宝箴会详前来,除檄饬遵照外,谨会同督臣张之洞附片具陈,伏乞圣鉴。谨奏。

硃批:"吏部知道。"

会详请以陈世卿补黄州府武黄同知（节录）**

窃照黄州府武黄同知顾允昌病故,当经具题开缺,声明所遗要缺容另拣员请补在案。

查截缺章程:"病故之缺有本日可计者,以本日作为开缺日期。"今黄州府武黄同知顾允昌于光绪十九年七月十九日病故,归七月分截缺,例应由外拣员调补。查例载:"州县以上应调缺出,俱令于现任人员内拣选调补,如无合例堪调之员,始准以候补人员题补";又:"道府同知试用人员,因军营出力保奏归候补班补用者,无论应题、应调、应选之缺,该督抚酌量才具,择其人地相宜者,悉准补用";又:"题调要缺道府同知,以候补人员请补时,如有截取记名分发人员,应先尽酌量请补,如果实系人地不宜,始准声叙以各项候补人员请补";又:"劳绩保举候补道府同知,甄别以繁简补用者,遇题调缺出,无论曾任、初任,均准该督抚酌量补用"各等语。

今黄州府武黄同知系繁、疲、难要缺,驻扎武穴镇,为华洋通商水陆通衢,稽查弹压,均关紧要,非明体达用之员弗克胜任。臣等

---

   * 据《光绪朝硃批奏摺》,第9辑,第191页。

   ** 据后附张之洞等《请以陈世卿补黄州府武黄同知摺》摘录。

在于通省现任简缺同知内逐加遴选，实无合例堪调之员，截取记名分发亦无人。

惟查有候补班尽先补用同知陈世卿，年四十六岁，江苏娄县人，由监生遵例报捐同知，指分四川试用，投效贵州军营，于克复龙里、贵定各城在事出力保奏，同治八年正月二十二日奉上谕："著俟补缺后以知府用。钦此。"又于克复兴义府城出力保奏，十年九月初十日奉上谕："著赏戴花翎。钦此。"又于克复麻哈州肃清全境出力保奏，十一年六月二十二日奉上谕："著以同知本班归候补班前先补用。钦此。"光绪元年离营，遵例捐离原省，改指湖北。二年八月初十日经钦派王大臣验放，十月初四日到省，试看一年，期满奏咨留省补用。旋报捐本班尽先补用，接到加捐过班部文，坐光绪五年正月二十日行文，按照限减半计算，应以是年二月十五日为新班到省日期。嗣于办理牙厘出力保奏，七年三月初一日奉上谕："赏加四品顶戴。钦此。"九年二月丁父忧回籍，服满起复回省。十五年二月丁母忧回籍，服满起复，十七年六月二十七日回省，接到部文，准其起复。十八年因劝办顺直赈捐出力保奏，经部议"俟补同知离任归知府班后，加盐运使衔"，五月二十九日奉旨："依议。钦此。"

臣等查该员陈世卿精明稳练，朴实耐劳，且系候补班尽先补用同知，〈以之〉请补黄州府武黄同知要缺，实堪胜任。惟调缺请补，与例稍有未符，但人地实在相需，例得专摺奏请。该员系候补同知请补同知，衔缺相当，毋庸送部引见，惟系保归候补班后捐纳尽先人员，仍应试俸三年。

〖附〗张之洞、谭继洵：请以陈世卿 补黄州府武黄同知摺[*]

（光绪十九年十月十六日）

　　头品顶戴湖广总督臣张之洞、头品顶戴湖北巡抚臣谭继洵跪奏，为繁缺同知拣员请补，恭摺具陈，仰祈圣鉴事：

　　【前略】据湖北布政使王之春、按察使陈宝箴会详请奏前来。合无仰恳天恩，俯念员缺紧要，所有黄州府武黄同知要缺，准以候补班尽先补用同知陈世卿补授，实于地方有裨。【中略】谨合词恭摺具陈，伏乞皇上圣鉴，敕部核复施行。谨奏。

　　硃批："吏部议奏。"

酌办麻城教案详文（节录）^{**}

　　窃查本年五月间，麻城县宋埠地方因传教生衅，殴毙瑞典国教士二命一案，接据府县禀报，当经派委湖北候补道李谦驰往，督同黄州府、麻城县查办弹压，缉拿正凶，将教士尸棺派人妥送到省。旋据获犯李槁粑等九名，讯供禀报，复经派委湖北候补道裕庚驰赴黄州，督同黄州府高蔚光、麻城县张集庆提集犯证，复讯确供，定拟禀办。

　　缘李槁粑、徐全福、李福伢、刘玉城、李金狗、朱应、吴治太、陈观受、刘元灿分隶麻城、黄冈等县，各在麻城县属宋埠地方受雇帮

---

　　*　据《光绪朝硃批奏摺》，第9辑，第308～310页。

　　**　据后附张之洞《办结麻城教案摺》摘录。按：原文所涉人名，凡系蓄意使用之恶劣字，如"幅"、"湴"等，悉予径改。

工及游混贸易营生，彼此均不认识。该宋埠地方向无教堂，亦无各国洋人传教，本年二月间，有瑞国教士梅宝善、凌化云带同通事至宋埠对河之郝家铺地方，租赁李汉龙所赁郝姓后重房屋，售书传教。乡民未经习见，人心惊疑，谣言四起。

旋据该府县迭次禀由江汉关监督汉黄德道恽祖翼照会代办瑞国副领事丁乙尼，谕饬教士回汉，俟民情信从后始可前往。复经该县当面劝令早旋。迭准该副领事照复："已谕该教士等回汉，以免滋事。"旋因梅宝善一人先回，而凌化云被教民怂恿，仍留该处。又经江汉关道恽祖翼据禀照会该副领事，谕令速行撤回，又准该副领事复称："梅宝善已亲身往宋埠，撤令教士及教民回来"，以为该教士必可遵照领事谕嘱办理。讵梅宝善又偕教士乐传道同至宋埠，后凌化云虽归，而梅宝善、乐传道又复久留不去。

该处五月十五、六等日向有竞渡故事，届期男女聚观甚众，即有无知之徒私贴揭帖等事。该县恐酿事端，移知把总董开泰往接该教士等暂为移居县城，该教士为众教民所牵掣，坚不肯动；鹅笼巡检殷廷瑜又复亲往，劝其暂避巡检署内，亦不肯从，并雇有郝姓镖手数名，恃为无恐。

至十八日，有朱应等数人路过教士门首，声称欲看洋人，甲长郝人和拦阻，争闹骂詈，众人愈聚愈多，不知何人掷石将郝人和额颅打伤，教士令在地躺卧，用药敷治，一面令镖手等将朱应、吴治太、陈观受、刘元灿四人捉入捆缚，交郝人和等解送县城收管。

时后门已为众所拥阻，郝人和等系由前门潜出，绕道赴县，而门外众人不知，屡向教士索人不应，当有李稿粑同众用石撞开后门，齐入屋内，遍寻未见，见有郝人和受伤卧地血迹，群疑为四人已死，适又见前重房屋不知因何火起，又疑为打死四人后焚烧灭迹，乱向教士寻殴。

　　两教士情急爬登屋上，持瓦抵御，众亦随之而上。梅宝善因向李金狗扑跌落地，被李稿粑上前拾取木榍首先殴打，旋同众人乱殴；乐传道在屋，众人齐上追打，亦被徐全福首先踢落下地，复同众接住乱殴。均各当时身死。李福伢、刘玉城乘机同众抢拾物件，事后均各逃散。

　　旋经该县验明尸伤，棺殓填格具报，经道员裕庚亲提，督同府县复讯，供认不讳，并由该府县开具供摺，一同禀报，该道恽祖翼复核无异，案无遁饰。

　　查律载："共殴人致死，下手致命伤重者，绞"；又例载："共殴人致死，乱殴不知先后轻重者，无原谋，坐初斗者为首"；又例载："斗殴之案，若被死者扑殴闪避，致令自行失跌身死者，照不应重律，拟杖八十；又，因失火而乘机抢夺，但经得财为从者，杖一百，徒三年，于面上刺'抢夺'字样"；又律载："不应为而为，事理重者，杖八十"各等语。

　　此案李稿粑、徐全福因众人找寻朱应等四人未见，疑为已死，共向教士寻殴，李稿粑于教士跌落后首先向打，徐全福于教士上房避御首先踢伤下地，旋同众人乱殴身死，当时人多手杂，不知何人致死，自应罪坐"初斗为首"。李稿粑、徐全福二犯，合依"共殴人致死，乱殴不知先后轻重者，以初斗为首"、"共殴人因而致死者，绞"律，拟绞监候，秋后处决。

　　惟该二犯凶横肇祸，情节甚重。查同治五年上海县客民张桂金故杀法国巡捕巴陇身死一案[①]，经南洋大臣以"事关中外交涉，必须速结，应由总理衙门会同刑部另拟专条，奏明办理"等因，旋经会奏，提前即办，以期速结，奉旨允准在案，是交涉案件本有"速

---

　　①　"巴陇"，《张之洞全集》作"巴龙"。

结"专条。现奉准总理衙门十月初四日豪电开："此事必应速结"等因，自应比照成案，从重提前办理。

查此案李穇粑既已撞门寻闹，致两教士情急登屋，复乘梅宝善自屋上跌落下地之时辄即首先殴打，旋同众人乱殴致毙；徐全福先同众人寻打，见乐传道已经逃避上屋，辄又登屋追打，首先自屋上踢落下地，复同众乱殴致毙。该二犯以不干己事，倡首逞凶，及至两教士跌落下地之时，既非彼此互殴，尤非情急抵御，乃复赶打乱殴，致令遍体鳞伤，登时连毙二命，实属情凶近故，非寻常乱殴罪坐初斗者可比，诚如总理衙门来电："其凶横较寻常乱殴坐罪较重"。

复查李穇粑、徐全福二犯向来俱系拳棒教师，人所共知，经道员裕庚查明属实，是该二犯均系素不安分之徒。此次众人初只乱闹，尚未敢公然下手，独该二犯首先殴踢，以致两命惨毙，几酿衅端，其为祸首罪魁，实属众目共睹。

臣督同臬司、江汉关道公同核议，此案并无原谋，且在场哄闹之人甚多，断不能如教士单开所指，任意株累；惟该二犯既经讯明情节甚重，与寻常乱殴坐罪者已有不同，且事关交涉，尤未敢拘泥寻常例案，似宜从重提前惩办，庶可期辟以止辟。自应比照成案，奏明请旨遵行。

抑臣之愚，更有请者。查湖北民情不静，处处与教堂洋人相龃龉，自近年揭帖之风大炽，动思生衅。光绪十七年四月武穴有殴毙英国洋人二名之案，是年七月宜昌又有焚毁法、美、英各国教堂、洋行之案；光绪十八年六月谷城有焚毙教民雷财义之母之案，襄阳有焚毁杨家冈教民房屋之案，多方弹压，防不胜防；本年又有麻城殴毙瑞国教士二名之案。若不严惩拟抵，是小国之与大国办法未能一律，殊于政体有妨。

且愚民、游匪以为殴毙洋人可不抵偿，必致不遵法令，动辄杀伤,各国洋人纷纷被害,尚复成何事体? 倘以后滋事日甚,岂不诛杀更多? 今拟请援案从重提前惩办,庶免愚民踵辙生衅,多蹈法网。

惟瑞总领事屡次来文、面议,皆欲援照武穴案,将该二犯立即拟斩,当以"彼系会匪煽动之时,案情不同"力驳之。特此案固应与武穴案有所区别,然亦未便稍从轻纵。臣系为熟筹交涉大局、保全将来民命起见,至此案究应如何办理之处,伏候圣裁。

至李福伢、刘玉城因失火往看,见众人围打教士,据供并未帮殴,惟见众人抢物,亦随同抢得零星物件。李福伢、刘玉城二犯,应照"失火乘机抢夺人财物,但经得财为从者,杖一百,徒三年"例,拟杖一百,徒三年,于面上刺"抢夺"字样。

李金狗因失火往救,两次被众拥送上房,致令教士向扑落地,虽据供称并无殴打情事,究属不应;朱应、吴治太、陈观受、刘元灿首先骂詈,致酿衅端,均属不安本分。李金狗、朱应、吴治太、陈观受、刘元灿五犯,均照"不应,重,杖八十"律,各拟杖八十,仍酌加枷号一个月,无干省释。此拟办各犯之情形也。

其抚恤一节,该两教士同时惨毙,情殊可悯,惟与武穴烧毁教堂者不同。现议两教士各给与抚恤洋例银一万两,补给失物、书籍等项洋例银一万二千两,共折合库平银三万零五十七两一钱二分,当经饬江汉关道送交瑞总领事收清。

其宋埠再往传教一节,查宋埠民情愤怒,其势汹汹,目前必不相安,断难准其再往,现议二十个月后再往传教,若临时实有不能去情形,再由江汉关道照会阻止。该总领事均已照复照办。此议定抚恤及从缓再往麻城传教之情形也。

〖附〗张之洞：办结麻城教案摺[*]

（光绪十九年十二月初十日）

头品顶戴湖广总督兼署湖北巡抚臣张之洞跪奏，为湖北麻城县民教滋事，殴毙瑞典国教士二人，焚毁教士住屋，获犯拟议惩办，比照成案，请旨遵行，并与领事议定抚恤数目及从缓再行传教情形，恭摺奏祈圣鉴事：

【前略】由臬司陈宝箴详请奏明请旨前来。

【中略】

窃查瑞国总领事柏固两次来汉口议办此事，各国教士意欲藉端生事，势颇纷纭，臣遵照总理衙门叠次来电指示办法，务期妥速议结，多方开譬，剀切辩论，其窒碍难行者，皆已直言驳复，现已议允结案。

除将正从各犯供招咨送总理衙门、刑部外，理合恭摺由驿驰奏，伏祈皇上圣鉴，训示施行。谨奏。

硃批："该衙门议奏。"

为光绪十九年分教职佐杂甄别事会详（节录）^{**}

窃查定例："甄别教职、佐杂，各按该省额缺，以百之二三为率，参劾及数者免议。如该省果无应行参劾之员，令该督抚、学政切实声明等因。"查湖北省教职一百四十缺，每年应甄别去任三四员；佐杂二百零五缺，每年应甄别去任四五员。

＊　据《光绪朝硃批奏摺》，第 120 辑，第 202～206 页。按：此摺正文另见《张之洞全集》，第二册，第 902～906 页。今仍其题。

＊＊　据后附张之洞《光绪十九年分甄别教职佐杂均未及额摺》摘录。

今光绪十九年分甄别佐杂,未届初次俸满革职者一员,计教职、佐杂两项仅只参劾佐杂一员,其余均尚循分供职,是以参劾未经及额。

〖附〗张之洞:光绪十九年分甄别教职佐杂均未及额摺[*]

(光绪十九年十二月二十六日)

头品顶戴湖广总督兼署湖北巡抚臣张之洞跪奏,为光绪十九年分甄别教职、佐杂均未及额,据实陈明,恭摺仰祈圣鉴事:

【前略】据布政使王之春、按察使陈宝箴会详请奏前来。臣复查无异,除仍随时察看,如有衰庸不职之员,另行参办,并将已劾之员开具清摺咨送军机处、吏部查核外,理合会同湖北学政臣孔祥霖恭摺具奏。再,湖广总督系臣本任,应毋庸会衔,合并陈明,伏祈皇上圣鉴。谨奏。

硃批:"吏部知道。"

会详请以赵永清委署郧西县(节录)^{**}

郧西县知县吴国恩因病请假回省就医,所遗该县印务,亟应委员往署,以重职守。查有本任嘉鱼县知县赵永清,朴实谨慎,治理详明,堪以署理。

---

　*　据《光绪朝硃批奏摺》,第9辑,第469页。

　**　据后附张之洞《赵永清委署郧西县片》摘录。

〖附〗张之洞：赵永清委署郧西县片*
（光绪十九年十二月二十六日）

再，【中略】据布政使王之春、按察使陈宝箴会详前来，除檄饬遵照外，谨附片具奏。再，湖广总督系臣本任，应毋庸会衔，合并陈明，伏祈圣鉴。谨奏。

硃批："吏部知道。"

为查明光绪十八年湖北驿站
马匹情形详文（节录）**

查明江夏等州县光绪十八年分额设驿站马匹，均系膘壮足额，在站应差，并无亏缺及疲瘦等弊。各具印结，由该管道府层递加结，请奏咨前来。

〖附〗张之洞：查明光绪十八年
湖北驿站马匹情形摺***
（光绪十九年十二月二十六日）

头品顶戴湖广总督兼署湖北巡抚臣张之洞跪奏，为查明各州县额设马匹并无缺额、疲瘦，恭摺仰祈圣鉴事：

窃准兵部咨："同治元年闰八月二十日奉上谕：'各直省驿站额设马匹，接递公文，均关紧要，并著各该管大臣确切查核，年终具

---

　*　据《光绪朝硃批奏摺》，第9辑，第470页。按：此片为上摺之附片。
　**　据后附张之洞《查明光绪十八年湖北驿站马匹情形摺》摘录。
　***　据《光绪朝硃批奏摺》，第55辑，第652~653页。

奏,如查有缺额及疲乏等弊,即著从严参办等因。钦此。'"钦遵办理在案。

兹据湖北按察使陈宝箴详称:"【中略】"臣复查无异,除印结咨送兵部外,理合恭摺具陈,伏祈皇上圣鉴,敕部查核施行。谨奏。

硃批:"兵部知道。"

会详请以诸可权委署荆门直隶州(节录)[*]

荆门直隶州知州严鸷昌因病禀请回省就医,所遗该州印务,查有江夏县知县诸可权,为守兼优,办事切实,堪以署理。递遗江夏县知县印务,查有本任黄梅县知县徐士彦,才猷老练,稳慎勤明,堪以署理。

〖附〗张之洞:诸可权委署荆门直隶州片^{**}
(光绪二十年二月十八日)

再,【中略】据布政使王之春、按察使陈宝箴会详前来,除檄饬遵照外,理合附片具陈。再,湖广总督系臣本任,毋庸会衔,合并陈明,伏祈圣鉴。谨奏。

硃批:"吏部知道。"

为薛福祁等分别委署州县印务事会详(节录)^{***}

署蒲圻县知县刘春生、署沔阳州知州李钠、署随州知州陈豪均经调省,各该州、县印务,亟应分别委员往署,以重职守。

---

　*　据后附张之洞《诸可权委署荆门直隶州片》摘录。
　**　据《光绪朝硃批奏摺》,第9辑,第619页。
　***　据后附张之洞《薛福祁等分别委署州县印务片》摘录。

所有蒲圻县知县印务,查有汉阳县知县薛福祁稳练详明,堪以署理;沔阳州知州印务,查有本任保康县知县葛振元精强奋勉,堪以署理;随州知州印务,查有本任兴国州知州宋熙曾果断有为,堪以署理。

〔附〕张之洞:薛福祁等分别委署州县印务片[*]
（光绪二十年二月十八日）

再,【中略】据湖北布政使王之春、按察使陈宝箴会详前来,除檄饬遵照外,谨附片具陈。再,湖广总督系臣本任,毋庸会衔,合并陈明,伏祈圣鉴。谨奏。

硃批:"吏部知道。"

为知州繁简各缺互相调补事会详（节录）^{**}

窃照定例:"繁简互调人员,如才堪治繁、现任偏僻,或止堪治简、现任繁剧,准该督抚酌量更调。部复到日,将题调要缺调补部选缺分之员送部引见";又:"州县等官,必历俸三年以上,方准拣选调补"等语。

查湖北随州知州系繁、疲、难兼三要缺,地广赋繁,民情强悍,且毗连豫境,治盗为亟,必得猛以济宽,方足以资整顿。该本任知州濮文昶,江苏进士,由即用知县分发湖北,补授汉阳县,升补今职。该员前在任时,于地方公事、审理案件均属勤慎,尚无贻误,惟人甚谨饬,宅心宽厚,于斯缺不甚相宜,未便稍存迁就,亟应酌量改调,以重地方。

---

* 据《光绪朝硃批奏摺》,第9辑,第619页。

** 据后附张之洞等《知州繁简各缺互相调补摺》摘录。

查有鹤峰州知州丁国桢,河南监生,由劳绩保举知州,补授今职,于光绪十五年二月初三日到任,历俸已满三年。该员勤求治理,明干有为,现经调署襄阳县知县,地近随州,情形相同,措施悉当,宽严得宜,以之调补随州知州要缺,洵堪胜任。所遗鹤峰州知州系属选缺,政务较简,民素驯良,拟请即以濮文昶调补,可期经理裕如。该二员任内均无积案及欠解钱粮、承缉盗案、已起降调革职参限,濮文昶系调简之员,亦无承追督催有关展参之案,核与对调之例相符。

〔附〕张之洞、谭继洵:
知州繁简各缺互相调补摺*
(光绪二十年三月二十九日)

头品顶戴湖广总督臣张之洞、头品顶戴湖北巡抚臣谭继洵跪奏,为知州繁简各缺互相调补,恭摺具陈,仰祈圣鉴事:

【前略】据湖北布政使王之春、按察使陈宝箴会详前来。合无仰恳天恩,俯念员缺紧要,因地择人,准以鹤峰州知州丁国桢调补随州知州要缺,所遗鹤峰州选缺,即以濮文昶对调,一转移间,人地各得其宜,实于地方有裨。

再,该员濮文昶系以繁调简,容俟接准部复,再行饬令赴部引见;丁国桢系以简调繁,衔缺相当,毋庸送部引见。谨合词恭摺具奏,伏祈皇上圣鉴,敕部核复施行。谨奏。

硃批:"吏部议奏。"

---

* 据《光绪朝硃批奏摺》,第9辑,第720~721页。

为知县繁简各缺互相调补事会详（节录）*

窃照定例："繁简互调人员，如才堪治繁、现任偏僻，或止堪治简、现任繁剧，准该督抚酌量更调。部复到日，将题调要缺调补部选缺分之员送部引见"；又："州县等官，必历俸三年以上，方准拣选调补"等语。

查湖北崇阳县知县系繁、疲、难应题要缺，界连江西，民情刁悍，政务殷繁，夙称难治，必得宽猛相兼，方足以资整顿。且当茶市盛行之时，商贾辐辏，华洋交易，尤须应变之才。该本任知县郑敦祜，湖南监生，由曾任实缺知县分发湖北，题补今职。该员前在任时，于地方公事尚无贻误，惟宽厚有余，应变不足，于斯缺不甚相宜，未便稍涉迁就，亟应酌量改调，以重地方。

查有恩施县知县黄承清，江西举人，由捐纳知县选授今职，于光绪十六年七月初八日到任，历俸已满三年。该员才具明敏，奋发有为，于茶务通商颇知讲求，以之调补崇阳县知县要缺，实堪胜任。所遗恩施县知县系属选缺，事简民驯，并无茶务，拟请即以郑敦祜调补，可期经理裕如。该二员任内均无积案及欠解钱粮、承缉盗案、已起降调革职参限，郑敦祜系调简之员，亦无承追督催有关展参之案，核与对调之例相符。

---

* 据后附张之洞等《知县繁简各缺互相调补摺》摘录。

〖附〗张之洞、谭继洵：
知县繁简各缺互相调补摺[*]

（光绪二十年四月二十四日）

头品顶戴湖广总督臣张之洞、头品顶戴湖北巡抚臣谭继洵跪奏，为知县繁简各缺互相调补，恭摺具陈，仰祈圣鉴事：

【前略】据湖北布政使王之春、按察使陈宝箴会详前来。合无仰恳天恩，俯念员缺紧要，因地择人，准以恩施县知县黄承清调补崇阳县知县要缺，所遗恩施县选缺，即以郑敦祜对调，一转移间，人地各得其宜，实于地方有裨。

再，该员郑敦祜系以繁调简，容俟接准部复，再行饬令赴部引见；黄承清系以简调繁，衔缺相当，毋庸送部引见。谨合词恭摺具奏，伏祈皇上圣鉴，敕部核复施行。谨奏。

硃批："吏部议奏。"

合衔请建陈国瑞专祠详文（节录）^{**}

已故记名提督原任浙江处州镇总兵陈国瑞，于咸丰初年投隶戎行，转战安徽、河南、江苏、山东、山西、直隶等省及湖北本省地方，所向皆捷，生平战绩业经各省督抚、统兵大臣胪列具奏，蒙恩宣付国史馆立传，毋庸赘述。而其在湖北剿贼之功，则麻城一役尤为卓著。

同治三年，伪浮〔扶〕王陈得才等纠合陕西、皖、豫悍贼数十万

窜入楚境①，屯踞麻城县属之白杲等处，连营筑垒，势甚猖獗，迤北一带多树木栅，长四十里。该贼大股久据麻城，东南则分扰黄冈、黄陂、孝感，西北则分扰安陆、云梦，到处蹂躏，民不聊生。

该故镇奉命由皖、豫入楚剿贼，冒暑前进，兵才八百人，不俟大军齐集，即于是日三股分五路进兵，拔其木栅，破其土垒，擒斩大小头目百余名，馀众惊溃下窜。复追贼于蕲州、蕲水、罗田、广济等处，至冶溪河，与贼大战，杀贼数千人，毙捻首贼目亦众。贼败，奔溃至英山、霍山之界，其众尚逾十万，该故镇与楚、皖官军合剿，正酣战时，贼望见国瑞旗帜，惊呼大败，擒伪端〔祜〕王蓝成春于阵②，陈得才服毒死，遣散胁从难民无数。楚省赖以安堵，江北大定，其功最伟。

以上诸战功，均经大学士李鸿章咨送国史馆有案。推之倡输巨款以兴阖邑善举，并捐盐本银两，加广永远学额，遗爱至今，系人思慕。兹据该绅士等吁恳于本籍建立专祠，系属援案办理。

〔附〕张之洞：请建陈国瑞专祠摺*

（光绪二十年四月三十日）

窃据湖北应城县知县高培兰详："据举人王承禧呈称：'已故记名提督原任浙江处州镇总兵陈国瑞，功在桑梓，爱慕弗忘，已蒙恩于立功地方准建专祠，请在于原籍应城县地方援案捐建专祠'"等情，详经批饬司局核复去后。兹据湖北布政使王之春、按察使陈宝箴会同善后局司道详称："【中略】"详请具奏前来。

---

① 陈得才在太平天国受封"扶王"，"浮"为蓄意使用之恶劣字。
② 蓝成春在太平天国受封"祜王"。
* 据《张之洞全集》，第二册，第911～912页。今仍其题。按：此摺初见录于《张文襄公全集》卷三十四《奏议三十四》。

臣等查该故镇陈国瑞转战各省，迭著奇功，山东、江苏立功地方已蒙恩准建立专祠，兹湖北本籍亦系该故镇立功之地，所请捐建专祠，事同一律。合无仰恳天恩，俯准援案将已故记名提督原任浙江处州镇总兵陈国瑞在于应城县本籍由绅民捐建专祠，列入祠〔祀〕典，由地方官春秋致祭，以彰勋绩而顺舆情。

硃批："另有旨。钦此。"

合衔请将金国琛附祀并请立传详文（节录）*

窃据湖北在籍绅士前云南巡抚贾洪诏等联名呈称：已故布政使衔广东按察使金国琛，江苏江阴县人，自少读书，敦尚志节，留心经世之学。咸丰年间，以诸生投效故浙江宁绍台道罗泽南军营，一见即深加器异，委任营务。能与士卒同甘苦，而部勒严整，每督队剿贼，虽仓猝犯之，屹如也。

咸丰五年，随克江西之弋阳县、广信府、义宁州，湖北之通城、崇阳、蒲圻、咸宁等县。六年，随克武昌省城及武昌县、黄州府、兴国州、大冶县暨江西之瑞昌县。七年，故浙江布政使李续宾接统湘军，以该员谋勇兼优，委总理营务处，即分军袭克江西湖口县，进克彭泽县。八年四月，随克九江府。旋值李续宾三河败没，该员与故安徽巡抚李续宜招集散亡，激以忠义，军威复振。

九年，逆首石达开围攻湖南宝庆府，饷道、文报俱梗，李续宜往援，该员总理营务处，率师先驰赴敌，一战解围。升任湖南巡抚骆秉章奏报，叙该员之战功最详。是役实为诸军推服之始，故湖北巡抚胡林翼与粮台书谓："该员为湘军最久之人，得兵心，明地势，凡紧要军谋，侪辈中无以过之"，爰委统抚湘十四营。

---

* 据后附张之洞《请将金国琛附祀并请立传摺》摘录。

是年冬，逆首陈玉成以全股悍党勾串捻匪十余万，分道上犯，图解安庆之围困，故提督鲍超军于小池驿，诸军往救，皆失利，该员密陈于胡林翼，请由间道急行赴援。时岁暮大雪，该员率所部十四营自潜山疾趋天堂镇，攀援险阻，阅十日，乃出高横岭仰天庵，从万山深处俯视贼营，贼大惊气夺。十年正月十一日，大破贼众，毁贼垒七十余座，先后毙贼六千余人，生擒悍酋蓝承宣。二十六日，与诸军夹击，又大败之，立克太湖、潜山两城，是为该员独当一面之始。

十一年二月，发逆大股由皖北上犯楚疆，连陷黄州、孝感、云梦、德安、随州诸城，李续宜由桐城赴援，贼已绕窜腹地，在诸军之前。该员以官军若由下追剿，贼必直趋武汉，省垣将危，于是请以大军径驻武昌，身统七千余人，由南岸渡至汉口双庙、杨店一路，疾趋上游，与统带水师彭玉麟为迎头截击之举。连战皆捷，遂克孝感、云梦等城，积功涨保道员，赏加按察使衔。

其时逆匪盘踞德安，图窥荆、襄，该员率所部直捣府城，筑炮台、掘地道，昼夜环攻，七月十二日将郡城克复，乘胜追至平林市西河暨应山所属之吴家店等处，歼贼万余。奏上，奉旨加布政使衔，交军机处记名简放。是年九月，奉旨补授安襄郧荆道。襄樊为楚边重镇，发、捻时相窥伺，该员于樊城建筑土城，督率地方文武整顿团防，讲求战守，迄以无患。

同治元年七月，发逆马融和由湖北郧西县败窜河南南阳府，纠党数万，围攻郡城，该员念南阳与襄樊唇齿相依，亲率各营越境援剿。十六日，与贼鏖战三时之久，歼毙悍酋多名，贼始败退。次日，乘胜追击四十余里，前后杀贼二千有奇，城围立解，民庆更生，故大学士湖广总督官文奏报谓："宛郡为南北关键，设有疏虞，不特秦、豫有肘腋之忧，即楚边亦将不靖，厥功甚伟"，奉旨优叙。

嗣经前湖北巡抚严树森以赴调迟延,奏请以同知降补。二年,经故大学士两江总督曾国藩奏调赴皖,委统义、从等营,防战皖南一带发逆,迭将豹佛岭、黄备镇等处之贼剿除殆尽。三年十月,全皖肃清,奉旨开复原官,补授甘肃巩秦阶道。四年,皖南撤防,因母老多病,陈请开缺终养。

八年十二月丁艰。十一年三月服阕,因筹劝甘饷出力,经故大学士陕甘总督左宗棠奏复布政使衔。光绪元年十二月,奉旨补授广东督粮道,二年五月到任,督办通省厘务,厘剔弊端,勾稽精密。四年十月,奉旨补授广东按察使。任事后,清理积案,讲求吏治,昕夕不遑,嗣于〔因〕劳伤举发①,于五年六月十四日在任病故。

综计该员先后在军营十余年,身经百战,迭克名城,右臂、左腹等处均受有伤,年甫五十八,未竟其用,论者惜之。湖北士民称述战功,感念遗泽,历久不忘,由该绅等胪列事实,联名呈恳奏请附祀湖北省城故巡抚胡林翼专祠,并请将战功事迹宣付国史馆立传。

〔附〕张之洞:请将金国琛附祀并请立传摺*
(光绪二十年四月三十日)

【前略】饬由湖北布政使王之春、按察使陈宝箴会同善后局司道核明会详请奏前来。

臣等查已故臬司金国琛,以诸生投效湘军,知名最早,转战楚、江、皖、豫各省,战功卓越,当时统兵大臣如故大学士曾国藩、骆秉章、左宗棠、故巡抚胡林翼等皆深相引重。前在湖北攻剿发逆,保

---

①　"因",据《张文襄公全集》校改。

*　据《张之洞全集》,第二册,第913~915页。今仍其题。按:此摺初见录于《张文襄公全集》卷三十四《奏议三十四》。

卫地方，所向克捷，不可殚述；而其越境解湖南宝庆之围，安徽天堂山之捷，解河南南阳之围，皆关系中原大局。稽之奏案，采之舆论，其勤劳功绩，实有不可湮没者。

近年以来，如前浙江按察使刘盛藻、两广盐运使段起、安徽凤颖〔颍〕六泗道任兰生①，皆以有功地方，一经奏请建祠、立传，无不立沛恩施。既据该绅等公呈吁请，合无仰恳天恩，俯准将已故布政使衔广东按察使金国琛附祀湖北省城故巡抚胡林翼专祠，并请将战功事迹宣付国史馆立传，以彰荩绩而顺舆情。

硃批："另有旨。钦此。"

会详查明京控未结各案（节录）*

陆续奉到部院衙门奏交、咨交京控各案，随时委提人卷解省发审。其有距省较远州县之案，移交该管道就近提审，或委员前往，会同该管府审办。已将光绪十六年六月以前未结各案造册，详请奏报在案。

兹值半年汇奏之期，查湖北省京控案件，除已审结咨送供招及详咨注销各案毋庸开列外，其未结之案，因要证远出，无从质讯，咨明展限者二十起，现在提到人证审办之案十二起，核计尚无迟延。

〔附〕张之洞：奏陈查明京控未结各案摺**
（光绪二十年五月二十六日）

奏为查明京控未结各案，开单恭摺具陈，仰祈圣鉴事：

---

①　"颍"，据《张文襄公全集》校改。

*　据后附张之洞《奏陈查明京控未结各案摺》摘录。

**　据《张之洞全集》，第二册，第915～916页。今仍其题。

窃查前准刑部咨："议复光禄寺少卿延茂奏'稽核京控审限，每年将已完、未完数目两次汇开清单具奏，以归画一，并摘录案由，注明交审月日及未结各案因何未能审结缘由，于每年两次复奏时详细声明'等因。奉旨：'依议。钦此。'"咨行遵办在案。

兹据湖北布政使王之春、按察使陈宝箴详称："【中略】"等情，开呈清册，请奏报前来。臣等复核无异，除清册分送刑部、都察院、步军统领衙门查照外，谨缮清单，恭摺具陈，伏祈皇上圣鉴。谨奏。

硃批："刑部知道。单并发。"

会详请以刘秉彝调江陵知县（节录）*

窃照江陵县知县龙兆霖在任丁父忧，当经题报开缺，声明所遗要缺容另拣员请补在案。

查截缺章程内载："丁忧之缺有本日可计者，即以本日作为开缺日期"；又例载："知县应调缺出，令于现任人员内拣选调补"；又："州县等官，必历俸三年以上，方准拣选调补"各等语。今江陵县知县龙兆霖系于光绪十九年十二月三十日在任丁父忧，应归十二月分截缺，系最要缺，应照例拣员请补。该县为荆州府附郭首邑，水陆衙〔冲〕衢，政繁赋重，且有经管堤工，修防尤关紧要，非精明干练、才识兼优之员，弗克胜任。

臣等在于通省实缺知县内逐加遴选，查有云梦县知县刘秉彝，现年五十岁，浙江泰顺县人，由监生应同治六年丁卯科并补行甲子科本省乡试，中式举人。甲戌科考取宗学汉教习。光绪元年，充补右翼宗学教习，期满，蒙钦派王大臣验放，奉旨："著以知县用。钦此。"五年，在福建茶捐案内捐同知阶衔。六年，在部呈请分发，签

---

*　据后附张之洞《奏以刘秉彝调江陵知县摺》摘录。

分湖北，蒙钦派王大臣验放，奉旨："著照例发往。钦此。"七年四月二十九日到省。八年，委解京饷，议叙本班尽先补用。九年，题署云梦县知县。十年正月十五日到任，试署一年期满，业经实授在案。十六年十二月，在直隶赈捐局捐助棉衣，奖给花翎。历经调署罗田、孝感、武昌等县知县，办理均属裕如。

该员刘秉彝才具明敏，办事慎勤，核计试俸、历俸早已届满，本任、署任均无积案及承缉盗犯、欠解钱粮、已起降调革职参限，以之调补江陵县知县要缺，实堪胜任，与例亦属相符。该员系现任知县请调知县，衔缺相当，毋庸送部引见。所遗云梦县知县员缺，湖北省现有应补人员，容俟接准部复，再行照例拟员请补。

〔附〕张之洞：奏以刘秉彝调江陵知县摺*
（光绪二十年八月二十八日）

奏为繁缺知县拣员调补，恭摺仰祈圣鉴事：

【前略】据湖北布政使王之春、按察使陈宝箴会详请奏前来。合无仰恳天恩，俯念江陵县知县员缺紧要，准以云梦县知县刘秉彝调补，实于地方、吏治均有裨益。【中略】谨合词恭摺具陈，伏祈皇上圣鉴，敕部核复施行。谨奏。

硃批："吏部议奏。"

为循例举办甲午武乡试详文（节录）**

窃查武闱乡试，凡总督、巡抚同省者，例应以抚臣为主考，督臣为监临，历经遵照办理在案。兹查湖北省光绪二十年甲午正科武

---

　　*　据《张之洞全集》，第二册，第927～928页。今仍其题。

　　**　据后附张之洞《循例举办甲午武乡试摺》摘录。

闱乡试试期伊迩,亟应循例举办,所有内外场考试,自应由臣谭继洵主考,臣张之洞监临。谨将应办一切事宜预为筹备,并拣派提调监试,会同两司随同校阅,以期选拔真才,仰副圣主修明武备之至意。

〖附〗张之洞:循例举办甲午武乡试摺*
(光绪二十年八月二十八日)

奏为湖北省甲午正科武闱乡试循例举办,恭摺具陈,仰祈圣鉴事:

【前略】据署湖北布政使陈宝箴具详前来,理合将举行武乡试监临、主考循例分办缘由,会同湖北学政臣孔祥霖恭摺具奏,伏祈皇上圣鉴。谨奏。

硃批:"知道了。"

为甄劾庸劣不职各员事会详(节录)**

查有通山县知县刘焕章,性情暴厉,苛察自矜,使酒任性,审理案件听断多不平情,动辄滥刑科罚,违例妄为。又,宣恩县知县王志章,于劝办顺直赈捐暨积谷育婴等事,并不分晰妥为办理,亲赴各乡设为夫马帮费名色,任意苛派扰累,民怨沸腾,几致酿事。

当将该员等先行撤任,派员前往密查。接据委员禀复暨该管道府揭报,情形相同。似此庸劣不职,亟应纠参,以示惩警。

---

* 据《张之洞全集》,第二册,第929页。今仍其题。
** 据后附谭继洵《甄劾庸劣不职各员摺》摘录。

〔附〕谭继洵：甄劾庸劣不职各员摺*

（光绪二十年十二月二十二日）

头品顶戴兼护湖广总督湖北巡抚臣谭继洵跪奏，为甄劾庸劣不职各员，请旨即行革职，恭摺仰祈圣鉴事：

窃照州县之政治，关系民生之休戚，牧令不得其人，地方必致贻误。兹据署湖北布政使陈宝箴、署按察使瞿廷韶会详："【中略】"等情，详请奏参前来。臣复加访查无异，均不便姑容，相应[应]请旨将通山县知县刘焕章、宣恩县知县王志章一并革职，以肃官方。如蒙俞允，所遗通山[县]、宣恩两县知县均系选缺，照章应一留一咨，拟请将通山县缺扣留外补，宣恩县缺送归部选。又，湖广总督系臣兼护，毋庸列衔，合并声明。

谨恭摺具陈，伏祈皇上圣鉴。谨奏。

硃批："另有旨。钦此。"

---

*　据中国第一历史档案馆藏档。

卷二十五　公牍三

光绪二十年及节年地丁旗产钱粮
查明经征分数详文（节录）[*]

查明光绪二十年经征本年及节年地丁旗产钱粮已、未完分数员名，开单详请具奏。

〖附〗王文韶：奏报经征光绪二十年
及节年地丁旗产钱粮分数摺^{**}
（光绪二十一年五月初十日）

署理直隶总督云贵总督臣王文韶跪奏，为光绪二十年经征本年及节年地丁旗产钱粮未完一分以上员名，缮具清单，恭摺仰祈圣鉴事：

窃查户部奏定章程："地丁钱粮奏销依限具题，先将未完一分以上员名开单奏报，其旗产钱粮概归地丁统计分数"；又部议："嗣后各省经征地丁钱粮议处各案，凡数在一百两以内，如有未完在五

---

* 据后附王文韶《奏报经征光绪二十年及节年地丁旗产钱粮分数摺》摘录。

** 据《光绪朝硃批奏摺》，第 67 辑，第 367~368 页。

分以上应革职开缺者,于奏报未完一分以上摺内声明'勒限三个月,严饬扫数征完'"各等因。

兹据布政使陈宝箴【中略】前来。臣复核无异,除咨部查照外,谨缮具简明清单,恭呈御览,伏乞皇上圣鉴,敕部查核施行。再,未完银两均无一百两以内、未完在五分以上、应行革职开缺之员,合并陈明。谨奏。

硃批:"户部议奏,单并发。"

为永平、遵化所属被灾较重
请缓征粮租事会详(节录)[*]

窃查上年夏秋之交,永平、遵化两府州属雨水连绵,冰雹迭降,滦、青各河同时涨发,漫决横溢,庐舍、民田尽成泽国,业经督臣李鸿章将灾歉村庄应征粮租奏蒙恩准分别蠲缓,并将冬赈春抚接续散放,本可无虞失所。

讵意本年四月初三、四、五等日,暴雨狂风昼夜不息,津沽一带海水腾啸,不特沿海州县村庄猝被淹没,即省城南北一带州县亦报被水,饥馑馀生复又遭此奇灾,更无生路。现值青黄不接,永、遵各属灾民,已饬筹赈局急筹钱米分投赈济;近省州县灾民,餬口无资,嗷嗷待哺,并饬藩司委员采买粮米,分设粥厂,办理平粜,暂救目前之急。惟永平、遵化两属系频年灾重之区,贫民益形困苦,本年新赋若令照常完纳,力实未逮。【后略】

此外,顺天、保定、天津等府属,亦因连年被水,民困不堪,今又雨水成灾,乡民房屋倒塌甚多,露宿风栖,殊堪悯恻,并有河堤漫决之处,积水未消,麦收无望,均经批饬认真查勘,酌发急抚银两,择

<small>* 据后附王文韶《永平、遵化所属被灾较重请缓征粮租摺》摘录。</small>

其极贫实在无力修盖之户，量加津贴。其原缓麦后启征春赋，应否展缓至秋后启征，容俟勘报到齐，察酌情形，另行核办。

〖附〗王文韶：永平、遵化所属
被灾较重请缓征粮租摺[*]

（光绪二十一年五月初十日）

署理直隶总督云贵总督臣王文韶跪奏，为永平、遵化两府州属被灾较重，恳恩缓征粮租，以苏民困，恭摺仰祈圣鉴事：

【前略】据藩司陈宝箴、署臬司朱臻祺具详请奏前来。合无仰恳天恩，俯准将永平、遵化二府州属应征光绪二十一年新赋并节欠一切正杂钱粮、旗租等项，一体缓至光绪二十一年秋后启征，并减免差徭，以纾民力。臣一面饬司颁发告示，晓谕停征。【后略】

所有永平、遵化两府州属被灾较重，请先缓征粮租缘由，除知会顺天府府尹查照外，理合恭摺由驿具陈，伏乞皇上圣鉴训示。谨奏。

砱批："另有旨。"

为固安县驻防兵丁被灾请恤详文（节录）^{**}

窃固安县驻防旗营因本年四月初三、四、五等日风雨交加，三昼夜不息，沥水汇归，衙署、兵房被水冲塌甚多，兵丁无处栖止，窘迫情形，不堪言状。

查光绪十六年水灾，经稽查采育粥厂升任太仆寺少卿胡聘之以左右两翼驻防兵丁生计维艰，奏请酌抚，经户部议照光绪九年成案，

---

* 据《光绪朝砱批奏摺》，第 67 辑，第 368～369 页。

** 据后附王文韶《固安县驻防兵丁被灾请恤摺》摘录。

按现放章程加给一月钱粮。在直境者由藩库拨给，在顺境者由府尹拨给，均在赈抚款内动支。十八、十九两年水灾，亦经循办在案。

本年固安驻防兵丁被灾困苦，应请援照历届成案，加给该兵丁等一月钱粮。固安系在顺属境内，应由顺天府府尹在于赈抚项下核明给发，以示体恤。

〔附〕王文韶：固安县驻防兵丁被灾请恤摺*
（光绪二十一年五月二十四日）

署理直隶总督云贵总督臣王文韶跪奏，为驻防兵丁被灾窘迫，援案恳恩量予抚恤，恭摺仰祈圣鉴事：

【前略】据藩司陈宝箴具详请奏前来。臣复查无异，理合会同兼管顺天府府尹臣孙家鼐、顺天府府尹臣陈彝恭摺具陈，伏乞皇上圣鉴，训示施行。谨奏。

硃批："著照所请，户部知道。"

为查明光绪二十年征完
下忙钱粮数目详文（节录）**

光绪二十年地粮，除蠲免、减免、缓、带征暨花户长完应抵外，实应征正银二百一十万三千五百二十二两五钱一分九厘四毫，内起运银一百六十二万八千七百三十七两六分四厘四毫，留支银四十七万四千七百八十五两四钱五分五厘；又应征起运项下耗银二十万九千二百九十六两六钱一分五厘，留支项下耗银五万二千二百四十八两八钱四厘。

---

* 据《光绪朝硃批奏摺》，第60辑，第395～396页。

** 据后附王文韶《查明光绪二十年征完下忙钱粮数目摺》摘录。

上忙征完正银一百七万四千二十二两九钱三分一厘,内起运银八十三万八千二百六十六两二钱五分六厘,留支银二十三万五千七百五十六两六钱七分五厘;又征完起运项下耗银十万八千九百五十二两三分五厘,留支项下耗银二万四千二百九十二两二钱六分七厘。业经奏明在案。

兹查出文安、高阳、青县等县上忙已完银内,有未奉文豁免、蠲免以前花户长完应抵下年正赋银二百二十五两九钱三分一厘,耗银二十七两六钱二分二厘,应即删除。

今下忙续征完正银九十五万七千一百七十八两四钱四分八厘四毫,内起运银七十二万五千六百四十五两四分八厘四毫,留支银二十三万一千五百三十三两四钱;又起运项下耗银九万二千五百三十四两八钱九分二厘,留支项下耗银二万七千三百十四两九钱三分八厘。

统计光绪二十年起运、留支正耗各项,除蠲、减、缓、带征并花户长完应抵外,共应征银二百三十六万五千六百六十七两九钱三分八厘四毫。今上、下两忙征完银二百二十八万四千四百四十一两九钱五分八厘四毫,计在九分以上;其余民欠未完银两,应俟奏销案内归结造册。

〖附〗王文韶:查明光绪二十年征完下忙钱粮数目摺[*]

(光绪二十一年闰五月初七日)

署理直隶总督云贵总督臣王文韶跪奏,为查明直隶光绪二十

---

[*] 据《光绪朝硃批奏摺》,第67辑,第381~382页。

年征完下忙钱粮数目,恭摺仰祈圣鉴事:

窃各省征收钱粮,应按上、下忙具奏,咸丰二年户部议定:"嗣后各省上、下忙钱粮,丰年以额征数目为准,蠲缓之年以应征数目为准,均按八分计算,上忙匀为三分,下忙匀为五分,责成藩司督催";又准部议:"嗣后办理上、下忙,应将留支银两与起运并列,匀作十分计算完报"等因。

兹据藩司陈宝箴详称:"【中略】",请奏前来。臣复核无异,除年款清册咨部外,理合恭摺具陈,伏乞皇上圣鉴,敕部查核。谨奏。

硃批:"户部知道。"

会详查明知县滥用非刑并请奏参事（节录）*

窃查任邱县民于群呈控"被边秋来等用枪械放札致伤",并边秋来之母呈称"于群听从王昆做伤诬陷"一案,该管河间府知府胡清瑞檄委即用知县傅钟涛赴县会审。该县王蕙兰同审一次,旋赴河工,此后即由傅钟涛自行提审。

将王昆、于群逐日拷逼,除笞责、掌责、手橄外,又上架子、跪铁链,并用碎瓷加入铁链,将两脚大趾吊起,倒跪瓷锋之上,更将马粪塞入口中。王昆、于群熬刑不过,认作做伤诬告。嗣将王昆、于群解府,于群在府身故。

将王昆提省,讯悉傅钟涛迭次刑逼情形,委员赴县查讯,事皆属实。查傅钟涛奉委审案,并不虚衷研讯,辄将王昆等上架,悬吊脚趾,令跪瓷锋,并以马粪塞入口中,实属滥用非刑、有心锻炼。酷虐至此,殊出情理之外。

---

　*　据后附王文韶《特参滥用非刑知县摺》摘录。

〔附〕王文韶：特参滥用非刑知县摺[*]

（光绪二十一年六月十八日）

署理直隶总督云贵总督臣王文韶跪奏，为特参滥用非刑之知县，恭摺仰祈圣鉴事：

【前略】据藩司陈宝箴、署臬司朱臻祺具详请参前来，相应请旨将即用知县傅钟涛即行革职，以儆官邪。至此案于群受伤属实，并非听从王昆做伤诬告，已据保定府讯有端倪。除饬令复审，按律拟办外，理合恭摺具奏，伏乞皇上圣鉴训示。谨奏。

硃批："著照所请，该部知道。"

为河间府胡清瑞修墓开缺
并请简放事会详（节录）[**]

河间府知府胡清瑞，河南襄城县进士，由刑部主事升补郎中，京察一等，引见，奉旨记名以道府用，补授今职，光绪八年十月初二日到任。兹据该员以"京外供职，离乡二十余年，现接家信，知祖坟倾颓、茔树剪伐，请开缺回籍修墓"等情，自应准其开缺回籍修墓，以遂孝思。

---

[*]　据《光绪朝硃批奏摺》，第 10 辑，第 743 页。

[**]　据后附王文韶《河间府胡清瑞修墓开缺并请简放片》摘录。

〖附〗王文韶：河间府胡清瑞
修墓开缺并请简放片 *

（光绪二十一年六月十八日）

再，据藩司陈宝箴、署臬司朱臻祺详称："【中略】"除饬俟交代清楚，给咨回籍，并咨河南抚臣外，理合附片具陈，伏乞圣鉴，敕部查照。再，所遗河间府知府员缺，应由部核明，准其开缺后请旨简放，合并声明。谨奏。

朱批："吏部知道。钦此。"

核明挖河筑堤占用粮田
请豁免钱粮详文（节录）**

上年因开挖格淀堤新河，占用天津县属杨柳青镇子牙河北岸白塔寺西民地，合在册白地六十三亩四厘，例不加闰，共应征〈正〉银七钱六分一厘、耗银七分六厘。又，机器局上年将天津县属韩家墅火药库接筑圈堤，占用该处民地合在册黄土坡民粮地四十八亩四厘八毫，例不加闰，共应征正银四钱六分四厘一毫、耗银四分六厘。均请自光绪二十一年为始，豁除粮赋，造入该年奏销册内报部。

---

　　* 据中国第一历史档案馆藏档，此系上摺之附片。按：此片另见《光绪朝朱批奏摺》，第 10 辑，第 744 页。
　　** 据后附王文韶《挖河筑堤占用粮田请豁免钱粮片》摘录。

〖附〗王文韶：挖河筑堤占用粮田 请豁免钱粮片[*]
（光绪二十一年六月中下旬）

再，【中略】据该县分案造具册结，呈经府道加结，由藩司核明具详前来。臣复核无异，除册结咨部外，理合附片具陈，伏乞圣鉴，敕部查照。谨奏。

朱批："户部知道。钦此。"

为保定驻防兵丁被灾请恤详文（节录）[**]

窃保定驻防旗营因本年四月初三、四、五等日风雨交加，三昼夜不息，官署、兵房冲塌甚多，兵丁无处栖止，兼以粮价昂贵，籴食维艰，窘迫情形，殊属可悯。

查光绪十六年水灾，经稽察采育粥厂升任太仆寺少卿胡聘之以左右两翼驻防兵丁生计维艰，奏请酌抚，业经户部议照光绪九年成案，按现放章程加给一月钱粮。在直境者由藩库拨给，在顺境者由府尹拨给，均在赈抚款内动支。十八、十九两年水灾并本年固安、东安、霸州驻防被水，亦经循办在案。

今保定驻防兵丁被灾困苦，应请援照成案，加给该兵丁等一月钱粮。保定系在直属境内，应由藩司在于赈抚项下核明拨给，以示体恤。

---

[*]　据中国第一历史档案馆藏档。按：该片篇末遵录奉到朱批日期为"光绪二十一年七月二十八日"，上奏时间即据此而推算。

[**]　据后附王文韶《保定驻防兵丁被灾请恤摺》摘录。

〔附〕王文韶：保定驻防兵丁被灾请恤摺*

（光绪二十一年七月初六日）

署理直隶总督云贵总督臣王文韶跪奏，为驻防兵丁被灾窘迫，援案恳恩量予抚恤，恭摺仰祈圣鉴事：

【前略】据藩司陈宝箴具详请奏前来。臣复查无异，理合恭摺具陈，伏乞皇上圣鉴，训示施行。谨奏。

硃批："著照所请，该部知道。"

会详遵查知县被参各款据实禀复事（节录）**

奉札后，当即檄委即用知县谭福泉接署该县篆务，并拣派候补知县程恩中驰往蠡县，按照原参各节，次第密查。嗣据委员访查明确，回省销差，并由该署县调核案卷，先后禀复。

查原参"蠡县知县马庆麒藉词军兴，勒令庄农捐缴银两，倘不如数，立即收押"一节。遵查光绪二十年九月间钦奉谕旨："以倭氛不靖，需饷浩繁，饬各省息借商款"，由前督臣李鸿章行司通饬遵办。当经马庆麒邀集绅董筹商办法，由县城三益公官盐店兑收经理，照章给票，不假胥吏之手。旋据城乡富商陆续共借银一万八千七百五十两，均系自愿遵借，并无逼勒。内惟村镇公和花店、永源钱店各允借银三百两，始虽意欲抗违，旋经绅董劝商，亦即愿一体兑缴，尚无带案收押之事。马庆麒因借有成数，禀请示遵，适奉户部奏准停止，当蒙檄委候补知县王开运前往蠡县，会同马庆麒传集允借各户到案，当堂宣布部文，谕令毋庸呈缴，并经王开运密询

---

*　据《光绪朝硃批奏摺》，第60辑，第465页。

**　据后附王文韶《遵查知县被参各款拟议复奏摺》摘录。

各商富，均称并无逼勒，旋即禀复在案。合之谭福泉、程恩中查复各禀，尚属相符，其无逼勒、收押等情，似属可信。原奏所参，或即因村镇公和、永源两店曾经绅董劝谕，传闻异词。此遵查原参马庆麒藉词军兴逼勒捐银等事之实在情形也。

原参又称"马庆麒苛派筑堤工费，远近骚然，尽入私橐"一节。遵查蠡县潴龙河南、北两堤计长七十余里，每年春间例修一次，由业堤村庄派夫；不出夫之村庄，按照差徭旧章，每应供车一分者，摊钱八千文购买桩料，约共京钱三千余串，由县出票差催，概交堤工局绅董经收办理。近年河身淤高，每过伏秋大汛，该堤决口常三四处至七八处不等，应出桩料者仍按章摊捐，自八千起至十六千止，不能再增，如有不敷，禀请司库发款，以工代赈。此系向来旧章。光绪十九年马庆麒任内决口过多，民情困苦，均系请发工赈银堵筑，并无摊派民间情事。二十年漫口，适值东征，库款支绌，始按车分摊，每车一分派捐京钱十六千文，亦系照章交堤工局绅董收办，不敷之款仍系禀请给发，实无向庄农苛派入橐之事，亦无久押未释之人。此遵查原参马庆麒苛派堤工公款等事之实在情形也。

原参又称"所有大小案件，无不积压拖累，纵差私押农民彭姓毙命"一节。遵查光绪十九年六月间，潴龙河南岸西孟尝村漫口，马庆麒照章饬派业堤各户出夫堵筑，当有中稔村保长彭庆元抗工不办，以致附近各村效尤，比将该保长传案申饬，始带领数夫赴工，搪塞两日，旋各散去。复经差拘，辄聚众殴夺，几酿巨案。嗣马庆麒设法将该保长彭庆元拘案，追究主使不认，比经管押，旋捏造文生齐宗尚等多名赴府呈控，查传并无其人。至二十年四月初七日，彭庆元在押患病，医治无效，旋于初八日因病身死。马庆麒正在肩门考试，禀请札委邻封安平县知县王锦阳过境验讯，并无别故，当场填格取结，经尸父彭玉奇领埋，录供通报有案。原奏所称私押致毙,或即此事,而传者指为私押,此外别无押毙彭姓之案。马庆麒于光绪十八年十二月到任,至本年五月交卸,查其移交后任新旧案件共十余起,或因票传未到,或人证未齐,传讯未结,均与月报相符,似尚不致过于积压。此遵查原参马庆麒大小案件积压拖累及私押彭姓毙命等事之实在情形也。

窃查马庆麒为人颇知自爱,博访人言,其在任时尚无贪污苛酷情事,惟当官办事时有因循怠缓之失,民间以该令听讼时少、结案綦难,常相率不复控诉,故移交虽止十余案,而谭福泉到任三月,断结之讼几为马庆麒在任两年之所不及,是其积压于无形而小民因之怨谤者诚恐不免。

又,其所办堤工,虽无侵蚀入己情弊,类不能督饬考核。潴龙河南岸社公甲堤一段,系该县最要之工,本年四月,马庆麒于堤前作护水埽坝,河水稍涨,即尽行冲刷无存。朱家坟漫口一处,计长五十丈,已经马庆麒修筑,未及两月即塌陷,低与水平。此外,南五夫庞各庄等处工程,虽费款不赀,或已报竣,而有名无实之事不一而足。

州县于民事至为切要,苟任其因循废弛堕坏于冥冥之中,后将不可挽救。马庆麒被参各节虽有未符,然于听讼、堤工等事实少振作。

〖附〗王文韶:遵查知县被参各款拟议复奏摺*
（光绪二十一年七月二十六日）

直隶总督臣王文韶跪奏,为遵查知县被参各款,据实复陈,请旨降补,以饬官常,恭摺仰祈圣鉴事:

---

* 据《光绪朝硃批奏摺》,第10辑,第826～828页。

窃臣承准军机大臣字寄：光绪二十一年四月二十六日奉上谕："有人奏：'直隶蠡县知县马庆祺藉词军兴，勒令庄农捐缴银两，倘不如数，立即收押；又苛派筑堤工费，远近骚然，尽入私囊；所有大小案件，无不积压拖累，纵差私押农民彭姓毙命。请饬查办'等语。著王文韶按照所参各节确切查明，据实复奏，毋稍徇隐。原片著抄给阅看。将此谕令知之。钦此。"钦遵当经密札藩、臬两司将马庆麒先行撤任，听候查办，并委员前往访查去后。

兹据布政司陈宝箴、按察司朱靖甸禀称："【中略】"等情，禀请察核具奏前来。臣复查马庆麒在蠡县任内，办事因循，办工敷衍，实不胜州县之任，虽查无贪污苛酷劣迹，亦难稍事姑容。相应请旨将同知衔蠡县知县马庆麒开缺，以府经历县丞降补，用示惩儆而观后效。

所有遵旨查明知县被参各节，拟议复奏缘由，是否有当，理合恭摺具陈，伏乞皇上圣鉴训示。

再，所遗蠡县知县系属选缺，直隶现有应补人员，应请留归外补。又，"马庆祺"实系马庆麒，原参"麒"字误作"祺"字，合并声明。谨奏。

硃批："另有旨。"

会衔详报查明知县被参各款（节录）*

派委候补知县何芳徕改装易服，驰往该县，不动声色，明查暗访，务得确情。嗣据该委员查访明确，开具清摺，据实禀复。

查原参内称"陈缙自到玉田任后，私开猪税，创立房捐"一节。查该县猪税向系牙纪包收，陈缙因该牙纪滋事，改由县署自收数

---

* 据后附王文韶《遵查知县被参各款恳请免其置议摺》摘录。

月,仍令牙纪照旧包收,今已数年。至"创立房捐两月余,因众论大哗而止",遍询商民,佥称并无其事。

又,原参"陈缙出私银七千余两,勒派铺商换钱,获利甚巨,市面骚然"一节。据委员查阅钱铺帐簿,见有"十六年十月二十六、七、八等日,县署共发银七千六百九十六两四钱,每两易东钱十千文",据该铺商面称:"向来县署因备办东陵岁用草豆,需钱甚多,每年于银价旺时即有换银七八千两之事,但均照钱铺每日报价核算。陈缙到任以来,亦系照旧换银,并无勒派"等语。查近一二年银价每两类不能换东钱十千,惟各处放赈之银间有此数,虽无勒派及市面骚然情事,原参究属有因。

又,原参所称"民间税契,陈缙折扣取利"一节。查该县税契向系银、钱两便,陈缙到任后,曾出示:"契内原书钱价者,即照原契以钱投税,不得以钱改银,贪图以多报少,致售主藉端兴讼。"然该令虽非不准税银,而民间率系以钱置产,故投税有钱无银,原参或即指此。但至今契内有书银价者,亦仍照旧以银投税。至每里书月交契六张投税,亦系向章,尚无不足致受重罚之事。

又,原参"陈缙承办抚恤,余款俱归私橐"一节。查该县向办冬抚,余款归入次年春抚,散放皆系委员经手,并出榜示给领,放完时会同该令禀报筹赈局,有案可稽,似不能由该令销归私橐。

又,原参"陈缙克扣堤工发款,以致溃决"一节。查该县上年还乡河堤工,系由筹赈局札委知县何仁源、巡检马宝儒二员在石旧窝设局办理,工竣时会同该令联衔报销验收有案。凡考核堤工总在当时,若已溃之后,是否堤工浮松,实难臆断。且上年雨水过大,堤岸溃决,各处类然,讫无赔修之事。其串通委员克扣公款等情,确查均无实据。

又,原参"兵差过境,陈缙科派车价,并将赈款扣作差徭"一节。查上年七八月间,兵差车辆,经委员询据商民声称:“系经该县传各村庄地保,当堂定价取结,不准多收”,尚无科派车价较他县多至数倍之事。至灾区得赈系由委员按照榜示散给,无从饬差扣作差徭。所出差票,查于五月间奉文后即行撤销,其未收回之票,实与灾村无干。

又,原参“陈缙私立递解杂差等项名目”一节。据委员查询该县商民,声称:“杂差遇有灾年分,按被灾轻重酌免,向来每月杂差东钱五百余千,自上年九月起,每月减剩东钱一百数十千。又,下二堡夫价全行宽免者已经数年,人所共知。”是尚无“私立杂差名目,多方追求,穷黎不堪其苦”之事,自属可信。

又,原参“陈缙任用幕友陆毓文为之爪牙”一节。查候补典史陆毓文现充该县帐房,上年曾经筹赈局派当查赈差使,颇称认真,见有差足自给者,不准食赈,不无怨言。此外包揽招摇等事,亦查无实据。

此遵查玉田县知县陈缙被参各节之实在情形也。又复博采舆论,佥云该令素无贪黩劣迹。原参“在万全县时即有‘陈钱衩子’之号”,访之同时宣化守令,亦称该令无此恶名,或系以前同姓之人,亦未可定。本年道员刘启彤奉委赴永、遵各属确查灾区轻重,分别赈抚,以免遗漏,曾经刘启彤函致筹赈总局,谓“各属惟玉田县陈缙所查灾区甚为详审,四分、五分之灾毫无含混”等语,互证参观,似尚非一味贪黩渔利、并不关心民瘼者可比。窃以该令由正途知县到省,历任灵寿、宁晋、内邱、万全等县二十余年,均无劣迹可指,亦无上控重案。且其自奉俭约,无扰民自利之事,知该令者多能道之。虽非特异之材,尚不失为安静之吏。

〖附〗王文韶：遵查知县被参各款
恳请免其置议摺*

（光绪二十一年七月二十六日）

直隶总督臣王文韶跪奏，为知县被参各款，遵旨查明，据实复陈，恭摺仰祈圣鉴事：

窃臣承准军机大臣字寄：光绪二十一年闰五月初二日奉上谕："有人奏《知县异常贪劣，请饬查办》一摺。据称：'直隶玉田县知县陈缙嗜好甚深，自到任后，私开猪税，创立房捐；出银勒令铺户生息；民间税契，折扣取利；承办抚恤，余款俱归私橐；克扣堤工发款，以致溃决；兵差过境，科派车价，并将赈款扣作差徭；私立递解杂差等项名目；任用幕友陆毓文为之爪牙'等语。所奏如果属实，亟应从严参办。著王文韶按照所参各款确切查明，据实具奏，毋稍徇隐。原摺著抄给阅看。将此谕令知之。钦此。"钦遵当经札饬藩、臬两司委员严密确查去后。

兹据布政司陈宝箴、按察司朱靖旬禀称："【中略】"各等情，禀请察核具奏前来。臣查玉田县知县陈缙被参各款，既据两司委员访查明确，或事出有因，或查无实据，且证诸历任各缺，亦尚能勤于听断，与民相安，陈缙应恳天恩免其置议。臣仍当随时加意察看，如果始终易辙，将来或有不能胜任之处，即当据实撤参，断不敢稍涉回护，以仰副朝廷整饬官方至意。

所有查明知县被参各款，据实复奏缘由，是否有当，伏乞皇上圣鉴训示。谨奏。

---

* 据《光绪朝硃批奏摺》，第 10 辑，第 829～831 页。

硃批："知道了。"

为周传经等年满甄别事会详（节录）*

兹查有候补知府周传经，候补知州古铭猷、阳焕章，候补知县何维材、沈葆恒、陈曾翰、江开泰，均到省一年期满，例应甄别。

〖附〗王文韶：周传经等年满甄别片**
（光绪二十一年七月二十六日）

再，道府州县无论候补、试用人员，应自到省之日起，予限一年，详加察看，出具切实考语，奏明补用。【中略】据藩、臬两司详请核办前来。臣查周传经明白稳练，办事精详，堪以繁缺知府留省补用；古铭猷勤慎耐劳，阳焕章老成练事，何维材年强才稳，沈葆恒年壮才明，陈曾翰才具稳成，江开泰心地明白，均堪留省补用，俟有应补缺出，照例序补。除将履历册咨部外，理合附片具陈，伏乞圣鉴。谨奏。

硃批："吏部知道。"

为查明本年顺直被灾各州县
请缓征粮租详文（节录）***

窃查顺直各属地方，本年四月间，狂风暴雨，兼带冰雹，加以海水腾啸，各河同时涨发，麦田、庐舍均被淹浸，民情困苦不堪。前经臣奏请截留山东漕米，并办理平粜，藉资接济。复因永平、遵化二

---

　*　据后附王文韶《周传经等年满甄别片》摘录。

　**　据《光绪朝硃批奏折》，第10辑，第832页。按：此为上折之附片。

***　据后附王文韶《查明本年顺直被灾各州县请缓征粮租折》摘录。

府州属灾情较重,请将应征本年新赋及节欠一切正杂钱粮、旗租等项,缓至秋后启征,仍分别减免差徭,声明:"此外被灾各属应否展缓春赋,容俟勘报到齐,察酌情形,另行核办",均奉恩旨允准,转行钦遵办理在案。

旋据三河、武清、宁河、霸州、保定、文安、大城、东安、大兴、宛平、清苑、安肃、蠡县、雄县、祁州、安州、高阳、河间、献县、肃宁、任邱、天津、青县、静海、沧州、盐山、正定、灵寿、南和、巨鹿、隆平、宁晋、深州、武强等三十四州县勘明被水、被雹情形,禀由藩司陈宝箴核明具详请奏前来。

臣查本年被水、被雹,民间房屋倒塌,麦禾伤损,实为意外之奇灾,惟其间情形不一,调剂宜有等差。除灾重各州县已饬司局先行酌拨银米妥为赈抚,此外水过即消,无碍收成,并积水渐次消涸,麦收中稔,晚禾业已一律补种,秋收可望,民情尚称安帖。其有本系上年灾区应征本年上忙粮租,先经奉文展缓,俟秋后启征,此次被灾已酌量抚恤,酌减差徭,足资接济,均归入秋灾案内再行核办,毋庸另议接济外,尚有武清、文安、大城、大兴、宛平、雄县、安州、河间、天津、青县、静海、沧州、巨鹿等十三州县,系连年灾歉之区,此次复又被灾,情形较重,若令将上忙并麦后启征粮租依限完纳,民力实有未逮,自应量予调剂。

内武清县王庆坨等十四村麦后应征本年上忙并节年粮租,文安县赵村等九十一村应征本年上忙粮租,大城县庄头等五十村应征本年上忙粮租,大兴县广佛寺等七十二村麦后应征本年上忙粮租,宛平县南各庄等一百二村应征本年上忙粮租,雄县东河各庄等四十九村麦后应征本年上忙粮租,安州陶口店等四十村麦后应征本年上忙粮租,河间县乔牛念等八十四村应征本年上忙粮租,天津县丁字沽等一百十三村麦后应征本年上忙粮租,又马庄永丰屯等一百二十三村应征本年上忙尾欠并节年粮租,青县北张家庄等四十八村麦后应征本年上忙钱粮,静海县东五里庄等一百二十六村应征本年上忙粮租,沧州子来屯等五十四村麦后应征本年上忙粮租,巨鹿县公常路等二十四村应征本年上忙钱粮,均拟请展缓至本年秋后启征,并减免差徭。

臣仰体天恩,已先饬令出示停征,俾纾民力。又,津军厅应征苇课、渔课纳粮地亩,内有坐落天津、武清二县地方者,如有应行缓征之项,准其一体缓征,以符定章。

〖附〗王文韶:查明本年顺直被灾
各州县请缓征粮租摺[*]
(光绪二十一年七月二十九日)

直隶总督臣王文韶跪奏,为查明本年顺直被水、被雹各州县,请缓征粮租,恭摺仰祈圣鉴事:

【中略】

理合会同兼管顺天府府尹臣孙家鼐、顺天府府尹臣陈彝恭摺具陈,伏乞皇上圣鉴训示。再,博野县原报麦田被淹村庄,尚未据勘报详细情形,容俟报到,再行比较核办,合并陈明。谨奏。

硃批:"另有旨。"

会详查参贪劣不职州县各员(节录)[**]

准补易州直隶州知州宫昱,贪鄙狡诈,巧于钻营;沧州知州袁

---

[*]　据《光绪朝硃批奏摺》,第67辑,第407～409页。
[**]　据后附王文韶《参劾贪劣不职州县各员摺》摘录。

遂,贪黩病民,怨声载道;开州知州周家鼎,贪狠诈戾,不恤民隐;乐亭县知县张鹤龄,粗鄙嗜利,不洽舆情;昌黎县知县丁予懃,庸懦无能,信任丁役;候补知县庞德沄,贪鄙恶劣,行同无赖。

〖附〗王文韶:参劾贪劣不职州县各员摺*
(光绪二十一年七月二十九日)

直隶总督臣王文韶跪奏,为查明贪劣不职州县,据实特参,以肃吏治,恭摺仰祈圣鉴事:

窃本年正月,臣仰承恩命,奉旨摄篆畿疆,维时海氛戒严,军书旁午,调兵筹饷,日昃不遑,至于通省吏治几无余力可以兼顾,深虑因循废弛、贻误地方,夙夜战竞〔兢〕①,罔知所措。幸藩司陈宝箴相继到任,臣与该藩司昔年同官湘省,彼此相信有素,凡地方一切利弊,知无不言,言无不尽。半年以来,通省属员中有深知自勉者,亦有颇知自危者,察看情形,吏治可期渐有起色。

惟贪劣素著之员,若不择尤参劾示惩,仍恐不足以资激劝。兹据陈宝箴会同臬司朱靖旬查访明确,密详请奏前来。臣逐一详加查核:【中略】臣尝悉心考察,大约直省州县积弊最甚者厥有两端:一曰借差勒派,一曰藉案科罚。以上六员,该司等既各查有实在劣迹,臣亦复查无异,相应据实纠参,请旨将宫昱、袁遂、周家鼎、张鹤龄、庞德沄五员一并即行革职;其丁予懃一员系正途出身,文理尚优,请以教职归部铨选。

此外查有庸劣不职之员,再行随时参劾,以期仰副朝廷澄叙官

---

* 据中国第一历史档案馆藏档。按:此摺另见《光绪朝硃批奏摺》,第10辑,第840~841页。

① "兢",据《光绪朝硃批奏摺》改正。

方至意。所遗乐亭、昌黎知县两缺系属选缺，直省现有应补人员，应请留归外补。

所有查明贪劣各员、据实参奏缘由，是否有当，理合恭摺密陈，伏乞皇上圣鉴训示。谨奏。

硃批："另有旨。钦此。"

联衔详参吴桥令劳乃宣疏防劫案（节录）*

窃查前据吴桥县知县劳乃宣禀报："光绪二十一年五月初七日夜，县属安陵镇民人苏清瑞杂货铺被贼劫去钱衣等物，贼人出铺后，又至邻人李金堂杂货铺劫去钱衣等物，报县会营诣勘，作赃各二十余两。讯明此起贼人，均用青布包头，口操南音，似系游勇，现在严缉"等情。

当经臣批饬勒限两月严缉赃贼务获，并将所捕各官批司记过在案。臣查盗贼肆劫最为地方之害，前因各营纷纷遣撤，恐有游勇滋事，迭饬各属整顿捕务，严密巡防。乃该县地面竟有一夜连劫两家之案，事前既疏于防范，事后又不认真缉拿，迄今勒限已满，赃贼尚无破获，捕务实属废弛。

〖附〗王文韶：特参吴桥令劳乃宣疏防劫案摺**
（光绪二十一年八月初三日）

直隶总督臣王文韶跪奏，为知县疏防，劫案勒限已满，赃贼无获，恭摺特参，仰祈圣鉴事：

【前略】据布政使陈宝箴、按察使朱靖旬会详请参前来，相应

＊ 据后附王文韶《特参吴桥令劳乃宣疏防劫案摺》摘录。

＊＊ 据中国第一历史档案馆藏档。

请旨将吴桥县知县劳乃宣交部照例议处,以示惩儆。除仍饬上紧
严拿赃贼务获究报,届限不获照例题参疏防外,理合恭摺具奏,伏
乞皇上圣鉴训示。谨奏。

　　　硃批:"另有旨。钦此。"

望都县粮赋沿明苛政恳恩量减详文(节录)*

　　据望都县知县李兆珍禀称,该县古名庆都,尧母陵在焉。县境
周围只数十里,大小仅百余村,一村或百余户,或数十户,统计各
村,不过一万余户。城乡房舍率多土室,上户地仅三四顷,饭粗粝,
中户、下户则皆搀糠和菜以食。寻常地亩案件,因赖粮强赎者居
多,售产不得,则觅主相赠,只求脱粮,而不索其值。

　　实缘县属土田浇薄,额征粮赋自前明已较他邑为重,迨天启、
崇祯年间,屡有加派,每亩征银至一钱三分有奇。国初厘定钱粮,
悉以万历初年额数为准,其天启、崇祯时加派尽行蠲免,惟县属原
额粮赋,每亩仍征银一钱三分有余,相沿二百余年,无人议及。

　　综计每地一亩每年收获粮食约在二三斗、五六斗不等,照依市
价折变,约值京钱一千数百文,除完粮、纳差及人工、牛骡、籽种,所
余无几。小民谋生乏术,舍地既难养生,种地亦难度日,赋重民贫,
年久愈甚,迁流至今,户口半皆流亡,墟落日形萧索,其困苦情形,
令人目不忍睹、耳不忍闻。

　　查该县额内、额外共地一千七百四十顷九十七亩零,额征银一
万三千四百七十五两零。内除永丰、来安更名并拨补本境保定左
卫,奉裁腾骧右卫归并本县屯地,收回丰润县地及节年开荒、开垦
自首各地,每亩征银七分、三分并一分二三四厘及六厘、四厘不等,

_____

　　＊　据后附王文韶《望都县粮赋沿明苛政吁请恩减摺》摘录。

与别邑相较,尚无甚悬殊不计外。惟行差、优免及退出圈地三项,共地七百七十顷二十一亩二分二厘六毫,每亩征正供、杂办并加增银一钱三分八丝二忽二微九纤八沙二尘,共应征银一万一十九两九分八厘零,每两均摊丁匠银二钱七厘二丝六忽八微一纤九沙二尘八埃二渺七漠三湖,每地一亩统计征银一钱五分有余,连加征耗银一钱二分,实征银一钱六分有零。不特较之别邑粮赋多寡判若天渊,即较之本境永丰、来安各项地亩亦复轻重悬殊,互证参观,偏重太甚。

　　邑乘所载其弊有三:明末国初,许民间告荒豁粮,望都则所豁之粮非竟开除,尽摊派于熟地之内,其偏重之弊一;国初刊定《赋役全书》,奉旨:"照依万历初年额数为准,其天启、崇祯时加增尽行蠲免",望都则种种加派仍混入正供项内,其偏重之弊二;顺治四年、十年两次丈量地土,民间有以上、中、下三等地土改落为砂碱等地,是谓挪移科则,望都则折征额地不足,累及不曾挪移者,与之抬足额数,其偏重之弊三。

　　在明万历年间,每地一亩征银三分五厘,府志犹谓"甲于各州县";今则连丁匠加耗每亩征银一钱六分有奇。在昔小民眷恋故土,犹复力为支持,迨支持不逮,继以迁徙,迁徙不及,继以逃亡,疮痍满目,十室九空,数十年后,靡有孑遗矣。方今圣德光昭海隅,苍生罔不被泽,况以尧母圣迹、畿辅冲途?倘蒙据实上陈,必当邀恩格外。由司核明,详请奏减粮赋。

〔附〕王文韶：望都县粮赋
沿明苛政吁请恩减摺[*]
（光绪二十一年八月十二日）

直隶总督臣王文韶跪奏，为望都县粮赋沿明苛政，民困难堪，吁恳特恩量为减免，恭摺仰祈圣鉴事：

窃据布政使陈宝箴详，【中略】前来。臣复加查核，委系实在情形。伏念我朝薄赋轻徭，为前代所未有，间有科则仍踵前明，一经疆臣详切疏陈，无不仰沐恩施，立予裁减。即如同治初年江浙粤寇甫平，即蒙特旨量减额赋各数十万。独直隶望都沿明加派陋规，而至今相率因循，无人顾问。推其故，总由钱粮系属正供，创议蠲除，惧干谴责，故明知闾阎困苦，亦付之无可如何。

今该县李兆珍既能剀切陈情，藩司陈宝箴又能破除俗见，臣独何心，不为一方垂尽之民竭诚请命？不揣冒昧，所有望都县钱粮内行差、优免及退出圈地三项，拟恳特恩量减四五成，永著为令，俾遗黎残喘得以涵濡休养，安田里而长子孙，则一邑虽微，亦具征圣世之深仁厚泽矣。

谨恭摺具陈，伏乞皇上圣鉴训示。谨奏。

硃批："户部议奏。"

会详查明光绪廿年下半年
京控已结起数（节录）[**]

光绪二十年七月起至年底止，新、旧京控各案审明结销者二

* 据《光绪朝硃批奏摺》，第 67 辑，第 413～415 页。

** 据后附王文韶《光绪廿年下半年京控已结起数摺》摘录。

起,续经审结者一起。

〖附一〗王文韶:光绪廿年下半年京控已结起数摺*

（光绪二十一年八月二十一日）

直隶总督臣王文韶跪奏,为查明光绪二十年下半年已结京控案件起数,恭摺仰祈圣鉴事:

窃准刑部咨:"嗣后京控交审案件,每年将已、未结数目分次汇开清单具奏,并摘录案由,注明交审月日及未能审结缘由,详细咨部"等因,业将光绪二十年上半年以前京控案件开单奏咨在案。

兹据臬司朱靖旬会同藩司陈宝箴详称:"【中略】"开单详送前来。除将详细清单咨部外,理合缮具简明清单,恭摺具奏,伏乞皇上圣鉴,敕部查照。谨奏。

硃批:"刑部知道,单并发。钦此。"

〖附二〗王文韶:光绪廿年下半年京控已结起数清单**

谨将光绪二十年七月起至年底止已结京控案件起数,缮具简明清单,恭呈御览:

开州民人张时臣赴都察院,呈控丁役舞弊、诬陷无辜等情一案;滦州民人张绍邦赴步军统领衙门,呈控张会邦等将伊父张从武用刀扎伤毙命,选控府州未结等情一案。以上二起均已结销。

---

* 据中国第一历史档案馆藏档。
** 据中国第一历史档案馆藏档。按:此为上摺所附清单,原题作《清单》。

肃宁县民人朱成玉遣抱朱成信赴都察院，呈控梁僧纠邀曹梦兰等用枪将伊胞叔朱怀馀、胞兄朱春放伤毙命，曹梦兰等行贿，不缉正凶等情一案。以上一案续经讯结咨销。

硃批："览。"

为查明广恩库地租奏销未完分数详文（节录）[*]

光绪二十年分广恩库地租奏销现已核竣，将经征已、未完分数员名开单请奏。

〖附一〗王文韶：广恩库地租奏销未完分数片^{**}
（光绪二十一年八月二十一日）

再，据升任藩司陈宝箴详称，【中略】前来。除详细清单咨部外，所有未完一分以上员名，谨缮具简明清单，恭呈御览。谨附片具奏，伏乞圣鉴，敕部查核。谨奏。

硃批："户部议奏，单并发。钦此。"

〖附二〗王文韶：广恩库地租
奏销未完分数清单^{***}

谨将光绪二十年经征、接征本年、节年广恩库租银未完一分以上员名，缮具简明清单，恭呈御览：

本　年　项　下

初参未完一分以上者：

＊　据后附王文韶《广恩库地租奏销未完分数片》摘录。

＊＊　据中国第一历史档案馆藏档。按：此片另见《光绪朝硃批奏摺》，第79辑，第529页。

＊＊＊　据中国第一历史档案馆藏档。按：此为上片所附清单，原题作《清单》。

经征:前署滦州知州许之轼、前署定兴县知县王华清;接征:前署定兴县知县卢靖;经征:前署雄县知县王金铭。

初参未完二分以上者:

经征:东安县知县鲁人瑞、满城县知县郭文羲、前任安肃县知县胡宾周、唐县知县秦家棫、前任蠡县知县马庆麒。

初参未完三分以上者:

经征:署新城县知县张丙喜、任邱县知县王蕙兰。

节 年 项 下

初参未完光绪十六年缓征一分以上者:

经征:前任蠡县知县马庆麒。

初参未完光绪十八年缓征八分以上者:

经征:前任蠡县知县马庆麒。

硃批:"览。"

为盐山县海潮被淹地亩
请缓征粮银详文(节录)*

盐山县冯家铺等二十二村,因上年九月间连日阴雨,海潮漫溢,近海一带房屋多有倒塌,秋麦尽行被淹,现在水已消涸,地皆盐碱,寸草不生,民情困苦,无力完粮。由县详司,批饬天津府檄委庆云县知县杨善庆会同盐山县知县夏声乔勘明属实。计被淹各村柴草等项粮地共二百五十七顷一分九厘,每年应征粮银二百九十五两九钱五分四厘,又节年民欠未完银一百九十二两一钱五分。请自光绪二十年起,一并缓征,一俟该地甜水浸润,可以生草种麦,再行启征。

---

* 据后附王文韶《盐山县海潮被淹地亩请缓征粮银摺》摘录。

〔附〕王文韶：盐山县海潮
被淹地亩请缓征粮银摺[*]

（光绪二十一年八月二十八日）

　　直隶总督臣王文韶跪奏，为盐山县海潮被淹地亩，请缓征粮银，以纾民力，恭摺仰祈圣鉴事：

　　窃据布政使陈宝箴详称："【中略】"造具顷亩、银数册结，具详请奏前来。臣复查无异，合无仰恳天恩，俯准将盐山县冯家铺等村海潮被淹地亩，自光绪二十年起应征本年及节年粮银，一并缓征，以纾民力，仍俟该处地有收成，再行启征复额。除册结咨部外，理合恭摺具陈，伏乞皇上圣鉴训示。谨奏。

　　硃批："另有旨。"

为查明光绪廿年旗租未完分数详文（节录）^{**}

　　光绪二十年八项旗租奏销现已核竣，将经征未完分数员名开单具详。

〔附〕王文韶：光绪廿年旗租未完分数摺^{***}

（光绪二十一年八月二十八日）

　　直隶总督臣王文韶跪奏，为循案开单奏报，恭摺仰祈圣鉴事：

　　窃查部定新章："经征各项粮租，应先将未完一分以上员名开

---

　　*　据《光绪朝硃批奏摺》，第 67 辑，第 423 页。

　　**　据后附王文韶《光绪廿年旗租未完分数摺》摘录。

　　***　据中国第一历史档案馆藏档。按：此摺另见《光绪朝硃批奏摺》，第 67 辑，第 424页。

单奏报"等因,历经遵办在案。兹据布政使陈宝箴详称,【中略】前来。除将详细清单咨部外,所有未完一分以上员名,谨缮具简明清单,恭摺具陈,伏乞圣鉴,敕部查核办理。再,未完银两均无一百两以内、核计在五分以上、应行革职开缺人员,合并声明。谨奏。

硃批:"户部议奏,单并发。钦此。"

为雄县驻防兵丁被灾请恤详文(节录)*

窃雄县驻防旗营因本年四月初间风雨交作,连宵达旦,官署、兵房冲塌甚多,兵丁无处栖止,兼以粮价昂贵,籴食维艰,窘迫情形,殊属可悯。

查光绪十六年水灾,经稽察采育粥厂升任太仆寺少卿胡聘之以左右两翼驻防兵丁生计维艰,奏请酌抚,经户部议照光绪九年成案,按现放章程加给一月钱粮。在直境者由藩库拨给,在顺境者由府尹拨给,均在赈抚款内动支。十八、十九两年水灾并本年固安、东安、霸州、保定驻防被水,亦经循办在案。

今雄县驻防兵丁被灾困苦,应请援照成案,加给该兵丁等一月钱粮。雄县系在直属境内,应由藩司在于赈抚项下核明拨给,以示体恤。

〖附〗王文韶:雄县驻防兵丁被灾请恤摺**
(光绪二十一年八月二十八日)

直隶总督〈臣〉王文韶跪奏,为雄县驻防兵丁被灾窘迫,援案恳恩量予抚恤,恭摺仰祈圣鉴事:

　＊　据后附王文韶《雄县驻防兵丁被灾请恤摺》摘录。
＊＊　据中国第一历史档案馆藏档。

【前略】据升任藩司陈宝箴具详请奏前来。臣复查无异，理合恭摺具陈，伏乞皇上圣鉴，训示施行。谨奏。

硃批："著照所请，户部知道。钦此。"

为查明秋禾约收分数详文（节录）*

顺、直各属本年秋收，除被水村庄勘明灾歉分数另行具奏外，其永平、河间、遵化、易州四府州属，约收七分余；顺天、保定、天津、正定、顺德、大名、赵州、深州、定州九府州并口北道属，约收七分；广平、宣化、冀州三府州属，约收六分余。

〔附〕王文韶：秋禾约收分数片**
（光绪二十一年八月二十八日）

再，【中略】据藩司具详前来，理合附片具奏，伏乞圣鉴。谨奏。

硃批："知道了。钦此。"

为汪守正请准宣付史馆立传详文（节录）***

据天津县绅士翰林院编修朱锦等联名呈称："已故天津府知府汪守正，于光绪九年莅任，以端本善俗、体商恤民为先务。津郡自立通商口岸，华洋杂处，人类不齐，民情好讼。该故员整躬率属，杜绝请托，公庭判断，悉得其平，遇有冤狱，即为平反，由是含冤赴诉者如婴儿之得慈父母。

---

　* 据后附王文韶《秋禾约收分数片》摘录。

　** 据中国第一历史档案馆藏档。按：此为上摺之附片。

　*** 据后附王文韶《汪守正请准宣付史馆立传摺》摘录。

十年，法越搆衅，津沽戒严，该故员率同官绅，举办民团，手订章程，有条不紊，地方赖以乂安。津郡钱商出帖周转，苦于现钱短绌，而匪徒包揽代取，恣意搅扰，钱商不能安业。该故员严厉示禁，匪徒无所施其伎俩，又严禁现钱出境，市面流通获益匪浅。锅夥匪徒好勇斗狠，久为三津恶习，该故员痛加惩创，远近畏服，终该故员任内，无聚众数十人械斗之案，保全民命实多。

津郡为水陆要冲，冠盖络绎，棚差甚多，铺商苦之，该故员不避嫌怨，大加裁汰，商力以纾。又于津郡创设稽古书院，专课经解策论，商同绅董，妥定规条，宽筹经费以为膏火，多士研求经史，学术日进，至今德之。十五年，津郡久旱不雨，该故员闻邯郸县圣井祷雨辄应，于炎天烈日中亲往步祷，恭迎铁牌至津，甘霖渥沛，农田转歉为丰。

在任七载，善政美不胜书。去任之日，父老攀辕卧辙，有‘扶弱抑强，执法如山’之颂。今闻该故员殁于京寓，两袖清风，妇孺皆为感泣。”该绅等胪叙事迹，呈由藩司陈宝箴详请奏乞恩施，宣付史馆立传。

〖附〗王文韶：汪守正请准宣付史馆立传摺*
（光绪二十一年九月初三日）

直隶总督臣王文韶跪奏，为已故知府政迹卓著，遗爱在民，吁恳天恩，宣付史馆立传，恭摺仰祈圣鉴事：

【前略】等情前来。臣查汪守正由诸生官山西阳曲县，光绪九年擢守津郡，以实心行实政，利无不兴，弊无不革。十二年大计，保荐卓异。迨移任宣化府，其治绩一如在津时。惟该故员任津最久，

＊　据《光绪朝硃批奏摺》，第10辑，第891～892页。

绅民感德尤深，今据胪陈吁请，足见遗爱未泯，公论允孚。

查光绪十九年已故天津府知府邹振岳、宣化府知府章洪钧，经前督臣李鸿章奏请宣付史馆立传，奉旨允行有案，今汪守正事同一律，合无仰恳天恩，俯准将已故知府汪守正治津政迹宣付国史馆，列入《循吏传》，以彰治行而顺舆情。除将事实清册分咨外，理合恭摺具陈，伏乞皇上圣鉴训示。谨奏。

硃批："著照所请，该衙门知道。"

为造报忠、恕两营领用饷项详文（节录）*

前帮办军务湖南抚臣吴大澂饬委编修曾广钧统带钢武军两营两哨，并派外用同知曾广铨在湖南添招湘勇一营，该丞因应募人众，多招一营，取名"忠"、"恕"。两营于光绪二十一年正月初间行抵鄂省，禀请兼护湖广督臣谭继洵于是月十一日起支正饷，取道清江，舍舟登陆，至四月初二日，抵宁远州防次。维时编修曾广钧已将所统钢武两营两哨，交统领老湘营江苏候补道李光久接统。

及忠、恕两营到防，经李光久将忠字一营收为续募钢武一营，正、杂饷项自四月初一日起，随同钢武两营两哨一并请领；其所募恕字一营，李光久因湘营前在小马头、牛庄等处血战，阵亡弁勇七百余人，即将该营勇丁抵补，自四月十六日起，饷项各款归老湘营给发。

所有忠字营四月初一日以前、恕字营四月十六日以前动支招费，大小薪粮，及制办军械、棉衣，北上舟车等项，共领用银二万二千四十四两有奇，系有前帮办军务湖南抚臣吴大澂及湘军粮台先后分别拨发。

---

　* 据后附刘坤一《核报忠、恕两营领用饷项片》摘录。

〔附〕刘坤一:核报忠、恕两营领用饷项片 *
（光绪二十一年九月初六日）

再,【中略】兹据办理湘军粮台直隶布政使升任湖南抚臣陈宝箴详请具奏前来。臣复核无异,除饬汇案造报外,理合附片〈具〉陈,伏乞圣鉴,敕部查明立案。谨奏。

硃批:"该部知道。钦此。"

为陈泽醴等亏短交项照例参追详文(节录) **

前署三河县知县陈泽醴亏欠三河县任内内结交项银一千九百九十三两四钱二分九厘,又已故前署抚宁县知县李兆梅亏欠抚宁县任内内结交项银三百七十二两三钱四分一厘,又已革前署沧州知州宫昱亏短沧州任内屯豆四百二十石,均经屡次催提,延不完解,二参例限已逾,现任无凭造册结报,由该管府厅揭道咨司转请参追。

〔附〕王文韶:陈泽醴等亏短交项照例参追摺 ***
（光绪二十一年九月十四日）

直隶总督臣王文韶跪奏,为州县亏短交项,照例参追,恭摺仰祈圣鉴事:

窃据升任布政使陈宝箴详称:【中略】前来。相应请旨将前署三河县知县陈泽醴、已故前署抚宁县知县李兆梅暂行革职,同已革

---

* 据中国第一历史档案馆藏档。

** 据后附王文韶《陈泽醴等亏短交项照例参追摺》摘录。

*** 据《光绪朝硃批奏摺》,第82辑,第356～357页。

前署沧州知州宫昱一并勒限两个月，在于该员及该家属名下照数追缴，倘逾限不完或完不足数，再行从严参办。除咨户部外，理合会同兼管顺天府府尹臣孙家鼐、顺天府府尹臣陈彝恭摺具奏，伏乞皇上圣鉴训示。谨奏。

朱批："著照所请，该部知道。"

核报光绪十三至十五年直隶各州县
垫支兵差银两详文（节录）*

将直属各州县光绪十三年正月起至十五年十二月底止供应兵差垫用银两，查照例案、新章，分别准驳、删减，按起详细勾稽，妥细核造。

计供应调撤官兵暨运送军火饷械及采买战马等差，共请销车价、船价、纤夫口粮实银二万二千四百七十二两六钱八分五厘，官兵廪给口粮实银八百二十一两二钱六分六厘，官兵房价实银一千四百九两三钱一厘，马差干折、棚厂赁价实银二千九百九两一钱六分，以上共请销实银二万七千六百十二两四钱一分二厘。

内例销车价，照例核给全银；其船价、纤夫口粮、廪给口粮、马干、棚厂，遵照停票章程，改给六成实银；房价一项，各州县均于官兵到站时向民间重价租赁，较例定价银多至数倍，现均按照例价造报，应请查照例销车价，一律核给实银，俾免赔累，并请俟奉部准销后，在于兵差经费项下分别核明拨给归垫，未奉准销以前，不准先行列入交代作抵，以免虚悬而昭核实。其应饬查各起差务，俟查复到日，归于下届报销案内核办。

〖附〗王文韶：光绪十三至十五年
直隶各州县兵差报销摺[*]
（光绪二十一年九月十四日）

　　直隶总督臣王文韶跪奏，为查明直隶各州县供应光绪十三年起至十五年止兵差垫用银两，照章报销，恭摺仰祈圣鉴事：

　　窃查光绪九年十二月准兵〈部〉咨[①]："核复直隶各州县供应兵差酌议报销章程，应将册开廪给、跟役、马匹等项浮多者删除。凡遇应付兵差支给马匹，不得再付车辆；如有应付车辆，亦不得再支马干。其车辆雇价，按照定例开销，不得再有守候外销名目。带勇各官以及勇丁，原营支给薪粮公费，沿途不得再行应付廪给口粮。且勇营均有长夫，尤不应另给跟役、车马，致涉重复"等因。当经前督臣李鸿章行司核明刊章，移行各属一体遵办，业将光绪七年至十二年各州县供应兵差银两先后奏报，并造册咨部准销在案。

　　兹据升任布政使陈宝箴"【中略】"等情，具详请奏前来。除饬将各项报销总细清册详咨户、兵、工等部查照外，理合恭摺具奏，伏乞皇上圣鉴，敕部核销。谨奏。

　　硃批："该部议奏。钦此。"

捐修宣化护城石坝预请立案详文（节录）[**]

　　宣化府郡城北面一里许，有柳川河一道，发源于龙门县之常

---

　　[*]　据中国第一历史档案馆藏档。按：此摺另见《光绪朝硃批奏摺》，第60辑，第520~521页。

　　[①]　"部"，据《光绪朝硃批奏摺》补入。

　　[**]　据后附王文韶《捐修宣化护城石坝请立案片》摘录。

峪、青边两口，汇合本境诸山之水，每逢大雨时行，河水涨发，汹涌异常，直冲郡城，是以筑有护城石坝一道，使河水顺流而南，归入洋河。该坝计长一千五百十二丈，实为郡城一大保障。建自何年已不可考，乾隆、嘉庆、道光年间，屡次请帑兴修，迨后迭被冲塌，纵有小修，难资经久。

上年夏秋之交，大雨连旬，山水建瓴而下，浩瀚奔腾，西北面坝身多被冲断，河水直逼城根，遂将城墙外砖皮塌卸多处，西北角楼亦已坍塌。由该县督饬工匠逐一勘丈，计应重修者四百九十七丈，应培补者三百六十八丈。若一律修成石坝，需费过巨，筹办惟艰，只得择其迎溜顶冲紧要之处照旧修筑，其不甚吃重者用三合土加工夯硪，统共估需银一万九千五百两，由官民一体捐办。已于本年三月十六日兴工，挑挖引河，按段修筑。

查该处石坝为保护城垣而设，即与城工无异，一俟工竣，将捐资者按银数多寡分别请奖，在事出力员绅请择尤酌保数员，以示鼓励。

〔附〕王文韶：捐修宣化护城石坝请立案片*
（光绪二十一年九月二十四日）

再，户部奏定章程："嗣后捐修城工，应于筑之时先行奏明存案，方准请奖"等因。兹具〔据〕升任布政使陈宝箴详称："【中略】"等情，详请具奏立案前来。臣复核无异，理合附片具陈，伏乞圣鉴，敕部立案。谨奏。

硃批："该部知道。钦此。"

---

* 据中国第一历史档案馆藏档。

为湘军粮台分案报销详文（节录）*

窃查湘军东征粮台前蒙奏派本司办理，现因升授湖南巡抚，刊换关防，所有粮台事务交襄办粮台之户部候补员外郎毛庆番〔蕃〕接办，将来报销仍由本升司复核具奏，业蒙奏明在案。

兹查湘军粮台自二月初四开办之日起，截至八月底止，共收到部拨津、沪、广东各款，折合湘平足银二百三十余万两，历经发给各军正、杂饷项及支应、转运各局，并垫欠南军各饷。现在各军如李占椿、万本华、张国林、刘光才、杨金龙、申道发陆续撤回，其陈湜、李光久两军候旨遵行，至驻扎山海关之湘军三十营，驻扎河西务之虎字十营，十月以后饷项应由各该军分别自行赴部请领。

所有湘台动用军饷，一俟各军撤竣，九月底截清饷数，由毛庆蕃将收发各款分别汇案造报，仍由本升司复核具奏。其行营支应局及湘、鄂各军转运局用过银两，均由该局开报送台，一并汇报。至湘、鄂各军及魏光焘武威军饷项，在二月底以前者由前帮办军务湖南抚臣吴大澂报销，三月初一日以后由湘军粮台报销，似此划清界限，款目可免牵辖。

〖附一〗刘坤一：湘军粮台分案报销摺**
（光绪二十一年九月二十七日）

钦差大臣两江总督臣刘坤一跪奏，为湘军粮台划清界限、分案报销，以杜牵辖，恭摺仰祈圣鉴事：

据办理湘军粮台升任湖南巡抚前直隶布政使陈宝箴详称：

---

　* 据后附刘坤一《湘军粮台分案报销摺》摘录。

　** 据中国第一历史档案馆藏档。

"【中略】"详请查复具奏前来。臣查九月十六日钦奉电旨："湘军粮台著仍由部拨款供支，毋庸赴部请领"等因，当经恭录，行知毛庆蕃钦遵办理。惟陈宝箴已赴湖南巡抚之任，所有经手湘台饷项，自应截至九月底止，由毛庆蕃造报、该升司复核具奏，以了手尾①。

至魏光焘等各军二月底以前饷项，与湘台无涉，据请归吴大澂报销，自系正办。除分别咨行外，所有湘军粮台划清界限、分案报销各缘由，谨恭摺具陈，伏乞皇上圣鉴。谨奏。

硃批："该部知道。钦此。"

〖附二〗刘坤一：湘军粮台报销日期分限片*
（光绪二十一年九月二十七日）

再，湘军粮台所用饷项，据陈宝箴详请，截至九月底止，由该升司报销，以清界限，则臣行营支应局每月在该粮台所领经费，亦应截至九月底止，由该升司汇案报销，以归画一。

查原议每月由该粮台给支应局银八万两，自上年十二月扣至本年九月，连闰十一个月，共应领银八十八万两。兹据支应局员唐际昌禀称："十一个月中，只陆续领银四十八万两，除发足九月以前一切经费外，尚存银三万余两，作为十月以后经费，将来如有不敷，再行酌量补领。"理合附片陈明，伏乞圣鉴。谨奏。

硃批："户部知道。钦此。"

---

① "手尾"，初作"前尾"，继自圈改。

* 据中国第一历史档案馆藏档，此为上摺之附片。按：此片另见《光绪朝硃批奏摺》，第60辑，第576页。又按：此片另录于《刘忠诚公遗集》，《奏疏》卷二十四，题为《行营领支粮台饷项片》。

为湘军粮台米价照章津贴详文（节录）[＊]

窃查关内外各军津贴米价一案，在粮台领米者，扣价少扣四成，各军自行办米者，月饷外另给米价四成，按照由部发饷及由原省发饷者，分别办理。详经咨准督办军务处^①，并自本年正月初一日为始^②，行台遵办各在案。

嗣因总统江南果胜等军皖南镇总兵李占椿赴援山东，复由莱州开赴埕子口防次，禀称：山东定章"每勇一名，每月津贴银四钱"，该军系自行买米，未知作何扣算，禀请批示。奉饬："各军多自行采办，价目参差不一，由台酌中定议划一章程详复"等因。

当经湘台议以各军自行办米，价值既无一定，津贴不免参差，自应查照山东定章，每名月给津贴银四钱，以归划一。湘勇素食大米，营制："合哨长、什长、亲兵、护兵、正勇、火勇，五百人为一营"，应予津贴其营，哨官、长夫不在此内。凡归湘军粮台经理饷项之湘、鄂、两江各军，无论领米、办米，一律照此办理。详奉批准，行知各军^③，历经按月核发，至六月底止。

惟湘、鄂各军饷项，自三月初一日起拨归湘台接办^④，其二月底以前津贴米价，本应由前帮办军务湖南抚臣吴大澂核发，据该支应局委员详称^⑤，委因部饷已罄，无款可给，并据各军统领以欠发米价，纷纷请领，禀奉札饬核发，亦经湘台将正、二两月津贴一律照

＊　据后附刘坤一《湘军粮台米价照章津贴片》摘录。

①　"详经"，《刘忠诚公遗集》作"详请"。

②　"正月"，《刘忠诚公遗集》作"五月"。

③　"各军"，《刘忠诚公遗集》作"各营"。

④　"湘台"，《刘忠诚公遗集》作"湘军"。

⑤　《刘忠诚公遗集》无"委员"二字。

章按营补发，以清案款。再，江南陈湜一军远驻辽阳前敌，未奉详定章程以前，仍照自办米价津贴四成，由江南核发造报，合并声明。除汇案报销外，详请查核具奏。

〖附〗刘坤一：湘军粮台米价照章津贴片[*]
（光绪二十一年九月二十七日）

再，据办理湘军东征粮台新授湖南巡抚直隶布政使陈宝箴详称："【中略】"等情前来。理合附片具陈，伏乞圣鉴。谨奏。

朱批："该部知道。钦此。"

汇报光绪廿一年上半年直属各州县交代详文（节录）^{**}

直属各州县交代，前奉部议，自光绪八年起依限交收清楚，先行造册结报，半年汇奏一次，业将光绪二十年下半年交代开单详请奏咨在案。兹自光绪二十一年正月初一日起，至六月底止，又届半年汇报之期，该司将各案交代分别已、未清结，汇开清单。已结者造具妥确册结咨部；二参限满尚有交项未完者，详经汇案参追；其未满二参各案，归于下届汇案办理。均于单内分晰叙明。

---

* 据中国第一历史档案馆藏档，此件同为上摺之附片。按：此片另见录于《刘忠诚公遗集》，《奏疏》卷二十四，题为《关内外各军津贴米价片》，题下注："光绪二十一年九月二十七日。"

** 据后附王文韶《汇奏光绪廿一年上半年直属各州县交代摺》摘录。

〖附〗王文韶:汇奏光绪廿一年上半年
直属各州县交代摺*

（光绪二十一年九月二十八日）

　　直隶总督臣王文韶跪奏,为光绪二十一年上半年直属各州县已、未结新案交代起数,缮单恭摺仰祈圣鉴事:

　　窃据升任藩司陈宝箴详称,【中略】等情前来。臣复核无异,除将送到详细清单咨部外,理合开具简明清单,恭摺具奏,伏乞皇上圣鉴,敕部查照。谨奏。

　　硃批:"户部知道,单并发。"

---

　*　据《光绪朝硃批奏摺》,第82辑,第365页。

卷二十六　公牍四

为提讯叶坤山一犯录供
议拟咨荆宜施道文（节录）*

　　转奉宪台批："据江陵县禀'复审会匪叶坤山，录供议拟，请就地惩办'由，奉批：'核与章程不符，未便即置重典。饬即亲提叶坤山，悉心研鞫，究明有无滋事不法重情，录供议拟，禀候核夺。'再，'南省拿获李典（即李春阳），委员会讯，据禀与奏章不符。批饬南臬司核议定拟，尚未据复。除俟南臬司复到另行饬知外，并即转移知照。'"

　　又奉抚宪谭批："饬移查湖南所获各犯供词，一面即提该犯叶坤山，研审明确，另行录供，妥议禀办"各等因。

　　咨会〈荆宜施道〉职道，即移查湖南犯供，亲提该犯叶坤山，研讯录供，妥议禀办。

---

　　* 据后附张之洞《札南臬司将会匪李典一犯另拟重办（附单）》摘录。

〖附〗张之洞:札南臬司将会匪李典一犯另拟重办 附单(节录) *

(光绪十七年六月初三日)

为札饬事:

据湖北荆宜施道方恭钊禀:"光绪十七年四月初八日准北臬司咨开:'【中略】'等因。准此,当即咨请南臬司查抄李典等各供移复,一面提讯叶坤山,供情狡展。兹于五月初七日准南臬司抄录李典等各供咨复到道,复提该犯,悉心研鞫。

据叶坤山供称:去年五月内,伊与李典(即李春阳)交好,李典劝伊入会,专讲孝悌忠信之事,伊当听从入会。李典发给标布,叫伊邀人入会,伊随邀人,骗钱花用,并没为匪不法等语。再三研诘,矢口不移。检查南臬司移送李典供词,据称,伊开立山堂,邀同叶坤山、胡期山等,散放标布二百余张,得钱花用,并无谋为不轨暨抢劫拒捕重情,核与叶坤山所供尚属相符。

查该犯叶坤山听从入会,散标邀人,为首之李典,散标共已二百余人,虽据供系依齿序列从犯,罪应拟流,惟该犯甘心入会邀人,实非善类,刻下此风甚炽,诚恐到配后复萌故智,致生事端。查光绪十三年施南府审办会匪赵玉堂等,十五年宜昌府审办会匪游代袢等各案,均禀奉批饬严行监禁在案,今该犯事同一律,拟请援照成案,将叶坤山发交江陵县监禁十年,届时再行察看该犯已未痛自悔悟,酌核办理"等情,随呈供摺前来。【下略】

为奉旨开办湘军东征粮台事呈报督办军务处*

（光绪二十一年二月初九日）

案奉钦差大臣两江督宪刘札，准总理衙门电开："奉旨：'刘坤一电请以陈宝箴办理湘军东征粮台，并准专摺奏事等语。著照所请行。钦此。'行令钦遵"等因。奉此，并蒙刊发关防一颗，文曰："钦命办理湘军东征粮台直隶布政使之关防"。遵即祗领，于二月初四日设局开办，并启用关防。除分别呈报、咨行外，理合具文呈报查核。为此备由具呈，伏乞照验施行。

为湘省禁运米粮事咨复鄂督文（稿一）**

为咨复事：

案准贵部堂咨开："据湖北江夏、汉阳、黄冈、黄陂等县绅士，先后以北省上年水旱偏灾，米价昂贵，现在湖南谷米不来，实有米粮不足之势，禀请咨行南省大开米禁，俾得接济民食等情，禀经贵部堂批准，咨商将湘省米粮暂行开禁一二月，俾商船贩运到鄂，以资平粜。如开禁后湘省米价复涨，再察核情形，酌量办理"等因。准此，具见贵部堂念切民依，良深纫佩。

惟查湘省虽素称产米之区，然小民不知远虑，收成中稔，亦每图得目前之利，群将谷米运售出省，故各属均鲜盖藏，一遇荒歉，辄虞乏食。上年夏、秋两季，雨泽愆期，通省均觉歉收，经前部院吴委员勘明，将被旱较重之十二州县钱粮，奏请分别蠲缓。而略有收成

* 据《中日战争》续编第五册，第 299～300 页。按：原题作《直隶布政使陈宝箴呈报奉旨办理湘军东征粮台》，题下注："光绪二十一年二月初九日（1895 年 3 月 5 日）。"

** 据舒斋藏摄片。按：此件为湘抚衙门幕僚遵拟清稿，继由陈宝箴点窜审改。

之处，仍复蹈常习故，装载谷米①，运赴下游行销，为数甚多，有岳州卡局完厘数目可以查核。以致有收之处，仅可自给，乡民遂私行阻禁，邻乡、邻县亦不肯稍事通融。歉收之处，无米为炊，贫民糊口无资，几酿变故。其被灾极重之醴陵等县，尤觉难堪，道殣相望，并有因艰窘自尽者②，殊觉惨目伤心。

本部院到任后，体察时艰，并据各属绅耆陆续具禀，始于十一月内禁止谷米出省，一面开仓平粜，尚虞不足，复遣人至江南采办谷米③。即此一端，湘省缺乏情形，已可概见。现在多方酌剂，粮价虽不似从前踊贵，然究未十分减落④，米价尚在三千五百文上下。至鄂省传闻"上米每石不过三千文，其次且不足三千文"之说，此乃湘省官中减粜之价⑤，非市中实在行情。

况届计新谷登场，为日尚远，醴陵、茶陵等州县待赈孔殷。又各处茶市已开，需米亦多，纷纷禀请接济前来，尚觉无以为应。本部院与在省司道仰屋而筹，正深焦灼。盖湘省上年干旱，实为三四十年未有之灾，苟非事在万难，断不忍遽行遏粜⑥。兹若开禁，湘民必将大哗，米价必更腾贵，彼时复行示禁，必有以朝令夕更议其后者。

惟湘、鄂两省均归贵部堂节制，无殊一家，自未便稍存膜视，今于无可如何之中，竭力筹维，设法兼顾。查湘省尚有留待平粜之米三万余石，拟先行发给护票，克日运鄂，用应急需。再由湘省另购

① 此句及下句，初作"船装谷米，运鄂行销"。
② 此句原作"并有饥饿而死及因艰窘自尽者"。
③ 此句初作"复遣人运米江南"。
④ 此句及下句，初作"然究未减落"。
⑤ "减粜之价"，原作"减粜米价"。
⑥ "遏粜"，原作"遏运"。

米五万石，分批解赴鄂省交收①，以资接济。如此变通办理，则湘中虽未经开禁，而鄂省一两月内增米八万余石，市价亦应稍平。

缘准咨商，相应备文咨复。为此合咨贵部堂，请烦查照施行。

须至咨者。

为湘省禁运米粮事咨复鄂督文（稿二）*

为咨复事：

窃准贵部堂咨："据湖北江夏、汉阳、黄冈、黄陂等县职员前四川金堂县知县刘希鸿等，以米粮不足，禀恳咨明南省大开米禁等情，禀经贵部堂据情咨商，将湘省米禁暂开一二月，俾商船贩运到鄂，以资平粜。如开禁后湘省米价复涨，再行察核酌办"等因。准此，具仰贵部堂轸念民依，妥筹兼顾，纫佩良深。

惟查遏粜之举，本非常经。况湘省土产素稀，居民所恃以易银钱而资日用者，仅谷米为大宗。目前钱少价昂，生计弥绌，苟可以外济邻邦、内纾民困，本部院固所甚愿②，抑合属士民之所乐从，不待邻绅之请，而行之惟恐不亟。第以地方上年灾歉情形，为数十年所仅见③，其禁止谷米出省，实万万有不得不禁之势，非邻省士民所能深悉者。

盖缘湖南自光绪二十年秋冬至本年二月以前，仅得透雨三次，次仅二三日，人所共知，除濒湖田亩外，几无不被旱之州县。湖南

---

① 此句原作"委员解、贵部堂招商给票，来湘采办。每票一纸，购米五百石，但希示以限制，填发护票一百纸，实共购米五万石，陆续运鄂"。

* 据舒斋藏摄片。按：此亦为幕僚奉拟清稿，而加有陈宝箴修改墨迹颇多。

② 此句及下句，原作"本部院固当鼓舞策励以求必行，即合属士民亦必踊跃趋承"。

③ 此句原作"实为数十余年所仅见"。

山多于水，只宁乡、祁阳、桂阳等处，山泉、塘堰较多，受旱较浅，然牵算总不出五分内外。是南省虽云多谷之区[1]，较之往年，仅得其半，该职等禀称"南省亦间有数处略受干旱，究竟歉收处少、丰收处多"等语，殆米商、船贩中有所蔽之言，全非事实。其不得不禁者一。

他省积储粮食，常至数年，湖南地气卑湿，从无储谷两年之家。近年贫困，尤迫不及待，圩田向来一出一尽，秋收之日，即尽将新谷变卖及息借山户，收为明年籽种之用。小民不知远计[2]，至春耕时已须仰给于人。二麦种者绝少，上年农民以歉收故，多种荞麦，乃为九月间雨雪摧萎无余；红薯为雪水所侵，寻亦溃败。既乏盖藏，又无接济，僻处湖外[3]，商运不通，惟恃此歉收余粮以支日食。其不能不禁者二。

上年秋收后，谷价已昂，各属士绅，咸怀忧惧，来省聚谋，议于省局及淮盐局合诸绅富[4]，共凑银二十万两，派人赴芜湖等处采买，循环转运。复请前抚部院吴出示禁止谷米出省，群情始安。嗣以湖北米船聚集岳州，恃众求出，违禁下驶者三四百艘，而米禁遂弛，未及一月，出口者无虑数十万石。于是人情汹惧，各州县沿村沿团，私相阻禁。无米之区，虽有钱无可为炊，甚有艰窘自尽者。醴陵等处，道殣相望；省城米价，一日增至数百文[5]，奸究乘机搆煽[6]。又值外间遣勇相率来归[7]，艰于得食，变故之来，间不容发。

---

①　"是"，由陈宝箴增补。
②　此句由陈宝箴增补。
③　此句及下句，均系陈宝箴增补。按："商运"前初有"更"字，后自删除。
④　"绅富"，幕僚原作"绅士"。
⑤　"一"，由陈宝箴增补。
⑥　此句系陈宝箴增补。
⑦　"又值"，由陈宝箴增补。

本部院乃援"本省歉收，许奏明禁止谷米出省"例文，专摺奏明①，重申禁令，并将以后聚众要挟之米船三百余号②，立派弁勇由岳州押回省河，按照市价收买，米价渐平。灾重之处，谷米与勇营同时并发，厚恤饥民③，严惩积匪，岁暮幸得无事。而诸绅之出力、出赀，同心共济，早为之所，实他省之所不及④。若亦只习常蹈故，听其自然，则此时将不可问，求为鄂省之米，贵而不可得。其不能不禁者三。

自去腊米船押回后，上米市价减至三千五百文⑤，下米三千二百文，两月以来，讫不少变。近日邵阳、清泉、新化、安化各属，纷纷禀求接济，指请预拨芜湖采买之谷数万石。现在茶市方开，外来佣趁工人又不可数计，产茶各属，蹙额咨嗟，无不仰给省会。且湘中早稻稀少，为日方长。本部院与司道仰屋而筹，实深焦灼，屡经严札谆示，务使本省境内彼此流通，方纾坐困之急。而乡民鉴于前车，斤斤自保，前复札饬逐户清查⑥，冀以羡补其不足。札稿附呈，可想见其拮据之状。

目前米价久不加涨，实因下游销路阻滞，若一旦开禁，米价必增，民情大哗，乡村变故迭出。湘中民穷财尽，伏莽潜滋，诚未能测其所至，湘之祸亦鄂之忧也。至湘中目前米价，虽若较鄂稍平，然物情本自不齐，湘、鄂久难一致。近二十余年，湘中常年上米不过二千一二百文，至贵不过二千四五百文，今时米价较至贵时犹多一

---

① 此句及下句，幕僚原作"大张牍谕，奏请严禁"。按："牍谕"，陈宝箴曾拟改为"晓谕"，后均删。

② "以后"，由陈宝箴增补。

③ 此句及下句，均系陈宝箴增补。

④ 此句幕僚原作"实为他省所不及"。

⑤ "市价"，由陈宝箴增补。

⑥ "前"，幕僚初作"近"，继自删改。

千有余。湖北常年上米之价已三千五六百文，近年收成极稔①，亦尚三千三四百文，以今时四千五六百文之价衡之，亦仅多至千文，与湖南初无轩轾。至大咨所称"不过三千余文，次者且不足三千"，乃官中平粜减定之价，非市肆行情也。

　　惟米禁暂不可开，而湘、鄂两省均在贵部堂节制之内，现在下游采买，猝难济急，自应设法兼筹，未容漠视。查湘省尚有留待平粜之米三万余石，拟饬绅局刻日运鄂，暂济急需。俟将原价运费领回，再由湘省酌择可买处所，另购米四五万石解鄂②，以资接济，实用实销③，决无糜费，较鄂商贩卖之价，必稍平减。如此变通办理，则湘省虽未开禁，而鄂省一两月内增米七八万石④，米价亦应稍平。下游采买及四川招商之米⑤，当可相续接济，以待麦秋矣。

　　缘准咨商，相应缕悉咨复。为此合咨贵部堂，请烦查照施行。须至咨者。

为湘省禁运米粮事咨复鄂督文（稿三）[*]

　　为咨复事：

　　窃照本月二十五日接准贵部堂咨："据湖北江夏、汉阳、黄冈

---

①　此句及下句，幕僚原作"近年极少，亦三千三四百文"。
②　"四"，由陈宝箴增补。
③　此句及以下三句，均由陈宝箴增补。
④　"七八万石"，幕僚原作"八万余石"。
⑤　此句及以下两句，幕僚原作"下游采买之米，可以相续接济矣"。
＊　据舒斋藏摄片。按：此为幕僚遵缮清稿，继由陈宝箴点审审定。咨稿首页首行前，略偏下处，有陈宝箴手书签发日期"廿七"，并压钤"真实不虚"朱文篆印一方。又按：湘省拨谷解鄂事，可参阅张之洞光绪二十二年六月十一日《札岳常澧道转饬华容等县运米分粜荆宜两郡》《札委杨湘云等前往湖南沿湖各州县考核年岁丰歉并米价平减情形》，详《张之洞全集》，第五册，第3272～3277页。

等县职员前四川金堂县知县刘希鸿等，以米粮不足，禀恳咨明南省大开米境〔禁〕等情。据情咨商，将湘省米禁暂开一二月，俾商船贩运到鄂，以资平粜。如开禁后湘省米价复涨，再行察核酌办"等因，准此。

本部院查，谷米原贵流通，遏籴诚非美举。况湖南地方，土宜殊鲜，商民所恃以易银钱而资日用者，惟谷米为大宗。目前钱少价昂，四民生计倍形支绌，苟可以外济邻疆、内纾民困，固本部院之所甚愿，亦士民之所乐从，不待商酌而行之惟恐不亟者也。

无如上年长、衡各府被旱成灾，饥民流离颠沛，饿莩载途。一切情形，经前部院吴暨本部院叠次乞援告急，私函公牍，缕述详陈，自已久邀烛照。其未经被灾之处，收成仅得中稔，秋获以后，商船贩运米粮赴鄂售卖者，不可数计，遂令各属农家胥无储蓄。

本部院履任以后，审察再三，实无良策，万不得已，然后有禁止谷米出省之奏。兹准前因，查灾区粮食，久已扫地无余，全恃采买赈给，藉资存活。未灾各属，仅供日食，民间深虞佁乏，亦相率留谷自全。叠据各该牧令禀报前来。此湘省近日盖藏告匮之情形也。

湖南本非宜麦之乡①，其山头地角，间或栽种大小二麦、豌豆、蚕豆等项，收获无多，难充枵腹。二月初七八日，雹雪侵凌，又复损伤过半，麦秋之望复虚。且节过清明，茶荈长发，红茶一律开庄，外来佣趁拣摘工人，合计不下数十万，食指骤增，筹济无术②。产茶各属，无不蒿目咨嗟，禀求接济。此又目前需粮愈急之实情也。

湘省民情浮动，伏莽蔓延。当民和岁稔之时，痞匪游勇尚不免椎埋山泽、盗弄潢池；当兹饥馑洊臻，人心汹惧，一夫狂呼，丑类毕

① "非"，幕僚原作"少"。
② 此句幕僚原作"筹济无所"。

集。加之海疆防勇络绎遣归，更难防范。现在粮价所以较鄂省稍平者，特以销路阻滞之故，设使听其贩运，势必立见加增。湘中民穷财尽，已有不可终日之势，米禁一开，不可复止，变故百出，将有不可设想者。此又祸乱宜防之事势也。

刻下稻种甫播，收割期遥，博采详筹，实有万难开禁之处。贵部堂总辖兼圻①，北、南二省民瘼，无不咸关荩厪，相应缕晰咨明。为此合咨贵部堂，请烦查照酌核施行。

一咨督院。

〖附一〗谭嗣同：上欧阳中鹄（六）*
（光绪二十一年十二月十七日）

夫子大人函丈：

十五上船，十七开行，虽有北风，尚不甚大。下午抵金子湾，缘事须泊，明日或可行。沿途米船上溯者极多，皆私载赴下流，经营勇阻截押回者也。先是岳州厘局禀称："米船麇集数百号，势将闯越，力不能阻"，闻已与局丁殴打，极凶狂。中丞震怒。而岳州府复为缓颊，且称："阻之必激变"，力劝放行。中丞愈怒，自称"威令不行"即指此，谈此事时声色俱愤，自言："激变即激变。"痛饬府局立派水师持大令而往，违者就地正法，局员不力阻即斩局员。令出，官民悚息，无一船敢不回者。省城骤添米近百万石，米价必渐落。周蕴斋亦言，明年正月米必顿贱。

---

　　①　"总辖"，幕僚原作"统辖"。
　　*　据《谭嗣同全集》（增订本），第453页。此仍旧题。按：据黄彰健考证，此札作于光绪二十一年十二月十七日，谭嗣同"由长沙赴武昌途中"。详黄彰健《〈谭嗣同全集〉书札系年》，载《戊戌变法史研究》，第630页。又按：欧阳中鹄受命领赈浏阳，暨陈宝箴岳州禁米诸事，可参阅陈三立《湖南巡抚先府君行状》（详本集附录《传记资料》）。

嗣同内计,鄂借二万之款,仍以多易银圆为是。拟易大者三千枚、五角者四千枚、二角者五千枚、一角者五万枚、半角者十万枚,共合大银圆一万六千枚。大者价一千文,馀类推,约需银一万二三千两,馀以买杂粮。盖湖北杂粮恐亦不多,秋收太歉,则春麦仅供本地之食犹嫌不足,故鄂赈亦正不容缓。日与沅帆计议,均以银圆较为活动,俟到鄂详察情形办理。沅帆言:"湖南电线明春举修",并以附陈。此叩福安。

受业门人谭嗣同谨禀。十二月十七日。

〖附二〗谭嗣同:上欧阳中鹄(七)(节录) *
(光绪二十一年除夕)

途中连上数书计达。随于廿三日到鄂,【中略】承交下实收等三十分,自往捐局查问一切。海防例捐实官只须三成,若买盐商捐款尤便宜,大约只得一成有余。湖北亦开办赈捐,奏请虽系三成,实在只作一成七,旋因山东赈捐已减至一成六,此间遂不得已改为一成五,然虚衔封典,谁有此闲钱来捐?唐季告身至谋一醉而不可得,几似之矣。甘肃亦在此劝捐,成数尚未悉。

今湖南赈捐章程系三成,如何能办?陈右帅寄到实收八百分,家严因李正则现办鄂捐,并交其办理,至应如何核减成数,尚未商定。嗣同急思揽生意归浏阳,拟径将实收三十分_{将来设法报销}作一成五开捐,并交正则办理。正则谓:"鄂捐一成五犹劝不动,惟转寄上海可求速售。"嗣同屡禀家严请照办,家严终以未经贵局核减成数,未便擅减;并命以此意函知大家兄。昨日发去,务请乞速示。请专函,不言他事。借款二万已筹得,即当寄回。杂粮不但极昂贵,过

---

* 据《谭嗣同全集》(增订本),第453～454页。此仍旧题。按:此札末署"乙未除夕"。

二十石即无可买。

自岳州禁米之后,米价每石骤涨至四串八百文。正则买食米,大费经营,仅得两石。安陆一带早已过五串。湖北之荒亦为近年所未有,江夏已经逃荒,何论外县? 而司道以下,至今尚持不赈之说,惟家严一人力以赈为任而已。上下古今如一邱貉,不有大英雄出而涤荡廓清之,中国殆终于自毙。现飞电往各省告饥,不知有应者否?

湖北向恃安徽芜湖等处粮米接济,因各省同时往购,易致空虚,遂亦不能如数而得。前购米万石,派委员放赈,数日即罄,此后恐难一次即购万石矣。尤苦者,绅士无人任事,地方官不过尔尔,全恃二三委员,何能有济? 来日方长,全无头绪,不了之了,非所敢知。时局如此,嗣同采购杂粮又属梦呓;况岳州阻米,鄂人归谤于家严,决不肯再运粮石回湘,且欲徇鄂人咨移开禁之请。【后略】

为设立湘矿转运局事咨鄂督抚文(稿)[*]

为咨明事:

前据矿务总局详称:"湖南近来所采矿质逐渐增多,亟应运赴汉口、上海等处销售,以资周转。前已详派委绅〈罗运陟〉①,暂将

---

* 据舒斋藏摄片。按:此系湘抚幕僚承书,继由陈宝箴略加点窜。

① "绅"字后,原留空白。据邹代钧《致汪康年书》二十二(见《汪康年师友书札(三)》,第2654~2658页),湘矿汉口转运局主事为江西武宁人罗运陟(字邻岘),此处所留空白及下文所云"罗绅",均应指罗运陟。按:本集上册卷八《罗、俞二员系属姻亲请改发鄂片》所称"分发湖南试用知县罗运崃",与罗运陟同为陈三立前妻罗氏之"亲兄弟"。

运去矿样就该委绅寓所收储①，以便探明销路②。今各厂煤炭及锑、铅各种矿砂③，均须运往发售。拟于湖北省城设立湘矿转运局④，以后各厂运矿到省，即饬径往湖北，交转运局收存发售。所有该局事宜，即仍派罗绅妥为经理，以资熟手。如蒙准行，伏恳批示饬遵，咨明督宪并湖北抚宪俯赐察核，札饬江汉关道暨武昌府、江夏县一体知照，实为公便"等情。除批示外，相应咨明贵部堂兼署部院，乞赐察核施行，实为公便。须至咨者。

咨督部堂、兼署湖北抚部院。

为喻兆蕃回京供职
咨送工部、札饬矿局文(稿)*

为咨送、札饬事：

案照得湖南省前因试采矿产，事务殷繁，暂留江西在籍工部主事喻兆蕃会同矿局员绅办理，分别奏咨在案。兹查矿务办理已有端倪⑤，该主事在湘深资得力⑥，现在并无经手未完事件，自应咨送回京供职，相应咨明。为此合咨贵部，请烦查照施行。

一咨工部。给本员。

---

① "就"前原有"即"字，后删。
② "以便"，由陈宝箴增补。
③ "各种"，由陈宝箴增补。
④ "湘矿转运局"，幕僚原作"矿务转运局"。
* 据舒斋藏摄片。按：此为湘抚幕僚承意起草之稿，上有陈宝箴审改手迹。篇后有陈宝箴手书签发日期"十五"，并压钤"真实不虚"朱文篆章一枚。
⑤ "已有"，幕僚原作"略有"。
⑥ 此句及下句，幕僚原作"该主事在湘并无经手未完事件"。

……回京供职①。除咨明外，合行札饬，札到该局即便知照。
〈一札〉矿务总局。

阜南官钱局章程抄报户部请核摺（稿一）*

谨将《湖南省阜南官钱局章程》照开清摺，赍请查核②。须至
摺者。

计开：

一、各局卡应解厘金钱文，由总局经收，发官钱局存储备用。
宝南局新铸制钱，亦随时发官钱局行使流通③。

一、每日银钱行情，官钱局悬牌示价④，俾众咸知。

一、官绅立摺往来，一概谢绝。

一、禁止挪借，如有私自挪借者，除追赔外，将官局经手人辞
出，不得以有薪水扣抵为解。

一、银圆禁止开凿，由公估过图章行用，私自倾销者⑤，照私毁
官钱例惩办。

一、官钱局每日银钱出入款目⑥，按月具报抚署查核。每季邀
请司道及善后局总办并省城绅士一二人至局⑦，将本季账目及现

---

① 原稿系一稿两用：一"咨送"工部、一"札饬"矿局，咨、札合稿，故札文所述事
由，凡与咨文一致者，悉予省略，以免重复。今则标以"……"，用以表明其意。

* 据舒斋藏摄片，此为陈宝箴手稿。按：可参阅本集卷二十九《给发阜南官钱局条
规告示（稿）》。

② "赍"，初作"呈"。

③ 此两句为续加添补。又，"流通"，初作"易银"。

④ "官钱局"，初作"官局"。

⑤ 此句及下句，初作"银圆禁止倾销，犯者照私毁官钱例惩办"，单独列为一条。
继自合二为一。

⑥ 此句及下句，初作"官钱局按月具报抚署一次"。

⑦ "并"后原有"邀"字，后删。

存银钱票据公同查核①,以昭公慎。

一、官钱局司事②,由殷实铺户推荐,并书立承保字据,如有亏挪,向保人著赔。

一、司事等薪工,按月给领,不得过支分文。

一、凡银钱出入以及簿书文件,必须合局共见共闻③,不得一人专擅。

一、凡银钱票据,每夕务须归入银房,交派定司事管理,以昭慎重而专责成。

一、官钱局日用,俱有限制,务从俭约,以节浮费。司事人等己分应酬杂用,不得列入公项支销④。

一、官钱局发出钱票,行用日久,票文磨灭,持向局中请换者,立即换给,不得索取分文。⑤

以上共十二条,务宜切实遵行,由总办随时察核申儆,不得视为具文。

阜南官钱局章程抄报户部请核摺(稿二) *

谨将《湖南省阜南官钱局章程》照开清摺,赍请查核。须至摺者。

――――――――――

① "及现存银钱票据"为续加添补;"现存",初拟作"存储"。

② "官钱局",初作"官局"。

③ "合局"二字,系增补者。

④ "列入",初作"混入"。

⑤ 此条有眉批:"第六",文末另有夹注:"此条列在第五条'银圆禁止开凿'条之次。"按:此摺第二稿(详后)已据此调整。又按:"官钱局"三字系增补者;"持向",初作"来"。

＊ 据舒斋藏摄片。此为湘抚衙门幕僚据陈宝箴所酌定者(即上文第一稿)誊录之清缮件。

计开：

一、各局卡应解厘金钱文,由总局经收,发官钱局存储备用。宝南局新铸制钱,亦随时发官钱局行使流通。

一、每日银钱行情,官钱局悬牌示价,俾众咸知。

一、官绅立摺往来,一概谢绝。

一、禁止挪借,如有私自挪借者,除追赔外,将官局经手人辞出,不得以有薪水扣抵为解。

一、银圆禁止开凿,由公估过图章行用,私自倾销者,照私毁官钱例惩办。

一、官钱局发出钱票,行用日久,票文磨灭,持向局中请换者,立即换给,不得索取分文。

一、官钱局每日银钱出入款目,按月具报抚署查核。每季邀请司道及善后局总办并省城绅士一二人至局,将本季账目及现存银钱票据公同查核,以昭公慎。

一、官钱局司事,由殷实铺户推荐,并书立承保字据。如有亏挪,向保人著赔。

一、司事等薪工,按月给领,不得过支分文。

一、凡银钱出入以及簿书文件,必须合局共见共闻,不得一人专擅。

一、凡银钱票据,每夕务须归入银房,交派定司事管理,以昭慎重而专责成。

一、官钱局日用,俱有限制,务从俭约,以节浮费。司事人等已分应酬杂用,不得列入公项支销。

以上十二条,务宜切实遵行,由总办随时察核申儆,不得视为具文。

遵旨办理光绪廿二年新漕折征咨部文（稿）[*]

内阁奉上谕："所有湖南每年应办京漕三万石，嗣后勿庸办运，即将米价、水脚等项共合银七万二千三百余两，按年解交部库，以备缓急。著自本年起，如数报解，另款存储，专备顺天赈抚提用。馀依议。钦此。"钦遵到部咨行，钦遵查照历年分批遵解清楚在案。兹准前因，当经札行司道筹款详解去后。

今据代理湖南粮储道刘镇、布政使何枢会详，湖南省光绪二十二年新漕仍办折征，其应采买京米三万石，自应钦遵前奉谕旨勿庸办运，将米价、水脚等项银两，照案分批解部，专备顺天赈抚提用。

〖附一〗光绪二十年六月十九日上谕^{**}

前据孙家鼐等奏"请于江苏、浙江每年起运漕米内，各拨五万石为顺天备荒之用"，陈彝奏"顺天积谷，请于每年抵通南粮内酌给一二万石，建仓存储"，当经谕令户部妥议具奏。兹据奏称："河运漕米，合江南、北不过二十余万石，万难分拨，即令江、浙两省改本为折，为数太多，亦虞窒碍；至请拨漕米一二万石分储各州县，办理非人，亦多流弊。拟请将湖南岁办京漕折价解部备用"等语，著照所请。

所有湖南每年应办京漕三万石，嗣后毋庸办运，即将米价、水脚等项共合银七万二千三百余两，按年解交部库，以备缓急。备荒经费一款，每年共应解部银十二万两，遇闰加增银一万两，著自本

＊　据舒斋藏摄片。此为陈宝箴端楷手书，原稿不全。按：可参阅本集上册卷七《光绪廿二年筹解头批顺天备荒经费片》、卷九《光绪廿二年筹解二批顺天备荒经费片》。

＊＊　据《光绪朝东华录》，第三册，总第3436页。

年起,由户部专催各省逐年如数报解,另款存储,以备顺天赈抚提用。馀依议。

〖附二〗光绪二十二年七月初四日上谕*

顺天府奏《东、南两路各州县被水现办大概情形》一摺。本年六月二十三日,永定河漫口,大兴、宛平、东安、武清、永清等县地方被水,灾民亟须抚恤,业经孙家鼐等派员前往查勘,办理急赈,仍著速筹款项,妥为接济,毋令灾民失所。所有湖南应解漕折银两,并各省每年应解备荒经费银两,即著户部迅速开单咨行各督抚,饬令如数解部,不得因循拖欠,致误赈需。

为湘省剥船附载木植
请查照通行事咨鄂督文(节录)**

据湖南承运剥船委员候补道庄道、候补知府沈守禀称:"窃职道等承造直隶剥船一百五十号,业经排造竣工,一律登江报请委验。惟水程五千余里,渡湖涉江,必须压舱镇空,庶昭稳固。查上届奏定不准装载二成货物,只准跨载护木,注明木码两数,不准多装,如有溢数,照完厘税。"

又称:"职道等筹商,以木码大小纷繁,难于科算,拟请注定株数,可免争执。禀请每船备带木植十株,中、小护木五十株,皆于舷外装跨,以资搏浪;舱内装载截断杉筒八十段,以资压舱;外带皮篙四十根,备添换篙挽之用。此原拟请示核定之数目也。惟舵工、水

---

　　* 据《光绪朝东华录》,第四册,总第3829页。

　　** 据后附张之洞《札委陈重庆驰赴鹦鹉洲厘局查验剥船所带木植并派委兵轮弹压》摘录,酌拟今题。

手等恳求附载杉筒三十段、皮篙四五百根，期有少获，以资沾润。
为数不多，似可勉示体恤，第核与职道等原禀数目不符，未敢擅便，
理合将起运备带护木、杉筒，及舵工、水手恳求附载杉筒、皮篙，开
单呈请核定咨部，并行沿途各关卡查验。如有溢数，照完厘税"等
情，到本部院。

　　据此，除咨户、工部并分咨外，相应咨请查照通行。

〖附一〗张之洞：札委陈重庆驰赴鹦鹉洲厘局
查验剥船所带木植并派委兵轮弹压*

（光绪二十三年三月二十八日）

　　为札委事：

　　据委办鹦鹉洲竹木厘局补用知府张守孝谦禀称："窃卑局前
奉牙厘总局札开：'奉宪台札：准南抚部院咨：【中略】各等因。转
行下局。'奉此。嗣于三月十二日接据承运委员护照内开：'承造
直隶粮剥船一百五十号，跨载护木、杉筒搪浪压艌，现已薄扎成簰，
分为两座，驶至汉口装跨，计头座木簰二十八块，已经全处到鄂'
各等因①。

　　卑府遵于二十一日到差，当即督同司事前往逐细查验，所有粮
剥船陆续到齐，除船内装压附载不计外，计已到木簰二十二块，停
泊白沙洲一带，长约六丈余，宽约二丈余，深则潜匿水底，未经丈
量，无从估计。窃查粮剥所带木植、护木，例应舷外装跨，今则扎为
木簰，合计前后两起各簰五十余块，似与南省来咨及该员等原禀全

---

　　* 据《张之洞全集》，第五册，第3393～3395页。此仍旧题。
　　① "全处"，疑作"全数"。

不相符。

且禀称'木码难于科算，拟注定株数，则查照之下，朗若列眉'。伏思簰木向以丈量为准，木株之在水面者可数，其匿水内者，非以木码科算，则根株之是否溢数，谁则知之？又查原禀所请备带木植、护木、杉筒、皮篙各项，为数已多，虽为镇压船只之用，实隐寓矜恤水手之心，乃又曲徇水手之请，准每船附载皮篙四五百根、杉筒三十段，即该员亦自称'与原禀数目不符'。至云'期有少获，以资沾润'，显然为牟利起见①。

水手人等大都趋利若鹜，若再纵之，使为藉粮剥之要公，图挟私之厚利。各船所带皮篙、杉筒之数，溢与不溢，彰明较著，尚难逃宪台明鉴之中。总之，粮剥从无扎簰之理，又不注明木码两数，遂致无可究诘，并于正项之外，复准水手附载木株数目如此之多，种种捏饰，难保不偷漏挟私，未便置之不问。

卑府猥以菲材，初膺剧任，到差后风闻洲埠木植、皮篙一项已被粮剥各船采购一空，当此饷项支绌、比较吃紧之时，欲查验，则札准放行，而且人众船多，深恐借公滋事；欲缄默，则巨筏蔽江乘流直下，所有下月厘金收数，几于荡然无余。彷徨四顾，焦急万分，再四筹维，可否趁木簰尚未到齐之时，禀请宪台速委妥员下局会勘并派员弹压之处，抑照数放行，统候钧示祗遵。所有剥船随带木簰查验大概情形，禀乞查核"等情，到本部堂。

据此，除批"据禀已悉。查湘省剥船准其跨装护木，数已不少，并复酌定舵工、水手等附载杉筒、皮篙各数，俾资沾润，已属格外体恤。今该粮剥到汉，并不照额跨装，辄扎成木簰，合计五十余块，竟不可以数计，核与南抚部院咨定办法，数目迥不相符，似此任

---

① "牟利"，《张之洞全集》作"弁利"，今予径改。

意影射，恃众违章，有碍鄂省税厘大局，断难准其放行。

除札委陈道重庆前往会同查勘点验，并札饬中军俞副将率同 '楚材'大兵轮一号、小兵轮一号暨汉阳镇长江水师炮船五号，驶 赴白沙洲一带弹压，不许船户、水手稍滋事端外，仰即遵照，俟委员 陈道到局，即行会同切实查勘，照章核算，饬令各粮剥照数跨装，不 准溢额及另札木簰，其有溢额扎簰多带木植，应令照章补完税厘。 倘船户、水手等竟敢违抗，即行严拿惩办。至此项粮剥运解委员， 并不严饬船户人等认真照章办理，实属不合，应俟查复后再行酌 核，咨请南抚部院酌核示儆。该道、守毋得稍涉瞻徇。切切。此 缴"等因印发外，合行札委。

为此札仰该道，即便遵照上项批饬事理，迅速驰赴鹦鹉洲竹木 厘局，会同委员张守，切实查勘点验核算，饬令湘省剥船照数装跨 木植，不准溢额及另扎木簰，其有溢额扎簰多带木植，即令照章完 纳税厘。倘船户、水手等竟敢违抗，即行严拿惩办不贷。仍将办理 情形会同张守禀候核夺，毋稍瞻徇玩延。切切。

〖附二〗张之洞：札陈重庆等移行鹦鹉洲 竹木厘局巡丁因公被殴 饬令交犯惩办并剥船各厘照数完纳*
（光绪二十三年五月初四日）

为札饬事：

照得据委办鹦鹉洲竹木厘局张守孝谦禀称："窃卑局遵奉宪 札，所有查验湖南剥船拖带木簰并勾结行商包揽私货，迥与上两届

---

　　* 据《张之洞全集》，第五册，第3410～3412页。此仍旧题。

奏案办法不同情形,历经禀明在案。两月以来,卑府督同司巡往来稽查各船,除备带木植外,恃有护照完厘,串通本洲行商采购盘运,络绎不绝,并不报局完厘,不得已日令司巡沿江梭缉,遇有运木到船者,按数登帐,留俟将来点验,核对实数,免致蒙混正木。不料盘查稍密,积忿成仇。本月初一日,粮船二帮二十号暨头帮十二号,竟喝令水、舵将卑局巡丁唐开甲拖岸群殴,受伤甚重,旋经司事赶到理论,始行解释,恶焰凶锋,令人不可向迩。

伏查剥船护木,原咨正额估计价本已四万余串,就卑局一隅言之,邀免厘金八百余串;现带各木,照正额溢出一倍,合计价本八九万串,岂有概行免厘之理? 该船各木细数,均由新关点验,有税单为凭,断非卑府空言所能诬造。即皮篙一项,正额八万二千根,由本洲订购三十万根,骇人听闻,细加询问,每船须装二千余根,非三十万根而何? 至船户、水手配带零货,又复不在数内。不图粮剥要公,徒供奸商劣贩盘踞把持,假公济私,饱填欲壑,浸且护私逞凶,无恶不作,至于此极,可为浩叹!

此次巡丁因公被殴,总由卑府督率无方,致负宪台委任,惟有加紧医治,免令成废。而逞凶之人恃众抗法,例应若何究惩,恭候宪威批饬,不惟宜伸法纪,藉免酿祸将来。抑卑府更有请者。剥船带货如此之多,挟私如此之众,官、商、舵、水混而为一,上下交征,几至尾大不掉,若无牟利分肥、克扣吞蚀等弊,何至各船不遵约束? 此次办法离奇,真令人不可思议。现时搭载各木,尚属有数可稽,拟求宪台札饬押运各员,分额内、溢数、零货三项,勒限装齐,照应完厘数统算总收,一面禀由陈道督同点验,押令下驶,免再逗遛日久,裹挟愈众,盘诘愈难。

木厘为卑局专责,本月收数短绌,固由阴雨过多,而访闻剥船插买,木价陡涨,他商因而裹足。剥船泊鄂已及两月,除勾串包揽,别无所事，多留一日，为洲埠一日之害，于商务、厘务大有妨碍，委系实情。风闻百货偷漏为数亦巨大，致剥船专为商贩走私之具，当难逃宪台明鉴。若再停泊多日，又岂仅为木厘之累？卑府赋性愚直，罔知忌讳，冒昧渎陈，自知语多逾分。惟乞俯赐鉴宥，严批饬遵，俾得克期竣事，以肃厘政而杜弊端"等情，到本部堂。

据此，查前据该局守禀，湖南粮剥到汉，违章多带大宗木植，有碍鄂省厘税大局，当经本部堂檄委会办牙厘总局陈道重庆，会同该局切实查勘点验核算，饬令湘省剥船照数装跨木植，不准溢额及另扎木簰，其有溢额扎簰多带木植，即令照章完纳税厘，倘船户、水手等竟敢违抗，即行严拿惩办，并饬派兵轮、炮船驶赴白沙洲一带弹压，不许船户、水手稍滋事端。并咨请南抚院严饬粮剥委员庄道、沈守等，勿得纵令船户、水手人等违章滋弊，暨分别咨行在案。

兹据禀，粮剥违章购带额外木植及私货甚多，为数过巨，骇人听闻，何以督运委员并不约束禁止？显有故纵情弊。迨经该局盘查较密，该粮剥头帮十二号竟敢喝令水、舵将该局巡丁拖岸群殴，受伤甚重，尤堪诧异。似此逞凶妄为，实属目无法纪，庄道、沈守何以毫无约束，任听抗查逞凶？更出情理之外。应即勒令庄道、沈守将滋事凶殴之犯刻日按名交出，送交地方官严审究办，不得再涉瞻徇回护，致干参处。

一面严定限期，由陈道、张守督率轮船水师、陆勇前往弹压，严饬各船所载木植赶紧装齐，仅数报明厘局①，统算总收，除去照额准带之木植，其余溢数以及零货，即照应完厘税完纳，押令迅速下驶，毋任再为逗遛。如船户等仍敢抗玩不遵，委员等纵令违抗，有护私蔑法情弊，即行据实禀请，奏明办理。除分别咨行外，合行札

---

① "仅数"，疑作"尽数"。

饬。为此札该道,即便移会藩、臬两司,一体遵照办理。

为讯明湘省矿务委员擅订合同
设法挽救事咨复鄂督（节录）[*]

　　业已先据矿务总局详请核办,批将欧阳栋、朱道濂发交长沙府从严审讯,由该两人出具切结,情愿自赴上海,将所立合同退回作废。

〖附一〗张之洞:致陈宝箴书^{**}
（光绪二十三年三月□日）

　　前闻湘省矿务委员,有在上海与华利公司洋人戴玛德订立约字,将衡州府属水口山所产之黑、白铅砂专销与华利之事,弟以叠奉来函、来牍均未提及,未之深信。近始展转索得所订约字十三款稿,又似确有其事。阅其合同,不胜骇异,不胜焦急。开矿为遵旨举办之要务,原为兴利起见,若利尚未兴而权不我属,殊乖本意。查此约字第七、第八、第十一等款,均有无穷之害,不敢不为台端陈之:

　　查各种五金矿,所难在开采,不在化炼,更不在销售;所费亦在开采,不在化炼。今第七款定价"每石洋例银一两二钱",自必永远照办。初开时,矿砂浮浅,工价不巨,石售一两二钱,或有微利。至开久窿深,必然遇水,须用机抽干,且须支持撑架、购机凿石,所

---

　　* 据张之洞《咨南抚院湘省矿务委员与华利公司戴玛德订立合同设法挽救（附单)》（详附二)摘录。按:可参阅本集上册卷十六《欧阳栋、朱道濂各予惩罚片》。

　　** 据《张之洞全集》,第十二册,第10243～10245页。原题为《致陈右铭》。按:此札初见录于《张文襄公全集》卷二百十八《书札五》,题作《与陈右铭》,信末原署"光绪二十年三月"。

费均属不资。今售价预登约字，一定不可复移，将来工本递加而售价既定，必致亏折。倘开至深处，矿质渐佳，其矿砂内之铅、银日多，所值愈贵，又因定价过少，不能另沽，岂非两失其利？查白铅现价洋例银七两数钱，一石黑铅亦三四两，一百零五斤之矿砂酌中计算，约含铅四十斤，亦值银三两外，是洋人必有盈而无亏矣。而此一石之矿，其开采人工及运费、厘税，恐目前所需，其去一两二钱之数已不甚远，以后费用有增无减，是在我必有亏而无盈矣。反复思之，不解此合同用意之所在也。

　　第八款"水口山金矿均归戴玛德一人承买，不得藉词封禁，不得希图高价"。是此矿华人出资、出力，而洋人坐收全利，将来欲罢不能，欲另售又不能，自困孰甚？

　　第九款"矿砂非与原验不符，戴玛德不得无故不受。如有此情，一切用费、栈租，唯戴玛德是问"。看似防弊，然彼若稍不合算，即称"与原验不符"，我无从辩也。况所罚过轻，彼亦何惜此区区栈租等项乎？

　　总之，此矿如愈开愈好，每石矿砂内提出之铅甚多，而铅质内提出之银亦甚多，彼必执第七款之定价以限我；如矿砂内提出铅质、银质渐少，彼又执第九款"与原验不符"之说以困我；我欲不办，彼更执"矿苗未尽"之说以责我——是我何所利而问此矿乎[1]？铅本中外通用之物，销售甚易，化验亦不甚难，又何必专仗洋商一人为销路，而受此奇窘乎？

　　又，第十一款兼及"湘省他矿，亦与戴玛德交易"，是不啻举全湘矿产归诸戴玛德一人，尤骇听闻。看其语气虽似平淡，然与洋人交涉之事，稍有一点根株，将来即成牢固不拔、蔓延无穷之害。其

---

①　"问"，疑作"开"。

为湘省祸患，更不胜言矣。

　　查戴玛德即戴马佗，该洋人自上年来华，图罔中国全利，弟所深知，不止一事。观其公司以"华利"为名，能无懔懔？朱道濂、欧阳栋两委员，不知系何官、何处人，并不详细禀请尊处酌夺，遽在上海与洋员订字画押，且有法领事印押，实属荒谬万分。此等大事，并无地方大员盖印押字，亦属怪事，或可藉此将此押作废。且第一条写明"请湖北化学官局就炉熔验，如与第一次原样相符"等语，此等事并无一字禀知鄙人，而将来须令湖北化学官局为之任此牵连胶葛之事，尤为可怪。

　　至所列见议陈季同者，其人著名荒唐，罪恶极大极多，海内、海外皆知，前经薛叔耘星使参办，尤非善类。戴玛德与陈季同相比久矣，不可不防。上年，陈、戴同赴汉口，变幻招摇，意欲揽办湖北矿务，动辄许以重贿，其许贿动以数十万计。经弟饬江汉关查传禁止，旋即遁去。此次朱、欧两委员并未奉有尊处予以画押之权明文，乃如此胆大率谬，难保不堕其术中。

　　以上各种情节，窃恐阁下未及周知，弟既有所见，用敢飞布，务请设法挽救，以杜无穷之患，大局幸甚，度阁下不以越俎见责也。此约订于二月十八日，"三个月彼此照办"，则五月十八日以后即须开办，尤盼速行更正，不胜翘企。此事关系太大，弟悚惧万分，但盼该委员手中无上司切实印文，则出自该委员专擅假托，或可挽回。如矿务总局系绅做主，即请将此函发与诸绅阅看。此等大事，总应由官作主也。

〖附二〗张之洞:咨南抚院湘省矿务委员
与华利公司戴玛德订立合同设法挽救附单*
(光绪二十三年四月十一日)

为咨会事:

照得前闻湘省矿务委员①,有在上海与华利公司洋人戴玛德、见议陈季同订立合同,将衡州府属水口山所产之黑、白铅沙售与华利公司之事②,当经函商贵部院设法挽救,以杜无穷后患。嗣准贵部院函复:"【中略】"等因。是所见适相符合,后患已经防及,实为欣慰。一俟合同退废确实,请即咨复。

查陈季同、戴玛德(即戴马佗)二人往来各省③,百计贿谋,难保不别生枝节,希图蒙混④,贻害中华大局。所有本部堂函稿及访得矿务委员与戴玛德(即戴马佗)订立合同,除行南布、按二司外⑤,相应咨会备案。为此合咨贵部院,请烦查照施行⑥。

合　同

立合约字:湖南矿务总局委员朱道濂、欧阳栋,法商华利公司戴玛德。

---

*　据《张之洞全集》,第五册,第3398～3400页。此仍旧题。按:此咨文曾经湘抚幕僚抄录(抄稿今藏上海图书馆),文字微异,后附合同则未见。

①　"照得",湘抚幕僚抄稿作"为照"。

②　"铅沙",幕僚抄稿作"铅砂"。

③　"戴马佗",幕僚抄稿作"戴玛佗"。

④　"蒙混",幕僚抄稿作"濛混"。

⑤　此句幕僚抄稿作"除行南布、按二司,并咨南洋大臣查照,转饬江海关道备案外"。

⑥　此下幕僚抄稿复有"须至咨者"一句。

今因湖南衡州府常宁县所属之水口山矿砂极旺，已奉抚宪札饬运汉销售。兹委员来申，凭中与戴玛德三面议定，将此处黑、白铅砂专卖于华利公司戴玛德，订立合约条款，开列于后，彼此照约施行，毋得异言。

计开：

第一款　水口山矿砂原系黑铅砂、白铅砂二种，前已送样交与戴玛德化验，含铅、含银若干。现在汉口乾益升栈所存之砂，任委员、戴玛德各自撮取样砂各五百斤，内黑铅砂一分、白铅砂三分，当面和匀，装入木桶，彼此均加封条，作为大样，并再请湖北化学官局就垆详细熔验，如与第一次原样相符，即载明成色封存，以免日后争论。

第二款　矿砂到汉，未能预定日期，唯约明每三个月须交一万二千石。

第三款　水口山矿砂，白铅砂居多，黑铅砂较少，今三面议定：日后交砂，白铅砂七成五，黑铅砂二成五，照数搭配分交，总以与化验原样相符。

第四款　矿砂运汉，定于一礼拜内起卸过秤，交与戴玛德。除风雨水流阻碍，不能起卸不计外，如有意延搁，以致疏虞，唯戴玛德是问。

第五款　矿砂过秤，言定每石以十六两正秤，每一百零五斤为一石，除皮净算。

第六款　矿砂运汉民船，约在戴玛德栈房码头交货。自水口山至汉口水脚、关税、厘金等费，概归委员自理。码头上秤一切费用，概归戴玛德自理。

第七款　矿砂到汉，验与原样相符，除中用由戴玛德扣付，每石实价洋例银一两二钱正。

　　第八款　定约之后,凡水口山所有黑、白铅砂,不论多寡,概归戴玛德承买。以现在矿苗而论,每年可交五万石,唯矿苗深浅广狭未能逆料,不便限定若干年,但约明至矿苗净尽之时为止,届时戴玛德亦可派矿师往验是否属实。而矿务委员等于矿苗未尽之时,不得借辞封禁,或希图高价另售他人等弊。如有此情,唯矿务总局是问。

　　第九款　矿砂到汉,若非货色与封存原验大样不符,则戴玛德不得无故苛生异说,翻悔不受。如有此情,所有一切用费及栈租等项,应唯戴玛德是问。

　　第十款　矿砂过秤后,一礼拜内兑银,期票以半月为率,不得挨延;如违,应向戴玛德补息。唯每次交砂须黑、白配足,至二千石结数一次;如未满二千石,应候补足方行结数交价,以免琐碎。

　　第十一款　此次交易,彼此均系创办。总局委员允日后湖南出有别地矿砂,先寄样来汉,交与戴玛德化验,视矿质优劣,公道论价,彼此商妥,另立合约,与戴玛德交易,庶几各沾利益。

　　第十二款　此约写华文、法文各四分,当法国驻沪领事面比对之后,由湖南矿务总局核准盖印,两面各执二分,以免日后轇轕。

　　第十三款　合同立约后,定于三个月内,彼此照办。

　　再声明者:湖南风气未开,将来水口山矿尽之时,如戴玛德欲派洋矿师往看,须先与地方官商妥,地方官许允,方准入湘。

同义臣　陈耀卿

中人　陈承春　陈阶平

陈逸如　吴锡卿

印

上海法总领事

押

见议　陈季同

朱道濂

委员

光绪二十三年二月十八日　　欧阳栋

公司　戴玛德

〖附三〗陈季同:致王世绥书(一)[*]

（光绪二十三年五月十四日）

钦轩仁兄大人阁下:

三日未见,思积九秋。比维履祉亨绥、贤劳极著为颂为祝。

十二月奉到手函①,因法领事赴淞接其公使,戴君未克与商,是以迟迟有待。至昨日下午始与晤面,告以情形。领事始尚哓哓,经戴君自陈愿了,方允销案。戴君嘱先函达左右,以慰锦怀。明日礼拜一当作复书明告足下,将与欧、朱二绅所订合同注销,完此公案。

手此飞布,敬请勋安,惟照不庄。

弟陈季同顿首。十四。

〖附四〗陈季同:致王世绥书(二)^{**}

（光绪二十三年五月十七日）

钦翁仁兄大人阁下:

---

* 据柳岳梅整理《陈宝箴友朋书札(四)》,载《历史文献》第六辑,上海古籍出版社2004年2月版,第182页。原有该整理者所附按语,称此札及下一札,"为陈季同致王钦轩者,转阅于陈宝箴。"按:据郭嵩焘光绪四年十二月十一日日记,王钦轩名世绥,时随曾纪泽出使英、法。见《郭嵩焘日记》第三卷,湖南人民出版社1982年版,第728页。可参阅曾纪泽光绪四至五年日记,译《曾纪泽日记》中册,岳麓书社1998年出版。

① "十二月",疑作"十二日"。

** 据《陈宝箴友朋书札(四)》,载《历史文献》第六辑,第182页。

前日先迎，至以为罪，正驰想问，奉到惠书，承悉一是，容当转告前途。至合同既允作废，有函为据，似可毋庸当面注销，转滋多事。且有一纸已寄外国矣，仍未能同时注销也。高明以为然否？

手此先复，馀面谭。祗颂勋安。

弟同顿首。十七。

〖附五〗戴玛德：致王世绶书（译稿）*
（光绪二十三年五月十五日，李维格译）

西六月初九日来函收到。丹再三熟筹，现允将委员〇〇〇、〇〇〇两人所订买卖银铅合同作废①。惟该两员实系奉委办理此事，盖未经开议之前，丹曾将其委札呈请法总领事查验无误，故所订合同实足为凭。且与阁下初次会议，承允倘不照办，敝处所有费用，悉数赔偿。此言阁下想能记得也。当时眼同签字之人，实系奉委办理此事，为敝处所深信，而讵竟不赔！今丹之所以肯通融，将该合同作废者，实欲华官知我在中国设立公司，无不开诚布公；并欲其知：若视我与串同华人、欲在内地营谋之洋人同类，则误矣。

兹拟数款如左，倘照办，合同即行作废。

一、在汉口拨交敝处银铅矿石壹万担。倘化验后合用，敝处即

---

*　据舒斋藏摄片。此为李维格手迹，原题作《丹马陀来函译稿》，题下注："一千八百九十七年六月十四〈日〉。"按：此稿共计五页，前四页为李维格译稿，各页左下方均有李氏自编页码（自"一"至"四"。第三页另书有"维格"、"峄琴"四字，不似李维格墨迹）；末一页为维格所作附记："熊秉翁交译之法文函，已译就。原函、译稿并呈。其法文有一两句，语气似不甚明晰，请将弟译稿及原函交潘君一校，再交秉翁。匆泐。上穰兄先生。弟格顿首。十八。"戴玛德法文原函（计三页），即附于李维格译稿之后。又，据《汪康年师友书札》所附《各家小传》，"潘君"宜指潘彦，字士裘，上海人，"曾充《时务报》法文译事"。见《汪康年师友书札（四）》，上海古籍出版社1989年版，第4205页。

①　此处之"〇"，均为原稿旧有。应指"欧阳栋"、"朱道濂"二员。

可照收。

二、上海关道代湖南抚台，仍照旧合同出售。倘别处欲买湘省矿石，价值一样，须先尽敝处。

三、拟请关道将敝处通融之处禀明张制台，并声明："前咨南洋大臣各节，并非实在情形。"

丹深愿关道肯将此事一切误会之处，在张制台及各华官处剖晰明白。现在敝处肯将合同如此通融办理，想阁下当能如所请云云。

〖附六〗王世绥：复戴玛德书（稿）*
（光绪二十三年五月十九日）

戴玛德先生阁下：

光绪二十三年五月十五日复函收到，承阁下允将湖南欧阳栋、朱道濂所订买卖银铅合同废销，足见阁下做事公正，又能忍欧阳栋、朱道濂两人之冒昧，不肯使该两人为难，钦佩无已。

惟来函称欧阳栋、朱道濂两人之委札，曾经呈请贵国总领事"查验无误，实足为凭"等语，查湖南矿务乃湖南抚台奏办之件，系属官办，应归抚台一人作主，即本省司道亦不能擅专，非同商办径归商人作主可比。前次欧阳栋、朱道濂之委札，系由矿务局饬令解砂赴汉口照料，并无赴上海销售字样，且并非抚台之印札，不得谓之为奉委办理也。譬如洋行贸易，虽遣所雇之人在外议价，准否必由行主方能为凭，断无有所雇之人未经请示即能画押之理。何况欧、朱两人之来上海，并非抚台之意乎？则其冒称抚宪札饬，胆大

---

* 据舒斋藏摄片。按：此函稿虽为他人手迹，然曾经陈宝箴审阅改定。篇首书"十三"，篇末署时作"五月十九日"，均系陈宝箴墨迹。

妄为，当亦阁下所同恶也。

至阁下所商三事，我已禀陈上海道台。据云，第一件在汉口万石之砂，阁下既愿购买，但此万石之砂均系白铅砂，现只有二千石寄存汉口，馀八千石尚在湘潭，未曾运下。如阁下欲买此万石之砂，可由关道禀商湖南抚台，其价值须由湖南议定，再行转达。但此时只能以此一万石之砂为止，应先行言明也。

第二件所云"代湖南抚台，仍照旧合同出售"一节，前已言过，湖南矿产应归抚台一人作主，即本省司道亦难擅专，关道只能禀陈请示，并无代立合同之权。此乃中国官场律例，关道不能越俎行事也。且湖南水口山之银铅砂，湖南抚台欲自行设炉煎炼，其售否尚未可知。即欲出售与人时，价值之多少，只能与时消长，不能预先定一额价，亦不能限归一人承买，此一定之情理。阁下熟谙贸易章程，自必相谅。所嘱先尽尊处之意，似恐难行耳。

第三件嘱将阁下实在情形转禀湖广制台、湖南抚台及南北洋大臣等处知晰明白一节。此事乃欧阳栋、朱道濂两人冒称抚宪札饬，胆大妄为，不合于例，阁下既允注销合同，是阁下办事得体，决不疑阁下等之有他心也。惟既经南洋大臣、湖广制台、湖南抚台札饬关道商办此事，必须注明已允作废之合同①，方可禀陈各大宪，以完此公案。烦请阁下订期将已允作废之合同批销②，互交后，关道即行照阁下之意，声明禀复各大宪可也。

此候台安。

王世绥顿首。五月十九日。

---

① 此句初作"必须有注销合同之实据"，后经陈宝箴改定。

② 此句及下句，初作"烦请阁下订期将合同批为废纸，彼此互交后"，后经陈宝箴改定。

〖附七〗王世绥:致戴玛德书[*]

（光绪二十三年五月二十六日）

戴玛德先生阁下:

承允将欧阳栋、朱道濂擅立之合同作废,今于光绪二十三年五月二十六日经阁下凭证,当面批销,实深佩悦。至阁下欲向湖南购买水口山白铅砂壹万石一节,弟可担承其事,已请道台电禀湖南抚宪请示,俟得复电后,彼此议定价值及在汉口交纳办法。如有反复,惟弟是问。但须照弟五月十九日之信,只能以白铅砂壹万石为止,以免一切镠镱也。书此为据。

光绪二十三年五月廿六日,王钦轩顿。

请会衔檄委黄忠浩
接统毅安三营咨鄂督文（节录）[**]

西路辰沅永靖各属,错接黔、蜀边境,自近年以来,匪徒十百为群,伪充兵役,白日持械招摇过市,始则拦劫土商,继且肆出剽卤数百里,行旅、居民多受其害,人心惶惶,深有燎原之惧。

上年夏间,檄饬镇筸道廷道会同统带毅安营刘镇福兴驻扎沅州,督率弁勇兜拿此等匪盗,剪除窝顿,曾经会同奏明在案。刘镇仍往来辰沅间督饬巡缉,设法解散,宽严并济,计时九月有奇,迄无盗劫,商民恃以粗安。该镇感激思奋,沅州一役,冥搜苦索,不避寒暑旦暮,因而致疾,竟于三月二十六日病故。湘中宿将,类多六旬

---

[*] 据舒斋藏摄片。此为陈宝箴手迹,原题作《王钦轩致戴玛德》。似即由陈宝箴代王钦轩起稿。

[**] 据后附张之洞《札委吴元恺接带武靖营等》摘录。

以外之人，其可用而精力未衰者，又多效力各省。耳目所及，足胜此军之任而无暮气者，竟为难得。

因思黔阳内阁中书黄忠浩，志识才略颇殊众人，尤务讲求兵事，于辰沅故里土俗人情更为谙习，以之接统毅安三营，无出其右者。请会衔檄委该员速赴辰州接统毅安三营，并主稿附奏。

〖附一〗张之洞：札委吴元恺
接带武靖营等（节录）*
（光绪二十三年四月十六日）

为札委事：

顷准南抚部院陈函开："【中略】"等因到本部堂。准此，应即如函饬调黄中书忠浩迅速赴湘，听候南抚部院陈札委接统毅安三营，并照章附片会奏。所遗督带武靖营，亟应委员接带，以专责成。查有现统武恺两营副将吴元恺，堪以饬委接带，该武靖营即作为武恺中营，仍兼统武恺左右两营，该统带即驻扎黄中书旧日营垒。【下略】

〖附二〗张之洞：荐举人才摺并清单（节录）**
（光绪二十三年七月二十九日）

窃照光绪二十一年闰五月十三日钦奉上谕，饬令各省将军、督抚保荐人才，微臣叠经举其所知，具疏上陈。臣自回湖广任以来，

---

* 据《张之洞全集》，第五册，第 3401～3402 页。此仍旧题。
** 据《张之洞全集》，第二册，第 1255～1256 页。此仍旧题。按：此摺初见录于《张文襄公全集》卷四十六《奏议四十六》。

于两省官员详加物色，观其设施，察其志操，凡有才品出众者，必奖勉而敬礼之。窃惟时事多艰，全赖人才众多，各效其用，始足以裨益时局。

兹查现在两湖各官中，其器识才猷确足备人才之选者，已有数员，不敢不达诸朝廷，以备器使。其曾任湖北官员及在他省曾为僚属者，亦附列其中。所举各员，皆系确有干才，毫无习气，臣所实验而深知者。若蒙圣恩甄拔，使尽其才，皆可期其成就远大。

谨将遵旨荐举人才开具清单，恭呈御览。【中略】

候选内阁中书黄忠浩。该员籍隶湖南黔阳，才识杰出，学纯志远，向来讲求兵事。早年在籍办理团练，声望久著。近数年在湖北委带勇营，军律谨严，操练勤劳，又肯讲求新式军火枪炮。臣愚以为欲开湘军风气，必自湘将开之，而湘军宿将多已衰老，每多自负旧劳，固执成见，不肯改用西法操练。且武臣不学，亦难骤语精深，惟于文员中能得讲求兵事之人才，庶可望提倡振奋。适湖南统领总兵刘福兴病故，抚臣陈宝箴函商臣将该员调回湖南接统此营，臣本意实不欲遣，因屡函恳切，辰沅一带甚关紧要，只可勉令回湘。窃查湘中后起堪备军旅之才，实无逾于该员者。可否恳恩敕令送部引见，以备录用。

〖附三〗黄忠浩：上陈宝箴书 *

谨禀大人阁下：

中书叩辞后，由益阳、安化捷径回防，已于本月初三日驰抵沅

＊ 据《陈宝箴友朋书札（四）》，载《历史文献》第六辑，第 154～155 页。按：此札及下一札，就其内容而言，宜附缀于《遵旨裁汰旧勇添练新军摺》或《黄忠浩接统毅安三营片》（分见本集上册卷十七、卷十三）之后，然因发见较迟，权且附录于此，聊备补益。又按：此二札均成于光绪二十三年十二月，收入本集时，顺序已作调整。

郡。经禀宪鉴,改营归旗一事,遵饬卑部营哨弁将营中疲弱及沾染嗜好什勇陆续裁减,月内总可蒇事。裁去什勇,除应得口粮外,谨遵宪谕,仍给予恩饷一月,饬各安静回籍,另谋生计。并派弁于客店巡查,勿许逗留或致别生事端。

初十日奉到宪札,饬令中书改营为旗,布置妥贴后,将毅安三旗交黄镇元果接统,另募三旗赴省操练。十三日复奉五百里排单递到钧谕:山东教案已有定议,胶湾无退还之意,英、法、俄、倭藉此为名,兵轮四集,环而索地。宪台连上解纷之策,总署复电:"均已代呈。俟教案结后,相机办理。"时局如此,催中书务于正月内募勇来省,应即遵办。

惟募勇非难,领饷维难。前禀恳饬厘金总局转行辰州、洪江、托口三分局,暂拨毅安三营正、二两月额饷壹万贰百余两,俟中书到省报销,荷蒙批准。尚系遵奉前札另募一旗,原在卑部毅安三营饷数之内,稍事通融,为一时权宜之计。今续奉宪札另募三旗,于正月内率带来省操练,不惟添募二旗需款孔加,且毅安三营如果正月交卸,即二月之饷中书不应干预,殊与前禀情形又自不符。此刻添旗新饷有无后命,尚未可知,俟正月再行上禀请示。或就力所能筹,量款募勇,暂不拘三旗之数,先带赴省,亦届时酌办。

中书更有请者:近年每有兵事,辄于湖南募勇,未几议和,旋募旋撤。各勇中朴实壮健者固不乏人;而习气太深、俗所号为"勇贩子"者,亦所在皆是。闻风即至,一入营伍,不仅难期得力,且使初出山乡、璞而不凋之辈误有沾染,为害无穷。中书拟于来年正月选派将弁,分往衡、宝、永州各属及长郡之湘乡一带,西路则麻阳、凤凰等处,精择山居朴健者,量募为勇,带省勤加训练,以冀毋负宪恩。即目前分起开招,亦不至无业游民群聚一隅。上烦宪台虑此,则管窥所及,不能不预为陈明者也。

沅属自将杀伤嫡堂伯母、杀毙胞侄并拒捕毙差之匪徒唐万福_{芷江人}兄弟，与屡屡捉人勒赎、奉札格杀无论之痞匪滕老有_{麻阳人}，在泸溆之交联盟结党（即"大汉子"），经卑部于贵州先后拿至。匪胆颇寒，冬防可期谧静。

谨此具禀，恭叩钧安。

中书忠浩谨禀。

谨再禀者：

闻黄镇元果已于十七日抵辰，日内即可来沅。改旗一事，缘系陆续裁遣，以免生事。左营营官又经绥会、武冈之交，亲自巡防，来沅面晤。中书裁定，为日较迟，然月内定改旗就绪。黄镇元果驻沅甚不相宜_{昔日事}，不敢形诸笔墨，俟后面禀。中营营官罗盛祥实难胜任。不如以改旗新章为名，令元果自带中营，名正言顺。

黔阳县开年当交卸。前恳借叶令，以苏此邦民困，亦即保廉吏之道，蒙恩允许。诚恐事冗或有遗忘，用敢渎及。冒昧之咎，□所不免①，总祈原宥。

谨此，再叩钧安。

中书忠浩再禀。

〖附四〗黄忠浩：致陈三立书*

伯严老兄先生左右：

何日旋署？念念。时局如此，凡有血气，莫不寒心。弟屡奉老伯"饬将毅安营改旗后，募勇率带赴省"之札，前则只云一旗，既又

---

① "□"系原整理者所加。

* 据《陈宝箴友朋书札（四）》，载《历史文献》第六辑，第 153～154 页。札后原有该整理者所作按语："此札致陈三立，而转交陈宝箴阅。"

令募三旗，昨日禀复当谓"募勇非难，领饷为难"。

弟在省奉札时，曾禀请暂饬厘金总局分行托口、洪江、辰州三局，拨与敝营正、二两月饷银壹万贰百零两，以便遄行。其时尚系饬募一旗，原在一千五百人饷数之中，为此权宜之计，当申明饷章自应稍有出入，容俟到省报销。今接统之黄镇军已抵辰州，而浩复奉另募三旗之札，情形又自不同。黄镇到部应交卸，交卸后即不应干与毅安营之饷。添募三旗，则为数又多，尚须另禀请示。拟即将此款作为招募之费，毅安营另由黄镇领饷，交替后再为陈明。不料致函各局去后，顷得洪江复信，抬出例排子驳回，辗转往复，已非一月内外不能定议。洪局来函及弟再致善后、厘金局函附电。

大清国官吏，不如此不足以成大清国！上宪尽管五百里札催，局员仅以数行搁住，奈何！奈何！

似此，正月恐难成行矣。祈婉陈堂上，暂勿发作。发作徒自开罪诸公，于事无济也。不过使知浩成行或未能速者，亦非敢慢也。

此请侍安，并叩年禧，不一。

　　　　　　　　　　　小弟忠浩顿首。十二月廿二日午。

为抚标等营候补各弁呈请
按名挨次补署事咨鄂督文（大意）＊

据本标左右两营暨长沙协候补千把总周信田等禀："请赏准查照轮缺章程，咨商核办，并恳将各衔名分派各标镇协营注册，遇有缺出，照章按名挨次呈请补署"等情，咨请核复。

　　＊　据后附张之洞《咨复南抚院等抚标长沙三营候补千总众多得缺无望应酌量办理》摘录。

〔附〕张之洞：咨复南抚院等抚标长沙三营候补千总众多得缺无望应酌量办理[*]

（光绪二十三年六月初二日）

为咨复事：

案准贵部院咨：“【中略】”等因前来。

查抚标二营、长沙协一营，候补千、把总人数甚众，多系前在军营出力之员，自应量予委用。惟据该弁等禀请查照同治七年郭前署部堂所定轮补章程，“将各衔名分派各营注册，遇有缺出，照章按名挨次补署”等语，查各省千、把总员缺，定例应归考拔，并无“按名挨次补署”之文。诚以千把均有操防训练之责、捕盗缉匪之事，必须选擢人才，鼓励劳绩，兼以考较技艺，不比马、步兵丁但看枪箭准头，更不能专论年资。

郭前署部堂前定章程时，未详考例文，行之未久，即经各前部堂停止，仍照旧例。或选拔，或考较，或论才具劳绩；及巡阅记名拔补有案者，或论技艺，参考其在营年资，兼察其人地是否相宜，或照行各镇协营，就近将合例应考各弁全行考验，开具枪箭准头清摺，并声叙得过劳绩记名拔补原案，呈候酌核拣拔，不准指名请补。此次该营弁等所请“按名挨次补署”，殊与历办例案不符，未便遽行照准。

且湖南省外提镇标各营，尚有候补千、把总，人数亦复不少，均系曾在军营效力之员，不仅省城三营有候补之弁，岂能尽占通省之缺？况抚标及长沙协三营近在省城，各项差委较多，若不将通省候补各弁合同核计，一体酌量疏通办理，不足以昭公允。

---

* 据《张之洞全集》，第五册，第3446～3447页。此仍旧题。

现经详加酌核，应饬南抚标中军长沙协暨通行提镇标各营一体遵照，迅将在标候补千、把总，查明曾经咨部核准，保案相符，现已到标及期满恩骑尉、云骑尉告降借补千总各世职，并期满武举捐纳各弁等，各予限三个月，严饬上紧练习枪炮。俟限满后，逐一考验洋枪、洋炮，查其技艺优劣、人材高下，即由该镇将分别等差名次，出具切实考语，开具枪炮准头清册，并查明有无劳绩存记及巡阅记名之弁，声叙案由，出具切实考语，另具清摺，一并先行呈赍本部堂查考，并分送各衙门备查，听候合同考拔。

惟抚标候补千、把人数甚多，缺额较少，如贵抚部院查有才艺劳绩应行拔补示奖之弁，应由贵抚部院预先咨明本部堂存记暨提军门，以备遇有省外各标营缺出时，酌核办理。其长沙协千、把系属提辖，惟近在省城，贵部院如查有应行奖拔之弁，贵抚部院亦可预先咨明本部堂存记，并咨明提军门查照。即长沙协副将，亦可预先禀明本部堂暨提军门，以备遇有各标营缺出时，酌核办理。各弁既须奋勉操练，以待考拔，且抚标及长沙协候补各弁，才艺劳绩有可取者，亦不致间废淹滞，较为简易可行。

除分别咨行外，相应咨复贵部院，请烦查照施行。

为美教士在常德郡城租屋
请予酌核妥议事咨鄂督文（节录）*

据常德府汤守似瑄、署武陵县王令绍钧禀："本年三月二十八

---

* 据张之洞《咨南抚院教士等在湖南常德郡城另租屋地并请保护》（详附一）摘录。按：光绪二十四年四五月间，美国传教士江爱德（E. D. Chapin）、英国传教士雅学诗（B. Howard Alexunder）曾赴湖南省会同县洪江镇传道、卖书，引发教案。可参阅《中国近代史资料丛刊续编》之《清末教案》第五册《美国对外关系文件选译》，中华书局 2000 年版，第 519～527 页。

日,有美国教士江爱德、卞良成二名,持照游历到郡,复在南门内城湾佃有张百友(即申和)、张念卿兄弟公业房屋,意欲开设义学、施药等事"等情。咨请查照酌核,转饬江汉关道与美国领事妥协商议,以符条约,免滋衅端。

〖附一〗张之洞:咨南抚院教士等在湖南常德郡城另租屋地并请保护[*]

（光绪二十三年六月二十一日）

为咨复事:

案照前准贵部院咨:"【中略】"等因。当经本部堂行令江汉关道,照会美国领事,商令江爱德等"游历事毕,即便遄行,毋任逗遛,以符条约"在案。

兹据署江汉关蔡道详称:"遵即备文照会美国领事,查照商令江爱德等'游历事毕,即便遄行,毋任逗遛,以符条约'去后。兹于六月初七日准美领事柴有德照复,内称:'本领事查,敝国教会按照条约,在内地租佃房屋,或置买房地,均无不可。请即查看《中美和约》第三十条暨中法新订之约章便知。至若该教士所租张百友兄弟公业或有不便,本领事亦愿设一活法,传谕该教士等于该郡城地方另行佃屋,或置买屋地,但不得因敝处有此活办一法又另生枝节,以与该教士为难可也。相应照请转详督宪,迅饬常德府、武陵县按照条约保护该教士为要'等因前来。

职道查美约第十三款内载:'现经两国议定,嗣后大清朝有何惠政、恩典、利益施及他国,准大合众国官民一体均沾。'又,法国

* 据《张之洞全集》,第五册,第3473~3474页。此仍旧题。

条约第三十款内载:'天主教原以劝人行善为本,凡奉教之人,皆全获保佑身家,其会同礼拜诵经等事,概听其便。凡按第八款备有盖印执照、安然入内地传教之人,地方官务必厚待保护。凡中国人愿信崇天主教而循规蹈矩者,毫无查禁,皆免惩治'各等语。

近来外国教士入内地租屋开堂、传教、施医,处处皆有,已势难闭门拒绝,但租屋必须出于业主情愿,不许教士强租硬占。地方官于洋人到境固须保护,且须开导绅士耆①,谕以传教为条约所准行,毋任乡民滋生事端。今美领事所请之处可否照办,理合具文详复查核,咨明南抚部院查照,转饬常德府、县察酌情形,按照条约妥为办理禀复"等情,到本部堂。

据此,相应咨复。为此合咨贵部院,请烦查照,转饬常德府、县察酌情形,按照条约妥为办理,禀复施行。

〖附二〗常德府武陵县知县告示抄件*
(光绪二十三年十月十五日)

为各国教士前来内地租赁房屋、地皮,布告周知事:

本县钦奉谕旨,内开:"按照约章,租赁房屋或地皮,系属合法";另奉总督部堂谕示②,着本县保护所有前来本县之教士等因。

兹有美国教士江爱德及白君两位先生③,已在西门外租得房屋一所,并订立了书面契约。合行布告周知,仰居民人等恪遵谕

---

① "士",似衍。
* 据《清末教案》第五册,第517页。据译者原注,"此件系由英文回译"。按:标题及时间均为《清末教案》旧有。
② 疑英译时或有删节,致"总督部堂"下漏提巡抚衙门等。
③ 据《清末教案》,"白君"指美国传教士白牧师(F. B. Brown)。宜即上录陈宝箴咨文所称之"卞良成"。

示,不得辄加干扰。

为邹凌瀚率生徒东游考察事咨驻日钦使文(稿)*

为咨会事:

窃江西遵奉谕旨创建务实学堂,经抚部院德派令绅士分部郎中邹凌瀚等会同经理①,该郎中以本部院籍隶江西,赴湘商酌应办诸事宜。以湖南先此一年已设有时务学堂,渐见成效,因选择聪颖子弟随同阅历,以为江西建学张本。并拟转赴湖北、江南、上海等处,以资博览。

该郎中讲求时务多历年所,于中外情形颇为熟悉。据称:"中国诸事草创②,虽一切办法间效西制,略具规模,然或伪而不全,虚而不实。从来百闻不如一见③,必须亲赴外国,在在考求,始足广师资而昭信守。"近来日本振兴各学,精益求精,极臻美备。因复筹措川赀,遴拣天分较优、性情专笃生徒二十余名,率领东游,冀求实际,并就便请由本部院咨请贵大臣俯赐查照、详悉指示等情前来④。

相应备文咨明贵大臣,希为察核。一俟该郎中行抵日本后,将应游览何处、考究何业,随时呈明,请贵大臣分别知照日本外部,许于所有各项学堂、厂院所在,悉与传饬带领观览,以广见闻。并恳

---

* 据舒斋藏摄片。按:此为湘抚幕僚奉缮清稿,复呈经陈宝箴点窜。

① "德"下原有墨圈。按:"德",应指江西巡抚德寿。

② 此句及下句,幕僚原作"以为中国诸事草创,虽一切办法仿效"。"据称"二字,由陈宝箴改定。

③ "从来",初作"语云",继由该幕僚自行修改。

④ 自"并就便"至"以广见闻",幕僚原作"俟该郎中到时,将应游历何处、考究何业,随时呈明,请贵大臣分别咨照日本外部,所有各项学堂、厂院所在,逐一带领览观"。

详细指示，俾得按照列为纪载，不虚此行。祷切望切①。为此备文咨会贵大臣，请烦查照施行。须至咨者。

右咨钦差出使日本大臣太仆寺少堂裕②。

遵旨改试策论咨学院徐[*]

湖南巡抚部院陈为咨行事：

光绪二十四年五月十七日，准总理各国事务衙门电开："五月十二日上谕：'御史宋伯鲁奏《请将经济岁举归并正科，并各省生童岁科试迅即改试策论》一摺。前因八股时文积弊太深，特谕令改试策论，用觇实学。惟是抡才大典，究以乡、会两试为纲，乡、会试既改试策论，经济岁举亦不外此，自应并为一科者〔考〕试③，以免纷歧。至生童岁科〈试〉④，著各省学政奉到此次谕旨，即行一律改试策论，无庸候至下届更改。将此通谕知之。钦此。'希即转咨学政，并分饬各属一体钦遵"等因。

承准此，除行布政司，并分行各府直隶州转饬各州县一体钦遵外，相应恭录咨明。为此合咨贵院，请烦钦遵查照办理施行。

----

① 此句幕僚原作"是所至祷"。

② "钦差出使日本大臣"，幕僚原作"日本出使大臣"。按："裕"，应指"裕庚"。

＊ 据《湘报》第一百零九号（光绪二十四年五月二十四日出版），原题作《抚院咨学院公牍》。

③ "考"，据《光绪朝东华录》所录此谕校改，详第四册，总第4107页。

④ "试"，据《光绪朝东华录》补入，详第四册，总第4107页。

〖附〗宋伯鲁：请改试策论摺*

掌山东道监察御史臣宋伯鲁跪奏，为请将经济岁举归并正科，并饬各省生童岁科试迅即遵旨改试策论，以重抡才而节縻费，恭摺仰祈圣鉴事：

窃本月初五日奉上谕："因时文积弊太深，不得不改弦更张，以破拘墟之习，总期体用兼备，人皆勉为通儒等因。钦此。"臣伏读之下，仰见皇上天锡勇智，洞鉴积弊之原，力破迁拘之论。千年沉疴，一旦扫除，转弱为强，在此一举矣。

又读本年正月初七日上谕，有"创行经济岁举，在各省学堂挑选高等学生应考，作为经济科举人、贡士"等语。臣恭绎前、后两谕，用意实同。特前者因八股取士相沿既久，未便遽革，故别创一格，以待实学之士。今既毅然廓清积习，改试策论，则与经济岁举所试各项已大略从同，似宜合为一途，以一观听。

臣窃维中国人才衰弱之由，皆缘中、西两学不能会通之故。故由科举出身者，于西学辄无所闻知；由学堂出身者，于中学亦茫然不解。夫中学，体也；西学，用也。无体不立，无用不行，二者相需，缺一不可。今世之学者，非偏于此，即偏于彼，徒相水火，难成通才，推原其故，亦颇由取士之法歧而二之也。

臣以为未有不通经史而可以言经济者，亦未有不达时务而可谓之正学者，教之之法既无偏畸，则取之之方当无异致。似宜将正科与经济岁举合并为一，皆试策论。论则试以经义，附以掌故；策

---

*　据《湘报》第一百二十号（光绪二十四年六月十八日出版）《奏摺补录》。按：此摺亦见《光绪朝东华录》光绪二十四年五月甲子（十二日）条，首尾均未录，正文微异。详第四册，总第4106～4107页。

则试〈以〉时务①，兼及专门。泯中西之界限，化新旧之门户，庶体用并举，人多通才。且并两科为一科，省却无数繁费；不然，则岁岁举行乡、会试，国家财赋必不能支。如承采择，乞将臣所陈交部一并议复。

抑臣更有请者。新政之行，当如风行草偃，惟速乃成。恭绎谕旨，改试策论，自下科为始。臣窃思乡、会两场试事才竣，自不能不待诸下届；若生童岁科试，现正随时按考，既定例下科始改，则现时自仍用旧章。彼生童若不习八股，则无以为应考之地；若仍习之，则明明为已废之制，灼然知其无益，两年之后即行弃置，又何必率天下之生童，极〔枉〕费此两年之力②，以从事于此③？是令天下无所适从也。

臣以为应试之人，莫多于生童，故转移风气，必当自生童试始。既奉明诏变弊以励实学，必使士子用心有所专注，庶学问不致两歧。伏乞再行明降谕旨，除乡、会试自下科为始改试策论外，其生童岁科试，即饬各省学政随按临所至，一经奉到谕旨，立即遵照新章，一律更改。经史、时务，两者并重，庶学者不必复以帖括分心，得以专力讲求实学，至下科乡、会试之时，而才已不可胜用矣。

臣为速成人才、撙节糜费起见，是否有当，伏乞皇上圣鉴，训示施行。谨奏。

奉上谕，钦此。

---

① "以"，据《光绪朝东华录》补入。

② "枉"，据《光绪朝东华录》校改。

③ "事"，《湘报》原文模糊不清，现据《光绪朝东华录》补入。

为请拨炮雷事咨南洋大臣文（稿）＊

为咨请事：

案查湘省现筹遵旨创设武备馆一所①，聘请教习，挑选聪俊结实之学生入馆肄业，学习马炮步各队阵图、行伍、测绘、工程及埋伏地雷等事，以备操练新军之用。刻因开办在即，馆中应用武备器具逐渐购置，惟枪、炮两项，样式繁多，武备馆乃专为考究实法而设②，尤不能不全备各式，使学生等谙知其理，精益求精。盖一炮有一炮之用，机括既各不相同，测放亦因之而异，若只操演一种，恐将来易以他炮，用非所习，仍复茫然，所以此馆初设③，首筹器械。

窃查江南军械所购存外洋新式快炮甚多，夙仰贵部堂公忠体国、雅亮储材④，相应咨请。为此合咨贵部堂，请烦查照，转饬江南军械所拨发哈乞开司十二磅轻过山炮一尊、四门神机炮一尊、卫丁仿克虏伯六生特过山炮一尊、阿摩士庄七磅快炮一尊、十五生克鹿卜田鸡炮一尊⑤、十管格林炮一尊、马格生水师炮一尊、史高德炮一尊、十二磅田鸡炮一尊、三十九磅田鸡炮一尊、五管神机炮一尊、六磅克虏伯炮一尊、四磅巴德里炮一尊、三管马格生炮一尊，各种炮弹□颗⑥，各种水、旱雷□具。平日存列馆中，为学生操习之用，有事即发为各营御敌之资。

＊ 据舒斋藏摄片。按：此宜为湘抚幕僚遵拟稿，而经陈宝箴修改审定。篇末画有墨圈，又书有日期："七月十五"，应是审阅改讫、发交清缮并补署咨行日期也。

① 此句幕僚原作"案查湘省现拟创设韬略馆一所"。

② "武备馆"，原作"韬略馆"。

③ "初设"二字，由幕僚自行增补。

④ "雅亮储材"，原作"储将为怀"。

⑤ "鹿"，原作"虏"。

⑥ "炮弹"后原留空格，现改为"□"。下同。

如荷允许，即请发交前四川龙安府知府蒋绅德钧承领回湘，以植人材而便讲求，深为公便。祷切盼切。其应与所拨老毛瑟枪一并咨部存案，即由敝处附片奏明也。仍乞见复施行。

须至咨者。

为请拨毛瑟枪弹事咨南洋大臣文（稿）[*]

为咨请事：

案查前湘省以训练兵勇、考求制造，需用新式枪炮事，恭咨由翰林院庶吉士熊绅希龄、前四川龙安府知府蒋绅德钧，赴宁恳请拨发上海制造局各种快利枪炮，业荷惠允协济曼尼夏小口径枪一千杆、哈乞开司过山炮十二尊及子药等件，并派"钧和"兵舶装运入湘，领收在案。

兹查曼尼夏小口径枪系近时最精之利器，只能发给两营练成之军，而湖南防勇共十六营，皆以旧械窳笨，纷纷禀请更换。军装局员详称，该局"从前所存后膛各枪，本已为数无多，均经前抚部院吴率师北上[1]，及在湘召募经过各军[2]，概行携带出关。及和议成后，遣撤湘军，所有枪炮皆就近缴呈北洋验收[3]，分别存库，湘局现在实无可发之械"等因。窃思后膛各枪，机括细密，兵丁平日必须谙习，临时方有把握。湘省近以筹措偿款息银，罗掘皆穷，无力购办，因查现任湖北布政使王藩司之春前在外洋所购德国老毛瑟

---

　　* 据舒斋藏摄片。按：此宜并为湘抚幕僚奉撰咨稿（字迹与上稿同），而经陈宝箴改定画行者。篇末亦有墨圈，另书日期："七月十五"。又按：据陈宝箴《上刘坤一（一）》（见本集卷三十七《书札三》），此文作于光绪二十三年。

　　① "前抚部院吴"，幕僚原作"前吴抚部院"。
　　② 此句系陈宝箴增补者。
　　③ 此句及下句，原作"所有枪炮，就近缴呈北洋验收存库"。

后膛枪三万杆①,除江苏请领六千杆、广西边防请领三千杆外②,尚有二万余杆,现存上海制造局,虽非新式,尚属灵快。相应咨恳贵部堂俯念湘省艰窘情形③,嘉惠无已,转饬上海制造局加发老毛瑟后膛〈枪〉四千杆、子弹二百万颗,以资训练而备要需。

如荷允许,即请发交前四川龙安府知府蒋绅德钧承领运湘,以便转发各营④,加意操习。至军械重件,理应咨部存案,即由敝处附片奏明可也。

为此合咨贵部堂查照见复施行,实为公便。

须至咨者。

〖附一〗王文韶:致陈宝箴电*
(光绪二十三年十一月二十六日)

密。红。亥月既望信到,读之惶悚,公实知我,勿介意。中郎务派恭廷栋去,想已到。所需枪炮,惟快炮可拨十二尊;至后膛枪,原存本不多,其收回者又为神机营及练兵处陆续调些,刻已无可拨发。本年拟购储数千枝,又奉部驳不准。现有洋行运到英国前膛枪一种,名"恩飞尔",每枝定价三两一钱,如不要刀头,尚可酌减。新练之兵,似须从前膛起手为宜。如需购,可饬局代办也。希酌

---

①　"后膛"二字,由陈宝箴增补。

②　此句及下句,均系陈宝箴增补者。

③　此句及下句,原作"相应咨求贵部堂已惠再惠"。

④　此句及下句,原作"转发各营操习"。

*　据舒斋藏摄片。此为陈宝箴手录电文,原题作《北洋王夔帅来电》,末署:"十二月初十日到。"今题及发电时间均系编者拟定。按:据"亥月既望"、篇末代日韵目及陈氏收电日期,此电应作于十一月二十六日。又,宝箴光绪二十三年《上王文韶(二)》(见本集卷三十五《书札一》)曾言:"北洋购枪数千杆,亦干部驳,他省自不待言。"王文韶此电,似亦发于同年。又按:此电因关涉湖南请援枪炮事,故予附录。

之。馀函复。诏。宥。

〖附二〗黄忠浩：致陈三立书[*]

购炮一事，已与张筱轩商明大概，惟子弹数目不定。连日粤信谣传，不能不先为准备。惟格鲁森炮弹，访问中国并无自制之厂，有炮无弹，势同无炮，若按照需用酌中之数购备，湘省又无此财力。爰就中斟酌，量为核简，于合用而价较廉之开花弹，每尊备三百颗；合用而较贵之分圈开花弹，每尊备一百颗；合用而价嫌过昂之钢子母弹，每尊备五十颗；群子弹则自家可以仿造，故只购一百颗；操练弹则炮到即应用之具，不能太少，故购六百颗。区区此数，通共合银已近五千金矣！合同稿一纸，另开简明价单，乞即代呈老伯大人前核定，一面谕知浩处，一面饬厘局总办夏道安顿先交之银，俟洋商签字后，得有该炮厂电报，早交庶可早到。老伯谕订四个月交炮，张云总须早赶为是。有现成之炮[①]，则四月可到；否则，必六月。张原函附[②]。速示复为感。

此上伯严老兄先生。

弟忠浩顿首。十三未刻。

胡国珍病故日期咨报兵部（缺文）[**]

〔附〕兵部知照军机处[*]

兵部为知照事：

准湖南巡抚陈咨报遇缺题奏提督胡国珍病故日期前来，除注册外，相应知照贵处查照可也。须至片者。

右片行军机处。

为遵旨办理授职谢恩事宜咨提督文（稿）^{**}

为咨明事①：

光绪二十四年六月初六日，准总理各国事务衙门电开："前于四月二十七日奉旨，谕令将军、都统、督抚、提督补授时②，于皇太后前一体具摺谢恩，因各处办理未能画一，现经奏事处申明，以后外省除将军、都统、督抚、提督补授时遵旨于皇太后前谢恩摺件接收外，馀则概不接收"等因，承准此。查前准部咨，当经转咨在案③。兹准前因，相应咨明④。为此合咨贵军门⑤，请烦查照施行。

---

　　* 据中国第一历史档案馆藏档。此为兵部知照军机处之原件，署时作"光绪二十二年七月二十四日"，并有经办主事党某之签名押字。另有军机处收档之墨批："七月二十六日郭老爷交"、"十号"。

　　** 据舒斋藏摄片。此为湘抚幕僚奉撰草稿，旋由陈宝箴授意删易。按：此件原系照会学院、咨明提督、行知藩司等通用之稿，后仅存咨明提督一项，故篇首有眉批："只咨提督"（亦系该幕僚手迹），正文即按此意修改。篇末有陈宝箴手书签发日期："初八"，并钤有"真实不虚"印一枚。

　　① 此句原作"为照会、咨明、行知事"。

　　② "都统"二字由该幕僚自行增补。

　　③ 此句原作"当经照会、转咨、行知在案"。

　　④ 此句原作"相应咨明、照会"。

　　⑤ "合咨"，原作"合咨、照会"；"贵军门"，原作"贵院、军门、镇"。

　　一咨提军门①。

---

　　① "咨"字左侧,原有"照会"二字;"提军门"左侧,原有"学院、四镇"。又,篇末初有"兹准前因,合就札行,札到该司即便移行遵照"数句,另有"布政司"三字,后一并删除。

卷二十七　公牍五

谕饬十科典吏清查交涉新政案卷（稿）[*]

为谕饬清查事①：

照得中外交涉事件及更改新政，文案日益繁多，随时分发收存，未有统纪。不但难于记忆、无从检寻，且恐损失霉烂，竟不知有此事，办理因之疏失，诸多未便。亟应澈底清查，编成总目，以备稽核，合行谕知。

为此谕仰十科典吏遵照，将各科所存新旧文卷，会同逐一查明。自咸丰十年起，凡关交涉事务及更改新政，如设立总理各国事务衙门、添设同文馆，以至增开各埠通商口岸、兴办铁路轮船、安设电线、购造枪炮、更定科场考试、振兴农工商务、裁减官员兵勇一切事宜，所有钦奉电传圣旨，军机处字寄上谕，并总理各国事务衙门暨各部咨文，分门别类，挨顺月日，摘录简明事由②，编立总号簿一本，公同收掌。

嗣后续到文件，凡有关于交涉、新政者，随到随登，勿得遗漏。

＊　据舒斋藏摄片。按：此为湘抚幕僚所呈谕稿。篇首附贴红签注曰："拟呈谕稿，是否可行，敬请大人钧定。"篇末附事由："谕十科典吏。"

①　句首处有陈宝箴手书"本部院陈衔"五字，当系提示该幕僚誊正时补入职衔。

②　此六字由陈宝箴增补。

其旧案内如有霉烂、虫蚀之件，即禀请调取两司衙门案卷钞补①，以备查考而免贻误。毋延。切切。此谕。

饬拿周汉札（稿）*

为札饬事：

照得已革陕西补用道员周汉，又名周孔徒，系湖南宁乡县人，前因散布谣言、刊传揭帖，经总理各国事务衙门以"各省教案之起，皆由造言生事者摇惑人心"等因，咨行湖广总督部堂张②，奏委湖北督粮道恽道祖翼来湘，会同湖南臬司确查禀复，并派员驰往宁乡查提周汉解省惩办③。旋传周汉家属到案讯究，据称"远出未归"并"近患痰疾，有似癫狂"等情，经督部堂张奏复"请旨将周汉革职，查传到籍，交地方官严加管束，不准潜至省城，妄为生事；仍随时察看，倘疯狂益甚，滋生事端，即据实禀请奏明严惩"各在案。

近来山东教案牵动全局，上烦宵旰之忧，凡在臣民，皆应仰体，以期消弭祸端。周汉以造谣发交地方官管束之人，乃敢复萌故态，仍旧刊布揭帖，题曰"齐心竭力"。察其词意，虽多谬妄不经，而煽惑人心，于时局大有关系，并有"违令者立刻合门屠之"等语，实属狂妄已极。

当此国家多事之时，岂容此等狂悖之徒煽惑人心，酿成祸乱？查周汉现在省城④，亟应札饬拿办。为此札仰该署司，立饬长沙、

---

① "禀请"，由陈宝箴增补。
* 据舒斋藏摄片。此为陈宝箴手稿。
② "咨行"，初作"咨明"。
③ "查提"，初作"查拿"。
④ 此句系增补者。

善化两县,即日亲督干役,在省城内外将周汉拿获到案①,究明刊传揭帖情形,禀候核办。务须严饬该县等毋任贿差纵逃,致干未便。如果先已潜逃回籍,即由司严饬宁乡县,饬传该户族勒交周汉(即周孔徒),押解来省,以凭察核究办。切切。

此札按察司。

二月廿五日②。

通饬伐除蛟害札(稿)*

为札饬事:

照得湖南为山水奥区,常有蛟水为患。水发之时,平地突涨数丈,所过人口、田庐,多遭漂殁。且多起于夜间③,老幼男妇,梦寐之中,性命付诸流水,惨毒之情,莫此为甚。睹此害者,往往诿之气数,谓非人力所能为,不知古来妖鸟猛兽之属,皆设官以治之,伐蛟之文,著于《月令》,维持补救,事在人为。昔陈文恭公巡抚江西,尝以《伐蛟说》刊示各属切实举行,遂著成效。湖南既有蛟患,又有成法可循,岂忍听其自然,不思为民除害?

用特考订遗规,列为"测蛟"、"伐蛟"、"辟蛟"三法,刊发阖属府厅州县,遵照举行,合亟札饬④。为此札仰该□⑤,即将后开成法遍行出示晓谕,并传谕各团绅董,于每岁春夏之交及冬间雪时,各雇妥实壮丁数人,于本处山谷间,如法遍行查看。若果查有形迹,

---

①　"拿获",初拟改作"缉查拿获",继自回复原貌。

②　此五字系定稿时补入者。

*　据舒斋藏摄片。按:此宜为湘抚幕僚奉抄清稿,而复经陈宝箴审改者。惟篇末所云"成法三则"未见附录。

③　"起于",初误作"起而"。

④　此句系自行增补者。

⑤　"该"下原留有空格,现改为"□"。

无论雇工、旁人①,俱即报明团总,传集丁壮,前往掘除。许即报由本管州县②,赏给查看得实人银五十两、掘工银十两,并转禀本部院赏给该团总匾额③,以示鼓励。

此事关系地方民命④,晓事绅董,应所乐为。惟该府厅州县等,务当视为切己之图,实力奉行,剀切劝谕,慎勿视为无足轻重之事,于民生休戚漠不关心,甚至因循于前、讳饰于后,致为本部院之所齿冷可也⑤。札到,仰即遵照办理。仍将遵办情形,每于年终禀报查核。毋违。切切。此札。

计附刊行成法三则。

通饬伐除蛟害札[*]

湖南巡抚部院陈为札饬事:

照得湖南为山水奥区,常有蛟水为患。水发之时,平地突涨数丈,所过人口、田庐,多遭漂殁。且多起于夜间,老幼男妇,梦寐之中,性命付诸流水,惨毒之情,莫此为甚。数年前,镇筸罹害甚酷;本年五月,湘乡亦被此患。论者往往诿之气数,谓非人力所能为,不知古来妖鸟猛兽之属,皆设官以治之,伐蛟之文,著于《月令》,维持补救,事在人为。昔陈文恭公巡抚江西,尝以《伐蛟说》刊示各属,切实举行,遂著成效。湖南既有蛟患,又有成法可循,岂忍听其自然,不思为民除害?

---

① 此句初作"无论是否雇工"。
② 此句初作"报由本厅州县"。
③ "转禀",初作"禀由"。
④ 此句及以下两句,均系增补者。
⑤ 此句初作"致为本部院之所鄙弃也"。

* 据《湘报》第二十二号(光绪二十四年三月初十日出版),原题为《补录抚院告示》。

　　用特考订遗规,列为"测蛟"、"伐蛟"、"辟蛟"三法,刊发各属府厅州县,遵照举行,合亟札饬。为此札仰该□①,即将后开成法遍行出示晓谕,并传谕各团绅董,于每岁春夏之交及冬间雪时,各雇妥实壮丁数人,于本处山谷间,如法遍行查看。若果查有形迹,无论雇工、旁人,俱即报明团总,传集壮丁,前往掘除。许即报由本管州县,酌赏查看得实人及掘工银两,并转禀本部院赏给该团总匾额,以示鼓励。

　　此事关系地方民命,又毫无扰累,晓事绅董,应所乐为。惟该府厅州县等,务当视为切己之图,实力奉行,剀切劝谕,慎勿视为无足轻重之事,于民生休戚漠不关心,甚至因循于前、讳饰于后,致为本部院之所齿冷可也。札到,仰即遵照办理。仍将遵办情形,每于年终禀报查核。毋违。切切。此札。

　　计附刊行成法三则:

测　蛟　法

　　雄与蛇交精,入地及泉,而成蛟卵。凡有蛟卵之处,其地冬不存雪,夏无草木,土色赤,有气上腾,朝黄暮黑,星夜视之,黑气直冲霄汉。卵在地中既久,闻雷声则渐起而上,其地之色与气,亦渐明显。

　　蛟未出之两三月前,地中有声,远闻似秋蝉鸣,闷在手中,或如醉人哼声。此时蛟能动不能飞,可掘而得。及渐上,距地面三尺许,声响渐大,不过数日即出。

伐　蛟　法

　　蛟出土时,多在每年六七月间。先于冬雪时视其地,围圆不存雪,又素无草木,复于未出之先两三月春夏之交,观地上之色与气。

---

　　①　"该"下原留空格,现改为"□"。

从此处掘至三五尺,其卵即得,大如二斛瓮。预以秽污之物及犬血并铁锅、铁器镇压之,多备利刃剖之,害遂绝。

辟　蛟　法

蛟畏金鼓及火光,山中久雨,夜立高竿,挂一灯,可以辟蛟。夏月田中作金鼓声,以督农工,则蛟不起。即起而作波,但击鼓鸣钲,无分日夜,皆多发火光以拒之,水势必退。

右三说,本之桂林陈文恭公。公抚江西时,因兴国县蛟水为患,访求《月令》伐蛟之法,从豫章书院山长梁公得此说,刊行各属,如法掘得者甚多。数十年绝少蛟患,凿凿可据。①

劝民垦种荒山告示(稿)*

各处荒山,弃之可惜。木果杂粮,都可种植。松杉竹柏,桐茶棕漆,白蜡木油,皆为用物。布种一山,获利千百。桃梨橘柚,梅柿枣栗,或鲜或干,少本多息。更有杂粮,随地结实。包谷红薯,丰荒可食。有山不种,岂非大惑②? 自己无山,租佃亦得。薄取山租,富家阴德。富无弃地,贫有作业。既免乞丐,亦少盗贼。荒山不种③,其故可识④:恐被他人⑤,砍伐偷窃。现札州县,殷勤督率,谕令团保⑥,严议戒饬,敢有伤害,重惩勿释⑦。富者劝导,贫者努力。

---

① 此段文字,原较上文低一格排版,现易为仿宋字体排印。
* 据舒斋藏摄片。此为陈宝箴手稿,原题作《湖南巡抚部院陈劝民垦种荒山告示》。
② 此句初作"可为大惑"。
③ 此句初作"有山不种"。
④ "可识",初作"可测"。
⑤ 此句及下句,初作"防人砍伐,兼恐偷窃"。
⑥ "谕令",初作"谕饬"。
⑦ "重惩",初作"严惩"。

维持保护，州县之责①。考成在斯，吾言不易。

光绪二十二年十二月□日示②。

劝民垦种荒山札及告示*

劝民垦种荒山札

湖南巡抚部院陈为札饬事：

案照本年迭准部咨："钦奉谕旨，议奏言官条陈民事各摺，饬各省兴办水利、树艺等事，并请饬吏部列入州县考成各等因。奉旨：'依议。钦此。'"钦遵行司转饬遵办在案。

查水利一节，先经本部院札饬各属，劝谕绅民举办塘堰，并发给告示晓谕，多未据各州县将如何办理情形切实禀报，是本部院与各州县纵云有爱民之心，而一事无成，于此可见。

兹查本省各属未垦荒山甚多，既无树木，亦无杂粮，推求其故，实因地方习俗浇漓，偶经种植，即被人砍伐偷窃及纵放牲畜践踏伤害，莫可如何，是以听其荒芜。现在生齿日繁，贫民无业者不可胜数，乃境内此等堪以树艺山土，任令荒废，职司民牧，咎将奚辞？合行札饬。

为此札仰该□③，迅将本部院刊发告示□张即行张贴，并抄发多张晓谕各乡村，务令周知。一面轻骑减从，亲赴各乡，传集团保、族长人等，剀切面谕，饬即转相劝导，议定团规，严禁他人砍伐偷窃及纵放牲畜践踏伤损。如敢故意抗违，许团保据实禀报，立即分别

---

① "责"，初作"职"。

② "月"字后原留空格，现改为"□"。

* 据《湘报》第七十四号（光绪二十四年四月十二日出版），原题为《补录抚院劝民垦种荒山札》。

③ 此处原有空格，现以"□"代替。下同。

惩治，以儆效尤。并劝谕有山之家，与其日久荒废，不如许给附近贫民，立约承佃，只期免被占据，不必计较山租。保富安贫，一举两得。

地方官但能办一片诚心，不恤烦劳，躬亲劝谕，为之严立禁防，使其有利无害，小民自为身家，岂竟置之不问？其劝办有效团总人等，由该□或道府给予匾额，以示奖励。各该州县等，果能实心实力，著有成效，不特舆颂翕然，本部院亦当请旨嘉奖。如竟漫置不理，阳奉阴违，甚或因之扰累，除照部议办理外，并即据实上闻。勉之懔之。仍将告示张贴处所及遵办情形禀报查核。毋违。切切。此札。

劝民垦种荒山告示

各处荒山，弃之可惜。木果杂粮，都可种植。松杉竹柏，桐茶棕漆，白蜡木油，皆为用物。布种一山，获利千百。桃梨橘柚，梅柿枣栗，或鲜或干，少本多息。更有杂粮，随地结实。包谷红薯，丰荒可食。有山不种，岂非大惑？自己无山，租佃亦得。薄取山租，富家阴德。富无弃地，贫有作业。既免乞丐，亦少盗贼。荒山不种，其故可识：恐被他人，砍伐偷窃。现札州县，殷勤督率，谕令团保，严议戒饬，敢有伤害，重惩勿释。富者劝导，贫者努力。维持保护，州县之责。考成在斯，吾言不易。

通饬赶办省内谷米流通札（稿）＊

为通饬赶办事：

照得湖南上年秋收歉薄，酌盈剂虚[①]，尚足敷本省之用，是以

本部院奏明禁止谷米出省，已饬岳州、澧安各厘卡，会同地方官及水师管带，于出省各口严查禁止。至于本省各府州县，必应流通。前闻各属有等禁止谷米出境地方，此县不能出至彼县，甚且此团不出彼团，此境不出彼境，似此任意阻遏，则谷少之处无从买食，谷多之处无从卖钱，关系极为紧要。

前经札饬各州县，转饬绅董、团总人等，查明本境谷米，如足供本境之食，其余尽应流通，不准阻遏，并出示严禁地方痞徒藉端勒阻在案①。乃迄今日久，访查各府州县，并未实力遵行②，仍有痞徒藉端勒阻，甚至拦途抢夺。团总既不报闻，地方官亦遂置之不问，视本部院谆谆札谕竟同具文。此等疲玩积习，殊甚痛恨，合亟再加严饬。

为此札仰该〇迅即遵照③，克日传饬团绅、都总、甲总人等④，剀切开导，务令查明本境户口若干、谷石若干，算至新谷成熟时为止，公同酌量匀派。某家应留本境备粜谷若干石，某户应买自食谷若干石，由首事登记簿内，届时出票付买谷人持往某家，公平粜买，不得掯勒强赊，以派定之谷卖讫为度。自公同匀派登簿后，以外馀存谷石，听其出卖，诸色人等不得阻止⑤。如有痞徒仍敢不遵，及藉端讹索抢掠等事，即严拿到案，分别照例惩办。

当此春耕之时，无谷之家需谷，有谷之家需钱，情形十分紧迫，官绅稍一经理，方便无穷，贫富莫不感颂，何苦不为？自此次札饬

---

　①　"严禁"，初作"谕禁"。
　②　"实力"二字，系增补者。
　③　此句有小字旁批："'札'字，稍大些"；又，"〇"为原稿所有，亦有小字旁批："空一字。"均为陈宝箴所作提示语。
　④　"传饬"，初作"传集"。
　⑤　"诸色"，初作"诸邑"。

之后①，倘各该州县仍前玩泄，或至酿成事端，定即专摺严参，以为因循苟安、玩视民瘼者戒。凛之慎之。仍将办理情形禀报查核。毋违。切切。此札。

〖附〗□□□:省内请准恢复谷米流通禀*

【上缺】低田不能成收，高田亦所收无几久矣。人无蓄积，室鲜盖藏矣。加之去岁夏秋大旱，收成更为歉薄。

倘今年茶市及小收稍好，尚可勉强撑持。不料入春以来，雨水过多，乡间豌、麦尽行浸坏，间有一二分成收者，又皆未经足气，不足以资果腹。而产茶之区为雨所渍，出茶甚少，茶价又低，较之上年，不得其半，所以民间愈觉难支。

现在近河一带既无有谷之家，而高乡之谷又阻禁不准出团，常年仰给上湘之米，今年奉大人示禁，上湘之米只到岳州，不准过岳州厘卡，以故自岳州至临湘，上下百余里，饥荒特甚。刻间待哺嗷嗷，人心惶惑，间有抢劫之事。

似此情形，若不及早调护，恐有意外之虞。伏求大人俯念穷黎，恩施格外，或饬炮船押解米商运米至岳州下游之城陵矶及临湘之象骨港、桃李桥、新桥等处发卖，惟不准逗卖湖北界地，俾免漏卮，抑或委员运米至各处平粜。庶大人仁施广被，该处既不至向隅，奸徒亦无从乘衅。是否有当，伏祈钧裁。

沙市通商，日本领事永泷已到，尚未开议。俟有端倪，再行禀闻，以纾【下缺】

---

　　①　"札饬"，初作"加饬"。
　　*　据舒斋藏摄片。此件首尾缺失，但字体端正，似系呈禀之正件。按：据文意及篇末"沙市通商"云云，此禀或作于光绪二十二年春夏之交。

饬蒋德钧传谕朝廷兴商旨意筹设商局札(稿)[*]

为札饬事：

承准总理各国事务衙门咨："光绪二十四年四月二十四日奉上谕：'总理各国事务衙门奏《遵议侍郎荣惠特设商务大臣》一摺。商务为富强要图，自应及时举办。前经该衙门议请于各省会设立商局，公举殷实绅商派充局董，详定章程，但能实力遵行，自必日有起色。即著各督抚督率员绅认真讲求，妥速筹办，总期联络商情，上下一气，毋得虚应故事，并将办理情形迅速具奏等因。钦此。'"钞录原奏，咨行到湘，承准此。

查湖南地方虽非繁富，而山林原隰，物产素丰，担负舟车，工值尤便，每有为他省所不及者①。近年物力凋残，商情疲敝，即红茶为土产大宗，亦复连年亏折，加以洋货盛行，利源外溢，商困民贫，极为可虑。然商利之未兴与虽兴而未尽其利者尚多，亟须设法补救，以塞漏卮而维本计。

泰西诸国，于商部大臣外，复有商会，公举商董数人经理其事，朝夕讨论，举凡商情之利病得失、利益之大小盈虚，莫不周知熟计，不为一二人自便之私图，而必求大局之有益。其有藉于国家之维持保护者，则由商董以达于商部，决其可否，闻于执政而施行之。是以上下一气，事无隔阂②，商务日臻繁盛，商富而国亦富。

_____

* 据舒斋藏摄片。此为陈宝箴手稿。按：此札后刊发于《湘报》第一百五十五号（详后）。又，此札亦见《工商学报》第六册（光绪二十四年九月），题为《湘抚整顿商务札》；《知新报》第七十二册（光绪二十四年十月十一日出版），题作《湘抚陈右铭中丞整顿商务札》。

① "每"，初作"尚"。

② "隔阂"，初作"阻隔"。

　　兹既钦奉谕旨设立商局，亟应钦遵办理。惟欲设商局，必有商董，向来商情涣散，官、商之情不通，必先有人为之劝导联络，询谋佥同，乃可次第筹办。查该绅（蒋绅德钧）公正明练、熟悉商情①，除经司局议详请委外，合行札饬。

　　为此札仰该绅即便遵照，迅于省城、湘潭、衡州、常德、洪江、津市等处商务繁盛之区，传集殷实、晓事、公正大商，及各帮会馆董事，宣示朝廷振兴商务德意，并将后开总理衙门原奏办法大略剀切传谕。务令公择商董数人，克日在省设立商务总局，再行相度情形②，于各埠设立分局，呈由本部院核准举办，另行奏咨立案。

　　其应如何营运、如何扩充③，相聚而谋，则其虑专；合群而举，则其力厚。凡商局一切事宜，皆由商董经理，需用经费，亦由该商自行筹备支销，并不派员经管。如有应须官为维持之事，即由商董自行禀请司局，呈由本部院核夺示遵。无论事体大小，各衙门、总局内外人等，绝无丝毫使费陋规。倘有吏役需索留难等弊，由该商董禀明，立即严究不贷。该绅即一并明白传谕，勿得怀疑自误。庶商局既设，利源日开，本部院有厚望焉。毋违。切切。此札。

　　计粘单一纸④。

　　分部郎中前四川龙安府知府蒋绅德钧。

　　行布政司，善后、厘金、矿务总局。

---

　　① "查"字之下，"该绅"二字、"蒋绅德钧"四字，原系双行并列。盖因一稿两用：札饬蒋德钧，则用"该绅"；札行藩司及善后等局，则用"蒋绅德钧"。今以圆括弧将"蒋绅德钧"四字括出，以示区别，并作说明如上。以后遇有亦如此一稿两用或多用之情形者，并照此法处置，酌情出注。又按："蒋绅德钧"四字，《湘报》及《知新报》均未见。

　　② 此句及下句，均系增补者。

　　③ 自"应"至"凡"共二十六字，均系增补者。

　　④ 此札之结尾，《湘报》及《知新报》均作"右札分部郎中蒋绅德钧。准此。"

〖附〗摘录总署议奏各省设立商局摺*

查臣衙门于光绪二十一年十二月二十四日议复御史王鹏运《奏请讲求商务》一摺，业请"于各省会设立商务局，由各商公举殷实稳练、素有声望之绅商，派充局董，驻局办事。将该省物产行情，综其损益，逐细讲求。其与洋商关涉者，如丝、茶等货，考其利病，何者可以敌洋商，何者可以广销路，若确有把握，准其径禀督抚，为之提倡。

再由各府州县于水陆通衢设立通商公所，各举分董，以联指臂。所有各该处物产价值涨落、市面消长盈虚，即由各分董按季呈报省局，汇总造册，仿总税务司贸易总册式样，年终由督抚咨送臣衙门，以备参考。其各局、所，遇有禀官之事，无论大小，衙门均不得勒索规费。各局、所地方长吏，月或一二至，轻骑减从，实心咨访，以恤商之诚，行护商之政"各等因。奏奉谕旨，饬下各省督抚遵行在案。所筹非不详尽。

夫以官府亲阛阓之事，终多隔膜。各省商务既由官为设局，听各商公举总董驻局办事，又有分董以联指臂，并遇事禀由督抚为之提倡，是即该侍郎所称"联络商情，上下一气"之意。应请旨饬下各督抚查照上年奏案，实力遵行。

饬蒋德钧传谕朝廷兴商旨意筹设商局札**

抚宪陈为札饬事：

承准总理各国事务衙门咨："光绪二十四年四月二十四日奉

---

* 据舒斋藏摄片。此为陈宝箴手抄稿，原题作《摘录总署议奏原摺》。按：此为上札之附件。即该札内所言"后开总理衙门原奏办法大略"，"计粘单一纸"者也。

** 据《湘报》第一百五十五号（光绪二十四年七月三十日出版），原题作《宪札照登》。

上谕：'总理各国事务衙门奏《遵议侍郎荣惠特设商务大臣》一摺。商务为富强要图，自应及时举办。前经该衙门议请于各省会设立商局，公举殷实绅商派充局董，详定章程，但能实力遵行，自必日有起色。即著各督抚督率员绅认真讲求，妥速筹办，总期联络商情，上下一气，毋得虚应故事，并将办理情形迅速具奏等因。钦此。'"钞录原奏，咨行到湘，承准此。

查湖南地方虽非繁富，而山林原隰，物产素丰，担负舟车，工值尤便，每有为他省所不及者。近年物力凋残，商情疲敝，即红茶为土产大宗，亦复连年亏折，加以洋货盛行，利源外溢，商困民贫，极为可虑。然商利之未兴与虽兴而未尽其利者尚多，亟须设法补救，以塞漏卮而维本计。

泰西诸国，于商部大臣外，复有商会，公举商董数人经理其事，朝夕讨论，举凡商情之利病得失、利益之大小盈虚，莫不周知熟计，不为一二人自便之私图，而必求大局之有益。其有藉于国家之维持保护者，则由商董以达于商部，决其可否，闻于执政而施行之。是以上下一气，事无隔阂，商务日臻繁盛，商富而国亦富。

兹既钦奉谕旨设立商局，亟应钦遵办理。惟欲设商局，必有商董，向来商情涣散，官、商之情不通，必先有人为之劝导联络，询谋佥同，乃可次第筹办。查该绅公正明练、熟悉商情，除经司局议详请委外，合行札饬。

为此札仰该绅即便遵照，迅于省城、湘潭、衡州、常德、洪江、津市等处商务繁盛之区，传集殷实、晓事、公正大商，及各帮会馆董事，宣示朝廷振兴商务德意，并将后开总理衙门原奏办法大略剀切传谕。务令公择商董数人，克日在省设立商务总局，再行相度情形，于各埠设立分局，呈由本部院核准举办，另行奏咨立案。

其应如何营运、如何扩充，相聚而谋，则其虑专；合群而举，则其力厚。凡商局一切事宜，皆由商董经理，需用经费，亦由该商自行筹备支销，并不派员经管。如有应须官为维持之事，即由商董自行禀请司局并本部院核夺示遵。无论事体大小，各衙门、总局内外人等，绝无丝毫使费陋规。倘有吏役需索留难等弊，由该商董禀明，立即严究不贷。该绅即一并明白传谕，勿得怀疑自误。庶商局既设，利源日开，本部院有厚望焉。毋违。切切。此札。

右札分部郎中蒋绅德钧，准此。

摘录总署议奏原摺①【下略】

为遵旨开埠通商及路矿事宜
札行矿务、商务总局*

抚部院陈札开：

光绪二十四年五月十五日，准总理各国事务衙门咨开："光绪二十四年四月十八日，本衙门会奏《议复中允黄思永所请通商口岸、路矿事宜》一摺，又附奏《矿路关系紧要，应切实保荐》一片，本日同奉硃批：'依议。钦此。'相应恭录谕旨，刷印原奏，咨行贵抚钦遵可也等因"到本部院，准此。合就札行，札到该局即便移行遵照。切切。此札。

〖附一〗总署、户部会奏
议复通商口岸路矿事宜摺**

总理衙门会奏《议复中允黄思永请通商口岸、路矿事宜摺》，

---

① 下附总署原摺摘要，与上录陈宝箴手抄稿同。此略。

* 据《湘报》第一百三十三号（光绪二十四年七月初四日出版）《本省公牍》，原题作《宪札照登》。

** 据《湘报》第一百三十四号（光绪二十四年七月初六日出版）《奏片照登》。

谨奏为遵旨议奏事：

光绪二十四年三月二十九日，准军机处钞交本日左中允黄思永奏《请均利保权》一摺，军机大臣面奉谕旨："着该衙门议奏。钦此。"

查原奏内称："强邻逼处，贪得无厌，由口岸而铁路，由铁路而矿产，寻间抵隙，得步进步，直有拒之不能、应之不给之势。一国启其端，各国踵其后，利不能均，贪必不止，权将尽失，患何忍言？势迫计穷，莫此为甚。若不早为之所，江河日下，将若之何？拟请亟降明诏，迅饬内外大小臣工，从长计议。凡在中国可为通商口岸地方，不俟请立租界，先行照会各国，一律准其通商，有利均沾，有患共御。照上海租界办法，与各国明订条约，勿任一国专擅于其间"等语。

臣等查该中允所请"中国可为通商口岸地方，先行开办"，系预杜外患起见。臣衙门已将湖南之岳州府、江苏之吴淞口、直隶之秦王岛、福建之三都岛，奏请开埠通商，亦已筹虑及此。其余各省，如形势扼要、商贾辐辏之区，不妨广开口岸，以均利益而免觊觎。应请饬下各省将军、督抚，察看地方情形，咨会臣衙门酌核办理。

又原奏内称："由国家速设铁路、矿务两大公司，所有中国之路、矿两项，统归总公司筹款主持。无论华商、洋商，皆准附股，勿专借一国之债、专附一国之股，亦不允一国自专之路、自指一处之矿。股本统由公司招集，转发各省，次第兴办。所得之利，亦皆汇归公司，按照定章均平分给，不以一处之路、矿计其盈亏，不以一事之兴衰定其作辍。而一切管辖之权，朝廷主之，公司任之，各国不得干预"等语。

查路、矿两项为今日要务，中允所拟办法，语多切要。所请"速设铁路、矿务两大公司，统辖中国路、矿"各节，现在东三省铁路由工部侍郎许景澄总办,芦汉及粤汉、苏沪铁路由大理寺少卿盛宣怀督办,津榆及京津铁路由顺天府府尹胡燏棻办理,条理粗具,成效尚迟。至各省矿务,事权不一,办法各殊,尤恐徒滋流弊。加以中国矿务之学,向无专门开采、熔炼之法,诸形隔膜,亟应切实经理,以拓利源而杜隐患。应如所奏,拟请饬下各省将军、督抚保荐大员,奏请简派,分别总理,以专责成。

所有臣等遵议通商口岸及铁路、矿务各缘由,理合恭摺具陈,伏乞皇上圣鉴。

再,此摺系总理衙门主稿,会同户部具奏,合并陈明。谨奏。

〖附二〗总署、户部附奏
矿路关系紧要应切实保荐片 *

再,西国创行铁路,于防患之道最为周密,是以各国铁路虽密如蛛网,昼夜开行,而失事之虞曾不数见。中国仿行未久,于火车行驶利害未及详究。津沽开车之始,未设电线,往来信息无从传递,致两车相碰,伤毙多人。近闻又因火车机轮久不擦油,致机轴干燥,磨荡引火,几肇焚如。车中又无电钟,后车被燃,前车驶行如故,瞬息即成巨患。

人命至重,岂容如是疏虞?盖矿务尚可参用中法,铁路创自西人,必须悉合西法,车内刊贴章程,有条不紊。此皆铁路应有之义,并非苛求。现议专派大员总理路、矿,应请饬下各省将军、督抚切实考察,必须通晓路、矿之员,方准保奏,以免贻误。

谨附片陈请,伏乞圣鉴。谨奏。

---

* 据《湘报》第一百三十四号(光绪二十四年七月初六日出版)《奏片照登》。原题作《又附奏矿路关系紧要应切实保荐片》。按:此件为上摺之附片。

〖附三〗光绪二十四年六月廿三日上谕[*]

谕军机大臣等："欧洲通例：'凡通商口岸，各国均不侵占。'现当海禁洞开，强邻环伺，欲图商务流通，隐杜觊觎，惟有广开口岸之一法。本年三月间，业经准如总理各国事务王大臣所奏，将湖南之岳州府、福建之三都澳、直隶之秦王岛开作口岸。嗣据该衙门议复中允黄思永条陈，请饬各省察看地方情形，广设口岸，现在尚无成议。

著沿江、沿海、沿边各将军、督抚，迅就各省地方悉心筹度，如有形势扼要、商贾辐辏之区，可以推广口岸、展拓商埠者，即行咨商总理各国事务衙门酌核办理。惟须详定节目，不准划作租界，以均利益而保事权。该将军、督抚等筹定办法，即著迅速具奏。将此各谕令知之。

为振兴商务委赴外省购办事宜札（稿）[**]

湘省现在振兴商务，设立公司，开辨〔办〕纺织、造纸及各种制造。

委赴北京、天津、上海、汉口等处，借款招股，购辨〔办〕机器，选募教习、工匠。

札饬首府出示晓谕禁止肆扰机器局厂（稿）[***]

为札饬出示晓谕事：

---

　　[*] 据《清实录·德宗景皇帝实录》，见《清实录》，卷四二二，第534页。按：此谕另见《光绪朝东华录》，第四册，总第4158页。

　　[**] 据舒斋藏摄片，此为陈宝箴手稿。仅见一页，似尚非全稿。

　　[***] 据舒斋藏摄片，此宜为幕僚遵缮清稿，而复经陈宝箴审改者。

　　照得本省遵奉谕旨,振兴学校,讲求格致,创设商务公司,购办机器,精求制造,以塞漏卮而浚利源。官绅询谋[1],次第兴办,业经设立机器制造公司局厂,规模粗具,群情奋兴。城乡诸人,乍见创闻,每日自朝至暮,观者如堵。现在乡试届期,多士云集,先睹为快,自属人情之常。本部院亦深愿诸人士相观而善,俾共明于利钝之数,以求进于富强之规,庶免他人攘我利权,自安贫弱,驯致于不可支拄,此本部院与诸荐绅孳孳图始之本意也[2]。

　　惟是机器制造之地,工匠操作,日有常程,炉火汽力、钢铁锋刃,误触者辄致损伤。诚恐远近观者日众,不免拥挤,甚或挤入栅栏之内,喧哗扰嚷,既妨工作,且恐误有损伤,合亟札饬出示晓谕。

　　为此札仰该府即便遵照,出示告谕诸色人等一体知悉:如欲前往机器制造厂随众观览,务宜在栅栏之外站立观看,慎勿拥挤喧哗,致多妨碍。读书明理之士,一经晓示,自能周知。倘有不法痞徒,倚藉人多难以查察,混入厂内,肆扰不休,甚或有捞摸器物及逞强口角、自相斗殴情事,即由府督饬长沙、善化两县严密访查,即行拿办。并预饬厂中工董,遇有前项不法痞徒,立即指明送案讯究,分别严惩,毋稍轻纵。切切。此札。

　　长沙府[3]。

委邓绍禹、黄彤光接运金矿机器札(稿)*

　　为札委事:

----

① 　此句初作"官绅和同",经陈宝箴改定。
② 　"荐",系陈宝箴增补。
③ 　"长沙府"三字,系陈宝箴补写。
　*　据舒斋藏摄片。按:此为湘抚幕僚承书清稿,而经陈宝箴审改签发者。篇首有陈氏眉批:"签稿并送。速。"

照得本部院开办矿务,钦奉谕旨,原以开采金、银矿为要①。湘省平江县属黄金洞地方,向产金砂,前经饬派矿司前往查勘,据称须用机器开采②,方有成效。旋经咨商钦差出使俄德大臣工部左侍郎许③,札委出差外洋之候选同知蔡丞灏元,就近订购金矿需用各项机器④。兹据电称,业经照单购办⑤,月内可以陆续运解到沪。自应派委妥员前赴上海接收,以便转运来湘。

兹查有试用知县邓绍禹、试用县丞黄彤光⑥,堪以派委前往陆续押运(接收起运)⑦,合行札委。为此札仰该县、丞即便遵照,即日前赴上海分批运解上项机器来湘(查照来单接收上项机器运湘)⑧,毋稍疏忽,致有遗漏⑨。每月支领薪水银叁拾两⑩,其火食、起运各费⑪,即并由该员核实开报,由矿务总局核发。毋违。此札。

---

① 此句幕僚原作"原以金、银为先"。

② "据称"下原有"矿苗颇旺"四字,后经陈宝箴删去。

③ 自"咨商"以下十六字,由陈宝箴增补。按:"许",指许景澄。参阅陈宝箴光绪二十三年《蔡灏元代购矿机请饬总署知照片》(见本集上册卷十六《奏议十六》)。

④ 此句幕僚原作"就近订购起重、淘金、抽水各项机器"。

⑤ 此句系由陈宝箴增补者。

⑥ "兹查有"三字之下,"试用知县邓绍禹"七字、"试用县丞黄彤光"七字(按:幕僚原误作"候选县丞黄彤光",继自改易),原系小字双行并列,盖因一稿两用:札饬邓绍禹,则用"兹查有试用知县邓绍禹";札饬黄彤光,则用"兹查有试用县丞黄彤光"。

⑦ "前往"二字之下,"陆续押运"(按:"押运",原作"运解")四字、"接收起运"四字,亦系小字双行并列,亦属一稿两用者:札饬邓绍禹,则用"陆续押运";札饬黄彤光,则用"接收起运"。

⑧ "分批运解上项机器来湘"、"查照来单接收上项机器运湘",原稿小字双行并列,盖亦备一稿两用:前者札饬邓、黄任务,后者札行矿局接收事宜。

⑨ 此句原作"致令散失"。

⑩ 此句幕僚原在栏内靠左直书,系属札行矿局之内容,谓由矿局负责发给此项薪银也。

⑪ 此句及下句,原作"其火食、路费,并仰该员核实开报"。

札试用知县邓绍禹、试用县丞黄彤光;行矿务总局①。

委喻光容办理辰州一带矿务札(稿)*

为札委事:

照得湘省矿产繁富,辰永沅靖各属②,山川阻深,所产金矿、锑矿,尤称极盛,亟应及时采办。查有在籍甘肃候补知府喻守光容③,朴毅廉干,才识周通。前经本部院派往辰州一带④,察勘矿产情形⑤,旋据回省面禀,筹拟办法⑥,均极明妥。所有辰永沅靖各金矿、锑矿事务⑦,应即委令办理。

为此札仰该守克日驰往辰州府城,设局开办。凡该府州各属一应金砂、锑砂⑧,如何收采、如何转运,统由该守相度机宜,随时分别督率办理⑨,以归画一而专责成⑩。总期以简驭繁,不扰而事集,获收利国利民之大效。该守体念时艰,忠赤之忱,可贯金石,本部院决知地不爱宝,当拭目以观厥成也。外关防一颗,并候由矿务

---

①　"行"字,系由陈宝箴增补者。

*　据舒斋藏摄片。按:此为湘抚幕僚遵拟札稿,而经陈宝箴手改并饬发者。篇首有陈氏眉批:"签稿并送",上钤"毋敢慢"阳文篆印。

②　此句幕僚原作"辰沅永靖各属"。

③　"在籍"二字,原作"前"。

④　"经",原作"业经"。

⑤　此句原作"察看情形"。

⑥　此句原作"□矿、收砂各办法"。

⑦　此句及以下两句,原作"为此合行札委该守专办辰沅永靖各金矿、锑矿事务,仰即驰□辰州府城"。

⑧　此句原作"凡该府州各属所有应办金砂、锑砂"。

⑨　"随时"二字,系由陈宝箴增补者。

⑩　此句原作"以专责成"。

总局给领①。除行矿务总局外②，仰即遵照办理。毋违。切切。

委在籍甘肃候补知府喻守光容。即转饬该守，并移会辰沅道及分咨该府州，转饬所属一体遵照。

即另行矿务总局。

委黄笃恭为矿务总局提调札（稿）*

为札委事：

照得省城矿务总局提调③，业于开办之初，檄委张绅通典、邹绅代钧会同办理在案④。兹查各属矿务次第兴举⑤，总局事务自繁，张绅又经诸绅禀请札委兼办火柴公司，势难专注矿局，亟应添委提调一员，以专责成而重公事。

兹查该绅黄笃恭志行清洁，识量宏通，办事井井有条，堪以札委。为此札仰该绅即便遵照，前往矿务总局提调一切事宜⑥，务须事事核实，破除俗见，秉公办理，毋负委任。仍将到局日期具报查核⑦。切切。此札候选训导黄绅笃恭。

此札云云等因，除札委黄绅笃恭遵办外⑧，为此札仰该局即便

---

① 此句原作"并候由矿务总局发给。切切。此札"。幕僚遵拟札稿，至此即收束。

② 自此句以下，均系陈宝箴增补者。

* 据舒斋藏摄片，此为陈宝箴手稿。按：札委黄笃恭提调矿务总局一事，可参阅张通典光绪二十二年十二月初十日《致汪康年书》，见《汪康年师友书札（二）》，上海古籍出版社 1986 年版，第 1775～1778 页。

③ "省城"、"提调"，均系增补者。

④ "办理"，初作"筹办"。

⑤ "兴举"，初作"兴办"。

⑥ 此句及下句，初作"前往矿务总局办理，提调事务，务须事事核实"。

⑦ "具报查核"，初作"备文申报查核"。

⑧ "遵办"，初作"遵照"。

遵照，并移善后、厘金各局知照。此札矿务总局。

委黄笃恭商办辰沅锑矿札（稿）*

为札委事：

照得辰沅各属出产锑砂，前由矿务总局详准法商亨达利承销，业已订立合同，并委喻守光容前往该处设局，总理开采事宜各在案。旋据喻守禀称，辰溪、芷江等县矿砂甚旺，请由总局详委员绅分别经理，以专责成，当经遴委去后。

复据喻守禀报，沅陵、辰溪交界处所产锑并旺，自应一律办理。惟该商既立合同，尤宜赶速运解，以策成效，若由喻守禀商详委，必致往返需时，赴机不捷。又，该处矿苗前经该商派人前往履勘，据称甚旺，惟山谷阻深，尚恐未能周悉。兹复派令矿司温秉仁再赴各山①，逐一详加考验，务期确指衰旺，以征异同。

现在将次复勘完竣，尤应派委总局提调一人，驰赴该处，会商喻守，酌量办理，并应会同拟定分局员绅，就近札委。其转运事宜，亦应随时布置妥协，以免将来禀报函商，致涉稽滞。为此札委矿务总局提调黄训导笃恭，即日驰赴辰沅一带，会商喻守，查照上开各节事理，悉心筹办，以期迅收成效。毋违。切切。此札②。

札矿务总局提调黄训导笃恭、分理辰永沅靖矿务喻守光容。

光绪二十三年六月□日③。

---

* 据舒斋藏摄片。按：此为湘抚幕僚所呈誊清札稿，而复经陈宝箴酌改并批发者。篇首有陈氏眉批："速缮送印"，上钤"毋敢慢"阳文篆印一枚。又按：自此以下三稿，笔迹相同，前后相连，似系同一幕僚所书。

① "再"，幕僚原作"重"。

② 自此句以下，至"喻守光容"，均系陈宝箴增补者。

③ "六月"后原有空格，今以"□"代替。

饬黎玉屏严行约束宁乡矿局司事工匠札（稿）[*]

为札饬事：

照得宁乡矿务分局，前因办理该局之熊绅世池请假回籍，当由矿务总局详委浙江补用知府黎绅玉屏前往代办在案。所有该局一应司巡、人役，自应严行约束，不得稍存五日京兆之见，辄行疏纵①。

近日风闻该局管理机器及提炼焦炭之司事、工匠人等，在外淫赌②，肆行无忌，甚有骚扰不法情事。似此目无法纪，如果确实，亟应从严惩办，以儆刁顽。该绅奉委驻局，有管束稽查之责，何至毫无闻见，任其胆大妄为③？ 合行札饬。

札到该绅即便遵照，严密查明该局各项司事、工匠有无上项情事，分别送交地方官照律严办，毋得瞻徇情面。自后一律照此办理④。如仍约束不严，致滋事端，责有攸归，本部院不能为该绅宽贷也。毋违。此札。

札宁乡矿务分局黎绅玉屏。

饬矿局改派他员往石门办矿札（稿）^{**}

为札饬事：

---

* 据舒斋藏摄片。按：此为湘抚幕僚所呈清誊稿，而仍经陈宝箴点窜者。

① "辄行"，幕僚原作"任意"。

② 此句及以下两句，原作"在外肆行无忌，致有□□不法情事"。

③ 此下初有"殊堪骇怪"四字，后由陈宝箴删去。

④ 此句及以下四句，原作"自后如仍约束不严，致滋事端，该绅责有攸归，本部院不能宽贷"。

** 据舒斋藏摄片。按：此稿毫无点窜，当系既经陈宝箴审定，而后幕僚奉饬誊正者。

照得石门县杨家台铜矿，前经该局详请札委候选同知林朝登前往设局开办，并由本部院咨明鄂省，请饬长乐、鹤峰等州县会同弹压在案。

兹准湖广督部堂张、湖北抚部院谭函称："林朝登前经江苏试用同知李朝觐派往湖北鹤峰开矿，曾酿两命重案，于光绪十三年经前湖广督部堂裕、湖北抚部院奎会奏'请将李朝觐交部议处，著交林朝登解鄂审办'，钦奉谕旨允准在案。今湘省派办石门矿务之员亦名'林朝登'，当即前在鹤峰开矿之人。石门既与鹤峰毗连，诚恐彼此旧衅复萌，又滋事端，且与奏办有碍。应请谕饬矿务总局查明，改派他员，再行咨由鄂省转饬该州县晓谕绅民，妥为弹压"各等因。

准此，合行札饬。札到该局即便遵照查明，迅即改派他员，详由本部院咨鄂转饬办理。毋违。切切。此札。

札矿务总局。

购订《时务报》发交通省各书院观阅札[*]

为札发事：

照得古称："识时务者，谓之俊杰。"士子读书稽古，原期见诸施行，兼善天下。第考古而不通今，所行必难合辙，故必周知当世之务，审古今之异宜，庶一旦见用，得以斟酌损益，措正施行，非咫闻目论之儒所能臆度也。

自轮舟驶行海上，地球万国接轸联镳，错居中土，开数千年未有之局，机智日新，政教亦异。察其最为雄长诸国所以兴盛之道，

---

* 据《时务报》第二十五册（光绪二十三年四月初一日出版），原题为《湘抚陈购〈时务报〉发给全省各书院札》。

固不一端，其君民相通，远近若一，则尤以报馆最为切要。于政治有官报，于学术有学会报，一切艺业，至于妇女孩孺，莫不以报达其情志，用能捐除晦昧，启发神智，不及百年，屹然以强。

在中国三代盛时，命太师陈诗以观民风，讽上化下，言之无罪，朝廷邦国，无所不用。求之报馆，若有其遗意存焉。儒者将不出户庭而知天下，宜遍立报馆而后可；不及遍立，曷若多取报纸阅之，亦足以开浚新机、通合殊志。

从前内地各省迭出新报，优劣不齐，其下者记载猥琐，语多无稽，不关学识，尤乖宏远，诚为士大夫所不屑观听。上年以来，上海设有时务报馆，月出三册，论议极为明通，所译西报，尤多关系。其激发志意、有益于诸生者，诚非浅鲜。湘省人材蔚兴，当使不愧通材，周知四国，自应广为流布，以开风气而扩见闻。

兹由本部院筹拨款项，属该报馆寄送若干分，发交各府厅州县书院存储，俾肄业诸生得以次第传观，悉心推究。所有丙申年七月初一日开馆起，至十二月十一日，共十七册，均令补齐。嗣后每年，先由本省厘金项下筹发报费，以便按月派送，合行札饬。

为此札仰该府厅州县，于寄报到日，随时发交该管各书院，每书院一分，毋任散失。现在每府厅州县各先发二分，如有书院较多不敷分派之处，仍仰该府厅州县详请补发。自本年正月起，均按分数，由省城售报处设法分寄。该府厅州县其深体此意，毋忽。切切。此札。

〔附〕王先谦:购送《时务报》发给诸生公阅手谕*

谕岳麓住院诸生知悉:

窃维士子读书,期于致用。近日文人往往拘守帖括,罕能留意时务,为太平无事时之臣民,犹之可也。今则强邻逼处,列国纷乘,朘我脂膏,环顾几无所凭恃,圣天子焦劳于上,群有司惕厉于下。为士子者,若不争自振奋,多读有用之书,相与讲明切磋,储为国器,出则疏庸贻笑,无以劻相国家,处则迂腐不堪,无以教告子弟,枉生人世,孤负圣明,耻孰甚焉?

现在京城奏奉谕旨,由官开设书局,广译图籍,任人纵观,兴学育才,已有日新月盛之美。院长念住院诸生大半寒素,即寻常应用之书,尚苦无力购置,岂复能多蓄余赀,广搜秘籍? 查近今上海刻有《时务报》,议论精审,体裁雅饬,并随时恭录谕旨,暨奏疏、西报,尤切要者,洵足开广见闻、启发志意,为目前不可不看之书。自本年七月起,月得三卷,由报馆分寄各省,遍为传布,盖忧时君子发愤而作也。兹与城南、求忠两院长公同商定,购送书院,俾士子得以浏览通知。

核计岳麓书院新旧十斋,合"屈子"、"道乡"二祠,为十二斋,购《时务报》六分,每二斋共阅一分,由管书斋长随时派人分送。每斋自第一号起,尽一日之力,或翻阅钞誊,或略观大意,各从其便,次日递交第二号,以次至末,再递交第二斋第一号,复以次阅毕,若斋房多少悬殊,由斋长酌量匀派。仍缴归管书斋长收存,备来岁住院士子依次领阅之用。每分需费三元,每年六分,共十八元,即由奖

* 据《时务报》第十八册(光绪二十三年正月二十一日出版),原题作《岳麓院长王益梧祭酒购〈时务报〉发给诸生公阅手谕》。

赏项下扣提，不另筹款。

　　湖南本忠义之邦，书院尤英贤所萃。惟虑方隅稍僻、听睹未宏，开拓心胸，端资简册。诸生当知才分虽属天成，识见可缘学造；时命纵难逆料，经济所当夙储。勿狃故常，勿安卑陋，由此渐摩岁月，必有奇才异能出乎其中，上备国家栋梁之用，此则院长所日夜企祷者也。切切。特谕。

通饬购阅《湘学新报》札（稿）*

　　为通饬事：

　　照得本部院前以上海创设《时务报》，裨益士子见闻，曾经筹款订购，按月发给通省各属书院，由县转送在案。

　　本年春间，提督学院江于校经堂创设学会，多士向往景从，获益甚巨。乃复创为《湘学新报》，区分史学、掌故、舆地、算学、商学、交涉六门，指事类情，洵足开拓心胸，为学者明体达用之助。

　　近来屡奉谕旨，整饬学校，务为有用之学①，并于乡、会试策，兼问时务，学政经古场内，亦兼试时务策问，录取者予以补廪入泮。考选优生及选拔各场，均以通经致用为主，不得仍沿旧习，专于诗赋楷法中求材。

　　兹《湘学新报》之设，悉本此义，且为湘中承学有得之言，于本省人士，启发尤为亲切。定章每月刊发三册，每册取回刊赀、纸墨费钱百文。兹准移送初次第一册，由本部院分发各州县，俾知此报体例前来，合行札发。

----

　　* 据舒斋藏摄片。此宜为陈宝箴手稿。按：《湘学新报》创刊于光绪二十三年三月，旬刊，自第二十一册起改名《湘学报》。

　　① 此句初作"务为实学"，继自改为"务期于致用之学"，最终定为"务为有用之学"。

为此札仰该○于奉到后①，先自捐廉赴省订购，每次或数十册，或十余册，分交书院肄业各生及城乡向学士子②，一体披阅。并劝令绅富自行购买分送，使乡僻寒畯皆得通晓当世之务，以为他日建树之资。所费无多，为益甚大，较之加课诗赋奖赏③，功用迥殊。良有司造就人材，共维时局，知必留意于此也。跂予望之。仍于赴校经堂订购若干后，禀报查核。切切。此札。

计发初次《湘学新报》一册。

通饬购阅《湘学新报》札 *

为通饬事：

照得本部院前以上海创设《时务报》，裨益士子见闻，曾经筹款订购，按月发给通省各属书院，由县转送在案。

本年春间，提督学院江于校经堂创设学会，多士向往景从，获益甚巨。乃复创为《湘学新报》，区分史学、掌故、舆地、算学、商学、交涉六门，指事类情，洵足开拓心胸，为学者明体达用之助。

近来屡奉谕旨，整饬学校，务为有用之学，并于乡、会试策，兼问时务，学政经古场内，亦兼试时务策问，录取者予以补廪入泮。

---

① "○"为原稿旧有。

② "分"字，系增补者。

③ 此句及下句，均系增补者。"迥殊"，初拟作"悬殊"。

* 原载《湘学新报》第五册（光绪二十三年五月初一日出版），题为《湖南抚院陈饬各州县订购〈湘学报〉札》。此据《戊戌变法》，第四册，第553页。按：据《湘学新报》刊发日期推算，陈氏此札约作于光绪二十三年四月。又按：此札另见《知新报》第二十四册（光绪二十三年六月十一日出版），题作《湖南抚院饬各州县订购〈湘学报〉札》，题下附《知新报》编者按："中国讲求变法三十余年，未得体要，事多隔阂，而不知外事以腹地为尤甚。近湘学使江建霞标，既创湘学会，复开《湘学报》，洞达中外，体用兼赅，顷得湘抚陈右铭中丞札饬通省州县购买，派与书院士人，而将来士风披变，学识宏通，皆抚军、学使提倡之力也。使各省继之，中国之兴，其可量耶！"

考选优生及选拔各场，均以通经致用为主，不得仍沿旧习，专于诗赋、楷法中求材。

兹《湘学新报》之设，悉本此义，且为湘中承学有得之言，于本省人士，启发尤为亲切。定章每月刊发三册，每册取回刊赀、纸墨费钱百文。兹准移送初次第一册，由本部院分发各州县，俾知此报体例前来，合行札发。

为此札仰该县于奉到后，先自捐廉赴省订购，每次或数十册，或十余册，分交书院肄业各生及城乡向学士子，一体披阅。并劝绅富自行购买分送，俾乡僻寒峻〔畯〕皆得通晓当世之务①，以为他日建树之资。所费无多，为益甚大，较之加课诗赋奖赏，功用迥殊。良有司造就人材，共维时局，知必留意于此也，跂予望之。仍于赴校经堂订购若干后，禀报查核。切切。此札。

饬厘正报章体裁札（缺文）*

〔附〕湘报馆改定章程**

本月初一日，奉抚宪札饬厘正报章体裁。本馆同志公同商酌，申定章程八条，拟自五月初一日起，改照新定条例办理。特此布告：

一、现在用俗话编成《工程致富演义》，其词虽浅，其理却精，俾士农工商皆可购读。俟此书编竣，再编他书，间有论说文字，随

---

① "畯"，据上录手稿校改。按：《知新报》亦作"畯"。

* 据《湘报》第八十四号所载《本馆申定章程》（详下附文）而拟题。

** 据《湘报》第八十四号（光绪二十四年四月二十三日出版），原题作《本馆申定章程》。按：《湘报馆章程》"刊报凡例十三条"载《湘报》第二十七号，"办事凡例十九条"载《湘报》第二十八号，可参阅。

时并登。

一、本报拟添各处访事，广采新闻。并仿《国闻报》例，于"上谕奏牍"之后，款曰"京都新闻"，曰"本省新闻"，曰"各省新闻"，曰"各国新闻"，曰"学会汇纂"，使阅者一览咸知。

一、岳州通商在即，湖南应以讲求商务为主。今拟于本报第四页，将香港、上海、汉口行情物价，逐日编列为表，附之"本省物价表"之后。

一、省城各店号请登告白者，今拟暂为减价：第一日告白，每字取钱三文大字另算；第二日，每字取钱二文；第三日，每字取钱一文；四日以后，每十字取钱八文。

一、各店号如有新制工巧式样物件，自行刊板绘图，托登告白者，本馆查其果能于工艺有益，可合时好，无论登报久暂，概不取赀，并为传播他省。

一、各店号如有新到物产屯栈待售者，可开列数目、住址单，交本馆汇登告白，概不取赀。

一、各店号有能公设商会、议立行规，托本馆登报者，概不取赀。

一、凡各店号、各公馆，如有房屋出佃者，均可开条，交本馆刊登附张，概不取赀。

一、凡仁人君子，施送药茶及捐助各善堂钱米，托登报者，概不取赀。

一、本报销路日广，前三期订成之书，所存无几。拟自五月初一起，每日加印一千张。

为总理南学会事照会户部主政黄膺（稿）[*]

为照会事：

前据孝廉堂举人文俊铎、彭兆琮等呈请兴立学会等情，经本部院批准，并分别照会、札饬在籍绅士王绅先谦、张绅祖同等董理斯事，妥商办法在案。兹据该绅等面称，学会事务殷繁，必择一明干正绅坐办总理，方足以联士气而振学术。

查有丁忧在籍户部主事黄绅膺，品行端方、识见通达，堪以总理南学会内一切事务①，相应照会。为此照会贵绅，烦为查照，随时与学长、绅董等会商办理施行②。须至照会者。

右照会户部主政黄绅。

委戴德诚会办南学会札（稿）^{**}

为札委事：

照得南学会事务需人经理③，前经照会户部主事黄主事膺，总理学会一切事务在案④。兹因开会后，人众事繁，亟应委绅会办⑤。查该教职学有本原⑥，素孚众望，合行札委。

---

　　* 据舒斋藏摄片。按：此为湘抚幕僚遵拟草稿，而经陈宝箴审改并饬发者。原稿篇末有陈氏墨批："照缮。签稿并送。"并钤有"毋敢慢"阳文篆字长方印。

　　① "内"字，系幕僚自行增补者。

　　② "等"字，系幕僚自行增补者。

　　** 据舒斋藏摄片，此为陈宝箴手稿。

　　③ "事务"二字，系增补者。

　　④ "学会"二字，系增补者。

　　⑤ "会"下原有"同"字，继自删去。

　　⑥ "该教职"，初作"有训导戴德诚"，继自改为"优贡教职"。

为此札仰该职即便遵照①，将省城南学会应办事宜②，会同黄主事悉心办理。所有会内讲习规模、条理本末、先后之序③，必须商酌考订，期臻妥协。使学会诸人，皆能激发志气、开拓心胸，日就月将④，共致力于明体达用之学，仰副国家造就人材、维持世运至意⑤，是所厚望。切切。

此札优贡教职戴德诚。

照会张茂滉为求贤书院帮办提调（稿）[*]

为照会事：

照得求贤书院本聘山长二人，一课经史，一课算学。今岁稍改章程，专聘山长一人，归并教习⑥，并添入格致、制造等学，功课较繁，亟须遴设帮办提调一员⑦，住宿院内，以资经理。兹查贵部郎博学多能，谙习院事，堪以充当帮办提调。

为此照会贵部郎⑧，请烦查照⑨，于开院后即便常川驻院，凡院中所有一切事宜及仪器、书籍各项⑩，概由贵部郎照料管理，以专

---

① "该职"，初作"该教职"。
② 此句初作"前往南学会"云云。
③ "会内讲习规模"，初作"会讲规模"；"先后之序"，初作"先后"。
④ 此句系增补者。
⑤ 此句初作"以仰副国家造就人材、维持气运至意"。
＊ 据舒斋藏摄片。按：此为湘抚幕僚遵缮稿，而经陈宝箴审改并饬发者。眉首有陈氏手批："签稿并送"，上钤"毋敢慢"阳文篆印。
⑥ 此句幕僚原作"归并教学"。
⑦ "遴设"，原作"简设"。
⑧ "照会"，原作"仰恳"。
⑨ 此句及下句，原作"俟开院后即行常川驻院"。
⑩ "一切"，原作"应办"；"各项"，原作"之类"。

责成。每月由厘金总局于书院项下支给薪水银四两①。此为慎重院事起见，兴贤立事②，收实效而开风气，于贵部郎有厚望焉。须至照会者。

照会候选正郎张印茂滉。

行厘金总局③。

聘委张茂滉为求贤书院算学监院照会、札（稿）[*]

为照会事④：

照得求贤书院前经本部院选拨生徒二十人，专聘算学山长课习算学在案⑤。惟算学一门⑥，日有课程，钩深诣微，较为繁密，必须添设监院一员，始足以资助理。

兹查贵主政学识闳通⑦，素娴畴人之业，亟应照会充当求贤书院算学监院⑧，专为帮同院长考验诸生学业⑨，稽察勤惰等务。其

---

①　此句系陈宝箴增补者。

②　此句及下句，原作"兴贤育才，开风气而收实效"。

③　此句系陈宝箴增补者。

*　据舒斋藏摄片。按：此亦为湘抚幕僚承撰草稿，而经陈宝箴点窜者。

④　"照会"，幕僚原作"札饬"。

⑤　"在案"二字，系幕僚自行增补者。

⑥　"惟"，幕僚原作"惟思"。

⑦　"贵主政"，幕僚原作"张绅茂滉"，继由陈宝箴补入"候选主事"四字，最终定为"贵主政"。

⑧　"照会"，幕僚原作"札委"。

⑨　此句及下句，幕僚原作"以便考验学业，稽察勤惰"。

他院中应办一切事宜①，仍由监院善化教谕、训导陈为钠照常经理②。所有每月薪水银三十两③，由厘金总局按月支取。相应照会贵绅，请烦查照施行。须至照会者。

候选主事张绅茂滉。

除照会候选主事张绅茂滉外，合行札饬。札到该局即便遵照。毋违。

行厘金总局。

札饬约束书院诸生（稿一）*

为札饬事：

照得岳麓、城南、求忠三书院，业经甄别取列等第，出榜晓示在案。兹定期于本月十七日一律送学，除城南、求忠两书院业委藩、臬两司分送外，其岳麓书院由本部院于是日亲诣送学。

事关谒圣隆师，礼应敬慎严肃。为此札仰该道，督饬监院教官预先传谕：所有上学诸生，务宜整肃衣冠，遵章齐集④，恪恭将事。毋许无知闲杂及托名肄业狂徒，纠众哄聚，溷迹堂阶，笑谑喧哗，肆意侮慢，及蹈一切不徇礼法恶习⑤，以致扰乱典礼，贻玷胶庠。倘敢藐玩不遵，许该道督率监院教官指拿当场为首人等⑥，禀明本部院察核惩办，决不姑宽。

---

①　"一切"二字，似系该幕僚自行增补者。

②　"由"，幕僚原作"仰"。

③　自此以下，幕僚原作"札到仰即遵照。所有薪水□□银三十两，并□厘金总局领给。毋违。切切。此札"，全稿至此即予收束。

*　据舒斋藏摄片。按：此为陈宝箴手稿。

④　"遵章"前原有"一应"二字，继自删去。

⑤　"蹈"字，系增补者。

⑥　"教官"二字，系增补者。

　　书院为造就人材之地，规模愈大，则育材愈多，然人众则贤否难齐，事久则弛张不一。近自政教习为因循，士习亦因之不古，间有不知自爱之人①，纵恣骄矜，荡然无复礼纪，甚至纠众鼓噪，挟制官师，又辄颠倒是非，造谣惑众，编传匿名揭帖②。地方官以重士之故，置不与校，则转恃为护符，猖狂无忌。种种恶习，至令好修之士深悉其中流弊者，转视书院为败坏人材之地，裹足不前。若不补救维持，非徒无益，且有大损，将来酿成大狱，玉石难分，是官斯土者徒殉重士之名③，不求造士之实，有以阶之厉也。

　　本部院昔在湖南，谬有爱士尊贤之誉④，虽不敢承，其万不至陵轹士流，差可共信。只以立教必分良莠，为政必辨是非，若浑而同之，务为姑息，是培稂莠以害嘉禾，骛虚名而酿实祸，问心何以自解？初基不立，则后效难期，故于送学时特为申明此义。

　　该道以监司大员管理书院事宜，既与多士相习，务宜深体本部院爱士苦衷，督率监院教官随时访察⑤，务在崇善去邪，以翊政教。并传本部院此意，切为告谕，俾在院诸生笃志潜修，悉为良士，是所厚望。毋忽。切切。

　　此札管理书院事宜盐法道。

札饬约束书院诸生（稿二）[*]

　　为札饬事：

---

① 此句及下句，初作"往往纵恣骄矜"。

② 此句初作"遍传揭帖"。

③ "殉"，第二稿（详后）已改为"徇"。

④ "爱士"，初作"好士"。

⑤ 自此句至"是所厚望"，初作"崇善去邪，以翊政教，并督率监院切为告谕"。

* 据舒斋藏摄片。按：此亦为陈宝箴手迹，全无点窜，当系定稿。

照得岳麓、城南、求忠三书院，业经甄别取列等第，出榜晓示在案。兹定期于本月十七日一律送学，除城南、求忠两书院业委藩、臬两司分送外，其岳麓书院由本部院于是日亲诣送学。

事关谒圣隆师，礼应敬慎严肃。为此札仰该道，督饬监院教官预先传谕：所有上学诸生，务宜整肃衣冠，遵章齐集，恪恭将事。毋许无知闲杂及托名肄业狂徒，纠众哄聚，溷迹堂阶，笑谑喧哗，肆意侮慢，及蹈一切不徇礼法恶习，以致扰乱典礼，贻玷胶庠。倘敢藐玩不遵，许该道督率监院教官指拿当场为首人等，禀明本部院察核惩办，决不姑宽。

书院为造就人材之地，规模愈大，则育材愈多，然人众则贤否难齐，事久则弛张不一。近自政教习为因循，士习亦因之不古，间有不知自爱之人，纵恣骄矜，荡然无复礼纪，甚至纠众鼓噪，挟制官师，又辄颠倒是非，造谣惑众，编传匿名揭帖。地方官以重士之故，置不与校，则转恃为护符，猖狂无忌。种种恶习，至令好修之士深悉其中流弊者，转视书院为败坏人材之地，裹足不前。若不补救维持，非徒无益，且有大损，将来酿成大狱，玉石难分，是官斯土者徒徇重士之名，不求造士之实，有以阶之厉也。

本部院昔在湖南，谬有爱士尊贤之誉，虽不敢承，其万不至陵轹士流，差可共信。只以立教必分良楛，为政必辨是非，若浑而同之，务为姑息，是培稂莠以害嘉禾，骛虚名而酿实祸，问心何以自解？初基不立，则后效难期，故于送学时特为申明此义。

该道以监司大员管理书院事宜，既与多士相习，务宜深体本部院爱士苦衷，督率监院教官随时访察，务在崇善去邪，以翊政教。并传本部院此意，切为告谕，俾在院诸生笃志潜修，悉为良士，是所厚望。毋忽。切切。

此札管理书院事宜盐法道。

为考试生童捏名荒谬札饬盐法道（稿）*

为札饬事：

照得本部院今岁考试岳、城、求三书院甄别，取录各卷，间有捏造姓名，及涉游戏，与不应取名而以取名者，以为孤陋跅弛之士偶一为之①，遂亦未加深求。乃前次月课投考卷内，竟至有"华盛顿"、"拿坡仑"、"刘邦"等名②，荒谬妄为③，殊深骇异。

当因卷系弥封，业经凭文取录，拟俟查实某人所为，传案戒饬。继思君子怀刑④，圣有明训，若遽加以扑责之羞，恐将废弃自身，无从养其廉耻。然竟听其诪张侮玩⑤，辗转效尤，气习浇漓⑥，势将何所底止⑦？由此言之，不独在后加厉者咎无可逃，即在前开端者，亦过有应得，不予薄惩，安挽颓俗？

查书院为育才重地，凡属肄业生徒⑧，自应各用本名应试⑨，使山长及在位各官识别真才，相与造就。斯为上以实求，下以实应。

---

*　据舒斋藏摄片。按：此为湘抚幕僚奉撰草稿，而经陈宝箴点窜者。原稿首页右下方有"盐法道"三字，眉首有陈宝箴墨批："清稿。"
①　"孤陋"二字，系该幕僚自行增补者。
②　"竟至"，原作"竟又"。
③　此句原作"愈出愈奇"。
④　此句及以下四句，原作"继思圣有明训，君子怀刑，若竟加以扑责之羞，恐将荡弃终身，不足养其廉耻"。
⑤　"侮玩"，原作"为幻"。
⑥　"气习"，原作"风俗"。
⑦　此句原作"势将何极"。
⑧　"凡属"，原作"所有"。
⑨　"应试"，原作"应课"。

乃近来作伪相蒙①，一人数卷，诡名捏姓②，习为固然。如此任意虚诬③，岂复成为事体？ 现当整饬书院之时④，除俟本部院另行厘定章程，以昭核实而杜混冒外，所有此次甄别及投考生童，亟宜先行区别，使端趋向，合行札饬。

为此札仰该道，即转饬各该监院教官⑤，遵照后开各条，着实办理，并以后遇有月课投考，如再有乖谬姓名⑥，一概不准登册给卷。其已投考取录者，并由该监院教官等查出⑦，禀请扣除，毋得瞻徇，致干未便。切切。此札。

计开：

一、已取甄别之岳麓生监"陈寔"、"董天"、"蔡盛顿"⑧，城南生监"陈东"、"汪觐俄"、"盛勾"、"高高地"、"蔡威廉"，城南童生"张居正"、"葛亮"，求忠生监"文冢翯"、"诸葛壳"，求忠童生"范希文"、"谭天"⑨；投考岳麓生监"郭才怪"、"陶虽然"、"袁枚"，城南生监"谭兵"、"张步鲁"，城南童生"鲁一变"、"谭时务"，求忠童生"谭时务"。以上二十二名，仰饬各该监院教官，传谕暂行改名应课。

一、已取甄别之求忠童生"长本立"、"木易明"，仰饬该监院教

① "作伪"，原作"虚伪"。

② 此句及下句，原作"诡名伪姓，习焉若忘"。

③ 此句及下句，原作"如此矫诬，岂成事体"。

④ 此句系陈宝箴改笔。原作"实则生员有学册可稽，贡监有执照可验，即童生无所隶辖，亦可设法具保，使之名实相符"。

⑤ 此句原作"转饬各该监院"。

⑥ "乖谬"，原作"谬妄"。

⑦ "监院教官"，原作"教官"。

⑧ 句首之序数词"一"，系陈宝箴增补者。下同。

⑨ "谭天"，系幕僚自行增补者。

官确查，如无其人，即行扣除。

一、已取甄别之城南生监"巴图鲁"，城南童生"司里弥多"、"抟云子"，求忠生监"鎣锜天箫"；投考城南童生"欧罗巴"、"水刃木"，求忠生监"葛惹司克"，求忠童生"华盛顿"、"羊人"、"拿坡仑"、"刘邦"。以上十一名，仰饬各监院教官，即行扣除，不准应课。其已应之官课①，禀知将卷撤退。

为生童藉端滋事照会岳麓
书院院长、札行盐法道（稿一）[*]

为照会事：

惟照书院为育才之地，稂莠弗芟，则嘉禾不植，枳棘弗翦，则鸾凤不栖。岳麓为四大书院之一，聚材尤众，先后各院长甄陶教育，俊彦云蒸，蔚为一时之望。惟人数既多，遂有托名肄业之徒，溷迹其间，藉端生事，始则造谣蛊惑，继则结党横行，任意挟持，几于良莠莫辨。

本年二月间，本部院校阅公出，适有德国人谔尔福②，遵奉条约，执持总理各国事务衙门护照，游历湖南北、广西等处，停泊省河数日。

突有住院"宁乡号"内之人，出号鸣梆聚众，好事者相与攘臂称首，倡议入城。访闻有许姓、文姓及眇一目之人，要挟大众，同往

---

① 此句原作"其已应课"。

* 据舒斋藏摄片。此为陈宝箴手稿。按：此稿原为照会岳麓书院院长而作，继自补入札行盐法道各语，盖因责有攸归。今将札行盐法道各语统以圆括弧括出，以示分别。

② "谔尔福"，初作"鄂尔福"。

滋闹,因见众情疑沮①,竟将各厨爨火浇灭。诸生惮其凶暴,不得已随之出门。及至渡河,来者无几,复挟至城南书院,灭爨如前。比及入城,遂有无赖痞徒,从而附和,千百为群,径至藩司衙门,哄塞鼓噪,出具无名禀词,要挟批示。经藩司婉为抚慰,乃始偕出西门,向德国人船上抛掷砖石,幸经弁勇保护,未至戕伤人命、激成衅端。否则为累地方,贻祸大局,后患何堪设想?

乃若辈自知不为众论所许,遂复造作无根之言,遍张匿名揭帖,诋斥官师,肆无忌惮。又有檄文,捏称"陈抚台札饬各官,用八抬绿呢大轿,迎接洋大人入城","约集众人,于二十日先将省河洋人剿灭,再讨陈某等之罪"云云②。此等猥鄙极陋之语,不足以惑士流,意在鼓动市井痞徒,为所欲为,狂悖无忌。是其借端生事,居心叵测,实与乱民无异。推原祸始,罪在首谋,若不严行查办,将来酿成大患,必致不可收拾。

本部院忝膺疆寄,责有攸归,惩汰莠民③,即所以保全善类。为此照会贵院长④,(札饬该道督率监院即)请将此次院内藉端鼓众、造谣滋事,为首之许姓、文姓及眇目之人,查明籍贯、名字及当时倡首情形,详悉见告(具复)⑤,以凭拿办。(切切。此札。)事关

---

①　"疑沮",初作"疑阻"。

②　"再讨陈某等之罪",初作"再讨陈罪"。

③　"惩汰",初作"芟汰"。

④　此句初仅作"为此照会贵院长,请将此次院内藉端鼓众、造谣滋事"云云,后于"为此"之下、"照会"左旁,自行补书"札饬该道督率监院即"九字,与"照会"双行并列,以示一稿两用之意:照会岳麓书院院长,则用"为此照会贵院长,请将此次院内藉端鼓众、造谣滋事"云云;札行盐法道则用"为此札饬该道,督率监院,即将此次院内藉端鼓众、造谣滋事"云云。

⑤　此句及下句,初作"详悉见告,以凭拿办",后于"详悉"之下补书"具复,切切。此札"六字,与"见告"云云双行并列。盖亦一稿两用:照会岳麓书院院长,则用"详悉见告,以凭拿办";札行盐法道则用"详悉具复,切切。此札"。

国家大政及本省地方安危，贵院长预有责焉。不胜迫切跂祷之至。相应照会贵院长，请烦查照施行。须至照会者。

右照会前国子监祭酒岳麓书院院长王。（札管理书院事宜盐法道）①。

为生童藉端滋事照会岳麓书院院长（稿二）*

为照会事：

惟照书院为育才之地，稂莠弗芟，则嘉禾不植，枳棘弗翦，则鸾凤不栖。岳麓为四大书院之一，聚材尤众，先后各院长甄陶教育，俊彦云蒸，蔚为一时之望。惟人数既多，遂有托名肄业之徒，溷迹其间，藉端生事，始则造谣蛊惑，继则结党横行，任意挟持，几于良莠莫辨。

本年二月间，本部院校阅公出，适有德国人谔尔福，遵奉条约，执持总理各国事务衙门护照，游历湖南北、广西等处，停泊省河数日。

突有住院"宁乡号"内之人，出号鸣梆聚众，好事者相与攘臂称首，倡议入城。访闻有许姓、文姓及眇一目之人，要挟大众，同往滋闹，因见众情疑沮，竟将各厨爨火浇灭。诸生惮其凶暴，不得已随之出门。及至渡河，来者无几，复挟至城南书院，灭爨如前。比及入城，遂有无赖痞徒，从而附和，千百为群，径至藩司衙门，哄塞鼓噪，出具无名禀词，要挟批示。经藩司婉为抚慰，乃始偕出西门，向德国人船上抛掷砖石，幸经弁勇保护，未至戕伤人命、激成衅端。

---

　　① "札管理书院事宜盐法道"，亦系增补者，初拟作"札书院提调盐法道"。按：此句亦为一稿两用而各：照会岳麓书院院长，则用前句；札行盐法道，则用此句。

　　* 据舒斋藏摄片。按：此亦为陈宝箴手稿。

否则为累地方,贻祸大局,后患何堪设想?

乃若辈自知不为众论所许,遂复造作无根之言,遍张匿名揭帖,诋斥官师,肆无忌惮。又有檄文,捏称"陈抚台札饬各官,用八抬绿呢大轿,迎接洋大人入城","约集众人,于二十日先将省河洋人剿灭,再讨陈某等之罪"云云。此等猥鄙极陋之语,不足以惑士流,意在鼓动市井痞徒,为所欲为,狂悖无忌。是其借端生事,居心叵测,实与乱民无异。推原祸始,众〔罪〕在首谋①,若不严行查办,将来酿成大患,必致不可收拾。

本部院忝膺疆寄,责有攸归,惩汰莠民,即所以保全善类。为此照会贵院长,督率监院②,即将此次院内藉端鼓众、造谣滋事,为首之许姓、文姓及眇目之人,查明籍贯、名字及当时倡首情形,详悉见告,以凭拿办。事关国家大政及本省地方安危,贵院长预有责焉。不胜迫切跂祷之至。相应照会贵院长,请烦查照施行。须至照会者。

右照会前国子监大堂岳麓书院院长王③。

札委朱其懿查办新化创设实学堂等事(大意) *

札委〈湖南补用府朱其懿〉查办新化附生李寿廷等胪陈八款,据实查明禀复。如有应行处置更革事宜,亦即会商宝庆府妥议,禀明核办,勿稍延徇。

---

① "罪",据上录第一稿校改。
② 此句初作"请札饬该道,督率监院"。
③ "大堂",初作"祭酒"。
* 据《湘报》第三号所载《宝庆府新化县开办实学堂》(详后附)摘录。

为新化县创设实学堂事面谕朱其懿（大意）*

该县士绅有创设本县实学堂之议，首开六十三州县风气之先，洵属非常谊举，具见该县士绅提唱有人，他日亦当先收得人之效。所见甚远，为益甚大。〈该〉候补府历守沅、永二州，振兴学校，均属著有〈成〉效。〈应〉饬悉心处置，期在必成。批发该县士绅呈请核定之实学堂章程等，并钞给。

〖附〗候补府朱其懿为新化实学堂事谕饬县绅**

湖南补用府朱其懿为会委谕饬事：

照得本候补府奉抚部院陈札委，"【中略】"等因，本〈宝庆〉府奉同前因。本候补府又奉抚宪面谕："【中略】"各等因云云，奉此。

本候补府窃维今天下时事之危、需才之亟，未有甚于此时者也。总揽通商各外邦，国本之强，人才之盛，莫不出于学校，亦未有彰明较著于此时者也。中国迟至今日，创巨痛深，始行议设实学堂，非特临渴掘井之为，已是亡羊补牢之计。

各该绅等所拟，固为识时要务，尤贵同心戮力，克日观成。惟成事必须经费，筹款尤属要图，而现在公私竭蹶，筹款之难，普天同致。况荆阳则壤田本下中，如该县之山陬僻处，水陆险阻，财货更不易流通，尤属难而又难者也。加以图终虑始，情状迥殊。该县荐绅比年来屡兴大狱，意见参差，愈多窒碍。此本候补府到郡三月以来，稽诸府县案牍，访之官绅舆论，确有所见，屡为踌躇太息之余，

与本府再四熟商,不得不属望于老成儒宿、通达俊髦,而特加委任也。

查原议批准拟提各款,除陈绅今柄所缴储备仓偿款及文庙岁修余款、储备仓息谷三项,业已佥议允提外,尚有县绅游方伯智开捐设专课经史田租,周前县详充资江书院赈余公款,陈今柄、杨光璧两绅应缴隘门卡充公租谷折价存典息钱等三项拟提之款,众论未一,尚未拨提。则经费便难充足,而学堂之设不宜再迟。

为此谕仰各该绅等从长计议,即日照提。纵实有窒碍,应如何分别留提变通办理之处,即由该绅等酌议妥当,禀县办理。除已谆属庆县力为倡导遵批奉行,务于年内提款定局,示期招考,通详立案,以开通省风气之先,本候补府方可回省销差,本府更深厚望焉。

再,虚心商酌,事理当然。故意为难,实同挠阻。公与私判,豪厘千里。心异口而〔同〕①,阳奉阴违。务各蠲除成见,式廓大公,既嘉惠同沾,亦艰难宏济。当此君父忧勤、忠良愤懑、危急存亡之秋,而各执一隅之己见,胥忘养士之深恩,相与牴牾龃龉,坐误地方善举、学校宏模,读圣贤书,所为若此,试问是何居心? 仰即以此义平心和气宣告士林,互相省察。本候补府与本府,或命承大吏,或辖统岩疆,实以兹事体大,责之所在,义各尽言,愿邦人士深长思之而翻然改辙,是吾心焉。

又,本候补府因该学堂经费不敷,两山长脩脯太薄,每岁捐加钱两百千文,以三年为限,自当按年汇寄,决不食言。本候补府家贫累重,自顾不周,前此三佩郡符,又均系著名苦缺,人所共知。而于文教一端,在沅州独力创建校经书院,及捐购所属五书院书籍,先后共花钱六千余串;在永州添造濂溪书院斋含〔舍〕,捐给肄业

① "而"字疑刊误。据文意,似宜作"心异口同"。

生月课膏火每年四百千文，加掌教束脩三百串，为六百千，捐给苹州、濂溪两书院官课加奖，并月奖肄业生食物。尽廉俸、漏规、考试卷价及殷实生徒赀见所入而不足，又筑债台、变器皿、质服饰以从事。如此者，非沽名钓誉、好为苟难。诚以不幸而生逢叔季，仕不遇时，适值天步万难、需才孔亟之际，备员方面，世受国恩，天良难昧，不得不尽其在我，承流宣化，极力推行，略尽臣子之心，冀见万一之效。该县文风之盛，向甲邵州，异议士绅，同兹彝好，谅本候补府之用心，其亦憬然悟、欣然起，相与有成，而不以为是夫也多言。是该县士大夫异常义举，地方之福，而不仅地方之福也。

又，学堂一切销款，现以经费不敷，诸从省俭；异日款项充足，即加倍扩充，亦不过视各处中等学堂，庶足以资鼓舞而宏造就。庆县五月间所拟倡捐之款，查秋间刊刻章程漏未登入，以后自应续载，志地方官提唱之盛心。若夫坚忍方能成事，名实首贵相符。约束宜严，而甄求必当；慎终如始，而不倦益勤。劳怨无妨独任，诚信自可交孚。此本候补府历名场三十余年，以之自勉，即以勉人，各该绅等所已能也，尤期共勉也。特谕。

右谕保举班训导彭绅焯南、前慈利训导陈绅今柄、难荫州判邹绅世可、优廪生杨绅尊瀛。

委黄遵宪总理时务学堂札[*]

为札委事：

照得上年钦奉谕旨，通饬设立学堂、讲求时务，湘省官绅业经协筹常年经费，聘请中、西学教习，暂先租赁舍宇开设，迭次考取学

---

　　* 据《湘报》第一百零一号（光绪二十四年五月十四日出版）《本省公牍》，原题为《抚院委札》。

生,送往学堂肄业。本年二月间,各绅董等呈称:"学堂造端伊始,事务繁多,现署臬司盐法长宝道黄,博通今古,周历五洲,请委总理学堂事务,以专责成"等情前来。当以"该道现署臬司,为通省刑名总汇,于学堂暂难兼顾,应俟交卸臬篆仍回盐法长宝道本任后,再行札委"等因,批答并牌示在案。

兹该道业已回任,亟应札委。为此札仰该道,即便遵照,总理时务学堂一切事务。除会同官绅将筹款建堂各项认真经理外,所有学堂教育规模,均应恭照近来特降谕旨:"以圣贤义理之学植其根本,又须博采西学之宜于时务者实力讲求,以救空疏迂腐之弊,成通经济变之才"各等因,敬谨遵行,永矢无斁。务使承学之士咸怀尊主庇民之志,力求精义致用之方,各以道义相劘、远大自许。志趣正,则义利之辨严;学业精,则聪明之用广。于以正心修身,致知格物,仰副朝廷策励富强、敦崇经济实学之至意。本部院将于该道拭目俟之。

除饬善后局刊刻关防,另行札发外,仰即遵照办理。仍将筹议办理情形禀复核夺。切切。此札。

严饬各府厅州县申送时务学生札[*]

为札饬事:

照得本部院去秋于省城设立时务学堂,远聘中、西学教习,挑选生徒,以冀研究实学,可备异日旁招,非仅为寻常周济寒儒之举,抑不惟考据、词章、帖括之学是求。查额定内课生一百二十名,除已考取四十名外,尚余八十名,亟需续考,以便送堂学习。

---

[*]　据《湘报》第二十四号(光绪二十四年三月十二日出版),原题为《抚院严饬各府厅州县送学生札》。

前经刊刷《招考告示》多张，按各府厅州县属境广狭，酌量札发，并颁有学堂章程。原限试期以二、三两月底为率，兹值二月分试期将届，来者尚复寥寥。揆厥情形，或由各该地方官吝于赍送，致无力者不能远行；或僻壤风气未开，不知讲求有用之学，地方官长亦不复悉心劝厉，坐令故见自封；或竟将发去告示搁置弗贴，亦不移行学官，致士绅无所闻见；或书吏、丁役因须请加印结，多方诈索，而印官全不觉察，致沮远人向学之心。凡此庸劣锢习，大抵未能蠲除。

方今时局日危，非才莫拯，煌煌谕旨且以变通科举为刻不容缓之图，凡在臣工，皆宜激发天良，各知以人事君为第一要义。顾于作育成全之道慢不经心，瑰材何由而出？危局何以克支？即一身之禄位，何以能久保而弗失？合亟札催。

札到，仰即查照前札及发去告示、章程，行知、移知各该学教官，迅速督同、协同搜讨，勤加劝导。如有年幼质敏、真堪造就者，但须文理粗顺，即可申送来省。本部院考试时，必谅其远道来学之忧，从宽取录，弗令徒劳往返。如查有川赀无出并无族戚友朋可以伙助者，即由该地方官设法塾〔垫〕给。须知教育人才，本守土者应有之责，果其造士有成，蔚为国器，探源溯本，赍送之官长何尝不与有荣施？安用惜此区区，致忘大义？倘竟甘为陋劣，不克扫除一切弊端，一逾三月试期，查有全未申送一人到省者，定即严行撤参。切切，毋忽。此札。

通饬晓谕招考出洋学生札（稿）*

全衔，为招考出洋学生事：

案照同治八年，前两江总督部堂曾文正公议遣子弟出洋学习，其所造就，至今或充出使人员，或办交涉事件，老成硕画，收效显然。惟各直省未尽举行，遭际时艰，辄穷肆应，即应办诸实事，亦皆以师承难得，一切后时。本部院承乏此邦①，勉图缔造，如时务学堂、武备学堂之类，力所能及，亦皆勉事经营。

兹准湖广总督部堂张咨商，选择聪颖子弟，湖北一百人、湖南五十人，前赴日本学习武备、格致、农、商、工艺，兼通各种专门术业。以日本与中国，语言文字大略相同，较各国易于通晓，且轮船往来，数日可达。前于二月间，会委妥员前往定议②，已经日本当事应允③，区别门类，以二年半及三年为期，寄到合同，自订约之日起，限三月内送到入学。除会同奏明外④，亟宜出示招考。为此示仰合省生童知悉：

如有品行端方，性情专笃，文笔清通，资性聪颖，年在二十岁内外，志存远大，自愿壮游者，即由地方官备文申送，或正绅出结具保，限于五月十五日以前⑤，至本部院衙门报名，听候示期考试，复

＊　据舒斋藏摄片。按：此为湘抚幕僚遵拟草稿，而经陈宝箴点窜者。眉首有陈氏批语："速清缮，呈候发刻。"又按："特示"以下四行，笔迹与上不同，此札稿当系就原告示之稿增补而成。可参阅陈宝箴《招考出洋学生告示（稿）》（见本集卷二十九《公牍七》）。

①　"此"，幕僚原作"斯"。

②　"会委妥员"，幕僚原作"委员"，陈宝箴初改为"会同委员"，后改定。

③　"当事"，原作"政府"。

④　此句由陈宝箴增补。

⑤　"十五"二字，陈宝箴初拟修改，后予保留。

加挑验。一经取定，克日派员率领前往日本东京，各量资性所近，分派学习。

所有脩俸火食、来往路费，均由公款筹备。其有殷实之家，情愿自备资斧，随同学习，准其呈明，饬令派往委员一体照料。将来期满学成，或咨送总理衙门录用，或即派充各项教习，或逢岁举及行特科，并可大展所长，高跻异等。材多艺广，虚往实归，既扩传习之途①，复辟功名之路，于国家富强之基极有裨益②。有志之士，幸勿迟疑，本部院于此有厚望焉。切切。特示云云等因。

除告示签判盖印札发外③，合行札饬。札到该□即便遵照④，将发来告示张贴晓谕，并查照办理毋违⑤。此札。

计发告示□道。通行各府厅州县。

札饬查禁冒刻时务学堂课艺[*]

抚宪陈为札饬查禁事：

本部院日前风闻省城书坊有售卖时务学堂课艺大字刻本，因遣人向学堂索观，旋据回称："学堂并无此本"，闻之颇为诧异。比向市肆购得一册，阅之，除字句讹舛不计外，其中荒谬可怪之语，不一而足。以为应课学生有此文艺，即应直加斥责，屏诸门墙之外，何反付之剞劂，致坏学规而滋流弊？

随将购得刻本持诘学堂绅董及管堂委绅等，复据同称："此等

---

① 此句原作"既开传授之宗"。

② 此句原作"中国富强，此其嚆矢"。

③ "外"字及下句"合行札饬"四字，均由陈宝箴增补。

④ 原稿之空格，现以"□"代替。下同。

⑤ 此句由陈宝箴增补。

* 据《湘报》第一百三十号（光绪二十四年七月初一日出版）《本省新闻》，原题作《宪札照登》，后附黄遵宪再次严禁冒刻告示（详附二）。

课艺,实非时务学堂发刻。今且无论文艺如何,即如中文叶分教觉迈,本系广东东莞县人,此册刻作'南海'县人;又西文王分教史,本系福建龙溪县人,此册刻作'上海'县人。是于分教里居尚属讹误失实,其他更不足具论"等语。复加查核,所称果为不谬,必系射利书贾所为,亟应札饬查禁。

为此札仰总理时务学堂盐法道黄道即便遵照,立将此种冒刻时务学堂课艺板片、刻本查出,一并销毁,严饬毋得再行刷印售卖,致干咎戾。并出示晓谕,一体严禁。此后如有书贾及刻字铺店人等,再敢冒刻书籍文字,希图射利,不顾误人,除将该坊店立行封闭外,并即从严究办,勿稍宽贷。毋违。切切。此札。

〖附一〗黄遵宪:严禁冒刻时务学堂课艺告示[*]

总理湖南时务学堂盐法长宝道黄为出示严禁事:

照得盗刻书籍,例有明条,而书坊射利恶习,辄敢冒名作伪,尤为贪利无耻。昨见府正街叔记新学书局刻有时务学堂课艺,本道与学堂各教习同加批览,深为骇异。其中所刊者多非本学堂学生之真笔。即如中学叶教习,本广东东莞县人,该课艺刻为"南海"县人;西学王教习,本福建龙溪县人,该课艺又刻为"上海"县人,其为冒名伪作可知。

本学堂创开风气,为四方观听所系,如有发刻课艺,自应由本学堂编撰,若任听书贾随意搜辑,杂以伪作,倘或谬种流传,于人心风俗所关非浅。前因三月间实学书局刻有此种课艺,曾经本学堂访知,将所雕板尽追缴在案。该新学书局何得仍蹈覆辙? 殊属可

---

　　[*] 据《湘报》第一百零七号(光绪二十四年五月二十一日出版)《本省公牍》,原题为《学堂告示》。

恶已极！除由本道饬差提讯毁销伪板外，合行出示晓谕。

为此示仰各书坊人等知悉：此后遇有刊刻本学堂课艺书籍，必须呈由本学堂鉴别其伪，核准批示，方许翻刻，不得复有假冒等弊。倘敢故违，一经查出，定将该书坊封闭严究，以示惩戒。切切。特示。

〔附二〕黄遵宪：遵饬再行严禁冒刻时务学堂课艺告示*

盐宪黄为遵饬再行示禁事：

案奉抚宪陈札开："本部院日前风闻省城书坊云云，勿稍宽贷。切切。此札"等因，奉此。查冒刻时务学堂课艺，前经本道访闻，当即出示严禁在案。兹奉前因，除饬长、善二县查起板片、刻本销毁外，合再示禁。为此示仰省城书贾，并刻字铺店，暨士庶人等一体知悉：嗣后尔等不得再行冒刻时务学堂课艺，希图射利，不顾误人。倘敢故违，一经查觉，定即遵照宪札，从严究办，决不姑宽。其各懔遵毋违。特示。

---

* 据《湘报》第一百三十号。

卷二十八　公牍六

饬长沙府查禁集益学社书彩晓单札（稿）*

为札饬查禁事：

照得近日省城街巷遍张晓单，题曰《集益学社书彩章程》，声明七月二十二日开彩。以讲学育材之举，而用赌博之法行之，于士习民风大有妨碍，合亟札饬。札到该府立即遵照，督率长、善二县，严行查禁，并饬差将所贴晓单一律揭取销毁，以端学术而正人心。切切。

此札长沙府。

饬长沙府查禁集益学社书彩晓单札**

照得近年湘省，有等自称职绅士子之人，每以设法射利为事，迭有来辕具呈，藉条陈事宜，多方尝试，并自请仿开闱姓及吕宋票赌局，以济公款及助学堂书籍等项费用者，凡此之类，均即将原呈屏掷，已不止一人一次。

乃近日省城街巷，竟有公然遍张晓单，题曰《集益学社书彩章

---

　　* 据舒斋藏摄片。按：此系湘抚幕僚承拟札稿，字迹与后附洪文治两稿相似，似系同为洪所撰书。

　　** 据《湘报》第一百五十九号《府县告示》（详附一）摘录。

程》，悉照赌局成规，并声明七月二十二日售票，并有"候将来通行，再为推广"等语。阳以售书集益为名，阴行赌博罔利之实，于士习民风大有妨碍。渐不可长，急宜札饬禁止。札到该府即便遵照，督率长、善二县，严行查禁，并饬差将所贴晓单章程，一律揭取销毁，以端士习而正人心。毋违。切切。此札。

〖附一〗首府、首县查禁集益学社书彩晓单告示[*]

为遵札出示严禁事：

案奉抚宪陈札开："【中略】"等因，檄府行县，奉此。本府、县查售书集益，虽以学社为名，而书彩晓单实与赌局无异，竟敢公然张贴，定期售票，罔利犯法，莫此为甚。著将所贴晓单揭毁外，合行出示严禁。自示之后，无论何项事务，均不准复有设会开彩名目。倘敢故违，一经查实，定将为首之人拘案，照局赌例惩办。尔士民人等，毋为所愚。切切。特示。

〖附二〗洪文治：禀请饬查集益学社书彩晓单[**]

钧谕谨悉。午后因往南阳街新学书局访寻书籍，见巷口贴有晓单，题《集益学社书彩章程》。因街市往来人众，立观殊觉不便，匆匆流览，未及致详，但见有头、二、三彩名目，其中所叙，似系藉开彩招集刻书股本。可否请饬亲兵揭取一张查阅？老照壁、府正街等处

---

　　[*] 据《湘报》第一百五十九号（光绪二十四年八月初五日出版）《府县告示》。

　　[**] 据舒斋藏摄片。按：此系洪文治手迹。洪氏宜为陈宝箴在湘抚任内主要幕友之一，上海图书馆今藏陈宝箴杂稿内，尚存洪氏所作禀词、拟批多件，事关刑名、律例者居多。据《汪康年师友书札》所附《各家小传》，"洪文治，字藻裳，浙江宁波人，侨寓湖南长沙。生卒年不详。维新运动时，曾列长沙不缠足会，撰《戒缠足说》一文，载于《湘报》，颇得时誉。"见《汪康年师友书札（四）》，第4084页。又可参阅吴会《筹领昭信股票启》（附入本集卷二十九《公牍七》）。

皆有。敬乞大人钧裁。

晚生洪文治谨上。

〖附三〗洪文治:呈拟查禁书彩晓单札稿[*]

午后入市买书,见街巷遍贴《集益学社书彩章程》,盖仿吕宋彩票之法,招集书股。愚见以为此风殊不可长,拟呈札稿一件。是否可用,敬请大人钧定。

晚生洪文治谨上。

谕勉僚属因灾修省革弊政释民怨手札（稿一）^{**}

为遇灾而惧,谨与诸寮属勤加修省①,以迓祥和事:

照得湘省自光绪二十年秋冬以来,雨泽稀少,为数十年仅有之事②。上年各属秋成俱极歉薄,甚且颗粒俱无,长、衡等府被旱较甚地方③,久已咽糠茹草,至有饿毙及自尽者。本部院到任后,察知小民困苦情形,寸衷焦灼,寝馈难安,会商同寮,亟将最重灾区④,力筹振抚,并乞援邻省拨助振款⑤,目前藉得支持⑥。第入春两旬,膏雨未降,农田待泽之情,急于临渴掘井,天时人事,正复难

　＊　据舒斋藏摄片。按:此件亦洪文治手迹。

　＊＊　据舒斋藏摄片。按:本篇为陈宝箴"斋心手笔",系亲自起草。其原始草稿今未能见。此件已是经幕僚誊清之稿,而陈宝箴复自加细酌,颇多修改墨迹。

　①　"谨"字,系增补者。

　②　此句系增补者。

　③　此句初作"长、衡等府被灾较重之区"。

　④　此句初作"亟将被灾较甚地方"。

　⑤　"振款",初作"振需"。

　⑥　此句及下句,初作"更荷江南义绅垫给巨款,来湘协赈,不可谓非灾黎之幸。第为日方长,既苦难于为继,而入春两旬"。按:此处初拟补叙王文韶、盛宣怀助赈事:"升任前抚部院直隶总督部堂王,谆属盛道"云云,继自删去。

知。

默维休咎之征,必有感召之理,载之往籍,历历可稽。我世宗宪皇帝,天亶神灵,尤于此旨笃信不疑,若合符契。本部院行能窳薄,才智不及中人,忝窃高位,百愆丛集。自维措置失当,表率乖方,爱民之念不诚,除害之心不切,或赏罚而内怀瞻顾,或好恶而时逞偏私。生心害政之事既多,酿患殃民之祸将作,获罪天地,负咎神明,中夜彷徨,如刺在背,惟有痛自克责,矢浣愆尤,庶几大《易》"恐惧修省"之义。

因思院司之职,察吏为先;州县所司,于民为近。天之视听自民①,民生愁苦怨恨之气,上干天和,酿为灾沴,古训昭垂,殷鉴不远。是灾祥之应、祸福之机,转移端在州县。特将州县厉民之政,最足丛民怨,上干天和,为中人所易犯者,择要约举数端,条列于后。须知小民怨气所积②,至于伤天和、召灾眚,则致怨之人,由其身以及子孙,岂有幸全之理? 和气致祥,乖气致戾,自一家以至天下,随感斯应,不必有鬼神司之,其理自无或爽。

本部院既自省躬责己③,尤当推己及人,为此通饬所属各府厅州县,务将后开各条事理,反躬内勘,痛自克责。或昔无而今有,抑昔有而今无,即非事出有心④,而或为思虑所未周、耳目所不及,必应切实审察。有则痛革前非,无则倍加警省,甚勿以自欺者欺人,并以欺人者欺天。庶可挽回厄运⑤,共迓和甘,不悖以恐致福之

---

① "天",初作"天地"。
② 此句及下句,初作"须知小民愁怨之气积,而至于干天和、召灾眚"。
③ 此句及下句,初作"本部院以省躬责己之怀,为推己及人之事"。
④ 此句初作"即使事非有心"。
⑤ 此句初作"庶可挽回天怒"。

道。所有后开各条,除赃私罪恶不在此数外[1],札到仰即转饬切实遵照办理,并将奉文遵办日期先行具报。毋违。切切。此札。

计开各条于左:

一、盗案。害民之事,除贪酷之吏,强剥民财,及纵差横索,倾家酿命外,即以强盗为最。访查近来各属盗案,力求破获者固不乏人,其疲玩州县,积习相沿。民间遇有盗劫,赴县呈报,差役即视同仇雠,多方抑遏,勒改"被窃"[2],以缓比追。或有事主伤毙,不能隐匿,亦勒令改作"临时行强"。且有具呈后,官之抑勒,亦复如差。及至批准勘验,或委佐杂,或亲自会营,大众临乡,供应需索之费、发差行票之赀,转或倍于盗劫。而盗之弋获既已难期,原赃更渺无追日。民间以报案徒增扰累,被盗之家,相率隐忍,虽问之不敢明言。于是盗贼肆行无忌,甚或奸淫妇女忍耻自戕。而县令且以境内无盗,夸示长官,幸邀久任,间或破获一二以图塞责,而蠹役妄拿、以伪作真者,更无论矣。小民冤愤郁积,永无伸泄之时,其上干天和者一也。

一、拖累。民间田土、户婚、钱债词讼,能早结一日,即为民少耗一日之财,免荒一日之工。无如疲玩牧令[3],深居简出,从不亲收呈词,滥批滥驳,全不考究事理。出签迟速,听之书吏[4];行票迟速,听之差役;两造既到,送案迟速,听之家丁。每有寻常细故,累月经年不得一讯,既讯仍不能结,久羁滥押,控诉无门。其间讼棍之挑唆,书差之蝎索,往往别生枝节,酿成变故,动致破产倾家,甚且伤残人命。又或囹圄之中,任听丁役凌虐,饥寒芜秽,寖成疾疫,

----

① 此句初作"除贪酷劣吏查出应即严参不在此数外"。
② "勒改",初作"改作"。
③ "无如"二字,系增补者。
④ "书吏",初作"书役"。

以至于死①。更有轻罪人犯，案延不结，遇赦不获援免，致令瘐毙狱中。凡此之类②，死者抱恨九幽，其室家妻子，冤苦惨痛，当复何如？而因事纳贿、颠倒是非者，更无论矣。小民身家性命，悉误于玩吏之因循，其上干天和者又一也。

一、相验。民间呈报命案，无论真伪，但使轻骑减从，照例随带刑件，立往相验。真则严拿正凶，伪则痛惩诬告，不令差役丝毫扰累，则痞徒无所施其串诈，藉命妄控之风自息。每有州县相验，或违例擅委佐杂，或迁延时日，致令尸身腐变，累己累人。纵或闻报即行，而携带多人，充塞道路，差役协押地保，催办供应，急如星火。设厂有费，下厂有费，仆从夫马有费③，而刑件、差役无厌之求，尤不可问。既经获犯，又有招解等费。种种婪索，于是有"望邻飞邻"之说。更有证佐之株连，牵控之苦累。一次相验④，中人之产，可以立破数家，十次则破数十家矣⑤。推之势恶痞徒，遇事讹诈，生计索然，官不之究，民安得不穷且盗耶？而贪污之吏藉案罗织、择肥而噬者⑥，更无论矣。小民艰苦积累之赀⑦，忍痛而填之溪壑，其上干天和者又一也⑧。

一、纵役。天下鲜不扰民之差役，束之有法，尚难保其谨饬奉公。每有怠弛州县⑨，于此辈曾不留意，或且任令门丁与之勾结，

---

① 此句系增补者。
② 此句及以下四句，均系增补者。
③ "夫马"，初作"舆马"。
④ "一次"，初作"一处"。
⑤ 此句及以下五句，均系增补者。
⑥ 此句初作"而贪污之吏、健讼之徒，藉案罗织，择肥而噬"。
⑦ 此句及下句，初作"无端腋削，一方愁怨之气，上通于天"。
⑧ "又一"，初作"又其一"。
⑨ "每有"，初作"常有"。

表里为奸。每行一票，一二人可了者，动标数名，又复私带白役，其多寡之数，视两造之贫富强弱为准，常有一票多至二三十人者。又辄擅乘肩舆[①]，络绎充路，乡民无知，任其鱼肉，稍不遂欲，即出铁索系之，若絷犬豕。又或宰杀鸡豚，调戏妇女，无所不为。弱者相顾侧目，敢怒而不敢言；强者偶一抵拒，则以"殴差碎票"回县禀讦，动以会营发勇相恫喝[②]；而于真能拘捕殴差者，则反无可如何，莫敢过问。至于倚城为祟，则私设班馆，私押善良，可以嗾嗾痞徒，凭空诬告，执途人而纳之罟擭陷阱之中[③]，而官不知也。卷查光绪十八年，武冈州差役陈远，因执串催粮，州民陈安邦，欠钱数百[④]，给以洋钱三元，而犹勒逼不已，宰杀鸡犬，致令陈安邦畏惧自尽。十九年，本部院在湖北臬司任内，曾廉得诬良强奸之黄陂蠹役二名[⑤]，立置重典，见者无不称快，而黄陂令始尚执迷，继乃痛恨。可见此辈伎俩，足以玩弄本官，察识不精，约束不谨，哀此孱民[⑥]，便抱无涯之痛，而有意作威、甘心袒护者[⑦]，更无论矣。纵出柙之虎狼[⑧]，以噬良懦，其上干天和者又一也。

以上四端，略举大概。不必贪残素著之员[⑨]，忍心荼毒，始有此害；即谨厚之吏，苟不励精图治，兢兢戒惧，其扰害闾阎，必至于

① "辄"，初作"敢"。
② "发勇"二字，系增补者。
③ 此句初作"执途人而置之缧绁之中"。
④ 此句初作"以欠钱数百"。
⑤ 此句及下句，初作"曾讯出诬良强奸黄陂蠹役二名，立正典型"。
⑥ "孱民"，初作"小民"。
⑦ "作威"，初作"纵容"。按："威"字不全，仅写就三笔，兹就稿二（见下录）补正。
⑧ 此句及以下两句，初作"纵署内之虎狼，以噬良懦，其上干天和者又其一也"。
⑨ 此句及以下两句，初作"不必贪残素著，忍心荼毒，乃有此害"。

此。故欲为州县，必以"清、慎、勤"为自治治人之本，三字偶乖，四害立至①。长官可欺②，而受害者不可欺，语云："千人所指，无病而死。"大可惧已。近来吏治③，循良、贪酷二者，皆不数见，惟是疲玩因循，相习已久，几于二竖膏肓。民怨垒积，致此咎征，殆非无自④。

本部院于政事无能为役，岂堪整饬群伦？惟本此好善嫉恶之天良⑤，以与同人相见，不务敷衍，不喜逢迎。当此饥馑洊臻，恭绎世宗皇帝硃批谕旨，反躬自责，不敢即安，愿与诸僚属交相戒儆，冀以感召和甘，俾编氓常安耕凿⑥。如其有言不信，怙过遂非⑦，惟有以白简从事，尽人事以答圣恩而已。斋心手笔，敬告同僚，尚其鉴诸。

谕勉僚属因灾修省革弊政释民怨手札（稿二）*

【上缺】威⑧、甘心袒护者，更无论矣。虎狼出柙以噬良懦，而典守者若罔闻知，其上干天和者又一也。

以上四端，略举大凡⑨。不必贪残素著之员，忍心荼毒，始有此害；即谨厚之吏，苟不励精图治，兢兢致谨⑩，其扰害闾阎，势必

---

① 此句初作"四害立置"。
② 此句及下句，均系增补者。
③ 此句及以下五句，初作"近来吏治，疲玩因循，相习已久"。
④ "殆"，初作"盖"。
⑤ 此句及下句，初作"惟好善嫉恶之天良尚不尽泯"。
⑥ 此句系增补者。按："常"，初作"长"。
⑦ 此句初作"怙过不悛"。
* 据舒斋藏摄片。按：此为陈宝箴手稿，原稿仅见此两页。
⑧ "威"，初作"容"。
⑨ "大凡"，初作"大概"。
⑩ 此句初作"兢兢戒惧"。

至此①。故欲出身加民②，必以"清、慎、勤"为自治治人之本，三字苟乖，四害立至。长官可欺，而受害者不可欺，语云："千人所指，无病而死。"大可惧已③。近来吏治，大抵循良、贪酷二者④，皆不数见，惟是疲玩因循、官民隔阂、麻木不仁之习⑤，几同二竖膏肓。民怨垒积，致此咎征，殆非无自。

本部院于政事无能为役，惟本此好善嫉恶之天良，以与同人相见，不务敷衍，不喜逢迎。当兹饥馑荐臻，恭绎世宗皇帝硃批谕旨，反躬自责，不敢即安，愿与诸同僚交相戒儆，冀以感召和甘，俾编氓常安耕凿。果能力除秕政⑥，加意拊循，有父母斯民之实，谨当奉为圭臬⑦，并不敢壅于上闻⑧，自蹈蔽贤之咎。如其有言不信，怙过遂非，惟有以白简从事，为茕弱群黎一伸久郁不平之气而已。斋心手笔，掬肺腑以敬告同寮⑨，尚其鉴诸。

谕勉僚属因灾修省革弊政释民怨手札[*]

头品顶戴兵部侍郎兼都察院右副都御史湖南巡抚部院陈，为遇灾而惧，谨与诸僚属勤加修省，以迓祥和事：

照得湘省自光绪二十年秋冬以来，雨泽稀少，为数十年仅有之

---

① 此句初作"必至于此"。
② 此句初作"故欲为州县"。
③ 此句初作"甚可惧已"。
④ "大抵"二字，系增补者。
⑤ 此句初作"惟是疲玩因循，相习已久"。
⑥ "力除秕政"，初作"力除害"，似欲言"力除害民"云云。
⑦ "谨当"，初作"自当"。
⑧ "并"字，系增补者。
⑨ 此句初作"敬告同寮"。
* 据《湘报》第十五号（光绪二十四年三月初二日出版）、十六号（光绪二十四年三月初三日出版），原题作《补录抚院谕勉僚属手札》。

事。上年各属秋收俱极歉薄,甚且颗粒俱无,长、衡等府被旱较甚地方,久已咽糠茹草,至有饿毙及自尽者。本部院到任后,察知小民困苦情形,寸衷焦灼,寝馈难安,会商同僚,亟将最重灾区,力筹振抚,并乞援邻省拨助赈款,目前藉得支持。第入春两旬,膏雨未降,农田待泽之情,急于临渴掘井,天时人事,正复难知。

默维休咎之征,必有感召之理,载之往籍,历历可稽。我世宗宪皇帝,天亶神灵,尤于此旨笃信不疑,若合符契。本部院行能窳薄,才智不及中人,忝窃高位,百愆丛集,自维措置失当,表率乖方,爱民之念不诚,除害之心不切,或赏罚而内怀瞻顾,或好恶而时逞偏私。生心害政之事既多,酿患殃民之祸将作,获罪天地,负咎神明,中夜彷徨,如刺在背,惟有痛自克责,矢浣愆尤,庶几大《易》"恐惧修省"之义。

因思院司之职,察吏为先;州县所司,于民为近。天之视听自民,民生愁苦怨憾之气,上干天和,酿为灾沴,古训昭垂,殷鉴不远。是灾祥之应、祸福之机,转移端在州县。特将州县厉民之政,最足下丛民怨,上干天和,为中人所易犯者,择要约举数端,条列于后。须知小民怨气所积,至于伤天和、召灾眚,则致怨之人,由其身以及子孙,岂有幸全之理? 和气致祥,乖气致戾,自一家以至天下,随感斯应,不必有鬼神司之,其理自无或爽。

本部院既自省躬责己,尤当推己及人,为此通饬所属各府厅州县,务将后开各条事理,反躬内勘,痛自克责。或昔无而今有,抑昔有而今无,即非事出有心,而或为思虑所未周,耳目所不及,必应切实审察。有则痛革前非,无则倍加警省,甚勿以自欺者欺人,并以欺人者欺天。庶可挽回厄运,共迓和甘,不悖以恐致福之道。所有后开各条,除赃私罪恶不在此数外,札到仰即切实遵照办理,并将奉文遵办日期先行具报。毋违。切切。此札。

计开各条于左：

一、盗案。害民之事，除贪酷之吏，强剥民财，及纵差横索，倾家酿命外，即以强盗为最。访查近来名〔各〕属盗案，力求破获者固不乏人，其疲玩州县，积习相沿。民间遇有盗劫，赴县呈报，差役即视同仇雠，多方抑遏，勒令改作"被窃"，以缓比追。或有事主伤毙，不能隐匿，亦勒改"临时行强"。且有具呈后，官之抑勒，亦复如差。及至批准勘验，或委佐杂，或亲自会营，大众临乡，供应需索之费、发差行票之资，转或倍于盗劫。而盗之弋获，既已难期，原赃更渺无追日。民间以报案徒增累扰，被盗之家，相率隐忍，虽问之不敢明言。于是盗贼肆行无忌，甚或奸淫妇女忍耻自戕。而县令且以境内无盗，夸示长官，幸邀久任，间或破获一二以图塞责，而蠹役安拿、以伪作真者，更无论矣。小民冤愤郁积，永无伸泄之时，其上干天和者一也。

一、拖累。民间田土、户婚、钱债词讼，能早结一日，即为民少耗一日之财，免荒一日之工。无如疲玩牧令，深居简出，从不亲取呈词，滥准滥驳，全不考究事理。出签迟速，听之书吏；行票迟速，听之差役；两造既到，送案迟速，听之家丁。每有寻常细故，累月经年不得一讯，既讯仍不能结，久羁滥押，控诉无门。其间讼棍之挑唆，书差之婪索，往往别生枝节，酿成变故，动致破产倾家，甚且伤残人命。又或囹圄之中，任听丁役凌虐，饥寒芜秽，寖成疾疫，以至于死。更有轻罪人犯，案延不结，遇赦不获援免，致令瘦〔瘐〕毙狱中。凡此之类，死者抱恨九幽，其室家妻子，冤苦惨痛，当复何如？而因事纳贿、颠倒是非者，更无论矣。小民身家性命，悉误于玩吏之因循，其上干天和者又一也。

一、相验。民间呈报命案，无论真伪，但使轻骑减从，照例随带刑仵，立往相验。真则严拿正凶，伪则痛惩诬告，不令差役丝毫扰累，则痞徒无所施其串诈，藉命妄控之风自息。每有州县相验，或违例擅委佐杂，或迁延时日，致令尸身腐变，累己累人。纵或闻报即行，而携带多人，充塞道路，差役协押地保，催办供应，急如星火。设厂有费，下厂有费，仆从夫马有费，而刑仵、差役无厌之求，尤不可问。既经获犯，又有招解等费。种种娑索，于是有"望邻飞邻"之说。更有证佐之株连，牵控之苦累。一次相验，中人之产，可以立破数家，十次则破数十家矣。推之势恶痞徒，遇事讹诈，生计萦然，官不之究，民安得不穷且盗耶？而贪污之吏藉案罗织、择肥而噬者，更无论矣。小民艰苦积累之赀，忍痛而填之溪壑，其上干天和者又一也。

一、纵役。天下鲜不扰民之差役，束之有法，尚难保其谨饬奉公。每有怠弛州县，于此辈曾不留意，或且任令门丁与之勾结，表里为奸。每行一票，一二人可了者，动标数名，又复私带白役，其多寡之数，视两造之贫富强弱为准，常有一票多至二三十人者。又辄擅乘肩舆，络绎充路，乡民无知，任其鱼肉，稍不遂欲，即出铁索系之，若縶犬豕。又或宰杀鸡豚，调戏妇女，无所不为。弱者相顾侧目，敢怒而不敢言；强者偶一抵拒，则以"殴差碎票"回县禀讦，动以会营发勇相恫喝；而于真能拒捕殴差者，则反无可如何，莫敢过问。至于倚城为祟，则私设班馆，私押善良，可以唆嗾痞徒，凭空诬告，执途人而纳之罟擭陷阱之中，而官不知也。卷查光绪十八年，武冈州差役陈远，因执串催粮，州民陈安邦，欠钱数百，给以洋钱三元，而犹逼勒不已，宰杀鸡犬，致今〔令〕陈安邦畏惧自尽。十九年，本部院在湖北臬司任内，曾廉得诬良强奸之黄陂县蠹役二名，立置重典，见者无不称快，而黄陂令始尚执迷，继乃痛恨。可见此辈伎俩，足以玩弄本官，察识不精，约束不谨，哀此屠民，便抱无涯之痛，而有意作威、甘心袒护者，更无论矣。虎狼出柙以噬良懦，而典守者若罔闻知，其上干天和者又一也。

以上四端，略举大凡。不必贪残素著之员，忍心荼毒，始有此害；即谨厚之吏，苟不励精图治，兢兢致谨，其扰害闾阎，势必至此。故欲出身加民，必以"清、慎、勤"为自治治人之本，三字苟乖，四害立至。长官可欺，而受害者不可欺，语云："千人所指，无病而死。"大可惧已。近来吏治，大抵循良、贪酷二者，皆不数见，惟是疲玩因循、官民隔阂、麻木不仁之习，几同二竖膏肓〔肓〕。民怨坌积，致此咎征，殆非无自。

本部院于政事无能为役，惟本此好善嫉恶之天良，以与同人相见，不务敷衍，不喜逢迎。当兹饥馑洊臻，恭绎世宗皇帝硃批谕旨，反躬自责，不敢即安，愿与诸同僚交相戒儆，冀以感召和甘，俾编氓常安耕凿。果能力除秕政，加意拊循，有父母斯民之实，谨当奉为圭臬，并不敢壅于上闻，自蹈蔽贤之咎。如其有言不信，怙过遂非，惟有以白简从事，为荏弱群黎一伸久郁不平之气而已。斋心手笔，掬肺腑以敬告同僚，尚其鉴诸。

通饬各州县严查监卡惩革弊端札[*]

头品顶戴兵部侍郎兼都察院右副都御史湖南巡抚部院陈为通饬严禁事：

本部院访闻各州县监卡，情形不一，牧令苟不勤明，即为监卒、看役据为利薮，无恶不作。每遇新收一人，始则置之溷秽之所，勒索规钱。倘不遂欲，则以溺桶挂颈，令其背负，而纵人便溺其中。

---

* 据《湘报》第十七号（光绪二十四年三月初四日出版），原题作《补录抚院通饬各州县札》。按：此札另见《利济学堂报》第四册（光绪二十三年二月初三日出版），题为《通饬查察监卡札》。

又不得，则渐加以非刑，将其人缚置凳上，梏其手足，于其中贯以直木，使不得丝毫转动。又或以绳系其一手、一足大指，悬之墙壁间，谓之"吊半边猪"。自非强健坚忍之人，悬至一两时，无不俯伏听命。

至于捕役等，因窃劫重案追比严急，或以乞丐逼承小窃，或以小窃逼承劫盗，其非刑更有数倍于此者。或绳缚其两手足大指，以绳端系著空中横木，谓之"扳罾"；反缚而悬之，使以面向地，谓之"倒扳罾"。甚则加砖石于背，而推荡之。此外尚有"烟熏火炙"、"踩剌筒"、"鹰衔鸡"、"打地雷"等种种名目，使人欲脱不能，求死不得，任所欲为，无不如命。惨酷之情，令人耳不忍闻，口不忍道。即此一端，已足干天地之和，激鬼神之怒。而在外私押私拷，尚不在此。

此在贤能牧令，励精图治，固不至有此事。然既俨然民上，纵属中材，度未有明知之而故纵之者，特以疲玩性成，习焉不察，民生疾苦，绝不介其意中。既终年不一查监卡，又不能慎择家丁为之管理，故要犯可以贿逃，良懦转多瘦〔瘐〕毙。寻常词讼，动予管押，名曰"交差"，实则不殊地狱。试为设身处地，何以能堪？更为子若孙设身处地，何以能堪？

本部院于斯民有休戚之关，于寮属有规劝之义，不避厌恶，特为大声疾呼，以期省悟，合行札饬。为此札仰各该州县，除前札修省易犯四条外，务于监卡一事加意查察。或一两日，或三四日，无论早夜，亲至监卡查问一次。役卒偶有弊端，即行惩革。尤必慎察心地朴谨家丁，责成管理，日夜巡逻，将坐卧地板打扫洁净，时其饮食、医药。严禁凌虐，毋令不死于法而死于若辈之手。于此心既可帖然，于子孙必无惨报。一行作吏，何忍造此无形之孽？度不以吾言为妄也。

如仍漫不知警，任听禁卒、看役人等，有如以上各种凌虐情事，一经发觉，定将该役卒及串通一气家丁，比照"强盗拷掠人财物"例，奏明就地正法，本官参革永不叙用。本部院天良未泯，嫉恶如仇，断不为此辈稍从宽贷也。更有一言奉告：身任地方，如自揣不能约束丁役，革除此等弊端，即可知难而退，免为儿孙造孽，并免名挂弹章。懔之慎之。切切。此札。

委赵宜琛查办巴陵命案札（稿）*

为札委查办事①：

照得前六月间，本部院风闻岳州巴陵县属之新墙地方，有活埋路过客商三命之案；又附近新墙地方②，有活埋湖北小贸客人，惨将头颅击碎致毙，业经报验之案。均未经该县禀报前来，比即派人前往密查去后。

兹据回称："自五六月以来，巴陵乡间有匪徒布散谣言，捏称近有习教之人，诱拐小孩挖目割肾之事，以致痞徒乘风煽惑，遇有路过生人③，辄纠党盘查拷问，因之攫取财物。六月半间，县属新墙地方，有江西业茶工伙数人路过，汲取井水止渴，因出随带薄荷红糖和饮。适有小孩在旁，乞饮数口，痞徒见之，指为迷药，呼集就近胡、王、蔡三姓人等，捉得三人殴伤活埋毙命④，馀人逃脱，赴县控告。经该县周令于二十五日会同防营亲往相验，该三姓居人均

---

* 据舒斋藏摄片。按：此为陈宝箴手稿。

① 此句初作"为札委查办要案事"。

② 此句及以下三句，初作"又附近新墙地方，有殴毙湖北小贸客人，业经报验之案"。

③ "路过"，初作"过路"。

④ "捉"，初作"缚"。

已逃匿。该县于沙洲查出尸骸相验,遍体鳞伤,凶犯未经拿获。又闻郭镇市、西塘、花板铺、河西等处,叠有殴毙路人之事①,不知报官与否"等语。闻之不胜骇诧。

查"挖目割肾"之谣,起于同治初年,经前大学士曾文正详细查明,确系捏造,奏将承审贻误之天津府、县分别发遣治罪。讫今稍有知识闻见之人,无不知此等谣言为匪徒妄造。巴陵县属地方,既有此等谣言,该府县乃不亟为剀切示禁,一任其藉端盘拷路过客人,已属形同聋聩。

迨至殴毙多命,该县因有尸亲控告,前往相验,既不速将凶犯拿获,事越两旬,又并无一字禀报院司,诚不知是何居心! 一案如此,他案可知。似此擅杀无辜多人,视人命如草芥,实属形同化外,无复人理! 若任该地方官怠玩弥缝、颟顸了事,岂尚复有纪纲法度?

查五六月间,经湖北汉阳府拿获红教匪目易东彊(即易东祥)②,潜于沔阳新堤及临湘之鸭栏矶、荷叶洲、沅潭等处,放飘勒索,布散谣言。复据临湘县拿获伙匪陈建堂等数名③,所供情事相同。此次巴陵谣言,难保非该匪等逃匿乡间,暗相搆煽,希图滋事,亟应遴委大员驰往查办,以伸法纪而弭乱萌。

为此札仰该守即便遵照,克日驰往巴陵县,将以上访闻新墙等处殴毙路过行人多命,已验、未验各案,逐一详查明确。会同岳州府,督率该县周令,迅速会同防营陶管带等④,选派弁勇妥役,悬立重赏,查拿各案正凶及造谣纠众首要各犯。务获到案,严讯确供,

---

① "叠有",初作"俱有"。
② "易东彊",后附俞廉三摺作"易东彊"。
③ "复据",初作"复经"。
④ 此句及下句,初作"迅速选差,会同防营"。

禀请就地惩办。

　　一面会督该县遴选城乡正绅①,酌照前发章程②,设立团正、族正,认真清查保甲③,申明约束,扶正抑邪,以期潜销祸本④,弭乱未形,是为切要。如该府县等意存回护,于拿犯及清查团、族等事,并不切实办理,即由该守据实禀明核夺,毋稍瞻徇迁就,贻误事机,代人受过,自干咎戾⑤。所有该守沿途及驻县夫马火食,均由善后局支给,并即知照。毋违。切切。

　　此札候补知府赵守宜琛。

　　分行两司、善后局、营务处、统带新军信字旗蒋郎中。

〔附〕俞廉三:审实地痞听信谣言
任意戕害平民各情酌予拟办摺[*]
(光绪二十五年二月初三日)

　　头品顶戴湖南巡抚臣俞廉三跪奏,为地痞听信谣言,妄指平民拐卖幼孩采生折割,各自任意戕害,埋尸灭迹,访拿审实,衡情酌拟,恭摺仰祈圣鉴事:

　　窃照湖南地方民情固执,风俗劲强,每遇中外交涉事件,辄即攘臂喧哗,屡经设法开导,近虽稍觉转移,然能深明是非利害之人,不过百十中之一二。

---

① “会督”,初作“督率”。
② 此句系增补者。
③ “认真”二字,系增补者。
④ 此句及下句,初作“以图一劳永逸,潜销祸本,预遏乱萌”。
⑤ 此句系增补者。
* 据《光绪朝硃批奏摺》,第107辑,第275~279页。

光绪二十四年五六月间，岳州府属巴陵、临湘等县忽有匪徒布散谣言，妄云"洋人遣教民三十人前来诱拐幼孩，剜眼折割，各应盘查致死"等语，无知之徒因而张贴传单，一时愚民误信为实，凡遇道路行人，无不阻拦盘诘，地痞藉端恣肆，将平民任意捉拿戕害。该府县闻知，赶将传单揭毁，出示严禁，并经巴陵县知县周至德查出，该县张家岭地痞刘长东致死不知姓名男子，郭镇市游勇叶大忙致死监利县民潘采臣，均埋尸灭迹各案。

正起尸验报间，经前抚臣陈宝箴访闻，札委补用知府赵宜琛驰往查办。复据巴陵县查出平地地方李洁淋、冷水铺邓铁匠、高桥刘异常、童溪余姓、花板铺刘满等各殴伤无名男子，荷塘寺邹得痣等殴死不知姓氏疯妇，新墙胡、王、蔡等姓殴死包有能等三命；临湘、巴陵二县交界地方殴死过客二命；又据益阳县详报黄泥湖地方致死不知姓氏妇人一命。共计十一案，十有四命。

现据该县周至德诣验，刘长东致死之无名男子，尸身业被野兽残食，皮肉消化，骨殖散失不全；潘采臣伤痕鳞砌，几无完肤。先后拿获刘长东、叶大忙等到案，禀经前抚臣陈宝箴批饬委员赵宜琛会同岳州府知府英文提犯复审，旋据审明议拟，开具供摺禀报到臣，当经批司查核详办去后。据署湖南按察使夏献铭核明议拟，具详前来，臣复加查核。

巴陵县民刘长东致毙无名男子并叶大忙致毙潘采臣各一案，缘刘长东、叶大忙均籍隶该县，各与已死不知姓名男子及潘采臣均不认识。刘长东在张家岭地方伊堂嫂刘陈氏家寄住，素不务正，屡次生事扰累，该处居民不得已出给谷石，雇令巡更，希冀免被窃害。光绪二十四年五月二十六日，刘陈氏年甫七岁之幼孙刘玉伢子外出嬉戏，刘陈氏找寻不见，是时谣言正炽，疑系被拐，央令刘长东帮同寻觅。刘长东瞥见一人在门首塘边掬水洗发，即向查问，其人回

答未见。刘长东闻非本地语音,当即指为拐匪,赶拢扭住,声喊捉
拿,地邻人等闻声趋至。刘长东将其人扭进屋内,手执牛鞭拷打追
问,其余多人各用木担、刀背乱殴,不知何人致伤何处。适刘玉伢
子自行回家,刘陈氏喊称伊孙已回,不可乱殴,地邻均各走散。刘
长东见其身著竹布长衫新整,喝令脱下,其人不允,并向辱骂,刘长
东气忿,顿起杀机。即将其人衣衫用强解脱,扭至门外,捆缚树上,
用牛鞭连向很殴,登时殒命。刘长东将尸身背至石家坡山内,用浮
土掩埋,致被野兽残食。衣衫卖钱花用。此刘长东致死不知姓名
男子一案之实在情形也。

　　叶大忙先年赴广东投营充勇未收,转回原籍,到处游荡,赋性
强梁,遇事逞凶,人皆畏惧。已死潘采臣系湖北监利县属毛家口
人,约同素好之吴乘淮出外游学,就便至湘阴县探望婶母,携有洋
板书籍、首饰等件。五月二十九日上午时分,叶大忙及附近农民多
人各在郭镇市田边车水,潘采臣等行抵该处,有不知姓名车水人拢
向盘诘,闻系湖北口音,并查见所携洋板书籍,疑系拐匪,声喊捉
拿。潘采臣与吴乘淮分路逃跑,叶大忙将潘采臣拦进廖景香屋内,
问知姓名、住址,逼令书立拐卖子女字据,潘采臣分辩,叶大忙拾取
镰刀吓称:"如不书写,即将鼻准割落。"潘采臣畏惧,随书"曾在螺
山市拐卖幼孩,得银五十两"字样,给叶大忙收执。叶大忙复将潘
采臣扭至家中,用绳将其两手捆缚椅上,随有多人赶至观看,与叶
大忙各用木担、柴棍先后乱殴,不记何人殴打何处。内有赵科江曾
在毛家口佃田耕种,与潘采臣之父潘树霖认识,拢向劝阻,叶大忙
斥称:"拐匪同党,定当一并打死!"赵科江害怕走开,馀人见潘采
臣伤重垂毙,亦各走散。叶大忙将潘采臣解放,业已不能行动。叶
大忙虑恐潘树霖寻获受累,独自起意将其致死,弃尸灭迹。随将潘
采臣负至董家桥溪边丢弃,因见水浅,恐其痛定复苏,赶回家内,携

取铁锄前往。潘采臣尚在卧地呻吟，叶大忙复用锄柄乱殴，登时殒命。随用铁锄刨开沙土，将尸掩埋，被锄口挖伤其右膝。吴乘淮逃回报知，潘树霖前来寻觅，业经该县查出诣验。此又叶大忙致死潘采臣之始末情形也。

查刘长东、叶大忙听信谣言，将路过平民诬作拐匪，任意戕害，情节惨忍。检查律例，并无恰合专条。刘长东于刘玉伢子回家之后，明知并未诱拐幼孩，乃因夺取衣衫不遂，很殴致死，即与抢夺杀人无异，照例应拟斩决。叶大忙问悉潘采臣姓名，并经赵科江劝阻，辄因虑被尸父寻获受累，起意殴杀，埋尸灭迹，系属独谋诸心，按律应拟斩监候。将来秋审，应入情实。

第谣言传播，远近愚民同时殴死多命，似此凶悍之风，诚为罕觏。维时汉阳府属新堤地方会匪易东疆等捏造谣言，欲与教堂为难，现经汉阳府拿获惩办，此等谣言难保非即该匪等所造。岳州地方现须开设通商口岸，若不严加惩创，诚恐匪徒无所忌惮，别肇衅端，致有不堪设想之事。况无辜平民惨遭殴杀，亦须迅速抵偿，方足以雪沈冤。

案经由县讯供，委员会府复审明确，拟将刘长东、叶大忙二犯请旨即行正法，以儆凶残而杜后衅。赵科江、刘陈氏劝阻不力，又不首报，各应照"知人谋害他人"之律，杖一百。赵科江折责发落，刘陈氏照例收赎。其余未获各案以及造放谣言匪徒，仍勒令缉获研审，各按情节轻重，分别照例拟办。

除开具供摺咨送军机处并刑部查核外，是否有当，谨会同湖广总督臣张之洞恭摺具奏，伏乞皇太后、皇上圣鉴训示。谨奏。

硃批："刑部速议具奏。"

饬查毁抢宜章白石厘卡案札（稿）[*]

为札饬事：

六月十三日，据宜章县江令渤禀称："窃照本年六月初二日戌刻_{录全禀}□□_{云云}①，先行驰禀，俯赐察核示遵"等情。据此，并据宜临厘局委员万炳荣并同前因②，除批_{录全文}印回并行司局外，查宜临厘局白石卡，前经广东遣勇经过打毁，札经郴州李牧将管带邱青魁押发该县，勒令交出首先滋事动手勇丁③，并饬县查拿惩办。乃该县并未拿获一犯，即禀请将邱青魁提省讯究。及至批令解省，又据禀称："因病交保，忽已脱逃。"种种疲玩支离，全不知有纲纪，以致奸宄蔑法横行④，后有纠众毁局，且至杀毙防勇、殴伤司巡之事。若不严行查办，难保不酿成乱阶⑤。除札饬布、按二司会同厘金总局遴选妥员详委前往该县会同查办（〈札饬〉统带刚字旗张提督庆云酌带弁勇前往该县会同查办）外⑥，合亟札饬。

---

　　* 据舒斋藏摄片。按：此为陈宝箴手稿。原稿共计四页，第三页有贴红改签三条，现分别出注。

　　① "录全禀"、"□□云云"，原稿作小字双行并列；"禀"下、"云云"下，又各尝有"至"字，继自删去。应系提示幕僚之用语，现予保留，以全原貌。下文之"录全文"三字，与此同。

　　② 此句系增补者。

　　③ "首先"二字，系增补者。

　　④ 此句初拟作"以致奸宄肆行"。

　　⑤ 此句初作"必至酿成乱阶"。

　　⑥ "札饬"二字之下，"布、按二司会同厘金总局遴选妥员详委前往该县会同查办"一句，与"统带刚字旗张提督庆云酌带弁勇前往该县会同查办"一句（按："刚字旗"，初作"庆字营"；"该县"二字，系补入者），原系双行并列，盖属一稿两用：札行布、按二司，则用"札饬布、按二司会同厘金总局遴选妥员详委前往该县会同查办"；札饬张庆云提督，则用"札饬统带刚字旗张提督庆云酌带弁勇前往该县会同查办"。又，"布、按二司"句原书于左，"统带"句原书于右，现据下文予以理顺。

札到该司即便(该统带即便)遵照①,迅即遴委干练妥员驰往,会同郴州,督率宜章县,并会同统带刚字旗张提督、宜章营俊参将(〈迅即〉酌带弁勇驰往,会同郴州李牧、宜章县江令、宜章营俊参将并司局委员)②,克日查明匪徒毁抢白石厘卡缘由③,先行禀复。一面确查倡首纠众,动手杀毙防勇,殴伤司巡勇丁,抢毁银物首要各犯,逐一严拿到案,由委员率同该县,切实选派干役,严勒保户④,以彰法纪而挽浇风。并饬县将邱青魁踩缉务获⑤,解省审讯。均毋违延。切切。此札。

两司及厘局夏道请委员,及张统带前往查办,请将此稿情由另拟札稿饬缮。

---

①　"札到该"三字之下,"司即便"三字与"统带即便"四字双行并列,亦属一稿两用:札行布、按二司,则用"札到该司即便遵照";札饬张云提督,则用"札到该统带即便遵照"。又,"统带"二字原书于右,后与"司"字位置互换,改为左书。

②　原稿于"督率宜章县并会同统带刚字旗张提督"与"郴州李牧、宜章县江令并司局委员"此小字双行之间,有贴红改签,签补曰:"宜章营俊参将"。又,"迅即"二字之下,"遴委干练妥员驰往,会同郴州,督率宜章县,并会同统带刚字旗张提督、宜章营俊参将"数句(按:此句初作"遴委干练妥员驰往,会同郴州,并统带刚字旗张提督"云云,继自修改),与"酌带弁勇驰往,会同郴州李牧、宜章县江令并司局委员"数句(按:此句初作"酌带弁勇驰往,会同郴州,督率宜章县并司局委员",原书于"迅即"之下、"遴委"句之右,继自后移),虽因修改而位置错动,然仍属一稿两用之例:札行布、按二司,则用"迅即遴委干练妥员驰往,会同郴州,督率宜章县,并会同统带刚字旗张提督、宜章营俊参将";札饬张庆云提督,则用"迅即酌带弁勇驰往,会同郴州李牧、宜章县江令、宜章营俊参将并司局委员"。

③　此句以及以下六句,初作"查明毁抢白石厘卡缘由,及倡首纠众,动手杀毙防勇,殴伤司巡勇丁,毁抢衣物首要各犯姓名,设法严拿到案"。

④　原稿此处有贴红改签,于原书之"讯明,分别禀请惩办",签改曰:"选派干役,严勒保户。"

⑤　原稿此处有贴红改签,于原书之"勒保交出,仍一面查拿",签改曰:"踩缉务获。"

〔附〕李经羲、夏献铭：禀请
速将邱青魁提省究办*

敬禀者：

本月二十五日，据宜章县江令渤禀，"该县境内白石厘卡被邱青魁管解广东裁撤精选营勇纵火焚毁一案，奉批饬令会同防、绿各营严拿首要各犯，一面查明邱青魁是何官职，详革缉审严办。乃邱青魁延不将滋事勇丁交出；查其官职，坚执不吐。请提省审办，并具禀宪辕，请示祗遵"等因。

本司道等查该总哨此次押解散勇回郴，胆敢乘轿掌号，率领多人，手持军火，逞凶焚卡，实属不法已极。且滋事之后，并敢布散谣言，谓"卡系私立，票系私刻"，煽惑商贩抗不完厘，冀再激成事变。日昨风闻有宜临局之良田卡复被盐贩打毁。公事棘手，税饷减色，推原祸首，惟邱青魁一人实阶之厉。

从前白石等卡两次被毁，并伤毙局绅，当事敷衍目前，从未严加惩治，养痈遗患，以致匪党肆无忌惮。此次仰仗宪台大震雷霆，邱青魁为该州扣留，未经兔脱。乃既不将滋事勇丁交出，询其是何官职，又复坚不吐实，显系恃符刁抗，非提省究办，不足以惩凶而保饷源。事机甚迫，早解省一日，即多受一日之益。

惟厘局仅有收税之责，讯供定谳，应归问刑衙门办理。本司道等再四筹商，拟详请宪台批饬宜章县江令，克日选派丁役，将邱青魁解赴臬司衙门，听候讯详究办。惟具详须迟时日，谨声叙情由，禀求宪台即日将江令来禀批示饬遵。是否有当，伏乞钧鉴。

---

* 原件藏上海图书馆，此据《陈宝箴友朋书札（三）》录入，载《历史文献》，第五辑，第185～186页。

总理厘金盐茶局务署布政使李经羲、候补道夏献铭谨禀。

札委黄遵宪总理课吏馆事务 *

照得课吏馆之设，欲使候补各员，讲求居官事理，研习吏治刑名诸书，而考其所得之浅深、用力之勤惰，第其等差，酌给奖赏，寓津贴于策励之中。其才识高下，亦因之可见，法诚至善。惟仅只每月一课，分给奖赏，候补各员藉资津贴，不无裨益，而于读书读律之道，未有当也。

"分人以财，谓之惠；教人以善，谓之忠。"古者学而后从政，未闻以政学也。既有课吏之名，即应循名责实，必使候补正佐各员，皆知有向学之方，期得学问之益。日有所考，昼有所稽，学业有成，而后出而从政，不至茫无所知，徒假手于人，一听书吏提掇。且既已研穷书籍，讲明义理，则志趣日正，神智日开，中材可成大器，实为造就人材、整饬法术之要。惟本部院事务繁多，不能常亲督饬，必须有大员总理其事，尤必先妥议章程，务求课吏之实。

查该署臬司，学有本源，讲求经济，近来办理刑名案件，准理酌情，深得例意，非久将回本任，职事清简，堪以总理课吏事宜，合行札委。为此札仰该署司即便遵照，总理课吏馆一切事务，克日先将课吏切实章程，会同藩司及善后局各司道，妥为拟议，斟酌尽善，详候本部院核夺施行，一面将现行月课先行停止。毋违。切切。此札。

---

* 据《湘报》第十一号所载《黄公度廉访会筹课吏馆详文》（详附一）摘录。

〖附一〗黄遵宪:会筹课吏馆详文[*]

为遵札会议详复事:

案奉抚宪札开:"【中略】"等因,奉此。

本署臬司查政治赖乎人材,人材成于学问。古者选士,升之司徒,论定后官,位定后禄,乡自比长、党正以至乡大夫,国自小胥以至师氏、保氏,其教于未用之先者,至详至密也。计吏统于太宰,旬正日成,月要岁会,廉善廉正廉敬,以显其德,廉法廉能廉辨,以察其材,其课于已仕之后者,至周至慎也。

自选举变而士鲜实修,仕途杂而官无实学。不独猥琐龌龊、脂韦巧黠之徒,以学制美锦为常,存"何必读书"之念;即起自科目者,亦徒溺虚文而少实际,律例、兵、农、簿书、钱谷,均非平日所服习。一入仕途,心摇目眩,但惴惴然自顾考成,以有干吏议为惧。举一切事务,听命于吏胥,进退为谨。若其他计较锱铢,揣量肥瘠,行私罔上,无所不为,更无论矣。此其弊在于不学。

惟不学而仕,亦竟有侥幸肆志之时,于是举天下正途、杂途,充溢行省,咸争捷足,以官为市,以学为迂,遇有敦品力学之人,转从而非笑。贤者或毁方瓦合,中材则随俗波靡,轮班听鼓,退食委蛇,国计民生、教化风俗,均置之不问。是不学而从政,并未尝以政学也。赤芾三百,贻羞鹈梁;吏治之坏,伊于胡底。

湘省向设课吏馆,使候补各员研习吏治,酌给奖赏,用意良厚。惟每月只一课,每课只一文,寻行数墨,以争一日之长短;而搜检夹袋,杜绝枪替,一切疏阔,又不能与试官考试比。故虽有课吏之名,

---

[*]　据《湘报》第十一号(光绪二十四年二月二十六日出版),原题作《黄公度廉访会筹课吏馆详文》。

仍于吏治无裨。且佐贰到省人员，恃有此每月数两之津贴，争捐分发，纷至沓来，上年冬间，报到者竟有三十余员。钻营奔竞，以求差使，亦势所必然。守此不变，非徒无益，抑且有损。

湖南本天下望国，士大夫负教养斯民之责，不思勤求治理，新我大邦，以上纾宵旰之忧勤，下拯生民之饥溺，自顾车服，能无惭惧？幸逢抚宪整新百度，无旷庶官，札饬署臬司总理课吏事宜，并会同藩司、职道等妥议章程，详候核夺。

本司、职道等遵即反复筹商，就现在时势，及应尽职分，宜切实讲求，以见诸施行者，约分其类为六：风气习尚，士居民首，兴学育才，所以牖民智而开物成务也，故学校居首；农桑、种植、工艺、制作、食货之经，生命之源，所以利用厚生而收复利权也，故次农工；修城池以资保卫，治道路以便运输，通沟洫以救旱潦，而铁路、轮舟尤为要务，故次工程；读律者贵知其意，援例者贵得其情，成案者贵通其变，而条约、公法更相辅而行，故次刑名；清内捍外，安良除莠，寇盗、奸宄、会匪、棍恶，皆民贼也，故次缉捕；海禁既开，交涉日密，通商游历，立堂传教，保护失宜，化导无术，皆祸端也，故交涉殿焉。

各类书籍，听习专门，质之馆长，登诸扎记，辨其疑难，详为批答，俾日就月将，铢积寸累。复设为课格，填注分数。积分之法，亦有三类：曰勤业，曰善问，曰进益。分填合计，即仿日成月要之意，以九十分为合格，其已及格者，则以溢分之多寡为给奖之厚薄。每三个月大考一次，每半年各司道随同抚宪至馆汇考一次，核册列等，饬知全省各道府州县，以资鼓励。分财即以教善，征实而非虚文。数年之后，人才日盛，可操券获也。

伏查前抚宪吴创设斯馆，专课在省候补各员，其实缺及署理人员，均不与焉。伏读抚宪札饬："既有课吏之名，即应循名责实。"原可合全省官吏共切讲求，课其论政之言，复课其行政之实。惟此项现任实缺及署理人员,论其职事,虽不出六类之外,而课其政绩,自有两司计典,随时黜陟,此馆可毋兼及。如有志切向学,缮寄札问,馆长、总理自必一律批答。或有兴利除弊、切实求考者,亦应由馆中另禀抚宪,察核办理。附陈二条,以备采择。

伏读本年正月初六日上谕:"设经济特科,令三品以上京官及督抚、学政,各举所知,无论已仕、未仕,均得奏保殿试擢用。并督饬各新增书院、学堂,切实经理,认真训迪"等因。时事当需才孔亟之秋,朝廷已深知不学无术之弊,若统全省官吏而课之,推科举之变格,宏课吏之规模,教于未用之先,询以方用之事。察吏之外,兼以所学之浅深,课其政之殿最,用以贤制爵、以功诏禄、以能诏事之意,一劝之以学。此则抚宪自有权衡,亦为司道等无须渎陈者矣。

所有奉扎拟改课吏馆章程各缘由,是否有当,理合将会同酌议新章,详请宪台俯赐查核批示祗遵。

〖附二〗改定湖南课吏馆章程[*]

一、于府城中央备房一所,仍名为"课吏馆"。

二、馆中设总理一员,专司课吏一切事务。

三、设提调一员,以候补知府充。凡撰拟文稿、支发银钱、管理器具各事,均归提调办理。设理事委员一名,以佐贰杂职充,归提

---

* 据《湘报》第二十九号(光绪二十四年三月十八日出版),此仍旧题。按:此章程另见《知新报》第五十七册(光绪二十四年五月十一日出版),题为《湖南新设课吏章程》,题下附编者按:"各省大吏于候补人员向皆有月课,惟沿习日久,视为具文,已成告朔之羊久矣。迩来时局日艰,需才孔亟,湘抚陈右铭中丞锐意新政,振举一切,兹复将前抚吴清卿中丞所设课吏馆重复兴办,别将章程厘订妥当,饬藩、臬两司会商举行,盖即泰西政治学院之意也。兹得其章程三十六条,刊录如左,以供众览。"

调差遣。

四、于馆中设一问治堂，聘请品学兼优、才识素著者二三人，作为馆长，住居馆中，以襄助总理考课各事。

五、馆中各课，现分为六类：一曰学校凡造士育才之法，均归此类；二曰农工凡务财、训农、劝工、兴业之法，均归此类；三曰工程凡治道路、通沟洫、修城池之法，均归此类；四曰刑名凡考律例、清讼狱、处罪犯之法，均归此类；五曰缉捕凡盗贼、会匪、棍恶一切查缉之法，均归此类；六曰交涉凡通商、游历、传教一切保护之法，均归此类。

六、馆中设书藏一所，所有分课各类之书，有古籍，有时务，有总论，有专书，有图，有表，有书目，一一咸备，以供各员取阅。

七、凡到馆学业者，无论同通州县、佐贰杂职，愿习何项，即自占一类，或兼二类、三类，亦听其便，到提调处自行注册。

八、既占某类，愿阅何书，即由提调向书藏领取，发交该员阅看。

九、所阅之书，各员应自行用笔点识，并将所见识于书眉，每日呈问治堂查核，查毕交还。

十、各员应设札记簿二本，由馆中领取，所看何书，或有疑难未解之端，或有推阐义理之处，即用行书缮入札记。此札记各备二本，每日呈送问治堂批答，呈送第二本，即领回第一本。

十一、问治堂馆长于各员札记逐日批答，有专答，专就其人所问难陈述者而答之；有通答，通论此事之是非得失而答之。所有通答，另饬人钞录，贴挂堂中，俟后汇聚成篇，再行选择刊布。

十二、堂中另设待问柜一器，各员除所习本业，既于札记中批答外，凡馆长贴示之通答及同僚札记之专答，有所疑难，或有所阐发，可另取堂中待问格纸，陈其所见，投入柜中，以待馆长批答。

十三、在馆学习者，每日应于午前九点钟到馆阅看书籍，呈领札记，即于此时谒见馆长，当面请益，至十二点毕业。

十四、各员阅看之书籍，自缮之札记，听其回寓自行肄业；如有愿在馆中学习者，亦听其便。馆中别有书室一所，听其自携纸笔，就案查阅不得携带家丁入室，不准在案上饮食，不准在室中眠卧，违者以犯馆规论。

十五、问治堂馆长每日于十点钟起接见各员，至十二点钟散席。各员之札记，馆长之批答，即于此时面交。

十六、总理应间日到馆，现定日期：每月以初二、初四、初六、初八、初十、十二、十四、十六、十八、二十、廿二、廿四、廿六、廿八、三十若系小建，于廿九日到馆为到馆日期。

十七、总理到馆日，准于每日十点钟到，十二点钟散，即于此时会同馆长接见各员。

十八、总理到馆，所有各员之札记、馆长之批答，即于此时送阅，总理立将某类某条随时摘出，面询某员，觇其答辞，以考其学业。

十九、馆中考课，用积分之法，分为三类：一曰"勤业"，就其到馆之时刻、阅书之卷帙、札记之条数，取其执业之有恒、请益之无倦者；一曰"善问"，就其札计待问札，取其发言之精审、求理之深切者；一曰"进益"，就其人所学，取其志趣之奋发、才识之开敏者。

二十、积分之法，另编一表，注明某官某人所读何书，将上开三类刊入表格。其勤业、善问二类，每日由馆长填注；进益一类，每月由总理会同馆长填注。即照钞一分，呈送抚宪查核。

二十一、馆中积分之法，每月以九十分为合格，每日填注之一类，以三分为则，多不逾六分如勤业一类，每日到馆有定时，无旷课，准注一分；

阅书能过十篇，点识均如法者，准注一分；札记能缮出一条以上、百字以上者，准注一分。如善问一类，除所问不切不审者不注外，平常注一分，善者注二分，尤善者注三分。每月合计通算如此类不及分，彼类有溢分者；或今日不及分，而明日乃有溢分者，逾九十分者，是为溢分，例得奖勉。

二十二、每月既将馆课分数注册呈送抚宪，即照表榜示堂中，每三个月大考一次，稽核各员溢分之多寡，以定给奖之厚薄。

二十三、每年大考四次，每大考一次，奖银一千两，统计各员溢分之数，即照分数摊算银数，以分给各员假如各员溢分之数，合计溢至二千分，即系每一分应得银五钱；假如某员溢至一百分，即系某员应得银五十两。无论多寡，概照此摊算。

二十四、每六个月再请抚宪及各司道到馆汇考一次，将各员溢分及不及分者总核注册，分别等第，列作六等：一上上，二上中，三上下，四中上，五中中，六中下，将姓名、官职、等第榜示馆门，并饬知通省道府州县各衙门。

二十五、凡在省候补现有差委人员，为职事所羁，未便按日到馆，如有愿就馆学习者，亦许其自占一二类，取阅书籍，缮送札记，由馆长批答。其应注分数，通照上章一律办理，另由总理分别传见。虽所溢分数不给奖银，仍照分注册，由总理将册按月呈送抚宪，或应留差，或应调缺，统由抚宪查核定夺。

二十六、所有外府州县现任实缺人员，如有愿占某类，阅何书，自缮札记，寄到馆中者，馆长亦一律批答。

二十七、所有现任实缺各府州县，如有将该地方应改之书院、应修之水利，以及训农劝工、捕盗缉匪、刑名疑难之案、交涉应付之方，禀请总理核示者，亦分别批答。或有将该地方何项应兴之利、何项应革之弊，其民情习俗如何、官役积弊如何，原原本本切实禀陈者,并可由总理另禀抚宪察核办理。

二十八、无论何项人员,如有能讲求时务、指陈利弊,缮禀条陈确系切实有用者,总理另行延见,另禀抚宪察核办理。

二十九、馆中另有馆规,凡到馆学习者均须遵照。有犯规者,即记过。每记过一次,即扣减分数二分。

三十、馆中应用款项,暂将旧日课吏馆所支之款分别拨用,一概由提调收发。

三十一、现拟聘请馆长三人,每位支送岁修银八百两,一切夫马、饮食之费,由馆长自备,此项岁支银二千四百两。如系京朝官或他省绅宦,拟另行酌送盘川银□□两①。

三十二、馆中奖银,每大考一次,支银一千两,合共岁支四千两。

三十三、提调月支薪水银四十两,理事委员月支薪水银十两,此二款合共支银六百两。

三十四、馆中一切费用,由提调酌拟,呈总理核定,按月支领。

三十五、开办之始,应先购备各类书籍、图表,拟酌支银一千两。

三十六、现将馆中原领款项分别支用,如有不敷,再禀请抚宪酌拨。所有馆中未尽事宜,或将来有应改章程,再随时随事禀请抚宪核办。

---

① 此处原有空格,现易为"□"。按:此句《知新报》作"拟另行酌送盘川银若干两"。

聘委汤聘珍坐办襄理保卫局照会、札（稿一）[*]

全衔，为照会事：

前本部院以近来时事多艰，人心易于浮动，必先清查内匪，保卫闾阎，将省城保甲局改为保卫总局，饬令署臬司黄道另拟《保卫章程》，与省城各绅妥为筹议，诸绅意见佥同，均请速饬开办。业经札委该署司为总办，即回盐法长宝道本任，仍责成办理；并分行藩、臬两司，善后、保甲局，饬即刊刻湖南保卫总局关防，呈候核发各在案。

兹据该署司禀称："局中设有坐办大绅一员，拟请前山东藩司汤绅聘珍，以孚众望而举庶政"等语。查保卫局之设，原本《周官》、《管子》旧法^①；即以在籍乡宦、位尊望重者襄董其成^②，亦前代"官用乡人，自相维系"之遗意。贵绅公正廉明，才大心细，事功所著，名迹昭然，本部院素所深契，况经舆论交推，具见人情翕服。请以相助为理，尤易联络众志，又安商民。

务望会同该署司，将该局行政、用人一切应办事宜，悉心经画，切实举行，并将到局及开办日期具报。除札行该署司等外，为此备文照会贵绅，烦为查照施行。须至照会者。

右照会头品顶戴前山东布政使汤。

为札行事：

照得前本部院将省城保甲局改为保卫总局，业经札委该署臬

---

　　* 据舒斋藏摄片。按：此为湘抚幕僚遵拟草稿，篇首有陈宝箴所作眉批："速清稿呈核。"

　　① "旧法"二字，系幕僚自行增补者。

　　② "乡宦"二字，系幕僚自行增补者。

司为总办并合札该司等（札委该署枭司为总办）在案①。兹据该署枭司（该署司）②禀称："局中设有坐办大绅一员"云云，"自相维系"之遗意。汤绅"公正廉明"云云，"乂安商民"。

除照会汤绅，会同该署枭司（该署司）③，将该局行政、用人一切应办事宜，悉心经画，切实举行，并将到局及开办日期具报，兼札行该署枭司（合札该司等）外④，合并札知。札到该司等（该署司）即便查照⑤。此札。

合札布政司、按察司，札署按察司、善后总局、厘金总局⑥。

————————

① "业经"二字之下，"札委该署枭司为总办并合札该司等"、"札委该署司为总办"，原系小字双行并列，属一稿两用之体：札行布、按两司及善后、厘金两局，则用"札委该署枭司为总办并合札该司等"；札行黄遵宪（即"署按察司"），则用"札委该署司为总办"。

② "该"字之下，"司"字之上，"署枭"二字、"署"字双行并列，亦属一稿两用之体：札行布、按两司及善后、厘金两局，则用"兹据该署枭司禀称"；札行黄遵宪，则用"兹据该署司禀称"。

③ "会同"二字之下，"该署枭司"四字、"该署司"三字双行并列，以示一稿两用之意：札行布、按两司及善后、厘金两局，则用"会同该署枭司"；札行黄遵宪，则用"会同该署司"。

④ "兼"字之下，"札行该署枭司"六字、"合札该司等"五字双行并列，以备一稿两用：札行黄遵宪，则用"兼札行该署枭司"；札行布、按两司及善后、厘金两局，则用"兼合札该司等"。

⑤ "札到"二字之下，"该司等"三字、"该署司"三字双行并列，以备一稿两用：札行布、按两司及善后、厘金两局，则用"札到该司等"；札行黄遵宪，则用"札到该署司"。

⑥ "善后总局、厘金总局"，系由陈宝箴增补者。

聘委汤聘珍坐办襄理保卫局照会、札（稿二）[*]

为照会事：

前本部院以近来时事多艰，人心易于浮动，必先清查内匪，保卫闾阎，将省城保甲局改为保卫总局，饬令署臬司盐法长宝道黄道另拟《保卫章程》①，与省城各绅妥为筹议，诸绅意见佥同，并据省城内外铺户联名禀请速饬开办②。业经札委该署司为总办，即回盐法长宝道本任，仍责成办理；并分行藩、臬两司，善后、保甲局，饬即刊刻湖南保卫总局关防，呈候核发备在案。

兹据该署司禀称："局中设有坐办大绅一员，拟请前山东藩司汤绅聘珍，以孚众望而举庶政"等语。查保卫局之设，原本《周官》、《管子》旧法；即以在籍乡宦、位尊望重者襄董其成，亦前代乡治遗意③。贵绅公正廉明，才大心细，事功所著，名迹昭然，本部院素所深契，况经舆论交推，具见人情翕服。请以相助为理，尤易联络众志，乂安商民。务望会同该署司，将该局行政、用人一切应办事宜，悉心经理④，切实举行，并将到局及开办日期具报。除分行□□□局外⑤，为此备文照会贵绅，烦为查照施行。须至照会者。

————————

＊　据舒斋藏摄片。按：此为幕僚誊正稿，复经陈宝箴点窜改定。篇末原有幕僚所写签发日期、事由等内容："光绪二十四年二月廿三日刑科"（"廿三"二字，系后由陈宝箴填入）、"咨请汤绅坐办保卫局务"。除日期上钤有"真实不虚"阳文篆印外，另于陈宝箴关防（文曰："头品顶戴兵部侍郎巡抚部院陈"）下有陈氏标行之草书"行"字（压钤"毋敢慢"阳文篆印）。

①　"盐法长宝道"五字，系陈宝箴增补者。

②　此句幕僚原作"均请速饬开办"。

③　此句原作"亦前代'官用乡人，自相维系'之遗意"。

④　"经理"，原作"经画"。

⑤　此句原作"除札行该署司等外"。删改后，"局"上留空，兹以"□"代之。

右照会头品顶戴前山东布政使汤。

为札行事：

照得前本部院将省城保甲局改为保卫总局，业经札委该署臬司为总办，并合札该司等在案。兹据该署臬司禀称："局中设有坐办大绅一员"云云，"乡治遗意"①，汤绅"公正廉明"云云，"乂安商民"。

除照会汤绅，会同该署臬司，将该局行政、用人一切应办事宜，悉心经理②，切实举行，并将到局及开办日期具报，兼札行该署臬司（合札该司等）③外，合并札知。札到该司等（该局、该署司）④，即便查照。此札。

合札布政司、按察司、善后总局、厘金总局、总办保卫局署按察司盐法长宝道黄道。

札委黄炳离接办总理保卫局（稿）*

为札委事：

照得总办保卫局务盐法长宝道黄升道⑤，现已交卸入京，亟应

---

① 此句原作"自相维系之遗意"。

② "经理"，原作"经画"。

③ "兼"字之下，"札行"与"合札"双行并列；"该"字之下，"署臬司"与"司等"双行并列；均属一稿两用之体：札行黄遵宪，则用"札行该署臬司"；合札布、按两司及善后、厘金两局，用"合札该司等"。

④ "札到该"三字之下，"司等"二字、"局"字与"署司"二字，从右至左，三行并列，以示一稿多用之意：合札布、按两司及善后、厘金两局，则用"札到该司等"；札行保卫局，则用"札到该局"；札行黄遵宪，则用"札到该署司"。

* 据舒斋藏摄片。按：此为陈宝箴手稿。

⑤ "盐法长宝道"，系增补者。

委员接办。查该道（候补道黄道炳离）本系会办①，现署道篆②，合行札委③。札到该道即便遵照，总理保卫局一切事务，随时商同会办员绅，认真办理，以副委任。毋违。切切。

此札署盐法长宝道黄道炳离。

行布政司、按察司、善后总局、保卫总局。

裁撤挺字右营札（稿）*

为札饬事：

照得近因库款支绌，屡准部咨"遵照谕旨裁撤勇营，以节饷需"等因在案。本部院前因筹办赈务④，又兼散勇络绎来归⑤，未及举行，今赈务已竣，自应钦遵办理。查挺字右营，驻扎城外金盆岭及湘潭之朱亭等处，相应裁撤，合行札饬。

札到，仰该管带即将所部营勇五百名，悉行遣散归农。前领军装等件，照数缴归善后局查收。所有弁勇口粮，截至十月底为止。其朱亭防地，另派亲军前营勇丁填扎。除行善后局、营务处查照外，该管带即便遵照⑥，妥为办理。毋违。此札。

札管带挺字右营候选道李光炯⑦。

---

① "候补道黄道炳离"七字，原与"该道"二字，作小字双行并列，应系一稿两用，另备札行司、局之用，故此以圆括弧括出。又，"本系会办"四字，系增补者。

② 此句初作"现□署理道篆"。

③ 此句原拟作"亟应接"云云，初改为"相应接"云云，最终定为"合行札委"。

* 据舒斋藏摄片。按：此宜为幕僚遵拟草稿，复经陈宝箴审改者。篇末有陈氏墨批："即缮发"，上钤"毋敢慢"阳文篆印。

④ 此句及以下四句，均系陈宝箴增补。

⑤ 此句系二次增补时所添入者。

⑥ 此句及下句，初作"该管带即便遵照办理"。其"妥为"两字，系陈宝箴补入。

⑦ "候选道"，初作"候补道"。

除行管带挺字右营李道查照外①，该局（该处）即便遵照办理。毋违。此札善后局、营务处。

〖附〗善后局：禀复裁撤营勇应发饷项事*

敬禀者：

祗奉钧谕，当邀贺提督长发到局，商明亲军副右营先裁之勇一百四十名，应发饷项二千余金，早经知会邵武厘局及宝庆府县会筹发给，谅不致误事。现又遣撤勇丁三百六十名，需饷六千余金，明日即由善后局发交该提督带回营中散放，以期妥速。至裁撤庆字右营之饷，亦已商明厘金总局，飞饬岳州卡照发矣。

谨肃禀复。

光绪二十四年二月二十一日，善后局呈。

调勇分驻湘潭、浏阳防地札（稿）**

为札调事：

照得挺字右营勇丁，业经全行遣撤。查该营曾拨勇分驻湘潭朱亭地方，既经遣撤，自应派勇填扎，合行札饬。为此札仰该局、该处，即便移知管带亲军前营谭副将②，将该营驻扎浏阳一哨弁勇调回，一面即由该营派勇一哨③，驰往朱亭驻扎。该营弁勇，并免校

---

① 自此以下，均系陈宝箴增补者。"李道"后原有"光炯"二字，继自删去。

* 据舒斋藏摄片。按：此件字迹工整，当系善后局正式禀呈之件。

** 据舒斋藏摄片。按：此宜为幕僚拟稿，而经陈宝箴审改者。篇末有陈氏墨批："即缮发"，上钤"毋敢慢"阳文篆字印。

② "谭副将"，初作"刘副将"。

③ "一面"二字，系增补者。

阅①。其浏阳防地，即移知管带亲军新左营熊游击，派勇一哨②，驰往填扎。札到仰即分别移会③，遵照办理。毋违。

此札善后局、营务处。

委谭会友统带强字两旗札（稿）*

为札委事：

照得湖南庆字两旗防勇，前经札委尽先补用参将备补永州镇标中营游击赵玉田统带，尚未到防。兹赵参将已另委接带长胜水师，所有庆字营业已改为强字两旗④，亟应委员接统。查该提督久历戎行，廉明果毅，堪以委令统带，合行札委。

为此札仰该提督即便遵照，驰赴常德府，接统分驻常、澧等处强字两旗营勇⑤。除另给关防外⑥，即将弁勇口粮、军装、器械、册籍等项，逐一点验接收清楚，督率弁勇勤慎操防，屏除一切缺额克扣及以老弱充数恶习。如有不守营规、不遵约束弁勇，立即分别参革，从严究办，毋稍徇纵。仍将接统日期具报，以凭奏咨。

记名提督谭会友。

---

① 此句初作"免其调操"。

② 此句初作"派营一哨"。

③ 此句及下句，初作"均即遵照办理"。

* 据舒斋藏摄片。按：此为湘抚幕僚承撰草稿，而经陈宝箴改易审定者。眉首有陈氏手批："速"；篇末复有墨批："签稿并送"，下钤"真实不虚"阳文篆章。

④ 此句及下句，幕僚原作"所有庆字两旗"。

⑤ 此句原作"将庆字两旗营务妥慎接管"。

⑥ 自此句至"毋稍徇纵"，原作"弁勇口粮、军装、器械、册籍、关防等项，逐一点验接收清楚，勤慎操防"。

札饬妥议洋操各旗经费(稿)*

为札饬妥议事：

照得近来迭奉谕旨："精练陆军,改用洋操。"①本部院前于《改营为旗并新募六旗摺》内奏明②："操演步伐、阵式,拟请仿照西法;器械、军火,均用外洋新式;尤必选练教习,认真训练,以期精益求精。其营制、行阵变更常格,员弁、勇丁倍加辛苦,粮饷、军装等项,均不能拘守旧章。所有统领办公经费,暨营官、哨弁、教习、勇丁各薪粮,并军装等件,必须另为核议,酌议加增,岁需银十一二万两,容与该统带等妥商详细章程,另行奏咨立案③"等语。嗣又于《续请截留款项摺》内④,声明"原奏银数,尚有不敷"等因各在案。

又准户部咨《议复御史曾宗彦奏请精练陆军改为洋操》一摺内,称"湖北洋操队系仿照聂士成武毅新军,略为变通,截去长夫工食、柴草价银,添入官弁薪费,较自强军、新建陆军银数,均有节省"等语,是洋操章程,各军亦有不同。

兹本省新练威字营六旗⑤,除拨出一旗改归信字营外⑥,尚有五旗。又新募信字营两旗⑦,合拨改威字营一旗,共为三旗。所有薪粮、器械、教习一切经费章程,均应查照各省洋操⑧,酌中定议,

---

* 据舒斋藏摄片。按:此为陈宝箴手稿。
① 此下初有"等因"二字,继自删去。
② "前"字,系增补者;"新募",初作"挑练"。
③ 此句初拟作"并将召募成军日期另"云云,继自删改。
④ 此句及下句,初作"又准于《续请截留款项摺》内声明各在案"。
⑤ "威字营",系增补者。
⑥ "信字营",初作"信字旗"。
⑦ 此句初作"又新募驻扎岳州信字营两旗"。
⑧ 此句及下句,初拟作"均应妥为筹定"云云。

以凭奏咨立案，合亟札饬。为此札仰该局即便遵照，会同统带威字营五旗黄中书忠浩、统带信字营三旗蒋郎中德钧①，将常年所需经费，分别坐营、行营，按照各省洋操章程，折衷定议，详请奏咨②。

至于本省各防营发饷③，向有局章，事同一律。兹该两营既仿洋操另议章程，所有给发月饷各项事宜，亦自应变通办理④，均即一并妥商，以期事无窒碍⑤。札到仰即遵照办理，并移威、信两营统带遵照会议。毋违。切切。

此札善后局。

札饬妥议洋操各旗经费[*]

为札饬妥议事：

照得近来迭奉谕旨：“精练陆军，改用洋操。”本部院前于《改营为旗并新募六旗摺》内奏明：“操演步伐、阵式，拟请仿照西法；器械、军火，均用外洋新式；尤必选练教习，认真训练，以期精益求精。其营制、行阵变更常格，员弁、勇丁倍加辛苦，粮饷、军装等项，均不能拘守旧章。所有统领办公经费，暨营官、哨弁、教习、勇丁各薪粮，并军装等件，必须另为核议，酌议加增，岁需银十一二万〈两〉，容与该统带等妥议详细章程，另行奏咨立案”等语。嗣又于《续请截留款项摺》内，声明“原奏银数，尚有不敷”等因各在案。

又准户部咨《议复御史曾宗彦奏请精练陆军改为洋操》一摺

---

①　“信字营”，初作“信字旗”；“郎中”，初作“部郎”。

②　此句初作“详报奏咨”。

③　此句初作“至于该营发饷”。

④　“自”字，系增补者。

⑤　此句初拟作“并移威、信两营”云云，继自后移。

*　据《湘报》第一百二十四号（光绪二十四年六月二十三日出版）《本省公牍》，原题作《宪札照登》。

内,称"湖北洋操队系仿照聂士成武毅新军,略为变通,截去长夫工食、柴草价银,添入官弁薪费,较自强军、新建陆军银数,均有节省"等语,是洋操章程,各军亦有不同。

兹本省新练威字营六旗,除拨出一旗改归信字营外,尚有五旗。又新募信字营两旗,合拨改威字营一旗,共为三旗。所有薪粮、器械、教习一切经费章程,均应查照各省洋操,酌中定议,以凭奏咨立案,合亟札饬。为此札仰该局即便遵照,〈会〉同统带威字营五旗黄中书忠浩、统带信字营三旗蒋郎中德钧,将常年所需经费,分坐营、行营,按照各省洋操章程,折衷定议,详请奏咨。

至于本省各防营发饷,向有局章,事同一律。兹该两军既仿洋操,另议章程,所有给发月饷各项事宜,亦自应变通办理,均即一并妥商,以期事无窒碍。札到仰即遵照办理,并移威、信两营统带遵照会议。毋违。切切。此札。

〖附〗洪文治:呈请核示新军拨饷会奏拟稿事[*]

募练新军一事,前蒙钧谕,拟请拨的饷,与湖北合练万人。兹据司局会详,应否咨请督部堂主稿,挈衔会奏,抑会列制台前衔具奏之处,谨请大人核示遵行。

晚生洪文治谨上。

札饬新军弹压地方查缉痞匪[**]

照得省城内外防营,均有弹压稽查、缉拿匪盗之责。近来城外

---

* 据舒斋藏摄片。此系洪文治手稿。按:募练新军事,可参阅陈宝箴光绪二十四年二月二十八日《遵旨裁汰旧勇添练新军摺》(见本集上册卷十七《奏议十七》)、四月二十六日《续奏裁减防勇添练新军情形摺》(见本集上册卷十九《奏议十九》)。

** 据后附《湘报》第五十六号所载《新军统领告示》摘录。

乡间等处，闻有痞匪藉事生风、倚强抢掠、结党横行、不服盘查等事，日前长沙连界平江所属地方，并有拦途抢劫、伤毙人命之案，殊属不法已极。

该营新近成军，驻扎近省地方，合行札饬。札到即便遵照，督率营哨弁勇，随时查察。如有前项不法痞匪，立即严拿，送交长沙、善化两县，讯明分别严办，一面报明本部院查核。

〖附〗黄忠浩：查缉痞匪告示[*]

统领湖南新军威字六营兼带中营内阁中书黄为出示晓谕事：

奉抚宪札开："【中略】"等因，奉此。本统领劝告尔各色人等：从来劫运之兴，视人心为定。向人能安守本分，存心敬畏，即大劫当前，未有不可挽回；设或非分妄为，肆无忌惮，人心先坏，劫即随之。现今时事艰难，强邻环伺，祸变之来，莫可揣测。惟有小心敬畏，各务正业，合力振兴，乃为自保之方，亦即自强之本。

特此出示晓谕，仰各遵照。倘有不法痞徒，仍敢藉事生风、倚强抢掠、结党横行、不服盘查，如前项札行情事，不独召后来大劫，即各惹目前近灾。本统领定当恪遵宪札，督饬营哨弁勇，严拿送惩，决不姑宽，毋谓言之不早也。切切。特示。

遵旨催令黄遵宪迅速晋京手札^{**}

为恭录事：

光绪二十四年六月二十五日，准总理各国事务衙门电开："奉

---

　　* 据《湘报》第五十六号（光绪二十四年闰三月二十日出版），原题为《新军统领告示》。

　　** 据《湘报》第一百二十八号（光绪二十四年六月二十八日出版）《本省新闻》，原题为《抚宪手札》。

旨:'前经降旨,电催黄遵宪来京。现在计已起程①,无论行抵何处,著张之洞、陈宝箴催令趱程,迅速来见。钦此'等因,准此。"并准督部堂张咨同前因,准此。合就恭录札行。札到该道即便钦遵查照,迅速请咨北上,勿迟。

〖附一〗《清史稿·德宗本纪》(节录)*

〈光绪二十四年六月乙巳,〉命黄遵宪以三品京堂充驻朝鲜大臣。

〖附二〗《清史稿·交聘年表·中国遣驻使》(节录)**

〈光绪二十四年戊戌,出使日本大臣〉裕庚任满。黄遵宪六月丙午,自二品衔湖南盐法道以三品京堂候补,为出使日本大臣,未任。甲申,李盛铎自江南道监察御史暂代。

行知黄炳离委署盐道(大意)***

盐法长宝道,委黄玉田观察署理。

---

① "起程",《清实录·德宗景皇帝实录》作"启程"。见《清实录》,卷四二二,第534页。

* 据《清史稿》,卷二十四,本纪二十四,《德宗本纪》二,总第924页。

** 据《清史稿》,卷二百十二,表五十二,《交聘年表》一,总第8813~8815页。

*** 据《湘报》第一百三十五号(光绪二十四年七月初七日出版)《本省公牍》,原题为《抚宪行知》。按:黄炳离,字玉田,江西庐陵县人。可参阅陈宝箴光绪二十三年二月三十日《黄炳离试用期满请留省补用摺》(见本集上册卷十一《奏议十一》)

卷二十九　公牍七

劝办塘堰积谷告示及通饬州县札[*]

头品顶戴兵部侍郎兼都察院右副都御史巡抚湖南等处地方提督军务兼理粮饷陈，为惩前毖后，劝办塘堰、积谷事宜，剀切晓谕事：

照得本省上年旱荒，为数十年所未有，天灾流行，亦因人心不平，乖气致戾，有此非常之变。惟自膏泽既降之后，兼旬不雨，便觉干枯；屡岁丰稔之余，一谷歉收，便忧空乏。不独今岁为然，近十余年以来，大概如斯。推原其故，一由于各处农田不似前治塘堰，无以备旱；一由于各属城乡不认真讲求积谷，无可救荒。此次既艰苦备尝，岂可不急为将来之计？

秋收之后，有田之家与佃耕之户，务须视同一体，将某处应创、应修塘堰，互相设法兴办。其田主、佃户，出赀、出力，自有各处向章，力偶不及，则彼此暂为通融，下年再为归结。目前虽费财力，而从此常获丰收，所入何有止境？

至今年收成，若幸丰稔，地方积谷，尤宜及时举行，合众人之力，积少成多，不必富有余赀，俱可量力捐助。捐谷一斗，譬如少收十升，亦属无损生计。若有好义之家，捐助较多，合银壹千两以上，

---

* 据《湘报》第十四号（光绪二十四年三月初一日出版），原题为《补录抚宪告示》。

即当照例奏请建坊,次亦可由官给予匾额。本年捐不足数,尚可推至下年,以丰年之有余,备歉岁之不足。但能妥立规制,经理得人,目前无损,后有大益。

是塘堰、积谷两事,无论贫富,俱应及早勉行,合亟出示晓谕。为此示仰阖省士民人等一体知悉:

尔等须知,本年因去秋旱歉,灾重之区,多煮草根、树皮,苟延性命;灾轻各处,谷少价昂,亦复劳力耗财。若非仰沐我皇上恩准拨款办捐,及各省协济巨款,发交印委各员,率同绅士分别振抚平粜,贫民固不能自保,富室亦岂得独安? 安危之机,只争呼吸。当此创巨痛深之后,苟于备旱、备荒两端,尚不亟图补救,他时若有缓急,更将何以为谋? 本部院到任后,经营振抚,实已心力交疲,既经备历艰难,岂得不为吾民计及久远?"人无远虑,必有近忧。"特此剀切晓谕,各宜懔遵,毋贻后悔。特示等因。

除刊就告示,通饬张贴,并将贴过地名具报外,合就札饬。札到,仰该□即便遵照办理①,毋得视为具文,致令旱荒之年无从措手,贻误地方,问心何以自解? 如能实心实力,办有成效,既为民造无穷之福,即于己垂不朽之功。有意民事者,尚其勉之。毋忽。切切。此札。

弛禁谷米流通告示(稿一)*

早稻登场,收成颇丰。中稻将熟,大致亦同。禁贩出省②,原本苦衷。饥则自救,饱则流通。秋收已届③,禁阻毋庸。藉口故

---

① 此处原有空格,现改为"□"。

* 据舒斋藏摄片。按:此为陈宝箴手稿。

② 此句初作"禁止出省"。

③ 此句初作"二谷既熟"。

违,法纪难容①。

弛禁谷米流通告示(稿二)*

巡抚部院示:

早稻登场,收成颇丰。中稻将熟,大致亦同。禁贩出省,原本苦衷。饥则自救,饱则流通。秋收已届,禁阻毋庸。藉口故违,法纪难容。

遵旨兴筑粤汉铁路湘境段告示**

头品顶戴兵部侍郎兼都察院右副都御史巡抚湖南等处地方节制镇协提督军务兼理粮饷陈,为出示晓谕事:

本年正月二十六日,本部院承准军机大臣字寄:"光绪二十四年正月初五日奉上谕:'王文韶、张之洞、盛宣怀奏《粤汉铁路紧要,三省官绅〔绅商〕吁请通力合作,以保利权,并筹议借款》各摺、片。

现在时局日亟,所有中国紧要枝、干各路,除芦汉业经开办外,粤汉一路,虽经总署王大臣奏明次第举办,尚未定有切实规模,〈自应预争先著。〉若由湘、鄂、粤三省乡绅〔绅商〕〈自行〉承办,仍归总公司总其纲领,实于大局有裨。惟是造路之资本、借款之办法、通行之章程,必须与芦汉公司一气贯注,始可收通力合作之效。

著王文韶、张之洞、谭钟麟、谭继洵、陈宝箴、许振祎〔袆〕,随

---

① 此句初作"法所不容"。

* 据舒斋藏摄片。按:此为陈宝箴手稿,原题为《巡抚部院示》。篇末有陈氏墨批:"右示稿送呈善后总局,即饬匠刊刷五十张,限本日送局转赍。二十三日。"日期上钤有"毋敢慢"阳文篆印。

** 据《湘报》第十八号(光绪二十四年三月初五日出版),原题为《抚院告示》。

时会商盛宣怀,妥议招股、借款各节,并选举各省绅商,设立分局,购地鸠工,认真办理。各国如有以承办此路为请者,即由总署王大臣告以三省绅商自行承办,已有成议,〈或可杜其要求。〉此路贯湖南腹地,衔接武昌,不特取径直捷,练兵、开矿,诸凡有益,该大臣等当妥速开办,力任其难,以收实效。

另片奏请暂用中国工师勘路等语,詹天祐〔佑〕、邝景阳二员,已谕令胡燏棻暂时借调,即著陈宝箴派员协同该二员,将湘省应造铁路之地测量勘绘。〈原摺著钞给谭钟麟、谭继洵、许振祎、陈宝箴阅看。〉将此各谕令知之。钦此。'"①遵旨寄信前来等因,承准此。除札行各道府州县钦遵查照外,合行出示晓谕。为此示仰阖属士绅军民人等一体知悉:

尔等须知,现在兴筑铁路,为中国富强要务。火车在铁路中,日行千余里,不独调兵运粮、救荒备赈至便至速,为所必需;即各处粗重土产货物,俱可运至远方,售得厚价。火车往来铁路,节节停顿,必须装卸货物、换载人客,沿途商贾,因可开设行栈,贫民亦可挑抬客货、贩卖食物,藉便谋生。冷僻之区,顿成镇市,地方立见繁盛。且湘粤芦汉铁路,系中国绅商设立公司承办,仅止选择外洋工匠修造,造成之后,各府州县绅商士民,俱可入股分利,是此举利国利民,而于经过地方尤有无穷大益。

查由粤至汉口铁路,应由湘境宜章、郴州、永兴、安仁、茶陵、攸县、醴陵、长沙、善化、湘阴、巴陵、临湘等处地方接入湖北境地。尔等读书明理绅耆,务当仰体朝廷为民兴利德意,一体赞助,以期速成而保利权。并开导乡里居人:修造铁路公司,只有时价买地亩,

---

① 此段引文,已据《清实录·德宗景皇帝实录》"光绪二十四年正月己丑"条校订。详《清实录》,卷四一四,第410~411页。

并不伤碍民间坟墓。或需购买粮食、蔬菜，雇用土石工人，皆当彼此公平交易，切勿抬价居奇及辗转克减，致相争竞。庶几利人即以利己，两有裨益。倘有地棍造谣生事，煽惑乡愚，及有把持阻挠情事，立由委员等会同地方官严拿重办，决不姑宽。此系奉旨饬行要件，各宜懔遵，毋稍违误。切切。特示。

〖附一〗鄂、湘、粤三省绅商：
请办粤汉铁路禀稿*

鄂、湘、粤三省绅商等，为公恳奏请赶筑汉粤铁路，通力合作，以杜外谋而保利权事：

窃闻芦汉铁路开办之初，曾蒙奏明："北干路工竣后，再由汉接展至粤，为南干路。"其间经由之地，或湖南，或江西，尚未指明地段。是原议专注北干，固明于本末先后、轻重缓急之分。惟近来强邻日逼，时事日非，其情形与昔不同，则办法自当稍异。非徒南干铁路宜一时并举，而经由之地且必须顺道于湖南者。

中国幅员广远，南北相距万里，恃大海以通声气，今海军既无力能兴，设有外变，消息中断，隔若异域，呼应不灵，必内地造有铁路，方可连为一气。广东财赋之区，中日之役，数百万军饷一朝而集，南方有此要害，未可失也。此南干铁路之所宜速修也。

初议由汉至粤，本拟绕道江西，然准其地望①，如行于弦〔弧〕

---

　　* 据《湘报》第十四号（光绪二十四年三月初一日出版），原题为《请办粤汉铁路禀稿》。按：此禀另见《集成报》第三十三册（光绪二十四年闰三月十五日出版），题作《湘中拟开铁路禀稿》；《知新报》第五十四册（光绪二十四年四月十一日出版），题为《湘、鄂、粤三省绅商在湘中请开铁路禀》。
　　① "地望"，《集成报》作"地里"，《知新报》作"地势"。

之上①，较湖南为迂远。今广西铁路已在龙州发端，设有人欲求由此接展入湖南境内，直抵汉口，以拊我之背，则我所造江西至粤之铁路，利权尽为彼所分夺矣。况西贡较香港尤近西南，洋公司船之货物，群趋便捷，必不肯舍近而泊远，其理至明。如定计道出湖南，则广西铁路即成，亦只能为我路之支路也。此铁路之所宜道出湖南也。

近者湘人讲求时务，风气渐新，电线之设毫无阻碍，又恐他人先我而办铁路，切肤之痛，患在腹心，皆愿合群兴办②，以通为塞，绝其觊觎。尤可幸者，湘中矿产富饶，运道一通，销场极畅。而由鄂、湘达粤中，无大河之隔，自郴州逾骑田岭，复有前广东布政使王藩司之春所修山路，甚为平坦，因而用之，工程较省，比之芦汉，利益更厚。从前议办铁路时，粤商自谓能多集股分，然皆愿入南干而不愿入北干者，以其重利所在也。

兹有此举，巨赀可筹，三省人士往返函商，意见均合，亟欲和众丰财，克期并举。拟呈请俯赐电奏，并咨明总署，先行立案。倘蒙俞允，再由绅等妥议勘路、招股、购地、用人，其一切办法章程，另摺禀请察核兴办，以观厥成。

绅等深维世变，日切焦忧，究其利害之所在，实贵先发而制人。盖脉络贯通，邪气自去。有南干，则北干益灵；有成谋，则外谋自沮。大局安危，所关非浅，理合具呈。为此公恳大人迅赐核准，奏咨立案施行，实为德便。谨呈。

---

①　"弧"，据后附谭嗣同《论湘粤铁路之益》订正。
②　此句及下两句，《集成报》与《知新报》均作"皆愿合群力兴办，塞绝其觊觎"。

〔附二〕王文韶、张之洞、盛宣怀：
合词致总署请代奏赶造粤路电*
（光绪二十三年十二月二十二日）

闻德国租占胶澳，并允承办山东铁路，英、法皆甚艳羡。香港洋报载："英国所当急行者，建造铁路之利，理应赶营中国中路或广东建筑轨道①，方不致落他人之后"等语。近有日本人来鄂密称："英国欲借款修路，并欲香港对岸深水埠地方。"证之西报，英觊觎铁路，从粤东下手，以达汉口，蓄谋其确。今春英商屡求承造粤路，坚持未允，现在德与俄、法均得路权，英若遽向总署要索，势难空言拒绝。

现据湘、粤、鄂三省绅商公呈总公司吁请会奏立案，由三省绅商自行承办，仍归总公司综其纲领。除批准一面即日具摺会奏外，如果目前各国有以粤汉铁路为请者，应即告以"三省绅民先以递呈②，议定合立公司，准归自办"，借杜其口。现在沿海沿边无以自保，要在保我腹心，徐图补救。若使英人占造粤汉轨道，既扼我沿海咽喉，复贯我内地腹心，以后虽有智勇，无所复施，中国不能自立矣。

事机万分危迫，用敢先行据实电陈，伏乞饬总署预为防范。此

---

* 据《张之洞全集》，第三册，第 2113 ~ 2114 页。原题为《致总署》，题下注："光绪二十三年十二月二十二日申刻发。"按：此电初见录于《张文襄公全集》卷七十九《电奏七》；《愚斋存稿》卷二十一《电奏一》，题为《湘粤鄂三省绅商请承办粤汉干路电奏》，题下注："光绪二十三年十二月二十二日在武昌发，直督王、鄂督张会衔，总署代奏。"

① "赶营"，《张之洞全集》作"干营"，似误。此从《愚斋存稿》。
② "先以"，《愚斋存稿》作"先已"。

事关系大局安危，不仅铁路一端也。请代奏。文韶、之洞、宣怀谨肃。养。

树枏按：十二月二十二日致王制台电云："英觊粤汉铁路甚亟，大局将危。楚、粤士民均甚惶恐焦急，因与陈右帅电商博采士民公议。现经湘、粤、鄂三省绅商公呈总公司请会奏立案，除叙一摺两片会列台衔迅速缮发摘要另电外，尚恐摺迟，先拟电奏，以备抵制。务恳迅赐酌定转发"云云。①

〖附三〗王文韶、张之洞、盛宣怀：
会奏议办粤汉铁路摺*
（光绪二十三年十二月）

北洋大臣直隶总督臣王文韶、头品顶戴湖广总督臣张之洞、头品顶戴大理寺少卿臣盛宣怀跪奏，为粤汉铁路紧要，三省绅商吁请通力合作，以保利权，恭摺具陈，仰祈圣鉴事：

窃于光绪二十二年九月，臣宣怀赴召议办芦汉铁路之时，经总理衙门王大臣代奏"设立总公司，先造芦汉干路，其余苏沪、粤汉等处，亦准展造，不再另设公司。似此西北造路，东南商股方能号招，且可泯各国窥伺之心，断却无数葛藤"等语，当蒙王大臣奏准

---

① 此段按语系王树枏所加，见《张文襄公全集》所载，今仍予附置原电之后。

* 据《湘报》第十九号（光绪二十四年三月初七日出版），原题为《奏办汉粤铁路摺》。按：此摺尝见录于《张文襄公全集》（卷四十七《奏议四十七》）；后录存于《张之洞全集》（第二册，第 1278～1279 页），题为《粤汉铁路紧要三省绅商吁请通力合作以保利权摺》，题下注："光绪二十四年正月初五日"，正文略有异同。又按：此摺另见录于《愚斋存稿》卷二《奏疏二》，题为《湘鄂粤三省绅商合请速办粤汉铁路摺》，题下注："光绪二十三年十二月，直督王、鄂督张会奏。"后附《请饬调用中国工程师测勘湘路片》、《议立粤汉铁路公司并密筹借款片》。

"公司自必合南北通筹，始能展拓，苏沪、粤汉亦当次第举办"等因，仰见朝廷俯采刍荛、无远弗届之〔至〕意①。

现今干路芦汉两端均已开办，虽因部帑未能全拨，洋债复多波折，比国总工程司开春到沪，即应催令付款，分头赶办。臣宣怀并当亲自督同工程司，由鄂、豫履勘，以达畿辅，多分段落，期于五年竣工。所有粤汉南干路，原拟稍缓续筹，无如时局日亟，刻不及待，群雄环伺，辄以交涉细故，兵轮互相驰骋，海洋通塞，靡有定时。今海军既无力能兴②，设有外变，隔若异域，必内地造有铁路，方可联络贯通。广东财赋之区，南戒山河，未可遐弃③。此粤汉南路所当与北路同时并举者一也。

原议由粤至鄂拟绕道江西，道里较湖南为迂阔〔远〕④，而形势、利益亦迥殊。臣等与湖南抚臣陈宝箴函电互商，该抚臣电称："国家创兴大政，以立自强之基，芦汉已行，鄂粤继举，江湘莫非王土，岂能有所阻挠？况湘人素怀忠义，近来士绅尤多通晓时务，不泥故见。"并据湖南在籍绅士翰林院庶吉士熊希龄、江苏候补道蒋德钧，来鄂与臣之洞、宣怀面商：如取道郴、永、衡、长，由武昌以达汉口，则路较直捷。湘中风气刚健，他日练兵，可供征调；矿产尤丰厚，地利亦可蔚兴。此粤汉铁路之宜折而入湘者又一也。

兹据湘、鄂、粤三省绅商联名呈请会办前来，除钞录恭〔公〕呈⑤，分咨军机处、总理衙门查核外，臣等深为〔维〕时变莫测⑥，铁

① "至"，据《张之洞全集》、《愚斋存稿》补入。
② "海军"，《张之洞全集》作"海道"。
③ "未可"，《张之洞全集》作"岂可"。
④ "远"，据《张之洞全集》、《愚斋存稿》改正。
⑤ "公"，据《张之洞全集》、《愚斋存稿》改正。
⑥ "维"，据《张之洞全集》、《愚斋存稿》改正。

路早成一日,可保一日之利权,多拓百里,可取百里之功效。粤汉南干,自应仍照原议,与此〔北〕路一气呵成①,议由湖南以达武昌,尤得致富致强之要领。该三省绅商立意既同,舆情已可概见,自必众志成城,无所摇惑。

如蒙俞允,应请饬下两广督臣,广东、湖南、湖北抚臣,与臣等随时会商妥议,招集华股,招〔酌〕借洋债②,并选举各省绅商,设立分局,购地鸠工,认真办理。总之,各省路权,尽可各省绅商分任,路利自须公溥均沾。而造路之本资、借款抵押之办法、通行之章程,必须芦汉、粤汉一〔二〕大干路合为一气③,递拓〔招〕递垫④,递修递押,递借递招,展转相生,竭五六年之苦功,若无意外之虞,当可使南北干路相为衔接,以符原议。

所有臣等接据三省绅商呈请赶办粤汉铁路以保利权缘由,理合恭摺具陈,伏乞皇上圣鉴训示。谨奏。

光绪二十四年正月初五日奉硃批:"另有旨。钦此。"

〔附四〕谭嗣同:论湘粤铁路之益*

今日之世界,铁路之世界也。有铁路则存,无则亡;多铁路则强,寡则弱。西人为统计之学者,校稽环球各国铁路之长短,列为图表,惟美国最长,惟中国最短,而各国安危盛衰之数,率以是为差。问国富,亦辄举铁路以对,其效莫铢发爽也。

---

① "北",据《张之洞全集》、《愚斋存稿》改正。
② "酌",据《张之洞全集》、《愚斋存稿》改正。
③ "二",据《张之洞全集》、《愚斋存稿》改正。
④ "招",据《张之洞全集》、《愚斋存稿》改正。
* 据《湘报》第十九号(光绪二十四年三月初七日出版)录入。按:此仍旧题。题下原注:"浏阳谭嗣同撰",今略去。

俄人注全力于亚洲,于是经营西伯利亚大铁路,自森彼得罗堡以达海参崴,绵亘三万余里。美人将从而拓之,复由海参崴而东至于卑令海峡,渡海以达于美洲。曩之苦美洲孤立于西半球,由欧、亚而往,非数十〈日〉海程莫达者,今且陆行不二十日可周绕地球,而美、欧、亚三洲遂接轸,如在户庭间。壮哉观乎!是于地球寒热温五带之外,加束一铁路之带矣!

然彼之大铁路自西而东,横铁路也;吾中国将由奉、吉筑铁路以达于京师,复由京师之芦沟桥展筑以达于汉口,复由汉口展筑以达于广东,自北而南,纵铁路也。以纵敌横,其两路之相遇,作斜交形,锐角在西而钝角在东,隐示争先趋重太平洋之意。以征调,则旦暮可集;以飞挽,则饱腾可券;以商战,则灌输可速;以农战,则荒漠可稼;以矿利,则瑰异可出;以游学,则见闻可广。无疲工,无滞物,无弃地,无聋乡。条条邑布,节节灵通,有如常山率然,蜿蜒连蜷,偃卧于亚洲大陆之上。此路成,然后分筑枝路,与相衔接,如虫之有足,如蛛之有网,如鸷鸟之有羽翼,诚具席卷九州、囊括四海、鞭笞六合之概,不世之伟烈,经国之至计也。

奉、吉以有俄约,暂置弗论。今首筑芦汉铁路,所以拱卫神京、绾毂诸夏,名"北干路";次筑汉粤铁路,所以长驱岭峤、吞纳沧溟,名"南干路"。而南干路由汉达粤,取径有二:一道江西,一道湖南,孰为便利,议反复不决。吾请为借箸而前筹之曰:

道江西,有不利者六;道湖南,则利铁路者九,而利湖南者十。何以言之?道江西,必自汉口复折而东,然后可由江西而西而南,则弧而迂。道江西,必逾大庾之险,则阻而劳。即使渡江而后能绕避鄱阳,而章、贡二水在所屡经,则梁而费。江西矿产未宏,林业未饬,煤、铁、材木皆无以供,则需而窘。江西习俗守旧,愚如土番,上无开民智之长官,下无通民情之学会,一睹俗人妇孺意计中所不能有之雄图霸业，势必群然奔骇，不恤出死力以相沮挠，则扰而败。且江西僻在一隅，四邻皆要地，而己独中立于闲散，而又不能握天下之枢，其不足轻重，久为古来英雄用武所不屑争。敷千里之铁轨于非所必用之地，其义何取？则冷而涣。此道江西之六不利也。

道湖南之前九利，何也？一曰径直。自汉口渡江，贯武昌而南，而长沙，而广州，一线联串，无事傍绕。

二曰坦易。洞庭之野，平原莽荡，培塿且无，何论大山？滨湘上溯，置驿宛然，郴州虽有骑田一岭，然斜度甚小，登陟如履平地，不假修凿，驰道天成。

三曰免造巨桥。取道湘水之东，绝无大水横隔，舆梁徒杠，未足算矣。

四曰易招劳工。湖南人馀于土，佣力者众，仅取自存，饩廪尤薄，而朴勇耐苦，视他省之工，二足当三。

五曰产煤足以行车。湖南矿已遍采，煤出尤多，长江上下，往往仰给，火车所至，无虞缺乏。即需钢铁以及他种金类，皆可随地采炼。

六曰产木足以垫道。沅、湘两水之上流，素称林深箐密，木商结筏出售，蔽江东下，至于海不绝，以供就近之用，尤便取携。

七曰有能任事之官。或硕德重望，仁泽深入人心；或通学渊才，锐意以开风气。驾轻就熟，草偃风行，能用其民，何事不举？以历年欲办而不能办之电线、轮船，一旦竟其功于不觉，固已事之可证者也。

八曰有能分任之民。湖南自数年以来，文明日启，脑筋日灵，言新则群喜，语旧则众唾。图算之学夥，则足以效工程；工商之途辟，则足以集股债。合官绅以通力合作，即无此南干路之议，犹当自请筑造，而或忧愚民之不乐从，决无是理矣！

九曰力争形胜之地。湘军之兴，功耀区宇，天下谈地利者，咸注目湖南。项羽言郴为天下上游，信险要之所在，不可忽也。有铁路以张之，然后朝廷益易收其用，而筑纵铁路之本意乃为不虚。他人我先，其无怵焉？此利之在铁路者也。

道湖南之后十利，何也？一曰复固有之利权。从前海禁方严，番舶无埠，南洋、五岭之珍产，必道吾湘，然后施及各省。维时湘潭帆樯鳞萃，繁盛甲于东南，相传有"小江南"之目。厥后轮船、租界曼衍沿边，商旅就彼轻捷，厌此艰滞，而吾湘口岸始日衰耗。今以铁路复之，以较乘轮航海，稳速数倍，洋货一抵香港，必皆改而由陆。是上海一带之蕃富，将悉夺以入吾湘；而英公司数十年黄海之经画，亦一朝尽失其利。

二曰杜觊觎之外患。德人挟巨野教案，勒修山东铁路，安知不遂山东吾湘也？况德国驻京公使海靖，已遣员向湖广督部启齿矣。而法人尤明目张胆，请展接龙州铁路，道吾湘以至汉口。吾湘不早自图谋，则此路将非我有。路失，而吾湘尚可问乎？且既非锁港闭关之世，内地通商，在所不免。惟冀此路早成，网握全利，彼或望而却步；即不然，吾亦可以铁路为操纵，而事权在我矣。

三曰收百粤之海口。各国兵商之比较，辄以海口多寡为衡。其无海口如瑞士者，仅堪为人保护。吾湘距海稍远，局势难使恢张。若铁路通粤，因粤之人才，因粤之财力，遂因粤之海口而用之，他日可于海上自成一军，而遥执海权矣。

四曰作全湘之士气。士气之新，端在发皇耳目、开拓心胸。吾湘画疆自守，鲜与外人接，以故学业未及精邃，见识不尽宏通，虽有学会、学堂，亦苦无能周遍。西人谓凡兴大工役于境内者，不啻为其地普设各种学堂，即不啻合官绅、士农、商贾、工兵，智愚、文野不齐之人，而一一教之。今以千数百里之铁路，首尾直穿全省，不出户而周知四国,不费日而游历他方,其为开物成务、广教化、育才俊,何如也?

五曰振疲钝之商务。有无懋迁,酌剂宜平,运售省时,取赢斯易。铁路所在,百产骈罗,馀补不足,主客两利。岂若经岁累月,跋涉长途,既货价转变之不时,而盈亏又在不可知之数哉?

六曰运重滞之矿沙。今有百钧之物,致千里而价三倍,然以拟运费,犹不能取偿,斯为弃物矣。今之开矿,何以异是?明知煤、铁用广,而煤、铁之迁运最难,不有铁路,矿虽开而莫能运。铁路成,则不惟运矿便也,他省殷富,皆将出其资以为吾湘办矿,而矿无不开矣。

七曰尽耕耘之地力。人满土满,厥患不均,安土重迁,迁实匪易。铁路缩千程于咫尺,则荷耒赴垦者将如水之就壑,而人土之容积不概而自平。且相观而善,相师而精,新理新法,流传日溥,无不辟之草莱,有十倍之刈获。美国以农名天下,亦其铁路之效也。

八曰起组练之新兵。兵已多则饷不给,已少又防不密。惟铁路运兵,所向神速,化险为夷,收散作整,往来策应,御变无方。一兵之力,可得数兵之用;一省之兵,可固数省之防。即无事之时,亦可以远征代大操,而教战非无术矣。

九曰兴精巧之工艺。吾湘雅尚美术,多好深思。铁路便于载重,则机器四至,而机厂随兴,新奇者不一其式,而仿造者必层出不穷。昔恨力不能为者,而今能为之;昔苦无所取法者,而今可法之。远人来会,则赛珍可场;名宝辐凑,则博物可院。昔马殷以工商立国,固往事之明征;今上海机器局徙设于此,又方来之佳兆也。

十曰拯困乏之穷黎。铁路程功颇大,用人最多,给赏亦较丰。自书算奔走之长,以及任担负畚、佣工杂技,并所需用,甚至老弱聋哑,皆可受雇得值。不待远求,而就地增出无数之生业,已可庆幸。

而路成之后，在在招用工役，其数日繁，尤可长倚为衣食之计矣。且水旱偏灾，事所恒有，有铁路以为转运，丰则粜，歉则籴，谷价自可常平，而赈济岂忧无及乎？此利之在湖南者也。

十利之外，尤有无穷之利焉。干路既成，可由此广筑枝路，遍于全省，则十利可化为千百利。物丰财阜，政通人和，民艰无壅于远闻，吏治可藉以详察。然则前之九利不得，铁路尤可改辕于他省；后之十利一失，吾湘殆将不可为乎！

吾知洞幽辨微之士，必日日思得此路之经由吾湘，而不可必得。今何幸官绅合志以上请，而圣天子亦若逆知民隐，而慨然沛以殊恩，特允南干路不道江西而道湖南，并饬即行开办。吾侪小人，宜如何戴山知重，感激涕零，额手拭目，以俟大功之成，而欢喜赞叹曰："盛哉乎斯世！"而谓犹有持旧日"用夷变夏"、"风水龙脉"诸说以自外生成者，吾不信也！

昔闻南海先生尝主湘粤铁路之议，昨阅其《条陈胶事摺》，亦曰以铁路为通。其人与其疏，皆旷古今所未尝见，宜其瞻言百里，足为天下后世法。然而向之所谓云云者，方且云云云云，议嗣同过誉先生矣。[1]

晓谕创制器物准给专利告示（稿）[*]

为晓谕事：

光绪二十四年六月十三日，承准总理各国事务衙门咨："据总

[1]　按：此末一段为谭嗣同附缀识语，原本较正文低一格排版，今易为仿宋字体排印。又，康有为《条陈胶事摺》曾刊于《湘报》第十六、十八号，文前有谭嗣同所作按语（未署名）。

[*]　据舒斋藏摄片。按：此为抚署幕僚奉拟草稿，已经陈宝箴略加点窜并饬发者。篇首有陈宝箴签署日期："十七"，上钤"真实不虚"篆字阳文章。

税务司申，福建人陈紫绶〔绥〕所制纺纱机器，灵便合用，请按西例发给专利执照，咨行出示晓谕，各属绅商军民，有能创制器物，便于民用者，均准报送考验，照章给照，以资鼓励"等因①，承准此，合行出示晓谕。

为此示仰绅商军民人等一体知悉：有能创制器物②，便于民用者，准其就近前赴该管地方官处，报明申送③，以凭考验，给发专利执照。绅商军民人等，务各加意讲求，期擅厚利④，慎勿观望自误。切切。特示。

〔附〕光绪二十四年六月十五日上谕*

通商惠工，务材训农，古之善政。方今力图富强，业经明谕各省振兴农政，奖励工艺，并派大臣督办沿江等处商务。惟中国地大物博，非开通风气，不足以尽地力而辟利源。图治之法，以农为体，以工商为用。现当整饬庶务之际，著各省督抚认真劝导绅民，兼采中西各法，讲求利弊，有能创制新法者，必当立予优奖。

该督抚等务当仰体朝廷开物成务之意，各就该管地方考察情形，所有颁行农学章程，及制造新器、新艺专利给奖，并设立商务局选派员绅开办各节，皆当实力推广，俾收成效。此外叠经明降谕旨饬办事宜，亦均宜悉心讲求、次第兴办，毋得徒托空言，一奏塞责。并将各项如何办理情形随时具奏。将此通谕知之。

---

① 所引总理衙门咨文，共计三行，字体较小，系后来补入者。引文左侧，原书有"咨云"二字，盖前三行小字未填入时作提示语也，今略不录。

② "创制"，幕僚初拟作"创造"，继自改定。

③ "申送"，幕僚原作"申请"。

④ 此句幕僚原作"冀沾厚利"。

* 据《清实录·德宗景皇帝实录》，见《清实录》，卷四二一，第525页。按：此谕另见《光绪朝东华录》，第四册，总第4150页。

给发阜南官钱局条规告示(稿)[＊]

　　头品顶戴兵部侍郎兼都察院右副都御史巡抚部院陈,为给发条规事^①:

　　照得本部院因钱法敝坏,重困小民,因与司局议于省城开设阜南钱号官局^②,奏委江西补用道朱绅总理其事。所有订定条规^③,除行布政司、善后局、厘金总局外,合行开列于左^④:

　　一、各局卡应解厘金钱文,由总局经收,发官店存储备用。

　　一、每日银钱行情,官店悬牌示价。

　　一、官绅立摺往来,一概谢绝。

　　一、禁止挪借,如有私自挪借者,除追赔外,将店内经手人辞出,不得以有薪水扣抵为解。

　　一、银元禁止开凿,由公估过图章行用^⑤。

　　一、银元禁止倾销,犯者照私毁官钱例惩办^⑥。

　　一、店中按月结账^⑦,具报本部院一次^⑧,每季凭公算账一次,以昭核实。

　　一、店中司事,归殷实铺户推荐,并书立承耽字据。如有亏累,

　　＊　据舒斋藏摄片,此为陈宝箴手稿。

　　①　"条规",初作"章程"。又,第二行行首之右侧,有批语曰:"低一格写。"应是指示幕僚缮录时注意。

　　②　"与司局议",系增补者。

　　③　"条规",初作"章程"。

　　④　"开列",初作"条列"。

　　⑤　"图章",初作"印信"。

　　⑥　"照",初作"以"。

　　⑦　"账",初作"帐"。下同。

　　⑧　此句初作"具报一次"。

向保人著赔①。

一、司事薪俸，按月给领，不得长支分文。

一、凡银钱出入，以及簿书文件，必须共见共闻，不得一人专擅。

一、凡银钱票据，每夕务须归入银房，交派定司事管理，以昭慎重而专责成。

一、店中日用，务从俭约，以节浮费。

以上共十二条，发交阜南官钱局张贴晓示，一体遵照。毋违。特谕②。

光绪二十二年三月十二日③。

行用阜南钱票告示（稿）*

为出示晓谕事：

照得湘省自咸丰间军兴以后④，制钱日少，私钱因之日多。市贾奸胥，出则勒杂私毛，入则多方挑剔，小民辗转受困，因以票钱为便，渐推渐广。奸黠之徒，规为利薮，出空票以饵实银，卷骗潜逃，城乡受害之家，不可殚述。兼以乡间钱票，铺户、居民相率杂出，彼此拨兑⑤，往往经年周转，讫不能获一钱。贫民急需衣食，不得已减成折算，常有减作八折、七折，而人犹不肯受者。纳税完粮，更无论矣。圜法败坏至此，民间受累至此，何可复支？

---

① "向"字，系自行增补者。

② "特谕"，初作"特示"。

③ 此日期系增补者，当为签发时间。

* 据舒斋藏摄片。按：此为陈宝箴手迹。据原稿"去年抚宪莅任"云云，此稿似系陈宝箴代为阜南官钱局而拟撰。

④ "湘省"下，原有"钱法"二字，继自删改。

⑤ "拨兑"，初作"免兑"。

　　去年抚宪莅任，即与官绅亟图补救，奏开宝南局，鼓铸制钱。因铜价过昂，分饬开采铜矿，以资取用。复于省城红牌楼开设阜南官钱局，兼用鄂铸银钱，冀可维持市面。数月以来，钱价仍未轻减①，城市行用，自仍以钱票为便，诚以既无私毛，又易携捡，相沿既久，亦断未便更张。惟奸徒倒骗之患，既不能除，而民间于需用制钱之事，及纳课完厘等类，百计购钱，最为艰苦。衙局吏胥、肆市商贾②，又或多方挑剔，辗转为难，民困终无获苏之日。

　　用再集同官绅，议于阜南官钱局行用钱票，以五百文及壹千文为一张，每张盖用布政司印，凡属钱粮厘金并典质衣物各项贸易，概行收用。应补底者，照数补底，应交银者，按银价核算准折③，俱仍照各处官商向行章规。此票即与实钱无异，不许另有"补水"等项名目④。除通饬各府州县关卡、厘局一体遵行，不准藉词不收及稍有留难需索外，合行出示晓谕。

　　为此示仰居民、商贾各色人等知悉：自后无论城乡市镇，有持阜南钱局印票完钠丁漕厘税，以及典当行户各项交易买卖，概准使用。查定例："伪造印信诓骗钱财，首斩从绞⑤。"倘有奸徒伪造印票，一经发觉，即照"伪造印信"例从严治罪，决不宽贷。其各凛遵毋违⑥。特示。

　　光绪二十二年十一月初十日示。

---

①　此句及下句，初作"钱价仍前腾贵，不能松减，而城市行用"。
②　"吏胥"后原有"及"字，后删。
③　此句及下句，初作"按银价准折核算，俱仍照官商向行章规"。
④　此句初作"不许另有'补水'、'补色'等等名目"。
⑤　此下原有句云："知情故为行用，讯明亦拟流徒；不知者不坐。"继自删去。
⑥　"毋违"，初误作"毋迟"。

〖附〗蒋德钧：上陈宝箴电*
（光绪二十二年六月初五日）

抚台鉴：

官钱票宜造多少？票纸惟东洋可用，每千张价约五元零。三月可成。乞商朱道，电复。钧禀。微。

严禁执持官钱局票挑剔挟制告示（稿）**

照得官民钱店行使钱票，原以便市廛之用，亦能济钱法之穷，诚为至善。无如人心多诈，往往罔利营私。访闻湘省有等奸商、市侩，专以盘钱为业。或卖空买空，既无明钱，又无票据；或伺各钱店出票稍多，汇集多张，支使痞棍取钱，恣意挑剔，为提典、搀私之计；或心生嫉妒，故积一家票据，以逞排挤之私；又或因他处钱价稍昂，贩运出省，希图渔利。此等恶习，乡市无多，省城最甚，以致殷实钱店视出票为畏途，钱价日昂，百物因而踊贵，最为闾阎之害。

本部院轸念民艰，亟思拯救，奏开阜南官钱局，与民间各钱店一律行使钱票，冀以维持圜法，嘉惠穷黎。查各省章程，官钱号票加盖司印，合省通行，钱漕厘金，概照时价折用。诚恐觊觎法之徒诡计百出，借以渔利，亟应严行示禁。

为此示仰阖省军民、商贾人等知悉：凡执阜南零票，随时兑取明钱。如有奸徒盘剥私利，格外挑剔钱色①，聚集整票多张，挟制取钱，以图营运，及抬高价值、提典、和私、销毁等弊，皆属贻害市

廛，大干法纪。一经觉察，定行严拿，从重惩办，决不稍从宽贷。各
宜凛遵毋违。特示。

〖附〗王先谦：上陈宝箴书*

大中丞大人钧座：

奉环谕，仰见为国为民茞画勤劳，莫名钦佩。先谦为此事，集
三五精于会计、明于事理之人，详加考核，其中尚有可备采择者。

据称，钱店所以遵允行使，委因官民俱愿。又闻有官钱店之
设，不敢显违。然银钱流通，于出票有碍，伊等不肯轻易失此无本
之利。将于行使时，遇小银钱，诿为不能辨认真伪，多方阻抑，暗中
把持。此系推见至隐之论，故必须设立公估局及官钱店者一也。

承示五种钱式，每大小分量、定值多寡，数目诚为简便。但据
称，如此立法，以银圆大者值钱一千，就现在市价而论，钱店每元可
赢钱八、九十文，暗中坐获厚利，自无不愿。倘银价迭长，每大圆之
银可抵钱一千有奇，则射利奸商动辄毁圆为锭，以取馀羡，必致银
圆难以流行畅旺，于民间生计仍少利益。是行使银圆宜与银价随
时消长，方免此弊。然随时消长，若全授其权于钱店，势必受其掯
勒，上下皆为所盘剥，故必须设立官钱店者又一也。

窃维台端此举，力救钱法之敝，实为湘民生计一大转机。全在
发轫之初，审慎周详，使奸商无所施其伎俩，庶几变通尽利，行之久
远。谨缕陈刍说，伏乞卓裁。

另有前任四川涪州知州杨巩条陈一件，颇为明白晓畅，附呈电

---

　　* 据《陈宝箴友朋书札（四）》，载《历史文献》第六辑，第148～149页。按：可参阅
陈宝箴光绪二十二年二月二十三日《湖南省城开设阜南官钱局片》（见本集上册卷四
《奏议四》）。

察。该绅家道殷实，人亦明干，自愿邀集公正富绅数人，设立公估一局，妥为经理，以期大众信从，无虞阻滞。尊意如谓可行，再当呈请批示。

琐琐上渎，敬请钧安。

治小弟先谦顿首。十一日。

遵旨颁发昭信股票告示（稿）[*]

为晓谕事：

光绪二十四年正月十四日电传邸钞："正月十四日奉上谕：'户部奏《遵议右中允黄思永奏筹借华款请造股票》一摺。据称该中允原摺所陈，详细参酌，拟由部印造股票一百万张，名曰昭信股票，颁发中外。周年以五厘行息，期以二十年，本利完讫。平时股票准其转相售卖，每届还期，准抵地丁盐课。在京自王公以下，在外自将军、督抚以下，无论大小、文武、候补、候选、现任官员等，领票缴银，以为商民之倡。其地方商民愿借者，即责成顺天府府尹及各直省将军、督抚，将部定章程先行出示，并派员剀切劝谕，不准稍有勒索。派办之员能借巨款者，分别优予奖叙各等语。著依议行。

当此需款孔亟，该王公以及内外臣工等，均受朝廷厚恩，即各省绅商士民，亦当深明大义，共济时艰。况该部所议章程，既不责以报效，亦不勒令捐输，一律按本计息，分期归还，谅不至迟回观望也。将此通谕知之。钦此。'"①

---

　　* 据舒斋藏摄片。按：此为抚衙幕僚承撰示稿。仅见篇首四页，其后半缺失。原稿间有因抬空而失体之处，悉由陈宝箴逐一代为重书。

　　① 此处原有陈宝箴饬交幕僚誊录所作提示："以上十三行，均应高一字写。"继将提示删去，盖均已代为纠正。按：所云"以上十三行"，皆录上谕文字，故饬命"均应高一字写"。

又先后接准户部电开:"《议复黄思永奏筹借华款》一摺,已奉谕旨允行。先行印造部票一百万张,名曰昭信股票,颁发中外。每票库平银一百两,银元亦准折合抵交,周年五厘行息,二十年本利还清。除飞咨各省并续发部票外①,务将筹借办法及官员出借银数,先行报部。又昭信股票造成需时,有缴款者,应先付用印实收。又昭信股票一年为期,每票前十年各付息银五两②,第十一年认还本银十两,由次年递减息银五钱,二十年还清"各等因,准此。国家【下缺】③

遵旨颁发昭信股票告示*

头品顶戴兵部侍郎兼都察院右副都御史巡抚湖南等处地方节制镇协提督军务兼理粮饷陈,为晓谕事:

光绪二十四年正月十四日电传邸钞:"正月十四日奉上谕:'户部奏《遵议右中允黄思永奏筹借华款请造股票》一摺。据称〈按照〉该中允原摺所陈④,详细参酌,拟由部库印造股票一百万张,名曰招〔昭〕信股票,颁发中外。周年以五厘行息,期以二十年本利完讫。平时股票准其转相售卖〔买〕,每届还期,准抵地丁盐课。在京自王公以下,在外自将军、督抚以下,无论大小、文武、候补、候选、现任官员等,〈均〉领票缴银,以为商民之倡。其地方商民愿借者,即责成顺天府府尹及各直省将军、督抚,将部定章程先

---

① "部票",幕僚误作"部复",由陈宝箴改正。
② "付",幕僚误作"休",由陈宝箴改正。
③ "国家"前原有"我"字,后删。
* 据《湘报》第十七号(光绪二十四年三月初四日出版),原题为《抚院告示》。
④ "按照"二字,系据《光绪朝东华录》光绪二十四年正月戊戌条(详第四册,总第4034~4036页)校补。下同。

行出示,并派员剀切劝谕,不准稍有勒索。派办之员能借巨款者,分别优予奖叙各等语。著依议行。

当此需款孔亟,该王公以及内外臣工等,均受朝廷厚恩,即各省绅商士民,亦当深明大义,共济时艰。况该部所议章程,既不责以报效,亦不勒〔强〕令捐输,一律按本计息,分期归还,谅不致迟回观望也。将此通谕知之。钦此。'"

又先后接准户部电开:"《议复黄思永奏筹借华款》一摺,已奉谕旨允行。先行印造部票一百万张,名曰昭信股票,颁发中外。每票库平银一百两,银元亦准折合抵交,周年五厘行息,二十年本利还清。除飞咨各省并续发部票外,务将筹借办法及官员出借银数,先行报部。"

又电开:"昭信股票造成需时,有缴款者,应由布政司先付用印实收,俟股票颁发,再行换给。"又电开:"昭信股票廿年为期,每票前十年各付息银五两,第十一年并认还本银十两,次年递减息银五钱,二十年还清"各等因,准此。

我国家圣圣相承,爱养黎元,靡所不至。常年租赋征收,务予从轻;水旱偏灾赈恤,惟期加厚。民力稍有不逮,一经入告,无不立霑恩施。此普海臣民,自先世宗祖以来二百数十年至于今日,所身受者也。近年时事日益艰难,库款万分支绌,司农仰屋,计吏捬膺,群僚反复筹思,至不得已而为息借之举。凡我官绅商民,具有天良,岂无血性?苟为力所能及,即使毁家纾难,亦分义所应然。

况朝廷体恤周详,既不欲责以报效,亦不肯勒令捐输,仅止贷用数年,仍予按本给息,分期归还,至十年已得其半,二十年本息一律全完。此在富厚之家,寻常放款,发商生息,尚恐不能有此,既于生计无损,又有急公之名。且奉刊发股票,名曰"昭信",俾众咸知,更可无复疑虑。湘人素怀忠义,睹此纶音下贲,应为感激涕零,竭力从事。

除行布、按二司会同善后总局等悉心办理外，合行遵旨出示晓谕。为此示仰通省绅商富户人等，一体遵照。毋违。特示。

〖附一〗户部：奏复昭信股票摺[*]

户部谨奏，为速议具奏事：

军机处交出右春坊右中允黄思永奏《筹借华款请造自强股票》一摺，光绪二十四年正月初九日奉谕旨："户部速议具奏。钦此。"

据原奏内称："时事孔棘，库藏空虚，舍借款无以应急，舍外洋不得巨款。前已种种吃亏，近闻各国争欲抵借，其言愈甘，其患愈伏。何中国臣民如此之众，竟无以借华款之策进者？若谓息借商款前无成效，且有扰民之弊，遂不可行，此诚因噎废食之说也。

在外洋与在通商口岸之华民，依傍洋人买票借款者甚多，不能自用，乃以资人。且搢绅之私财，寄顿于外国洋行或托洋商营运者，不知凡几；存在中国之银号、票庄者，又无论矣。小民不足责，应请特旨严责中外臣僚，激以忠义奋发之气，先派官借，以为民倡。合天下之地力、人力、财力，类别区分，各出其余，以应国家之急，似乎四万万民之众，不难借一二万万之款。

闻外洋动辄以万万出借，非其素蓄，不过呼应甚灵。每股百两，且有折扣，甲附股以售与乙，反掌间即可加增，以为恒产传之子孙者，不愿归还，即辗转操纵，亦有赢余。股票胜于银票，故举国信

---

[*] 据《湘报》第二十二号（光绪二十四年三月初十日出版），原题为《户部奏复招信票摺》，今题易"招"为"昭"，以求规范划一。按：此摺另见《光绪朝东华录》，文字略异，详第四册，总第 4034～4036 页。又按：《集成报》第二十九册（光绪二十四年三月初五日出版）亦曾刊登此摺，题作《户部议复筹借华款拟造昭信股票摺》，所奉上谕则未录。

从,趋之若鹜。每得中国电报,借款议成,即由银行造票,登新闻纸出售,虽万万银之多,克期立尽。中国风气若开,岂难渐收成效?

拟请敕下速造股票,先按官之品级、缺之肥瘠、家道之厚薄,酌定借款之多少,查照官册分派,渐及民间。亦仿西法,每百两为一股,每股分期收缴,还以十年或二十年为度。每年本利共还若干,预定准数,随股票另给票据,十年则十张。平时准其转售,临期准抵交项。盖分期宽则交款易,交款易则股本方肯多入,归款亦不为难。

出入皆就近责成银行、票庄、银号、典当代为收付,不经胥吏之手。无诈无虞,确有凭信,可售可抵,更易流通。抑或能借巨款,给奖叙以资鼓励,亦是一法。臣非空言,请先派筹借若干两,定限缴齐,逾期请治臣罪。其力数倍于臣、数十倍于臣者,如恒河沙数,聚沙成塔,只在人为。惟恳皇上宸断,令出惟行,则颓风可振,众志成城,转弱为强之机,反求即是"等语。

臣等伏查日本偿款,数巨期迫,原拟息借洋债以应急需,乃需用愈急,息借愈难。或甫有头绪,而不免纷纭;或已立合同,而终成反复。计自去年以迄今日,借债一事,其旋议而旋停者,盖不知凡几矣。现在期限日紧,洋债仍无成说,臣部正议息借华款,为补救万一之谋。

今中允黄思永"请特旨严责中外臣僚,激以忠义奋发之气,先派官借,以为民倡。并请速造股票,先按官之品级、缺之肥瘠、家道之厚薄,酌定借款之多少,查照官册分派,渐及民间。亦仿西法,每百两为一股,每股分期收缴,还以十年或二十年为度。每年本利共还若干,预定准数,随股票另给票据,十年则十张。平时准其转售,临期准抵交项"等因,自属筹款之一法。第缺分肥瘠、家道厚薄,一时既难周知,且按官之品级以定数之多少,亦恐迹近抑勒,窒碍难行。

臣等会同商酌，拟令官绅商民均量力出借，无庸拘定数目，先由臣部印造部票一百万张，名曰"昭信股票"，颁发中外。随后再制造息摺，给予本人收执，每部票一张，注明库平纹银一百两，银圆亦准折合抵交。凡中国官民，领取部票，缴纳借款，或在部库、藩库兑交，或寄存某字号票商，但使无误提拨，均听其便。此项借款，照洋款办法，周年以五厘行息，计用二十年。前十年每年还息一次，后十年本利并还，期以二十年本利完讫。在京由部库发给，在外由藩库发给，断不准丝毫需索延误。平时股票准其转相售买，每届还期，准抵地丁盐课厘金，以冀通行而昭大信。

夫商民食毛践土，各怀忠义之心；而内外大小臣工，受国厚恩。际此帑绌时艰，尤当熟计安危，出家资以佐国用。况朝廷不责以报效，不强令捐输，一律按本计息，分期归还，谁无人心？谁无天良？断不忍观望迟回，一任大局之溃裂。该中允原奏"先派官借，以为民倡"，所论诚为扼要。

拟请降旨，饬令在京自王公以下，在外自将军、督抚以下，无论大小、文武、现任、候补、候选各项官员，均领票缴银，以为商民之倡。在京大小官员，出借银若干，应领票若干，由该旗、该衙门开单报部，请领转发。在外大小官员，出借银若干，应领票若干，由各省将军、督抚开单请领转发。至地方商民人等，愿借者亦复不少，在京即责成顺天府府尹，在外即责成将军、督抚，将部定大概章程先行出示，随即拣派廉干之员，剀切晓谕，劝令绅商士民一体量力出借，仍不得苛派勒捐，致滋纷扰。

一面由臣部将印票分别省分，酌量给发；一面由地方官将出借银钱随时报部，听候拨还日本偿款，无论何项，不准挪移动用。惟此项借款，待用孔亟，各直省应自奉旨之日起，限两个月内，将筹借办法及已借银数赶紧电报,不得稍有迟逾。如派办筹借人员多方劝谕,能借巨款,十万以上准从优奖,五十万以上准破格〈优〉奖①,以示鼓励。

除将《息借华款给发股票息摺详细章程》另行核议外,所有速议缘由,理合恭摺具陈,伏乞皇上圣鉴。谨奏。②

按:此摺于正月十四日具奏,当日奉旨:"著依议准行。"前已明降谕旨,通饬中外矣。嗣于二十日户部复咨文通行京城文武各衙门,一体遵照办理。③

〖附二〗《湘报》:湘绅先输报国*

陈大中丞奉旨开办昭信股票,委黄玉田观察总理其事,初议集绅商办,在籍江西补用道朱观察昌琳(字雨田)即首先报效湘平银一万两,业交善后局收存。吾湘风尚忠义,贫者出力,富者出财,观察所为,洵可感也。

〖附三〗吴会:筹领昭信股票启**

敬启者:

於菟纾难,因楚国以毁家;卜式筹边,为汉廷而输粟。忠义之怀,赫然千古矣。方今海疆多故,国帑空虚,宵旰焦劳,司农仰屋。

---

① "优",据《光绪朝东华录》补入。按:《集成报》作"破格奖叙"。

② 《光绪朝东华录》无此段。户部所拟《章程》,详《光绪朝东华录》光绪二十四年二月甲子条(第四册,总第4052~4055页)。

③ 此摺所奉上谕较长(参《光绪朝东华录》)。又见前录陈宝箴《遵旨颁发昭信股票告示》所引),此为《湘报》经删节后所作按语。现改用仿宋字体排印,以示区分。

* 据《湘报》第四十一号(光绪二十四年闰三月初二日出版),此仍旧题。

** 据《湘报》第五十六号(光绪二十四年闰三月二十日出版),原题为《筹领昭信股票启》,题下署"绍兴吴会撰"。

黄慎之宫允蒿目时艰，奏请筹借华款一千万两，颁发昭信股票，自百两以及千两不等；周年五厘行息，期以二十年本利全完。已奉谕旨，饬部印造，颁行各省。湘中接准部文之后，右帅率同司道，各输巨款，以为之倡，派委员绅分途劝办。并出示晓谕，详明剀切，慷慨激昂，凡有血气者，读之俱为感动。

伏念我国家忠厚开基，薄赋轻徭，追踪三代，耕田凿井，帝力久忘，厚泽深仁，二百五十余年如一日。即近年中东搆衅，赔偿巨款，储藏告竭，无纤毫累及闾阎。乃以时势日艰，不得已而为息借之举，既不责其报效，复不勒令捐输，仅止暂贷数年，仍复克期归款，体恤民隐，无微不至。亚州四万万众，遄听纶音下逮，能无感激涕零，量其力之所能，靡不争先恐后矣。

我辈怀才厄遇，壮志销磨，屈计依人，时艰莫补。虽曰自食其力，并非受禄天家，而叩其岁入修金，何莫非居停廉俸。揆诸食毛践土之义，亦未便袖手旁观。况同为中土臣民，国事安危，即身家性命之所系，大局如有变动，则我辈虽欲涵泳优游，安坐莲花幕里，而不可得矣。言念及兹，尤不可不踊跃从事。

惟是橐笔遨游，类皆寒素，修膳既多寡之各别，家口有轻重之不同。股票至少百金，每人认领一纸，虽急公仗义不乏贤豪，而在入款无多、家口稍重者，势必力有不逮。现拟纠合通省同道，各捐半月修金，凑集成数，汇缴局中，藉伸报效之忱，一张忠义之气。湘省局面虽小，即相率偕来，亦未必能收罗巨款，裨益当时，然此风一开，人之欲善，谁不如我？倘合廿一行省之同道，悉仿而行之，则篑壤为山，细流成海，亦未始于国家不无小补。

至于领出股票每年所得息银，若按股扣算，寄归各主，锱铢较量，既觉其烦，邮递往还，复多不便。即拟悉数存留，作为幕道中之公项，创设一会，名之曰"急义公"。将原捐银数、姓名记载于簿，归在省会抚、藩、臬、粮、盐、首府各署处馆者，公同轮流经理。凡在事出银诸君，嗣后如有赋闲，每于岁暮之时，计其人数、银数，按股均分，以作伙助，平时不得动用。十年以后，将本银逐渐领出，亦归经管者妥为存放生息，俾垂久远。即出银之人，万一中有事故，其家属亦得照分。惟息银无多，人数过众，不得不酌定年限。事成之后，另立条规，刷印分送。

似此办理，上足济公家之急，下复联同类之情，是一举而数善备焉。彼此商酌，意见相同，特具公函，布达左右。尊意如以为然，即乞先行示复，随将应捐银数，于一月内汇寄省城臬署吴、张两书房经收，随付收条一纸，交来人带转存照。

昭信股票，原奉上谕妥为劝办，不准抑勒。弟等议立此举，亦各随捐银者之本意。倘或宏其善量，多固弗辞；既欲入此彀中，少则不可。而有不愿同会者，悉听其便，未敢勉强。惟赋闲之日，即不得冀分息银，以昭平允。

夫友朋急难好义者，犹复解囊；天步艰难，有心人何能坐视？沐数百年休养生息，圣泽难忘；合八十五府州县厅，众擎易举。因利而利，以公济公。出有限而惠无穷，谁曰不可？唱者一而和者百，兼励其余。美勿敢专，用特通其款曲；纬将奚恤，愿同厪此忠忱。肃泐。祗请道安，鹄候回玉不既。

洪文治、冯用霖、殷葆彝、陈章荣、赵峻、沈璠、李树芳、方兆楠、吴声埙、贺仲诚、张振珂、吴会同启。

会衔晓谕通省开学堂改课章讲实学告示[*]

湖南巡抚部院陈、湖南全省学政徐，为出示晓谕事：

---

[*] 据《湘报》第一号（光绪二十四年二月十五日出版），原题为《两院告示》。

照得湖南省城遵旨开设时务学堂，并将岳麓书院师课改章，讲求实学，以期渐次推广在案。

兹本部院、本学院恭阅邸钞："光绪二十四年正月初六日奉上谕：'总理各国事务衙门会同礼部奏《遵议贵州学政严修请设专科》一摺。据称，〈就〉该学政所奏分别酌拟①，一为岁举，一为特科，先行特科，次行岁举。

特科约以六事：一曰内政，凡考求方舆险要、郡国利病、民情风俗者隶之；二曰外交，凡考求各国政事、和约、公法、律例、章程者隶之；三曰理财，凡考求税则、矿产、农功、商务者隶之；四曰经武，凡考求行军布阵、管驾测量者隶之；五曰格物，凡考求中西算学、声光化电者隶之；六曰考工，凡考求各种机器制造工作〔程〕者隶之。

由三品以上京官及督抚、学政各举所知，无论已仕、未仕，注明其人何所专长，咨送总理衙门，会同礼部奏请在保和殿试以策论，简派阅卷大臣，酌定去留，评拟等第。复本〔试〕后带领引见，听候擢用。此为经济特科。以后或十年一举，或二十年一举，候旨举行，不为〈常〉例。

岁举〈则〉每届乡试年分，由各省学政调取新增算学、艺学各书院、学堂高等生监，录送乡试，头场〈试〉专门题，次场〈试〉时务题，三场仍试〔时务题〕《四书》文，中式者名曰经济科贡士，亦一体复试殿试、朝考等语。

国家造就人才，但期有裨实用，本不可〔可不〕拘成格，该衙门所议特科、岁举两途，洵足以开风化而广登进，著照所议举行。其详细章程，著该衙门会同礼部妥议具奏。现在时事多艰，需才孔

---

① "就"，据本集上册卷十七《议设特科岁举敬陈管见电请代奏摺（稿）》所附咨文、上谕校补。下同。

亟,自降旨以后,该大臣等如有平日所深知者,准具切实考语,陆续咨送,不得瞻徇情面,徒采虚声。俟咨送汇齐至百人以上,即可奏请定期举行特科,以资观感。

岁举既定年限,各该督抚、学政,务将新设算学、艺学各书院、[各]学堂切实经理,随时督饬院长、教习详细训迪,精益求精。该生监等亦当思经济一科与制艺取士并重,早自振作,力图上进,用副朝廷旁求俊乂至意。将此通谕知之。钦此'"等因。仰见朝廷旰食宵衣,求贤若渴。

湘中人士素抱忠义之志,且多英俊之才,今钦奉谕旨增开特科、岁举两途,吁俊之典极隆,登进之阶愈广。凡我髦士,自当及时砥砺,研求实学,期成远大之器,宏济艰难,庶不失为有志之士。

除札饬各厅州县遵照,劝导士绅多设学堂,并将书院课章酌改,以资造就外,合行出示晓谕。为此示仰通省贡监生童人等一体知悉:尔等务蠲雕缕藻缋之习,力求通经致用之方,果有学识闳通、体用具备及实有专长者,即予立登剡荐。慎勿观望迟回,自误进取。切切。特示。

学堂等事应由地方官绅妥议禀核牌示 *

照得近来迭次恭奉谕旨变更科举,通饬各省设立时务学堂,讲求经济,并将近来书院章程变通各等因,业经钦遵,先后通行递饬各府厅州县遵照办理在案。

各属情形不同,其应如何举办及应否另行筹款,惟在地方官绅

---

* 据《湘报》第一百十号(光绪二十四年五月二十五日出版)《本省公牍》,原题作《抚辕牌示》。

妥为会议,本部院无凭遥度,其有应行请示立案者①,即由该地方官禀候核夺,分别批示。自后各士子等毋庸来辕联名具禀,如有所见,是否可行,应自向本籍正绅会商酌核可也。毋违。特谕。

岳麓、城南、求忠三书院定期开课牌示[*]

谕:

岳麓、城南、求忠三书院,已经甄别,取准等第。各肄业生童知悉:除送学日期另行牌示外,兹本部院定于本月二十日开课。合行示谕,一体遵照。勿违。特示。

求贤书院暂由算学监院督率课试牌示(稿)^{**}

牌示:

照得求贤书院,前经本部院选拔生徒,专聘山长课习算学。惟思算学一事,日有课程,钩深诣微,较为繁密。兹复设立算学监院,专为帮同院长考验诸生学业,稽察勤惰等务。

现在院长虽暂时因事离馆,所有增加月课、随时面试事宜②,应即由算学监院定立课程,认真督率举行,以期日起有功③,进境较易。尔诸生其各潜心焠励,勉为有用之才,本部院有厚望焉。特谕。

---

① “行”,原刊残字,仅存一二笔划,现据文意推定补入。

* 据《湘报》第五十三号(光绪二十四年闰三月十六日出版),原题作《抚辕牌示》。

** 据舒斋藏摄片。按:此为陈宝箴手稿。

② “面试”,初作“面授”。

③ 此句初作“以资激劝,庶几日起有功”。

书院生童拟作《改试武科章程条议》牌示（稿）[*]

为牌示事：

光绪二十四年闰三月二十四日，准兵部咨："奏准《改试武科章程》一案，规模骤改，须合全局以通筹；节目甚繁，毋令一端之未备。本部前后两奏，不过甫陈大概，尚待详定考章。应俟各省熟察情形，指陈利弊，各抒所见，陆续奏咨，本部汇集众长，权衡一是，恭呈钦定，方可颁行。第此次改章，意在合考试与操防通融定制。凡由武生投营，由营兵应试，以及尚未投营之武童，久经在营之武举、营用、卫用之武进士，其如何勤教练、严管束、立限制、设规条、示鼓励、定处分，各省大吏，当参酌营制，妥筹良法。

本部拟令各州县武童，派就近武职官考课弹压，武生、武举，尽数入营，由营咨送乡、会试，不中者仍回原营，武进士到营后，考验委用。如武生、武举、武进士，有年老身弱、无志上进、愿回本籍者，各该营将姓名册报各州县备查。其暂离营伍者，给予假期；不守营规者，严加责罚。总期折其犷悍之气，成其果敢之材，方不失朝廷此次改科之意。似此办法，有无妨碍，本部俟咨复后即行请旨办理。

至枪炮名目，尤宜首先酌定，以便士子演习。应令南、北洋大臣遵旨速定枪炮，以新式为主，尤宜坚固为要。价廉者易购，物便者易携。酌单响、连响之宜，定马上、步下之别；就练习之难易，分为数等；验演放之迟速，定为几出；何者为合式，何者为优，何者为最优，士子平时之枪炮如何购买，考场应用之枪炮如何预备，亟应详细开单备采。事关考试大典，各该省均以文到一月为限，迅速详

---

* 据舒斋藏摄片。按：此为湘抚幕僚承录清稿。

议咨部，毋稍遗漏，毋稍延缓。相应通行遵照"等因，咨行到湘，准此。

本部院查《改试武科章程》，为讲求实学之一端，亦即力图自强之始基。事同创举，所贵计虑周详；典重抡才，尤当预防流弊。必启周询博访之途，庶收集思广益之助。湘中人士，性秉公忠，学多明达，合行牌示晓谕。为此示仰岳麓、城南、求忠、校经各书院生童知悉：各拟作《改试武科章程条议》一篇，限一月送交各监院汇封转呈。诸生务当各抒所见，据实直陈，毋袭肤阔陈言，勿作难行高论，以期足供采择，匡济时艰。切切。特示。

时务学堂招考示附招考章程*

〈湖南巡抚陈〉为出示招考事①：

照得国势之强弱，系乎人才；人才之消长，存乎学校。中日议和以来，内外臣工，仰体时艰，深维图治之本，莫不以添设学堂为急务②，章奏迭陈，慨蒙俞允③。

＊ 原载《湘学新报》第十六册（光绪二十三年八月二十一日出版），题为《陈中丞招考时务学堂示》。此据《戊戌变法》，第四册，第493~495页。按：据时务学堂报名日期（八月十六至二十四日）以及《湘学新报》刊发日期（八月二十一日）推断，此告示发布时间似应在光绪二十三年七月间，或八月初。又按：此文另见《集成报》第十七册（光绪二十三年九月十五日出版），标题作《湘省时务学堂招考示（附招考章程》）；《萃报》第八册（光绪二十三年九月十五日出版），题为《湘抚陈创设时务学堂招考示》；上海《万国公报（月刊）》第一百零五册（光绪二十三年九月），题为《湖南新设时务学堂招考学生告示》；《时务报》第四十三册（光绪二十三年十月初一日出版），题作《湘抚陈招考湖南时务学堂学生示》；《知新报》第四十册（光绪二十三年十一月二十一日出版），题作《湘抚陈宝箴时务学堂招考示》。

① 篇首五字，据《集成报》补入。

② "莫不"二字，《集成报》作"皆"。

③ "慨"，《集成报》、《时务报》与《知新报》均作"概"。

上年六月，总理衙门《议复李侍郎端棻推广学校摺》内奏称：各省另建书院，果使业有可观，三年之后，由督抚咨明该衙门，请旨考试录用。学生出洋时，由督抚给予文凭，到洋后，由出使大臣一体照料。嗣官书局《议复开办京师大学堂摺》内，又拟援甲申年礼部议准设立算学科之例①，请立时务一科，包算学在内，乡、会试由学堂咨送与考，中式名数，定额从宽。

又本年二月，总理衙门《议复安徽邓中丞华熙请建二等学堂摺》内复称："各省省城另设二等学堂②，如学成，则拔其尤者，升送头等学堂肄业，并准作为监生，一体乡试。其三年大考，取前列者，准照同文馆例，或分部学习，或分发省分，或由出使大臣调充参赞、翻译等官，或各省府州县自设学堂，亦可拣派前往，充当教习，六年差满，量予保奖"各等语。均经钦奉硃批："依议"，钦遵咨行到本部院在案。

现在京师既将立大学堂，天津、上海等处亦已奏设头等学堂，朝廷求才至为迫切，士大夫周知时局，亦各宜感激鼓舞，亟为蠲除锢习之谋③。

湖南地据上游④，人文极盛，海疆互市，内地之讲求西学者，湘人士实导其先。曾文正督两江，创议资遣学生出洋；左文襄建福建船厂，招子弟习西国语言文字及新奇工艺，以时出洋，宏识远谟，早收明效；曾惠敏崛然继起，遂能力争俄廷，不辱君命；而魏默深《海国图志》之书、郭侍郎使西以还之著作，皆能洞见隐微⑤，先事而

---

① "拟"，《集成报》作"议"。

② 《集成报》仅有一"省"字。

③ "为"，《集成报》作"宜"。

④ "据"，《集成报》、《时务报》作"居"。

⑤ 此句及下三句，《集成报》作"皆海内所推"。

发，创开风气，尤为海内所推。盖知彼知己，乃谋国者之急务，然必具朴诚忠勇之质，方备折冲樽俎之用，庶不至沾染洋风，舍己从人，艳彼教而忘根本也。

　　洞庭、衡岳之间，蕴积日深，必有英奇魁杰，继轨前修，出而任匡救之重，以图报国家者。本部院仕湘有年，习与此邦人士相处，重其各怀忠款，动识先机①，当〔尝〕用嘉慰②。前年奉命抚湘，披寻文物，笃爱弥新，缕缕之怀，其与二三豪俊相期待者，愈有加而无已③。惟念大雅之士，无待转移；后起之贤，有资造就④。从前各书院均为成材而设，其于学业始基之士，无由别辟径途；若于龆龀之年，预储远大之器，必使兼通中外，勿坏厥基，方足以期振兴而求精进。

　　事繁费重，创造为艰⑤。上年十二月间，正在筹虑之际，适据前国子监祭酒王绅先谦等呈请设立时务学堂前来，当经本部院批准，先行立案。本年复据诸绅商同筹拨定款，作为常年经费，并由诸绅捐集巨金⑥，创建学舍，及购办书籍、仪器等事⑦，规模颇备，可期宏远。本部院为经久起见，并拟于矿务馀利及〔其〕他款项下⑧，逐年酌量提拨定款，以供学堂经费，及将来诸生出洋学习之用。

　　现今核定章程⑨，学生以一百二十名为限，均由各府厅州县学

---

① "机"，《集成报》、《时务报》作"几"。
② "当"，《集成报》、《时务报》与《知新报》均作"尝"。
③ 《集成报》无"而"。
④ "资"，《集成报》作"费"。
⑤ "艰"，《集成报》作"难"。
⑥ "捐集"，《集成报》作"招集"。
⑦ "购办"，《集成报》、《时务报》与《知新报》均作"购备"。
⑧ 《集成报》、《时务报》与《知新报》均无"其"。
⑨ "现今"，《集成报》、《时务报》作"现经"。

官、绅士查报①，汇册考试。惟早一日开学，即早收一日之效，而建造学舍需时颇迟，本年议定暂租衡清试馆开办，延聘中、西学教习，择期开学，一面拓地建堂②。拟先行考取六十名入堂肄业，其余六十名，俟下次行文各府厅州县，录送学生来省，再为定期牌示补考，以足其额。

当此需材孔亟之际，本部院期盼至殷，诸生体验时事，必能相与奋发，以成本部院区区之至愿③。将来各府厅州县官绅士庶闻风兴起，各集捐款，设立学堂、乡塾，为国家造就有用之材，本部院方于湘人士有无穷之望焉。

查泰西各学④，均有精微，而取彼之长，辅我之短⑤，必以中学为根本。惟所贵者不在务博贪多，而在修身致用。诸生入学三四年后，中学既明，西文习熟，即由本部院考选数十名，支发川资，或咨送京师大学堂练习专门学问，考取文凭，或咨送外洋各国，分住水师、武备、化学、农学、矿学、商学、制造等学堂肄业，俟确有专长⑥，即分别擢用。其上者宣力国家，进身不止一途；次者亦得派称〔充〕使馆翻译、随员⑦，及南北洋海军、陆军、船政、制造各局帮办；即有愿由正途出身者，且可作为生监，一体乡试。中国自强之基，诸生自立之道，举莫先于此矣。

兹于乡试后先行招考，合特出示晓谕。为此示仰通省士绅人等一体知悉：须知此次学堂，务期迅获实效，力矫从前虚应故事积

---

① 《集成报》脱"士"。
② "堂"，《集成报》作"屋"。
③ "至愿"，《集成报》、《时务报》作"志愿"。
④ "各学"，《集成报》作"各国"。
⑤ "辅"，《集成报》作"补"。
⑥ 《集成报》无"确"。
⑦ "充"，据《集成报》、《时务报》校改。

习,庶于大局有裨。本部院积诚相见①,必不惜加意维持,以勉求补救于万一,勿视为寻常变通学校之比。所有投考诸生,定于八月廿八日,会同提督学院,在学署内扃试,查照后开章程,听候考试。先期报名,由学堂董事汇册〈解送〉②,毋得迟延自误。切切③。特示。

计开:

一、额数。长沙府二十四名,宝庆府十名,岳州府十名,常德府十名,衡州府十二名,永州府十二名,辰州府六名,阮〔沅〕州府六名,永顺府五名,靖州五名,郴州五名,桂阳州五名,澧州五名,五厅各一名。

一、年限。自十四岁起,至二十岁止。不得捏报年貌,违者查出扣除。考试系作策论之类。开学后,凡取录诸生,每名按月发膏火湘平银三两,不另发膳费。勤敏者由教习察验功课,加给奖赏。

一、功课。中学:《四子书》、《朱子小学》、《传左〔左传〕》、《国策》、《通鉴》、《五体〔礼〕通考》、《圣武记》、《湘军志》、各种报及时务诸书,由中文教习逐日讲传;西学:各国语言文字为主,兼算学、格致、操演、步武、西史、天文、舆地之粗浅者,由华人教习之精通西文者逐日口授。

局设太平街贾太傅祠,自八月十六日报名注册起,截至二十四日止。报名者均须亲身到局,只开明籍贯、年貌,毫不取费。至详细章程甚繁,另行刊发。④

---

① "积诚",《集成报》作"专诚"。
② "解送",据《集成报》、《时务报》补入。
③ 《集成报》无"切切"二字。
④ 自"计开"至此,招考章程各节,皆据《集成报》补入。其中,"沅"、"左传"、"礼"诸字均系编者校改。

〖附〗湖南开办时务学堂大概章程*

一、学堂地基,已购定省城北门外侯家垅高岸田数百亩,前临大河,后倚冈阜,颇踞湖山之胜。惟建造需时,现已暂租民房,先期开办。

一、学生定额一百二十人,按府分派,由绅董禀请抚院、学院会同招考甄试,择取十二岁至十六岁初定年限系自十四岁起,至二十岁止,继思年愈幼则气质、语言较易更变,故改从此聪俊朴实子弟,入堂肄业。其报名投考者,距省近之府县,由绅士保送;距省远之府县,由官绅保送。除第一期考试已取录学生四十名外,第二期应定正月下旬,第三期应定二月下旬,陆续考取。三期限满,即行截止,迟到者概不收考。

一、学生投考,距省近者,必须保送绅士带领,同到学堂报名如系巨绅所保,则须有亲笔信为凭;距省远者,以府县官印文为凭。报名时,自行填写三代籍贯,及平日所读书籍名目,以便核察。所有甘保各结,均略仿《江南储材学堂章程》,列式于后。

一、外府州县官绅保送之学生,必须确查该生性情、资质,果堪造就,方可给予投考文凭。学生来往川资,暂由外府州县官绅垫发,考试取录后,即在学堂公款内拨还。惟保送咨文内,必注明平日所读何书、所长何学,详加考语,以备查核而杜冒滥。

一、学生考取入堂,试习三月,由总教习会同总理绅董严加甄别,以定去留。其有好学深思,通达经史、时务,而口齿不合于西文

---

* 原载《湘学报》第二十五册(光绪二十三年十一月二十一日出版),标题系《湘学报》原有。此据《戊戌变法》,第四册,第498～500页。按:《时务学堂更定章程》载《湘报》第四十七号(光绪二十四年闰三月初九日出版),《时务学堂功课详细章程》载《湘报》第一百零二号(光绪二十四年五月十六日出版),可参阅。

者，姑准留堂肄业，专精中学一门。馀若资质鲁钝，性情执拗，举动浮薄者，无待三月甄别之期，随时屏退。

一、学生所学，中西并重。西文由浅及深，按格而习；中文则照总教习所定课程，读专精之书及涉猎之书，一年后再分门教授，各随其性之所近，令治专门学问。

一、学生入堂，以五年学成出堂为限初议限以三年，继思西文颇繁，期迫恐难收效，故改为五年。倘有畏难逃学，藉故请假，或有意滋事，希冀斥退，别图生理者，照四川中西学堂例，除将该生屏退外，仍追缴历年膏火银两。有父兄者，惟该父兄是问；无父兄者，惟该保送人是问。

一、学生每月所作日记、课文，由总教习、分教习评定后，汇交总理绅董详阅，照单榜示。抚院、学院每年年终，定期临堂，命题考试。

一、学生出路，俟五年期满，由抚院、学院会同大考后，果其学有明效，应遵照总理衙门奏定章程，给予科名仕进之阶，或作为生监，一体乡试，或咨送京师大学堂及出洋学习，或保荐为使署翻译、随员，与南、北制造等局，差遣委用，以示鼓励。

一、教习勤恳善诱，学生学业有成，应照总理衙门奏定章程，由抚院奏请奖叙升途。其余管堂等员，勤于将事，劳而不倦，亦由抚院择尤保奖。

一、总理绅董及管堂绅士，各立稽查学生功过册一本，每日所查学生用功勤怠，笔之于册。每月月终，与总教习、分教习所汇分数，比较参观，再定赏罚。①

一、中西课程及堂规章程，别立专条，另有刊本，兹不赘。

---

① 此段起首之序号"一"，原文所缺，系编者代予补加。

时务学堂招选外课加考季课告示（稿）*

为时务学堂招选外课、加考季课，出示晓谕事：

照得本部院前准部咨："奏奉谕旨：'饬各省设立时务学堂①，以储人才而开风气'"，湘省诸绅②，莫不踊跃遵行。官绅协筹定款，额设内课学生一百二十人，前经会同提督学院江出示招考，取送四十名③，其余八十名，由开春分次考取在案。

惟是时局日急，需才日众，湖南僻在腹地④，与沿海诸省风气隔绝，欲求周知四国之才⑤，而深闭固拒之习尚多，必先开拓见闻，以期进于通材之选。额设内课，只有此数，而通省有志之士想复不少⑥，或以额满见遗，或以年限不录，未免有向隅之憾，抑亦阻向上之心。内课诸生⑦，所以必立年限者，以年齿太长，学业渐成⑧，难以更端。至于讲求中学⑨，贯通时务，凡属有志，皆可自勉。今特加推广，添设外课、附课，不论年齿，不论举、贡生、监、童生⑩，皆可来学。

　＊　据舒斋藏摄片。按：此为陈宝箴手稿。

　①　自"照得"至"时务学堂"，原作"照得本部院因全省绅士之请，设立时务学堂"。

　②　此句及以下二句，均系增补者。

　③　此句初拟作"取送在案"。

　④　此句初拟作"湖南僻在偏隅"。

　⑤　此句及以下三句，原作"是以周知四国之才尚少，而深闭固拒之习尚多，□□□□□学渐盛"。

　⑥　"通省"，原作"全省"。

　⑦　此句及下句，原作"推原所以必立年限"。

　⑧　此句及下句，原作"学语为难"。

　⑨　"至于"，原作"若"。

　⑩　"童生"之"生"字，系增补者。

凡欲投考者，可先诣驻堂绅董处报名，俟绅董先行传见考验①，然后送总教习处考取。每报名满五十人，即考一次。考取者先为附课生，半月以后，总教习察其志趣向上者，酌调为外课生②，与内课生一律应课。功课高等者③，酌给奖赏。凡外课、附课生，不住院，不给膏火，其章程别附于后。

又，每年四季，由本部院与学院及藩、臬两司④，轮加季课四次，无论堂中内课、外课、附课各生，及未经在堂肄业诸生，皆许应课。每值二月、五月、八月、十一月命题⑤，限一月收卷，厚给奖赏，以厉多士。其季课屡次列上取者，亦可径调为外课生；外课生功课屡次列高等者⑥，亦可升为内课生。诸生若能奋发自厉，日有孜孜，采万国之所长，洒百年之大耻，本部院有厚望焉。

为此示仰三书院各学生⑦，并各府州县举、贡生、监、童生等，一体知悉。毋违。特示。

附时务学堂外课、附课章程□则⑧。

附粘丁酉年冬季本部院加课时务学堂题目⑨。

---

① 此句初拟作"俟绅董先行传见一次"。
② "酌"字，系增补者。
③ 此句原作"功高者"。
④ 此句及下句，原作"由本部院与省中各大宪，按季轮加季课四次"。
⑤ "八月"，原作"九月"。
⑥ "功课"二字，系增补者。
⑦ 此句及以下两句，原作"为此示谕三书院各学生，并各府州县举、贡生、监、童等知悉"。
⑧ 此处原有空格，现易为"□"。
⑨ "冬季"二字，系增补者。

第二次招考时务学堂学生挑复榜[*]

梁焕均、戴璞诚、刘焕辰、田邦璿、陈昭德、陈家璨、范源廉、林锡珪、廖钟泉、陈经筠、喻斗熙、陈千里、江柱、狄英、易继光、郑晟礼、何在镕、孔泽荫、方孝乾、郑襄、周宝明、谢明惠、黄锡銮、舒修序、樊隼、徐树郘、何树燊、刘辅宣、易甲鲲、盛先觉、罗崇璜、熊文鼎、蔡钟浩、戴启璘、辜天保、唐志杰、江儁①、刘兆麟、曾宪镐、刘善崧②、黄昌运、袁诚、郑钦谟、刘信素、吴宗乾、熊有光、张弁群③、李凌云、颜琦、陈赞雍、梁佐尧、李文瑞、首凤标、郭在琪、任惟乃

〔附一〕《湘报》:时务学堂第二次招考学生^{**}

本月初一日④,右帅札委黄廉访在南学会局试第二次投考时务学堂学生,共一百五十名。其题目分为两等:年稍长者题:"黄老之学最为误国,试申论之"、"孟子恶卿〔乡〕愿论";年幼者题:"问:南学会开会是何意思? 有何益处?"、"《管子·弟子职》书后"。闻此次取录至复试后亦分为三等:一等调入时务学堂肄业,一等调送东洋大同学校,一等调送北洋二等学堂。其余年稍长而可造就者,则调为外课生云。

---

　*　据《湘报》第二十六号(光绪二十四年三月十五日出版),原题作《抚宪第二次招考时务学堂学生挑复榜》。

　①　"江儁",后录《时务学堂第二期取准学生榜示》作"江隽"。

　②　"刘善崧",《时务学堂第二期取准学生榜示》作"刘善松"。

　③　"张弁群",《时务学堂第二期取准学生榜示》作"张并群"。

　**　据《湘报》第十七号(光绪二十四年三月初四日出版),原题为《考试学生》。

　④　"本月",应指光绪二十四年三月。

〖附二〗皮锡瑞：光绪二十四年 三月初一日日记（节录）*

招考时务学堂诸生于学会讲堂中。中丞齿痛不来，李廉访来。考生一百余人。……考生分甲乙。乙部皆幼童，有不能作文者，其中才俊，想亦不乏也。……是日考题为"论黄老之学最能害事"、"论孟子恶乡愿"、"论南学会有益"。

时务学堂第二期取准学生榜示**

钦命头品顶戴湖南巡抚部院陈为榜示事：

照得本部院挑复第二期投考时务学堂各生，业将试卷阅过，分别等第。凡名列内课者，应即听候示期，送学入堂肄业，俟一月甄别之后，择其尤嘉或年稍长者，分送东洋、北洋学堂。其外、附课各生，皆准照堂内一切课程，在外肄业，并领取堂中日记册、待问纸，分别记其心得、疑义，以待批答。每遇总教讲期，许照堂中分班名次，赴堂听讲。如有功课精进、年例相符者，外课可即升为内课，附课亦可由外课渐升内课。合亟榜示晓谕，其各遵照毋忽。须至榜者。

计开：

内课生三十名

梁焕均、林锡珪、戴璞诚、刘焕辰、范源廉、陈经筠、陈千里、郑晟礼、孔泽荫、田邦璿、黄锡銮、喻斗熙、狄英、江柱、徐树郜、郑襄、

---

　　* 据《师伏堂未刊日记》，载《湖南历史资料》，1958年第4期。

　　** 据《湘报》第三十七号（光绪二十四年三月二十八日出版），原题作《时务学堂第二期取准学生榜》。

陈昭德、廖钟泉、刘辅宣、唐志杰、盛先觉、熊有光、郭在琪、谢明惠、方孝乾、罗崇璜、何在镕、郑钦谟、袁诚、李凌云

外课生十八名

陈家璨、易继光、易甲鲲、吴宗乾、何树燊、黄运昌、周宝明、戴启璘、蔡钟浩、辜天保、樊隼、熊文鼎、舒修序、刘善松、张并群、江隽、陈赞雍、曾宪镐

附课生柒名

李文瑞、梁佐尧、颜琦、刘兆麟、刘信素、任惟乃、首凤标

时务学堂定期第三次招考学生牌示（大意）[*]

时务学堂第三次招考学生，定期本月初八日[①]，在南学会局试。

第三次招考时务学堂学生挑复榜[**]

杨德钧、张协沅、郑奋图、黄经权、王文豹、左万抟、郭鹗、于钺、张卓荦、谭嘉会、吴三光、易瑞龙、刘棣荫、张颂熙、黄骏、毛鸿遇、吕先选、辛扬藻、唐嘉猷、萧胄、廖定华、吕辅、谭忠铭、龙植三、刘贤哲、滕树勋、舒修序、陈家璨、傅明良、刘辅定、黄保极、杨叙熙、唐业树、陈正舒、彭定珍、余明炳、孔纶、章吉、陈棣、胡敷植、陈为镛、柳大熙、刘善继、邓振声、辜天祐、黄汇清、师锡寿、饶鼎达、熊轼南、邓名卓、蒋光洽、黄本璞、钟湘川、邵振玑、龙择南、宋择森、邓安国、陈

---

　　[*] 据《湘报》第四十四号（光绪二十四年闰三月初六日出版）所载《时务学堂考试学生期》（有谓"昨日，抚宪牌示"云云）摘录。

　　[①] "本月"，应指光绪二十四年闰三月。

　　[**] 据《湘报》第五十五号（光绪二十四年闰三月十九日出版），原题作《抚宪第三次招考时务学堂学生挑复榜》。

鸿范、丁南薰、江书升、张仲新、蒋朝端、谢明敏、马成均、许崇泰、饶仲陶、汪守逵、何树燊、陈兆麟、瞿国光、任壬、张光秉^①、余沃、邓汝霖、章士戬、梁应熊、杨显熊、毛绪复、唐炭云、曾泮元、谭先通、李著瑶、刘大琛、常国纲、刘贲予、张寿艾、沈明煦、王魁、张清泉、易克懋、赵声芝^②、傅良臣、陈昆、郭钟岳、蒋运鸿、李少唐^③、陈启涣、杨炽、尹海航、蔡毓蘅、沈明章、陈常、谢镇西、李犹龙、文犹龙、彭煌甲、龙纪官、江渊、刘善幹、向时杰、饶运铨、吕光国、綦炳彪、李文瑞、陈洪范^④、钟楷、邓序銮、伍昭夏、高翥、钟广照、辜天保、史鉴炯、袁凤彤、郭本怀

〖附〗皮锡瑞：光绪二十四年闰三月十六日日记（节录）[*]

招复时务学堂考生。……出看收卷，汪、余卷皆不佳，略翻诸卷，亦鲜佳者。题为"孟子兼师伊尹之仕论"，通晓者少。梁卓如言今之学者未得西学而先亡中学，今观诸生言洋务尚粗通，而孟子之文反不解，中学不将亡耶？予非守旧者，然此患不可不防也。

时务学堂第三期取准学生榜示^{**}

钦命头品顶戴湖南巡抚部院陈为榜示事：

照得本部院挑复第三期投考时务学堂各生，业将试卷阅过，分

---

① "张光秉"，后录《时务学堂第三期取准学生榜示》作"张光棵"。

② "赵声芝"，《时务学堂第三期取准学生榜示》作"赵声之"。

③ "李少唐"，《时务学堂第三期取准学生榜示》作"李少堂"。

④ "陈洪范"，《时务学堂第三期取准学生榜示》作"陈鸿范"。

* 据《师伏堂未刊日记》，载《湖南历史资料》，1959 年第 1 期。

** 据《湘报》第六十六号（光绪二十四年四月初二日出版），原题为《时务学堂第三期取准学生榜》。

别等第。凡名列内课者,应即听候示期上学,俟入堂肄业已及一月,再行甄别,以定去留。其外课各生,仍听遵照堂内一切课程,在外肄业,并准领取堂中日记册、待问纸,分别记其心得、疑义,以待批答。每遇总教讲期,许照堂中分班名次,赴堂听讲。如有功课精进、年例相符者,可即升为内课。其备送北洋学堂者,亦应于学堂上学后,先行逐日赴堂,随同学习西文月余,以凭择尤咨送。至此次未经取录各生,应由管堂查明,如实系外府远来,确有印官文结申送,匮于资用者,准由绅董量其远近,酌给川资,俾得即早回籍。合亟榜示晓谕。须至榜者。

计开:

内课生肆拾陆名

张协沅、王文豹、黄经权、毛绪复、吕先选、萧胄、黄本璞、刘棣荫、吴三光、邵振玑、刘贤哲、宋泽森、沈明煦、史鉴炯、龙植三、赵声之、何树燊、张卓荦、郑奋图、于钺、易瑞龙、刘贲予、江书升、辛扬藻、陈鸿范、余沃、左万挓、黄汇清、邓振声、杨叙熙、黄保极、陈家璨、滕树勋、彭定珍、傅明良、钟湘川、柳大熙、谭忠铭、常国纲、蒋朝端、任壬、章士戆、江渊、饶仲陶、王魁、张光楝

外课学生伍拾贰名

刘善继、舒修序、廖定华、师锡寿、袁凤彤、谭先通、李著瑶、陈棣、蒋光洽、唐嘉猷、吕辅、邓安国、张仲新、陈昆、张寿艾、陈启涣、杨炽、马成均、蔡毓蕙、孔纶、蒋运鸿、尹海航、向时杰、邓序銮、章吉、唐业树、余明炳、瞿国光、胡敷植、郭本怀、邓汝霖、郭钟岳、易克懋、傅良臣、饶运铨、李少堂、龙择南、李文瑞、吕光国、汪守逵、谢明敏、许崇焘、陈兆麟、钟楷、梁应熊、李犹龙、唐炭云、钟广照、张清泉、熊轼南、刘善幹、刘辅定

备送北洋学生拾名

郭鹗、辜天祐、饶鼎达、杨德钧、毛鸿遇、刘大琛、丁南薰、陈正舒、张颂熙、杨显熊

招考出洋学生告示(稿)[*]

全衔,为招考出洋学生事:

案照同治八年①,前两江总督部堂曾文正公议遣子弟出洋学习,其所造就,至今或充出使人员②,或办交涉事件,老成硕画,收效显然。惟各直省未尽举行,遭际时艰,辄穷肆应,即应办诸实事,亦皆以师承难得,一切后时。本部院承乏斯邦,勉图缔造,如时务学堂、武备学堂之类,力所能及,亦皆勉事经营③。

兹准湖广总督部堂张咨商④,选择聪颖子弟,湖北一百人、湖南五十人,前赴日本学习武备、格致、农、商、工艺⑤,兼通专门各种术业。以日本与中国⑥,语言文字大略相同,较各国易于通晓,且轮船往来数日可达。前于二月间,委员前往定议,已经日本政府应允,区别门类,以二年半及三年为期,寄到合同,自订约之日起,限三月内送到入学,亟宜出示招考。为此示仰合省生童知悉:

如有品行端方,性情专笃,文笔清通,资性聪颖⑦,年在二十岁

---

* 据舒斋藏摄片。按:此为湘抚幕僚遵缮示稿,而经陈宝箴改定者。

① 此句及下句,幕僚原作"照得人材之兴,端由学术;学术之盛,全在师资。中国学术未赅,实由师资未广。昔曾文正公议遣子弟出洋学习"。

② 此句原作"或为出使大臣",陈宝箴初拟改作"或随充出使人员",继自删去"随"字。

③ 此句原作"亟予经营"。

④ 此句及以下二句,原作"兹复仰企前规,远宗文正,选择湘中聪颖子弟五十人"。

⑤ 此句原作"前赴日本学习文武、格致"。

⑥ 此句及以下四句,均系陈宝箴增补者。

⑦ 此句原作"穷理善悟"。

内外①，志存远大②，自愿壮游者，即由地方官备文申送，或正绅出结具保，限五月十五日以前，至本部院衙门报名③，听候示期考试，复加挑验④。一经取定，克日派员率领前往日本东京⑤，各量资性所近⑥，分派学习⑦。所有脩俸火食、来往路费，均由公款筹备。其有殷实之家，情愿自备资斧，随同学习，准其呈明，饬令派往委员一体照料。

将来期满学成，或咨送总理衙门录用，或即派充各项教习，或逢岁举及行特科，并可大展所长，高陟异等。材多艺广，虚往实归，既开传授之宗，复辟功名之路，中国富强，此其嚆矢。有志之士，幸勿迟疑⑧，本部院于此有厚望焉。切切。特示。

招考出洋学生告示*

为招考出洋学生事：

案照得同治八年，前两江总督部堂曾文正公议遣子弟出洋学习，其所造就，至今或充出使人员，或办交涉事件，老成硕画，收效显然。惟各直省未尽举行，遭际时艰，辄穷肆应，即应办诸实事，亦

---

①　此句原作"年在二十以内、十五以外"。

②　此句原作"襟期远大"。

③　此句原作"赴□□□□报名"，陈宝箴初拟于空白处填入"省城"二字，继自删改。

④　此句系陈宝箴增补者。

⑤　此句及以下二句，原作"克日料检行李，派员率领直渡东瀛"。

⑥　此句系陈宝箴再次增补时所添入者。

⑦　"分派"，陈宝箴初拟易为"分投"，继自改定。

⑧　此句原作"何惮不为"。

*　据《湘报》第一百二十九号（光绪二十四年六月二十九日出版）《本省新闻》，原题为《抚宪告示》。按：此告示另见《知新报》第六十八册（光绪二十四年九月初一日出版），题作《湘抚陈招考出洋学生示》。

皆以师承难得，一切后时。本部院承乏此邦，勉图缔造，如时务学堂、武备学堂之类，力所能及，亦皆勉事经营。

兹准湖广总督部堂张会商，选择聪颖子弟，湖北一百人、湖南五十人，前赴日本学习武备、格致、农、商、工艺，兼通各种专门术业。以日本与中国，语言文字大略相同，较各国易于通晓，且轮船来往数日可达。前于二月间，会委妥员前往定议，已经日本当事应允，区别门类，以二年半及三年为期，寄到合同，自订约之日起，限三月内送到入学。除会同奏明外，亟宜出示招考。为此示仰阖省生童知悉：

如有品行端方，性情专笃，文笔清通，资性聪颖，年在二十岁内外，志存远大，自愿壮游者，即由地方官备文申送，或正绅出结具保，限于七月三十日以前，至本部院衙门报名，听候示期考试，复加挑验。一经取定，克日派员率领前往日本东京，各量资性所近，分派学习。所有脩学〔俸〕火食、来往路费①，均由公款筹备。其有殷实之家，情愿自备资斧，随同学习，准其呈明，饬令派往委员一体照料。

所有此次出洋各学生，将来期满学成，或咨送总理衙门录用，或即派充各项教习，或逢岁举及行特科，并可大展所长，高涉〔陟〕异等②。材多艺广，虚往实归，既扩传习之途，复辟功名之路，于国家富强之基极有裨益。有志之士，幸勿迟疑，本部院于此有厚望焉。切切。特示。

———————

① "脩学"，原稿作"脩俸"，《通饬晓谕招考出洋学生札(稿)》(见本集卷二十七《公牍五》)亦作"脩俸"。《知新报》则作"修金"。

② "陟"，据原稿及《知新报》改正。按：《通饬晓谕招考出洋学生札(稿)》亦作"陟"。

〖附一〗光绪二十四年六月十五日上谕*

谕军机大臣等：现在讲求新学，风气大开，惟百闻不如一见，自以派人出洋游学为要。至游学之国，西洋不如东洋。诚以路近费省；文字相近，易于通晓；且一切西书均经日本择要翻译，刊有定本，何患不事半功倍？或由日本再赴西洋游学，以期考证精确，益臻美备。

前经总理衙门奏称："拟妥定章程，将同文馆东文学生酌派数人，并咨南北洋、两广、两湖、闽浙各督抚，就现设学堂遴选学生，咨报总理衙门，陆续派往。"著即拟定章程，妥速具奏。一面咨催各该省迅即选定学生，开具衔名，陆续咨送；并咨询各部院，如有讲求时务、愿往游学人员，出具切实考语，一并咨送。均毋延缓。

〖附二〗总理衙门：通知选派游学东洋电（一）**

致直督、江督、闽督、鄂督、苏抚、皖抚、浙抚、广东抚、章抚、鄂抚、湘抚、豫抚、山东抚、广西抚云：

前奉旨，令派学生游学日本，已分电在案。本署与日本驻京使议商章程，兹据钞送其外部来电，该政府拟将大学堂、中学堂变通，除该学堂等自备衣食、笔墨等费，每年每人约需三百圆外，所有特为该学生等派定教习束脩，以及督责课业，日本政府无不极力担承，以期造就等因。

查所派学生必须年小聪颖，有志向上，谙习东文或英文，庶易

---

* 据《清实录·德宗景皇帝实录》，见《清实录》，卷四二一，第 525～526 页。

** 据《湘报》第一百三十三号（光绪二十四年七月初四日出版），原题为《总署来电》。

受教而资造就。由各省在学堂内挑选，酌定人数，派妥员带往，按名筹备银圆，随时支用。先期电咨本署，以便转达驻京日使及驻日华使知照。该省仍径托新派出使日本黄大臣代为照料、布置、约束为要。

〖附三〗总理衙门:通知选派游学东洋电（二）*

七月初四日，总署电致津督、宁督、鄂督、广督、闽督、苏抚、皖抚、章抚、鄂抚、湘抚、鲁抚、广抚、浙抚:

奉旨:"日本政府允将该国大学堂、中学堂章程酌行变通，俾中国学生易于附学，一切从优相待，以期造就。著各省督抚就学堂中挑选聪颖学生，有志上进，略谙东文、英文者，酌定人数，克日电咨总署核办。馀由总署电知。钦此。"

〖附四〗总理衙门:致张之洞电**
（光绪二十四年七月初一日）

前奉旨令派学生游学日本，已分电在案。本署与日本驻京使议商章程，兹据钞送其外部来电，该政府可将大学堂、中学堂酌行变通，除该学生等自备衣食、笔墨等费，每年每人约需三百元外，所有特为该学生等派定教习束脩，以及督责课业，日本政府无不极力担承，以期造就等因。

查所派学生必须年少聪颖，有志向上，谙习东文或英文，庶易受教而资造就。由各省在学堂内挑选，酌定人数，派妥员带往，按

---

* 据《湘报》第一百三十四号（光绪二十四年七月初六日出版）《电音汇登》。

** 据《张之洞全集》，第九册，第7646页。按:原题为《总署来电》，题下注:"光绪二十四年七月初二日戌刻到。"又按:此电初见录于《张文襄公全集》卷一百五十六《电牍三十五》。

名筹备银元，随时支用。先期电咨本署，以便转达驻京日使知照。
该省仍径托新派出使日本黄大臣代为照料、布置、约束为要。东。

〖附五〗张之洞：致陈宝箴电[*]
（光绪二十四年七月初九日）

前接总署电："中国可派人赴日本学堂，该国政府代支经费。"
昨署东电："火食等费须自备，每人岁需三百元，日本只代出束
脩。"不知前后何以参差，岂前所谓"代支"者止束脩耶？尊处派几
人？所学者何门？派何人带往？何时行？祈示复。佳。

〖附六〗张之洞：致陈宝箴电[**]
（光绪二十四年八月二十二日）

前商派学生赴日本学习武备一节，尊意湖南拟派五十名，已选
定否？委何员带往？速示。缘伊藤数日内即到，鄂必有切实语告
之也。湖北拟派武备学生五十名、各门学生十名，又拟派弁目五十
名入教导团，此项视学堂功夫较浅、较速，只备充哨官之用，人数尚
未选定，大约须十月方能启行。并闻。祃。

---

[*] 据《张之洞全集》，第九册，第7646页。按：原题为《致长沙陈抚台》，题下注："光
绪二十四年七月初九日辰刻发。"又按：此电初见录于《张文襄公全集》卷一百五十六
《电牍三十五》。

[**] 据《张之洞全集》，第九册，第7663页。按：原题为《致长沙陈抚台》，题下注："光
绪二十四年八月二十二日亥刻发。"又按：此电初见录于《张文襄公全集》卷一百五十六
《电牍三十五》。

〖附七〗张之洞：致陈宝箴电 *

（光绪二十四年九月十二日）

湘省原拟派学生五十名，经费系动何款？鄂省原拟将抚院、粮道两署公费及杂项开支共三万零五百两，作为出洋游学常年经费，充然有余。今抚院议复，粮道亦必不裁，此项顿归乌有，实无从再筹巨款。现拟勉派二十名，以了局面耳。湖南其全不派乎？请酌示。伊藤来江、鄂、苏、杭游历，乃出自己意，非总署令来，但署电令优待耳。住两日即行。并闻。文。

招考出洋学生报名日期告示 **

抚院示：

凡投考出洋肄业学生，前往时务学堂报名，须于本月二十一日起，至三十日止，每日自上午十点钟开报，至下午四点钟停止。各生务须携带本籍地方官及学官印文呈验；其寓居省城者，准由在城正绅转请各学教官出备印文申送。毋许学书、门斗人等需索分文，致干查究。特谕。

招考出洋学生定期考试牌示 ***

---

　* 据《张之洞全集》，第九册，第7669页。按：原题为《致长沙陈抚台》，题下注："光绪二十四年九月十三日子刻发。"又按：此电初见录于《张文襄公全集》卷一百五十七《电牍三十六》。

　** 据《湘报》第一百四十八号（光绪二十四年七月二十二日出版）《本省公牍》，此仍旧题。

　*** 据《湘报》第一百五十八号（光绪二十四年八月初四日出版）《本省公牍》，原题为《抚宪牌示》。

照得本部院遵奉谕旨,出示招考学生,前往日本肄业,旋据各该生投考前来,当经饬赴学堂报名在案。兹定于本月初五日辰刻考试,合行牌示,晓谕各该考生知悉。是日衣冠整齐,前赴贡院,听候亲临考试,勿违。其学习不能离家三年,及本月不能就道者,不必预考可也。切切。特示。

招考出洋学生改期复试牌示*

照得考试出洋学生,业经取录生童,并示期于本月十四日复试,兹因时务学堂造册办卷不及,特改于本月十七日复试,合行牌示,晓谕该生童知悉。馀仍遵照前示章程,听候考试,勿违。特示。

复试录取出洋学生榜示(稿)**

为榜示事:

今将复试出洋肄习学生,分别次第,录取九十二名,合计尚较拟送额数为多。仍候示期,将后开录取各生送入公所,供给火食,令各住坐一两月①,由出洋监督审察才性、体质能否前往②。届时分别去留,详定送往学习及留补学堂肄业,期收实用而免两误。合先示谕,一体知照。须至榜者。

今开【下缺】

---

* 据《湘报》第一百六十七号(光绪二十四年八月十四日出版)《本省公牍》,原题为《抚院牌示》。

** 据舒斋藏摄片。按:此为湘抚幕僚受命属稿,而经陈宝箴略加点窜者。

① "住坐",幕僚原作"住堂"。

② "能否前往",原作"能否循守常规"。

严禁造言生事滋闹教堂告示 *

为剀切晓谕事:

照得洋人传教及游历内地,本为中外条约所载,钦奉谕旨准行,凡我臣民,自应一体钦遵,相安无事,方不愧中华礼义之邦。

乃有一种匪人,造作无根谣言,藉公愤为名,滋闹教堂,希图抢掠,以致无知良民亦每受其煽惑,助成凶熖,顿起事端,致酿巨案。不知放火杀人、聚众殴抢,按照律例,重者罪应斩绞,轻亦枷杖军流。国家法律,悉本天理人情,地虽有华、洋之分,人则无中、外之异,既已来居此土,国家即一视同仁,焚杀华人必应办罪,岂有焚杀洋人即不办罪之理? 此理甚明,人所易晓。

上年福建古田焚杀教堂一案,正法二十六人,此在有心生事之徒,固由自取,惟其中被惑各人,既非临阵捐躯,死于忠义,而且听信匪徒,显违谕旨,试问死出何名? 各国联和以后,彼此皆相往来,即使偶尔失和,杀彼数人,于事何益? 徒以父母遗体故陷刑章,至使全家抱痛。一念及此,能不寒心?

至于教堂一切谣言,皆由匪徒捏造。曾文正公为一代大贤,昔年办理天津教案,所有起衅谣传,确查实无其事,即以后各省教案,莫不皆然。岂尽甘将有作无,忍心害理? 此等造言生事之人,希图乘机取利,实与杀人放火、希图抢掠者同一险毒心肠。一经发觉,应按"匿名揭帖,拟绞"例,从严惩办。凡我良民,切勿听其煽惑,致犯重罪。

但愿尔等,经此次晓谕之后,视外国行教之人如从来僧道,视

---

    *　据《湘报》第三十二号(光绪二十四年三月二十二日出版),原题为《补录抚院告示》。

外国游历之人如远乡过客,各安本分,共享升平,庶不负本部院谆谆告诫至意。倘若不听吾言,一朝犯法,决不能为尔等屈法从宽,悔之晚矣。

为此出示晓谕,各宜懔遵毋违。切切。特示。

〔附〕革若福:论湖南情形*

顷接湖南传耶稣教士彭兰生寄书,云彼所在之安仁县,在衡州府东边一百五十里,彼拟试行传教,大有成效,即租赁房屋,并无阻拦,于是请县出示保护教堂。据信所言,安仁县甚为良善云云。衡山传教情形,现已布置妥适。土人相待,颇觉恭敬,即至教会之时,众教友皆诚心参拜,并无一人骚扰。彼即冀望衡山创设教堂,欲劝妇人入教,不准在教妇人擅带不入教妇人入堂游览云云。

礼拜二又接到彭某来书,云衡山小教堂被毁等情。在西历二月廿八号,是日衡山街上朝佛进香甚多,一见教堂,即成群拥上,将房屋毁倒,各物尽行窃去。虽未伤人,而遍地已成灰烬矣。

我甚不愿闻此惊惶之事,欲想趁此机会,湖南即可通商,洋屋必能建成,风气由此大开,教堂从〈此〉可坚守无患矣。色巴赫先生与我拟于夏间游历该省,察阅情形,备作我们以后方法。湖南虽未通商,现在已有渐[渐]开风气之势,惟各宪台已早知时变,前曾有三张告示,晓谕保护教堂之意。西历正月杪,湖南抚台贴出一张告示,二月安仁县又贴告示二张,具见嘉惠。惟第一张系抚台所出,更形郑重。陈抚台才识宽宏,人所共知,此次出示晓谕湘人,想

---

* 据舒斋藏摄片,原题即作《论湖南情形》,题下注:"英人革若福寄稿"、"译上海《北方中国报》"。按:此抄件在陈宝箴杂稿内编置于《弭衅俚言》(见本集卷四十《文录三》,改题作《弭衅浅说(稿)》)之前,宜为抚衡幕僚抄呈陈宝箴参阅者。稿中所云抚台所出告示,宜即上录《严禁造言生事滋闹教堂告示》。

系驻汉口英领事华容所请,甚为感谢。至于教堂各事,近已十分妥备,平安无事矣。

何以不立刻在湖南通商? 如须俟两年后,不如两月后为妙,何必多待? 湖南人本有传言,不愿洋人意思;即延俟,亦不能免。湖南今有数千人甚愿该省通商,开民知识,现已有讲求泰西语言文字学问矣。使长沙先行通商,间有不愿洋人者,亦可听其自处。然湘阴、岳州皆不及长沙之好,长沙通商,全省自可推广。该省有两处通商要地,即长沙、常德耳。若须通商,不可缓矣。西历三月廿五号。

简明晓谕保护游历洋人告示（稿）[*]

为简明晓谕事:

照得洋人士商游历内地,钦奉谕旨准行,饬下地方文武各官一体保护,倘有痞徒无故欺凌,抛掷瓦石,立即严拿重究。本部院事上治民,惟知有天理、人情、国法,不能曲法从宽也。汝等良民,毋得听其煽惑,随声附和,致干并究。切切。特谕。

剀切晓谕照章保护游历洋人告示^{**}

为剀切晓谕事:

照得礼让为国,先圣之常型;交邻有道,经邦之善轨。古昔列国纷争,不废信使;两军对垒,尚通往来。近自泰西诸国,航海通商,始虽相见以兵戎,继则联盟于坛坫,既已言归于好,即当应付得宜。

---

　*　据舒斋藏摄片。此为幕僚奉录清稿。
　**　据《湘报》第三十号（光绪二十四年三月十九日出版),原题为《补录抚院告示》。

是以各国均有驻京公使,在我亦有出使各国大臣,参赞、随员,相将俱往。又屡奉旨派遣翰林院、六部官属出洋游历,由各国外部给以文照,听其所之,罔不优礼相待。故我国家于各国游历诸人,但由彼国公使咨请总理各国事务衙门给以护照,亦即立予给发,并咨行各省将军、督抚,通饬所过地方妥为保护,以敦睦谊而弭衅端。且经彼此换约时载在条约,我皇上与彼国君主互相书押用宝,以示不渝,所以息事安人,冀销患于无形也。

凡我臣民,具有天良,自当仰体我皇上弭患保民至意,勤修职业,以图自强,恪遵谕旨,以防肇衅,乃为分内应尽之事。断未有显违诏命,甘犯法纪,无故以非礼加之远人,重贻君父之忧,而可自命为"忠义"者。

且我中国使臣驻居各国,所带参赞、随员,及出洋游历部、院官属,所至之处,彼国官绅无不致敬尽礼,迎以车马,款以宾筵,偶游街市,商民亦皆避道让行,其遵主命、重邦交,有礼如此。而我为自古礼义之国,乃不以礼处人,因不以礼处己,岂所以重君命而尊国体耶?

湖南为声明文物之邦,人怀忠义,英贤辈出,冠冕一时,自无不秉礼奉法。特以僻处湖外,虽通商已久,而于外国之人,素不习见,故常有聚观喧嚷,甚至有肆口骂詈、抛掷瓦石之事。其间亦有读书士人,因见通商之前常用兵革,嗣亦间有牴牾,义愤所激,积不能平。而未能深悉联和之后,情势迥殊。我皇上天地之心,兼容并包,实与汉文帝之于南越、匈奴,同有深意。举动稍一不慎,则衅端自我而开,必至兵连祸结。且见一夫而按剑,不足为武,而偶一失手,立蹈危机。又何可以一时客气儿戏之举,忘身及亲,甘为朝廷、天下之罪人而不惜也?

本部院自通籍后,久在湘中,今又忝膺疆寄,凡地方兴利除害诸事，力所得为，劳怨均不敢避。虽不求见信于人，而其无阿附外人、贻害地方以苟禄位之心，当为有识所共谅，实不忍避世俗之小嫌，不为众人申明此义。为此剀切晓谕士商军民人等一体知悉：

自此次明晰开谕后，当各深悉此意。嗣后如有曾奉总理衙门给予护照、饬令地方官照章保护游历洋人，不许诸色人等聚众喧闹，抛掷瓦石土块，并哄塞衙署，造作谣言，张贴揭帖，意图鼓众滋事，以致顿起衅端，酿成大患。除饬地方官严行查禁、照章弹压外，倘有显违诏旨、不服弹压之人，是无法纪；本部院与各官不能弹压，是无政刑。既无法纪，又无政刑，何以立国？内则获罪君父，外则败坏纪纲，问心既无以自解，于法亦实有难容。此等藉端生事、为害地方、弁髦国法之徒，惟有立即严拿，并究明为首之人，照例惩办，不知其他。法在必行，各宜凛遵，毋贻后悔。切切。特谕。

〖附一〗长沙令赖、善化令陈：
会衔悬赏勒拿哄击洋人滋事痞徒告示[*]

长沙县正堂赖、善化县正堂陈，为出示悬赏勒拿事：

照得中外通商、传教，钦奉谕旨遵行，薄海臣民，均应仰体朝廷柔远睦邻之意，客待远人，以期相安无事。近年各省教案迭出，外人因此藉口，多方要挟，上贻君父之忧。抚宪陈目击时艰，曾于山东教案滋事之后，谆谆出示，严切晓谕，并通饬各属："凡遇洋人到境，务须妥为保护。"不啻三令五申。

湘省民风纯朴，夙多明理晓事之人，断不致故违谕旨及各大宪条教。讵本年三月二十四日，英国教士二人游历入城，行至大、小西门地面，突有闲人喧嚷，抛掷砖石，几至伤人。此等举动，决非安

---

[*]　据《湘报》第四十六号（光绪二十四年闰三月初八日出版），原题为《首县告示》。

分良民所为,必系游痞棍徒欲藉攻击洋人为名,乘机滋事,实属不法已极。现奉各大宪严饬拿办,除会派差勇严密查拿外,合特会衔出示晓谕。为此示仰诸色人等知悉:

尔等如知是日抛击砖石确系何人倡首,准即扭送来县,以凭讯办,审明后立赏洋银壹百元。其银现存县库,审实即赏,决不食言。

再,现又钦奉谕旨,于岳州府设立通商码头,省城与岳州相距匪遥,此后洋人往来较夥,如再有故意轻侮抛掷砖石者,不论诸色人等,但系亲见,登时将该犯扭获送案,每名立赏洋银五十元。

本县为绥靖地方、惩创顽梗起见,不惜重赏,以挽颓习。尔居民各有身家,慎毋为痞党煽惑,自罹法网,其各懔遵。切切。特示。

〖附二〗善化等县士民:
恳诛乱民纾祸患公启、公禀[*]

为恳诛乱民,以纾祸患,公恳代陈事:

中国自东师败绩,国势濒危,诸夷虎视眈眈,欢呼逐鹿,无不思分一脔,以快朵颐。睹近时警报纷传,即藉口无词,尚事多方之要挟,况明明与以可乘之衅,得不生心抵隙、孕恨苛求者乎?

湘中之民,僻处湖外,深知此理,曾不二三。故凡夷人游历来湘,辄聚众喧呼,任情驱逐。其初,号称读书之士,亦有预焉。近自各宪台开诚布公、谆谆诰诫,稍有知识,无不幡然悔悟,痛改前非。今其人直街市之乱民,而藉事生风,啸其徒党,踵侏儒之恶习,遂劫掠之私情。既非一口舌之敷陈所能劝导,亦非一鞭扑之示警足令改移。

夫时局之危,至于此极。虽多方粉饰,苟且偷安,极力维新,以

＊ 据《湘报》第三十六号(光绪二十四年三月二十六日出版)《照录来函》。

图振奋,犹虞临渴掘井、济急为难,况逢兹败类挑衅强邻？倘其赴诉京师,酿成巨祸,内之则索其土地,外之则启其戎心。拒之不能,与之不可,甚至兵临城下,恣其报复之心,徒伤玉石之焚,共罹刀兵之劫。上则贻忧于君父,下则为害于地方,此而不诛,更将何待？

且教而不化,祗谓乱民。古之人以杀为生,又曰："治乱国,用重典。"盖皆为若辈说法也。不然,湖南数百万生灵,其将死无噍类乎？某故不畏人言,冒陈管见,敬质明公:

倘执兹地痞,讯得实供,确无冤抑,则情真罪当,杀之不为不仁。并祈枭示城门,警一戒百。庶怵于峻法,莠民之犷悍能除;共保将来,我族之危亡稍缓耳。如刍荛之言,有当万一,伏乞转呈抚宪核夺施行。某等幸甚,湖南幸甚。不胜待命之至。谨启以闻,伏祈垂鉴。

　　　　　善化、湘乡、湘潭、浏阳布衣公白,部民公禀。

本日有人送此函于本馆,诵读一遍,真为力顾大局、血诚痛哭之言。惜未署名,碍难转达,谨照登本报,以俟大人君子采焉。然作者不妨赐步本馆一谈,毋任钦仰。本馆附识。①

严禁闯辕牌示（稿）[*]

牌示:

军民人等②,无论有何关涉众人重大事件,止准以一二人来辕具禀。如有纠众闯入辕门③,及逞强不服拦阻者④,立即严拿,发交

---

①　《湘报》"附识",原本较上文低一格排版,今改用仿宋字体排印。

*　据舒斋藏摄片。此为陈宝箴手稿。

②　句首原有"自后"二字,继自删去。

③　"纠众",初作"聚众"。

④　"及",初作"并"。

按察司讯究,照"聚众"例重办不贷。毋违。特谕。

定期校阅春操牌示之一[*]

谕本标左、右两营,暨长沙协亲军前营、新后营、卫队练军各营挑练枪靶官弁知悉:现届春操之际,本部院定期于闰三月二十三日按临大校厂,考校枪靶。合行牌示晓谕,一体遵照。执事员役,照常伺候。勿违。特示。

定期校阅春操牌示之二^{**}

谕本标左、右两营暨长沙协官弁世职荫监兵丁知悉:现届春操之际,兹本部院定期于闰三月二十三日按临大校厂,三营合演大阵暨各项技艺;次日赴内箭道,接阅各官兵马、步箭。合行牌示晓谕,一体遵照。执事员役,照常伺候。勿违。特示。

定期更换凉帽牌示^{***}

谕文武各官暨军民人等知悉:于闰三月十六日,一体更换凉帽。勿违。特示。

唐钟源等新选教职各发文凭牌示^{****}

准吏部咨:发新选宁乡县训导唐钟源、永定县训导陈炎昺、通道县教谕萧后昆、永州府教授涂景濂、龙阳县试教谕石赞宸、新田县试教谕孙举磺、零陵县试训导欧阳乡三文凭各一道。

---

* 据《湘报》第五十三号(光绪二十四年闰三月十六日出版)《抚辕牌示》。
** 据《湘报》第五十三号(光绪二十四年闰三月十六日出版)《抚辕牌示》。
*** 据《湘报》第五十三号(光绪二十四年闰三月十六日出版)《抚辕牌示》。
**** 据《湘报》第五十八号(光绪二十四年闰三月二十二日出版)《抚辕牌示》。

栾在丰等新选佐职牌示[*]

准吏部咨：新选平江县长寿巡检栾在丰，益阳县典史傅云书，选授湖南新宁县滁口试巡检蔡德涵，安福县试典史饶凤鸣。

傅基虞等教职各发文凭牌示^{**}

抚宪准吏部咨：签升永顺府教授傅基虞、新选会同县教谕欧阳焕、桂东县教谕伍传绥、宁远县训导以教谕衔筦训导潘学海、永顺县教谕衔训导睦洪儒、道州试用训导尹附远，封发文凭各一道。

易光琭教职文凭牌示^{***}

光绪二十四年五月十七日，准吏部咨：〈发〉新选石门县试教谕易光琭文凭一道。

党铭新、周继昌各补县缺
暨钦差黄遵宪定期起程牌示^{****}

初九日牌示：

部文："安乡县缺，准以党铭新补授；通道县缺，准以周继昌补授。"

钦差黄京堂，准于十一日巳刻起节北上。

隆文、陈璠各回本任道职牌示[*]

八月初三日,札委隆文回衡永郴桂道本任,陈璠回岳常澧道本任。

---

* 据《湘报》第一百五十八号(光绪二十四年八月初四日出版)《抚宪牌示》。

卷三十　公牍八

湘绅禀请兴办内河轮船批（暂缺）[*]

〖附〗张之洞：批湘绅王先谦等
禀请办内河轮船^{**}
（光绪二十三年三月二十七日）

内河行驶小轮，最为利商便民、兴旺地方之举，特是体察时局、默验民情，独于湘省尤宜格外慎重。前经本部堂详加筹度，曾将一切利害各情函致南抚部院布告湘省众绅在案。

兹据禀称："请官督绅办，置备由内河浅水轮船①，专拖矿产，兼搭行客"等语。既系官督绅办，专运矿产，又兼利涉重湖，不拖

＊　据上海图书馆编《中国近代期刊篇目汇录》第一卷（1965 年 12 月第 1 版，1980年 7 月第 2 次印刷），陈宝箴此批刊登于《萃报》第十三册（光绪二十三年十月二十日出版），原题为《湘抚陈兴办内河轮船批》。搜寻暂未能得，附志于此，尚待他日补入。按：王先谦等湘绅公禀，可参阅张之洞光绪二十三年三月二十七日《咨南抚院湘绅王先谦等办湖南内河小火轮船一案》（附入本集卷三十三《电函一》）。

＊＊　据《张之洞全集》，第六册，第 4768～4770 页。此仍旧题。按：此批初见录于《张文襄公全集》卷一百一十八《公牍三十三》。

①　据张之洞同日《咨南抚院湘绅王先谦等请办湖南内河小火轮船一案》，"由"应在上句"请"之后。

别项货物,他人不至借口,自可准其举办。惟此项轮船,必须统归南善后局管辖,作为善后局官轮,官督绅办,不涉商人之事,庶他商不至觊觎。并须将各轮船船名、尺寸、马力、吨数详细开报,由江汉关给发船照,以凭稽核,方准驶来汉口。

此项轮船只准专拖金、石两类矿产,如金、银、铜、铅、铁、锑、石磺、矾石、观音土之类,煤乃湖南土产大宗,亦属矿类,以及开矿所需机器,应一并准其拖运,以惠民生。遇卡停轮,听候查验,照章完厘,不得闯越偷漏,不得夹带他货。其经过湘省之岳州,由湘入鄂经过之宝塔洲,均同一律。本部堂当专派巡船兵轮认真稽查,如有抗违不服盘查者,以及偷漏厘金者、夹带他货者,均即将该轮充公,仍行严办。若由湖南拖运各矿产煤斤来往沙市,亦可准行,统由江汉关给照,无江汉关执照者,至湖北境内即行扣留。

又,此轮系来往湖南、湖北两省,归宿全在汉口、沙市两口,其行销获利皆系湖北地方,其利益自应南、北两省公之。本部堂统辖两省,惠民必须公溥,政令必须均平,所有湘省共备小轮若干艘来鄂,应即禀定数目,亦准湖北绅士照湘省小轮数目制备,作为鄂省善后局官轮驶行赴湘,所拖之物及搭载行客,均同一律,俾两省绅民同沾利益,以昭公允。

至此外于湘省民情、船户、厘金有无窒碍,将来湘省绅民能否不至因行轮另生枝节,湘省地方官及各局卡如何稽察之法,应候咨明南抚部院转饬司、道、府、县暨善后局妥速筹议,并传集各绅询问详确,取具切结,妥议章程,咨复办理,并候札饬湖北牙厘局、江汉关妥议稽察章程,禀复核夺。

至禀称“专拖湖北铁厂所需煤斤”一节,查汉镇为通商大埠,又为铁路所发端,需煤之事甚多,且武、汉一带民间需煤尤复不少,铁厂所需不过一端,湘省既运煤出售,若专指一项,转嫌销路不广。此乃本部堂格外加惠湘民之举，勿得自生枝节，转多窒碍。其如何与该厂按期订运若干之处，由湘绅自向该厂商议，不关行轮之事。仰即遵照，俟各项章程妥定后，再行会同南抚部院奏咨立案可也。

王先谦等公呈议立桑社批[*]

批：

湖南土沃水清，于蚕桑最为相宜。本部院曾拟派人学习新法，并已饬于沅江草尾洲淤地提出二万亩，创种浙桑，以开利源，尚未就绪。兹诸绅公议集资立社，请于省城北门外骆驼嘴东岸三营马厂余地，割半种桑，仍照旧岁出租，永远归公社承佃等情。系为地方培利源、开风气起见，苦衷公谊，佩慰良深。

所请租佃三营马厂余地，于该营岁入租款无所损；而他日蚕桑盛行，为利甚溥，即各该营兵丁室家妇子，机杼之利，亦既同沾无极。亟应如所请行，准其立案，永远归该公社承佃。候檄行长沙协抚标左、右等营，一体查照，转饬经理马厂余地弁目，遵照办理毋违可也。

＊据《集成报》第五册（光绪二十三年五月十五日出版），原题为《湘省议立桑社批》，题下注："录《汉报》。"篇首原有导语："湘省王绅先谦等公呈议立种桑公社，租就三营马厂余地，请饬立案。今将批示照录于后。"又按《农学报》第六册（光绪二十三年六月下）亦曾刊登此批，题与《集成报》同。

通道县劝办水利树艺情形禀批[*]

据禀具见尽心民事,至为欣慰。仰即遵照,随时督饬办理,以收成效。此缴。

〔附〕周尚镛:通道劝办水利树艺情形禀^{**}

敬禀者:

案奉藩司札:"奉宪台札,准工部咨《议复御史华辉奏请讲求种植水利以开利源》一摺,饬即速将劝办情形禀复,以凭汇转"等因,奉此。查此案卑前县单令任内,奉到宪檄并奉发《种植树木告示》,当即照抄遍贴。嗣卑职到任后,随即敦劝民间广为种植,并于《到任察看地方情形禀》内叙呈宪鉴在案。

兹奉前因,卑职查卑县为南省边陲,辖境虽不甚宽广,惟多系崇山峻岭,山田多而平地少,民间向以种植杉树为业,每于冬季砍伐,春间水涨,扎簰下驶,赴洪江、辰、常一带发卖。凡宜栽杉之山,其树易于长发,十七八年即可砍伐一次;其不宜杉之山,必须二十余年方能发卖。

卑职因公在乡查看,不宜杉树之山,亦属不少,且有未经栽种

———————

　*　据《湘报》第一百五十六号(光绪二十四年八月初一日出版)《本省公牍》。按:此件与附件,原刊顺序为先"禀"后"批",现酌予调整。批语前原有"抚宪批"三字,今略。以下类似情形,均同此处理,不再一一注明。又按:《湘报》所登陈氏批文,往往与原禀合刊,合题作"禀并批",而批语小题则略作"抚宪批"、"抚宪批示"、"抚院批示"、"抚部院陈批"、"抚院陈批"、"陈大中丞批"等。收入本集时,除特殊情况另作说明外,统以"批"为正、以"禀"为附,批语及原禀标题亦酌予改拟。原禀标题内有称"并批"者,则概予删略,俾便读者。

　**　据《湘报》第一百五十六号,原题为《通道县周尚镛劝办水利、树艺情形禀》。按:周尚镛为通道县知县。此禀另见《农学报》第五十四册(光绪二十四年十一月下)。

之旷土。卑职当与地方绅耆筹商，劝其不宜杉之山土及旷地，尽可栽种桐、茶等杂树，亦可得利。该绅等佥称："桐、茶本可栽植，且漆树最为相宜，获利亦速。诚如宪谕，'地方浇漓，偶经种植，即被偷砍及纵畜践伤'"等情。

卑职当商之正绅，各就地势，议立团规，官民会查。如获有窃贼，立即送县。县署头门大张牌示："凡遇送贼之案，书差等不准索取丝毫规费。"如审系初犯，予以枷责，交其亲属领回，团保等均可管束；倘系叠犯，由卑职录供，禀请宪示重办，酌予监禁几年。如此，或窃盗之风藉可敛迹。

至新种桐、茶、漆树之家，栽活至五十株者，一经团保、绅耆具报，卑职即轻骑往验，优给花红；在百株之上者，加奖匾额，以为之劝。倘有自管之山土，既不能自行栽种，又不租给他人，任其荒芜者，即为惰农，量其田亩之多少，罚捐积谷若干升斗存公。似此劝惩兼施，或可勇于从事。

且据绅等面称："此间漆树获利最厚。"利之所在，人必趋之，三年后，山林之漆树当可芃芃〔芃芃〕矣。刻下校场头之杨姓，共栽成漆树约五百余株；北乡下五甲地方刘姓一村，共栽成漆树约百余株；西乡八寨莫、黄各姓，栽成桐、茶杂树约千余株，数十株者亦有数户。卑职均往查看属实，各予花红，以示鼓励。据称，漆树两年后当可获利；桐、茶两项，必加以粪草，种植得宜，三年后亦可获利矣。

至卑县系属山乡，东北乡一带，田地较多，然均沙土，并无膏泥，碍难开挖塘堰。查开一塘堰，必须有泥为底，加以坚木为桩，筑入塘底，始能储水。沙泥松而不紧，水必漏泄，势难修砌塘堰。查该乡下五甲等处，有水坝一道，长至二十余里，田亩赖此，可以荫灌，即称为上业。

惟西乡之八寨、牙屯堡、黄寨、木瓜地,坪南乡之土溪、茶溪、盘寨,皆属苗地;东南乡瓜坪、多星、西流、沙团、包里、卜应冲、大团、地宅一带,均系山冲。其山顶、山腰之田不计外,至田亩距河岸并近溪涧者,即于溪河取水;稍远者则靠山有水沟一道,如遇天雨,即截沟水灌荫。惟不能潴蓄,倘遇亢旸日久,田禾必槁。

卑职查各该处既不能兴修塘堰,又无法使可积水,若七八月之间兼旬不雨,必至束手无策,询诸绅民,佥曰诚然。卑职复又前往查勘,其各处水沟,多通县河,询诸土人:“水沟能否开成水坝?”据称:“若开沟成坝,则稍干旱必无虑矣。”问其“何不早为开坝”,据称:“早年亦曾议及,因人心不齐,以致议而未行。”

卑职随即商同各地方绅耆,切实勘明,立意以沟作坝。计开通若干里,核其业户田亩各若干,应占若干水分,即派修坝若干长,先造草册,再行示谕,分段兴工。其坝以一丈二尺深为度,底、面均宽六尺零,两岸以石块砌成。即以名下所修之坝永远归其经管,如有坍塌、淤塞,议明章程,各归各经管之家修理。

且勘得黄寨以上,与贵州之开泰县交界上游所管山内,尚有杉树若干,株大者甚多,因隔溪河甚远,难以搬运出河,是以未伐。倘此坝开通,如遇春水泛涨,则大木亦可由坝放运出河,如此则两善备焉。

惟据绅耆等云:“刻下田禾正在长发之时,必须收割后方可兴工。”刻下应著各户先将石块及锄铲等件预备,今冬准可藏事。通力合作,不日成之,将见旱田变为膏腴,上业已不知凡几矣。

除剀切谕饬各绅,并示谕“一俟收割后,再行督修”外,所有卑县种植并兴办水利各情形,是否有当,理合禀明,俯赐察核,批示饬遵。谨禀。

平江县遵札劝办水利种植禀批（稿）[*]

水利、种植皆小民衣食之源，诚有实效可收，自必竭力从事，但当审察情形，随宜督劝，毋庸过事张皇。

据禀，于地势、人情均未深悉，辄拟设局开办，并令多绅协理，造端宏大，人情难免惊疑，且各团偶不得人，即成弊政，务即作为罢论。

其均水一层，禀内声叙不甚明晰，大抵系取《周官》"以遂均水"之语，敷衍成文，不须深诘。惟当知今日农田水分各有成规，契约、佃字开载分明，偶值旱干，尚多争竞，设欲挹彼注兹、衰多益寡，定章一紊，流弊将无底止。务须详慎行之，万勿轻率更改。

至该县田土沃饶，人民蕃庶，弃地原属无多。高山峻岭，但随土性所宜，多种竹、木，为利亦丰，惟当严禁砍窃，亦免荒废。来禀所云"标业不甚爱惜"，原非确论，或有惰农自安荒芜田地，其罪亦止于杖八十，即古者不毛之宅，亦仅出里布，断无籍没之理。据称："清查后，各业户倘不自垦，又不招垦，即治以不毛之罪，充作官荒"等语，师心造律，决不可行。仰再博访周咨，妥协办理，毋得生事扰民，致失本部院惠爱黎民本意。切切。此缴。

四月□日^①。

辰溪县举办蚕桑事宜禀批^{**}

据禀已悉。仰即遵照，随时认真督办，务收成效。切切。此

＊　据舒斋藏摄片。原题作《平江县禀遵札劝办水利种植等事批》。按：此为抚院幕友遵缮清稿。

①　"月"下原有留空，现易为"□"。

＊＊　据《湘报》第一百五十七号（光绪二十四年八月初二日出版）《本省公牍》。

缴。

〔附〕王道生:辰溪举办蚕桑事宜禀*

敬禀者:

案奉本府转奉蚕桑局札,准藩司衙门咨:"奉宪台札,准户部咨开都察院左都御史徐奏《请饬各省举行蚕政》一片,光绪二十三年十二月初八日奉上谕:'蚕政与农工并重,浙江、湖北、直隶等省,均已办有成效。各省宜蚕之地尚多,即著各督抚饬令地方官认真筹办,以广利源。钦此。'由内阁钞录原奏到部咨行,钦遵办理,禀报查考。"并奉蚕桑局行同前由各等因下县,奉此。

伏查卑县境多山岭,乡民除耕田外,只知栽植杂粮及种树为生,惟大户妇女与城厢居民,有以育蚕为事者。惜饲、缫多不如法,采桑亦不合宜,出丝粗而不洁,仅能织造土绢,不堪他用。然所造之绢,上等每尺可售钱百余文,较之务农,事半功倍,民间亦乐为之。

卑职因公下乡,见四野皆种有桑、橡,椿树间亦有之,现欲办理蚕务,察看民情、土性,尚属可行。事乃创始,必须教之以法,持之以恒,渐次推广,利之所出,人必争趋,将来于地方民生良有裨益。

因思升任衡州府翁先在衡郡举行前事,大著成效,刊有《蚕桑辑要》一书,法良意美。昨已觅得是书,查阅所载养蚕各条,多与卑县相宜。又查有浙人艺桑之法十有二:一曰种葚,二曰压条,三曰接枝,四曰移栽,五曰壅灌,六曰采摘,七曰去初桑,八曰伐边条,

---

* 据《湘报》第一百五十七号,原题作《辰溪县王大令道生举办蚕桑事宜禀》。按:此禀另见《农学报》第六十一册(光绪二十五年二月上),题为《湖南辰溪县王大令举办蚕桑禀》。

九曰禁再采，十曰收霜叶，十一曰剔枯皮，十二曰兼种柘。所论诸法，言简易行。现经照录，并将《辑要》内养蚕各节摘出，恭录谕旨，出示晓谕。今年首办种桑，明春再兴蚕事。访问城乡，颇有遵照举行者，卑职仍当随时劝课，酌奖花红，以示鼓励。

除俟有成效再行驰报，所有奉文遵办缘由，合先禀复大人，俯赐查核，批示祇遵。

赵宜琛因病恳另委员办理沅江垦务禀批（稿）*

委办沅江垦务，营务处、善后局提调，督审局委员①，候补知府赵宜琛，禀"因病回省就医，恳另委员办理"由。据禀及另呈节略均悉②。

该守自上年八月间，委办沅江淤洲勘丈招垦事宜，即令随带委员、司事，酌派勇丁、炮船，以资差遣，并会同该县绅士前浙江候补知府张琳商酌筹办③。旋据到差，拟议章程数十条，缕悉禀陈，当经批准及如禀出示晓谕在案。

十二月该守回省，面称张绅因丁父忧④，奉札会办，讫未来局，晤商一切，意见亦有不同，欲请销差⑤，改委他员。又经本部院函招张绅至省，询据该绅以现既丁忧⑥，未便从事，将委札缴销。恳请责成该守，会同地方官主持办理⑦，不必以绅士意见不同，稍存

---

* 据舒斋藏摄片，此为陈宝箴手稿。
① "督审局委员"，系增补者。
② 此句初作"据禀已悉"。
③ "该县绅士前浙江候补知府张琳"，初作"该县在籍绅士浙江候补知府张琳"。
④ "因"下原有"现"字，继自删去。
⑤ 此句及下句，初作"欲请改委他员，与张绅商办等情"。
⑥ 此句初作"该绅现既以丁忧"。
⑦ "办理"，初作"筹办"。

疑虑。如办理时或有窒碍为难①,应令照料之处,断不致以意见稍殊,阻挠地方公事②,致干查参等语,情词甚为明晰③。

乃谕知该守,犹以"恐负委任"等词,迟疑推诿。又经告以张绅断不致有阻挠把持情事,如其不然,即由该守禀揭查参。倘地方痞徒,煽众强阻,即禀请拨勇弹压,但期洽于天理人情之安,本部院无不力为主持,断不令该守有掣肘之患。该守乃允起行④。

迨本部院出省巡阅,该守一味迁延,又迟至一月之久⑤,始于三月初一日行抵沅江。至十三日即藉奉善后局委往南洲勘案,由沅启行,径自回省称病⑥,禀请改委前来,殊出情理之外。

查该守自去秋奉委至今⑦,数月之久,并未举办一事。并非有人阻止,欲办不能,乃徒以议论章程,空言塞责⑧。继经责成专办,又复迁延时日,甫往即还⑨。尤可异者,查核所呈节略⑩,该守在沅牌示召垦,约期二十日内给照,不准逾限,而该守即先于十三日就道,将关防、执照、文卷概交代理县金典史收存⑪。徒欲遂其推诿

---

① 此句及下句,初作"如办理时或有窒碍为难之处,仍必□为周旋"。
② 此句初作"从中阻挠"。
③ "甚为",初作"至为"。
④ 此句初作"该守面允起行"。
⑤ "又"字,系增补者。
⑥ 此句及下句,初作"径自回省,具禀称病,另请改委前来"。
⑦ 此句初作"查该守自去秋奉委至沅,腊底回省"。
⑧ 此下原有句云:"回省后,即以会办绅士为辞,欲请销差";又尝于"回"字前,旁补"去腊"两字;继均自删去。
⑨ "甫",原作"一",初拟改作"旋",最终定为"甫"。
⑩ 此句初作"面呈节略"。
⑪ "执照"二字,系增补者。又,此下原拟补入"若惟恐一经著手,即难自便者也",继自删去。

巧卸之私①，遽视公事为儿戏，谨厚之吏②，犹所不为。

该守平日官声尚好，为本部院所称扬，当请交卸善化署任时，自言"以后无论是何艰苦差事，俱当极力报效"③。本部院以此举关系地方利害甚巨，宜为志士之所乐为，是以倾心委任④，冀收成效。不图临小利害，曾不若毛发，竟至取巧避难，径行自遂若此，实非本部院初意所及。

谒见之顷，略无病容，但既因病辞差，应即准如所请，兼示薄惩⑤。仰布政司、按察司即将候补知府赵宜琛记大过三次⑥，撤去善后局等差，以为玩视要公者戒⑦，并移善后局、营务处知照⑧。此缴⑨。

〖附〗《知新报》:地利足惜（节录）*

近接湘省友人来书云："沅江所属洞庭湖中，地名草尾一区，从咸丰初陆续涸起，今约迤长八十余里，纵广二十余里，地势自华容、龙阳所属洲田斜趋东南。今陈右铭中丞委员赵太守宜琛厘查

---

① "巧卸"二字，系增补者。

② 此句及下句，原作"此等立心行事，实所罕闻"；继拟改作"谨厚之吏，所不出此"；再改定作"谨厚之吏，犹所不为"。

③ 此下原有句云："故当遴委时，有以'该守志在得缺，不愿当差'为言者，初拟改"时"为"之初"，继而将此二句全数删去。

④ 自此句至"径行自遂若此"，初作"是以置之不论。不图利害毫毛之细，竟至畏若邱山。谒见之顷，略无病容，其取巧避难，径行自遂至此"。

⑤ 此句系增补者。

⑥ 此句初作"仰布政司即将候补知府赵宜琛记大过一次，以示惩儆"。

⑦ 此句初作"停委二年，俾资调养"。

⑧ 此句初作"并行臬司、善后局、营务处知照"。

⑨ 此句系增补者。

* 据《知新报》第二十册（光绪二十三年五月初一日出版），此仍旧题。

荒亩,闻其招垦地价每亩钱三百文耳。而乡人之以土法修墟辟田者,合牛粮、粮种、草舍、盐蔬、一应农具及导渠筑堤之工费,约计每亩垦成亦不逾三千文。鬏是则升科纳税,子孙可为世业。岁熟二次,以中数计,每亩获谷约二千石焉。其淤荒多年,芦柳盈丈,刈而用之,二三载之烘薪足矣,并可以给他用。若犁蒿莱而涸其沮洳,南洲厅之创设,其初亦由是也。【下略】

南州厅禀查明滨湖垦荒收租开章呈核批[*]

据禀已悉。仰善后局即将清查淤地拨归筹备总局事宜,妥议章程,详候酌核立案,即一面委员办理。至团山、寄山及舵杆洲一带,逐年淤垫,渐成高阜,自应预先禁止民间霸占售卖,以杜争端,并即由局会同布政司出示晓谕遵照。此缴。清摺存。

衡山县教职刘敬熙等呈词批示^{**}

该县钱漕折征钱数,业由藩司、粮道暨善后总局查议会详,经本部院核明具奏在案。现届上忙开征之期,仰布政司克日会同粮储道出示晓谕,并饬衡山县查照新章,实力催征,提前赶解,以济要需。该职生等,亦即回县,劝令有粮花户踊跃完纳,勿再来省渎呈,致令民间观望延迟,贻误正供。切切。词、单并发。

---

　　* 据《湘报》第二十六号(光绪二十四年三月十五日出版)《抚辕批示》,原题作《南洲厅禀查明滨湖各处民人筑堤开荒收租章程开摺呈核批》。

　　** 据《湘报》第一号(光绪二十四年二月十五日出版)《抚辕呈词批示》,原题作《衡山县教职刘敬熙等批》。

长沙县职员常达邦呈批[*]

荒年遏籴，乃万不得已之举，然运船装载远出牟利者，许其暂行禁止；至于本境，仍应流通，互相接济。一县之中，岂可复以都区自分畛域？且上年秋收尚得中稔，本年春间，谷价偶涨，旋即平减，与饥馑之年迥不相同，各都团保何得任意卡阻？但有谷之家，往往将存仓谷米尽数远运，以弋厚利，转不肯于本处售卖，致附近贸民不服，相率卡阻，亦所难免。据呈是否实情，仰长沙府转饬长沙县传集人证，查讯明确，持平究断详复。词粘并发，仍缴。

祁阳县请严禁贩运谷米禀批^{**}

据禀已悉。遏籴乃一时权宜之计，岁值饥馑，偶一为之，非可视若常行之事。本年永郡各属禀报："早稻收成，牵算七分有余"，未便禁止贩运。且农民贫多富少，其耕耘培壅所需工料资本，大抵皆假贷典质而来，专恃收谷卖钱为还债赎衣之用，理难一概禁止。虽禁亦必不行，不过徒滋烦扰。况现准两江督部堂咨："奉旨：'江南米缺粮贵，著飞咨邻省即弛米禁等因。钦此。'"尤应钦遵办理。所请未便准行。

该县如虑来岁春夏之交民间乏食，应将原有积谷核实催取，并饬各团正绅核计本境之谷是否足支本境食用。如有不敷，一面宽筹款项，买谷存储，预备平粜，并督劝花户广种荞麦、杂粮，以资接济，严禁熬糖、酿酒，以免浪费，是为正办。仰布政司转饬遵照。此缴。

---

　* 据《湘报》第八十九号（光绪二十四年四月二十九日出版）《抚辕批示》，此仍旧题。

　** 据《湘报》第一百六十号（光绪二十四年八月初六日出版）《本省公牍》。

〔附〕林鑑中：请严禁贩运谷米禀*

敬禀者：

国以农为本，民以食为天。卑县地广人稠，山多田少，向来民间谷米，常赖零、东、衡、清各邻境商贩接济。本年早稻收成分数，较前两年邑内花乾稍稍见胜，足慰宪厪。不料收成之后，贩运者多，本月初旬，卑职接见卑县团总廪生费莲芳等面禀："谷米下河，络绎不绝，恳为示禁"等语。

卑职察看情形，现在早稻初收，除富户外，俱要籴新谷添补服物，若必示禁，转于舆情未协，又恐痞徒藉端滋事，诸多窒碍，未便照准。只得传谕各富户："若非急需，应缓出粜，以储民食。"

查祁河一带采买船只，多系贩运汉阳。本年五月间，卑职迭接家书，知福州米价：上米每石值钱八千文左右，中米每石值钱七千文左右。后阅《申报》，知沪上米价亦在番银七元左右。查上年各省并非奇荒，而米价昂贵，为向来所未有，深求其故而不可得。后闻有等奸商贩运出洋，未知确否。如无其事，米价虽贵，可望平减；苟有其事，米价已贵，将无转机。在富户尚属无妨，在贫民何以度日？则流弊正难意料者。

兹卑县团总费生等所禀，固以现在各县早稻一律收成，无庸采籴，且向无收获之后谷价落而复长者，骇听惊闻，故有此请。卑职再四思维，卑县产谷无多，一隅示禁，虽禁何益？果有前弊，卑县谷米有人贩运他处，当亦不免明岁青黄不接之时，而谷米空虚，亦于地方有碍。可否仰请宪台札饬岳州厘局，严禁奸商贩运谷米之处，谨候钧裁。至各省如有荒歉移咨采买者，亦应奉有宪台札知，而后

---

* 据《湘报》第一百六十号，原题作《祁阳县林大令鑑中请严禁贩运谷米禀》。

查验护票,准其采运,以尽救灾恤邻之谊。

　　梼昧所及,是否有当,理合禀请,俯赐察核。

武冈州发蛟被灾情形禀批[*]

　　据禀,该州地方因上游蛟水骤发,州城及沿河村市均被冲毁,人口亦有损伤情形,极堪悯念。既经该牧会同绅商就地筹捐赈恤,仰布政司转饬妥筹办理,勿令失所。一面亲诣被水各处,确勘实在情形,分别是否不致成灾,及成灾轻重,据实禀办。仍候督部堂批示。缴。

〖附一〗余振麟:武冈州发蛟被灾情形禀[**]

　　署宝庆府武冈州知州余振麟禀:

　　窃照卑州地势极高,素鲜水患。卑职于前月二十七日到任,其时天气亢旸,农田枯涸,设坛祈祷,幸沛甘霖,得免旱荒。不意月之十七八等日,大雨两昼夜不止,至十九日黎明,上游大水陡发,霎时之间,较常高至两丈有余。州治半在山冈,内城幸皆无恙,外城廛市及武营衙署,尽在水中。西南隅城垣坍塌数处,计共抬〔拾〕余丈。西城水栅、南城门扉,均被冲去。城外之水南石础被毁中圮,沿河两岸民房之当冲者,或屋宇全圮,或墙垣半颓,牲畜、器具多随流而下。男妇人口从睡乡中惊起,或抱木浮出,或趋高得救,其奔避不及者即被漂溺,甚至有一家数口同罹此厄者。一时被难情形,惨不忍言。

卑职闻信之下,当即登城巡视,分派家丁、差勇,雇扎划船、木筏,接渡残生,一面于水峡各处打捞浮尸。幸而急流勇退,是日日中,水势渐平,至夜,平地各处已一律退出。随遣亲信丁勇溯流西上,访知系十八日夜城步县所辖土名"无底塘"地方出蛟,越四五十里,至牛氏硚地方而入州境,又三十余里,历木瓜硚、鄢家亭、转湾头、山岚铺等处,而至州城。

察看沿途村落被水情形,与附郭一带略同。近河两傍田禾,大约其高者略被淹浸,尚可收获七八分不等,次者约四五分。惟最低者竟被沙石壅成荒土,急难开垦复原,然仅此沿河一线,不出一二里之宽,尚无妨于大局。东路自州城而下,惟近城十里之龙头团一处,田禾之受伤稍重,人民、庐舍并无损坏。其余七里硚、托平团、水落村、石羊硚等处,均止一淹而过,所损无几。自此再下,不过较寻常之大水稍高而已,缘地势渐坦,河面渐宽,斯水势亦渐杀故也。

卑职自惟到任之始,即值此灾异,惨毙生灵多命,抚此疮痍,敢不恐惧修省,急图补救之方?现经合同各绅商捐制棺木多口,先将捞获各尸分途殓埋,一面筹款就近赈恤。查本地各公局毫无公款,惟城内义仓积谷壹万余石,各绅士以系州城二十一团备荒公储,不敢动用,卑职因谕饬移缓就急,暂行借贷发给,随后倡捐归还。业经分饬团保,查得城厢内外其受害最甚、无以自存者,共一百余户,计男妇三百余口,一俟各乡一律查明册报,即行发谷赈济。

卑职身任地方,为民司牧,断不使流离失所,上负宪台保赤之忧。除俟被淹之处泥淖稍干,卑职即亲赴各乡,传集业户人等,同诣田所,分别熟荒分数,从实检踏察看情形,如有应请缓征、豁免之粮,再另文禀明外,所有卑州此次蛟水过境,沿河居民被灾大概情形,并因受伤之处不多,就近筹捐赈济缘由,合先禀报大人俯赐察核,批示祇遵。肃此具禀,敬请钧安。伏祈垂鉴。

除禀督部堂外，卑职振麟谨禀。

〖附二〗新宁县出蛟禀*

六月十八日阴雨连绵，终日无息，入夜以来，风雷交作，大雨如注，县河水势陡长丈余。次日访知，卑县东乡水头村地方猝遭蛟患，附近盆溪村及沿河粮田，间被沙石推压，并有损伤人口、冲倒房屋情事。卑职现在赶紧前往查勘，容俟查勘明确应否抚恤、曾否成灾，另行详细禀报。

武冈州绅秦镜等因灾公恳赈恤禀批**

查武冈地方，先因雨泽愆期，高阜间有受旱之处，嗣因城步县属之无底塘蛟水猝发，冲毁州境田庐，损伤人口，业据该州余署牧禀报声明："俟亲赴各乡，传集业户人等，分别荒熟分数，从实检踏另禀，及暂借积谷赈抚济急"等情，并据城步县具报前来。均经批司转饬查勘筹办，并由司遴委妥员前往武冈、城步，会同各该州县查勘明确，体察情形，酌量办理。兹据具禀各情，深堪悯恻，仰布政司发交该委员，一并会县核查禀复。清单并发，仍缴。

安化县检踏灾情妥筹安抚禀批***

据禀已悉。仰布政司复核明确，照例办理，并饬该县遵照。至本部院前年刊发《伐蛟章程》，类多视为具文，该县于积档中查出，重刊发贴，足见有心民事，并饬认真劝办。仍候督部堂批示。缴。

摺存。

〔附〕施启宇:检踏安化灾情妥筹安抚禀*

敬禀者:

窃照卑县北乡滑岩溪等处田亩,前于本年六月中旬被水成灾,业经卑职将访闻差查据报各缘由,先行驰禀宪鉴在案。发禀后,复据江湾保团总人等以同时被灾等事禀报前来,卑职随即轻骑减从,亲赴被灾各保,传集业户人等,同诣田所,逐一从实检踏。

成灾情形,约分三等:以丘段坍塌水推成洲者为极重,沙石堆积者次之,淤泥壅塞者又次之。有彼此各保而情形相同者,有同在一保而轻重各别者,总之被水田亩均在沿溪两岸,地势之高低既判,故受伤之轻重亦殊,然皆颗粒无收,殊堪悯恻。本年应征钱粮,其已完者,业经汇解司库;其未完者,自应察看重轻,分别豁免、缓征,以纾民力。

卑职伏查县北一隅,山岭丛杂,溪谷纷歧。此次水发之由,实因滑岩溪地方于六月十七日夜出蛟,维时资江水涨,溪水无从宣泄,兼之连日大雨,以故经两昼夜,水始一律退出。各处山崖间有崩裂,杂粮、果木所损无几。

沿溪一带居民,结庐大半均在高阜,而且人烟稀少,不成村落,低洼之处被水,漂溺者不过数人,已由团保捞尸殓埋。其实在田庐、牲畜、器具均被冲没无以自存者,各保共计二十余户,男妇约五十余口,业经卑职传集附近各团绅董及殷实富户,晓以“救灾恤邻,行道有福”,劝令各就灾区,按户周济钱米。该绅董等颇明大义,均各乐从。仍饬各灾民有山者补种杂粮,无山者为人佣值,庶

* 据《湘报》第一百七十七号,原题作《安化县施大令启宇禀》。

几餬口有资,不致流离失所,毋庸动项赈抚。

所有卑职检踏灾伤田粮,分别豁免、缓征,及查明灾户妥筹安抚各情形,是否有当,理合开具顷亩、银两细数清摺,禀乞大人俯赐察核,批示祇遵。

再,上年奉发测蛟、伐蛟、辟蛟成法,虽经卑前署县应令照缮多张,仅只张贴通衢,而僻壤穷乡犹恐未能尽悉。现由卑职撰就告示,刊刷数百张,分发各团,遍行张贴晓谕,并督饬绅董切实举行,以弭后患。此次赴乡查勘,因桥梁、道路到处倾圮,辗转绕越,以及调查、征册、核算需时,是以禀报稍迟,合并声明。肃此具禀,恭请钧安。伏乞垂鉴。

除禀督部堂外,卑职启宇谨禀。

曾昭吉禀益阳团总彭星陔等唆使地痞毁抢矿局等情批(稿)附录原禀[*]

办理益阳矿务分局知府衔补用同知候选通判曾昭吉谨禀大人阁下:

敬禀者:窃卑职遵奉宪檄委办益阳矿务,昕夕图维,竭尽愚衷,以期仰副高厚于万一。惟是运道迢遥,沿途多设转运,分段押解,计里定章,起厂兴工,画规立矩,现在开得矿石千有余担,段段运解,节节储存,兹近弥月,渐就头绪。

五月中旬,有地绅刘显诘携呈矿样数十斤,其质甚佳。据云产龙子山地方,与板溪同里,相距四十里之遥,运道同出沾溪,山主夏姓自愿请开。详述运道情形,较胜板溪矿产,自应前往履勘,以凭

采取。当即移请益阳赵令出示张贴，并谕令团、里保甲妥为照料。五月二十六日接到复械，二十七日束装前往龙子山，即请该处团总彭星陔，数次推诿。

二十八日，轻舆数人，至附近之大栗港，会商里总熊晓轩，道及矿务情形，伪称"此地并无矿山"。闲谈许久，迨将作别，讵意该处顽民异常习悍，忽鸣锣聚众，不知何由，即有凶徒四五人无故将轿碎为斋粉，行李、什物尽被劫抢，幸得自戒夫役勿出一言，不至重遭捶挞。是夕勒避龙子山陈丹山店，明卫暗窃，父子为之内应，所有随身衣履、什物，先后被劫，共计五十七件，除被帐外，壹是无存。

溯查其由，皆因里总意示薄惩，为握权之计。不料团总彭星陔阴通地痞熊克生，唆出鸣锣之刘皋文，肆横凶暴，势不可遏，明抢暗劫，两次狼毒。而板溪矿局亦同日事起，转运各处胥为滋扰，首恶陈登元率众抛散矿石，打局毁牌，抢掠什物，语不堪闻。

先是三里里总张镜台于五月初六日来局，图揽全权，形于词色，察知其人，未堕其术。嗣后谣言风起，渠若罔闻，以致各处如是猖獗。该里总既不预为防范，事发又迫于处置，其为妄图希冀无疑矣。

查彭星陔、熊克生素称地痞，刘皋文与板溪之陈登元异常凶暴，此四人实为首恶，明抢暗劫，打毁官物。除移请益阳县先行查拿究办外，所有大栗港、龙子山打毁抢劫各缘由，理合据实禀陈，伏乞宪台俯赐察核，批饬益阳县赵令勒令团保追缴遗物，严加究治，以靖地方而兴矿务。肃修丹禀。敬请钧安，祗祈崇鉴。

卑职昭吉谨禀。光绪二十二年六月初一日。

批：

开办矿务，裕国利民。经本部院奏明，钦奉谕旨，饬属举行，又经屡次通札，出示晓谕："如有暗中阻挠，滋生事端，无论何项人等,均应严拿惩办"在案。

益阳矿务,日前正委朱绅启旭前往会办。兹据禀称:"该倅往勘龙子山矿产,行抵大栗港地方,该处团总彭星陔唆出地痞刘皋文鸣锣聚众,两次毁抢;其板溪地痞陈登元,亦同日率众抛散矿石,打局毁牌,抢掠什物,转运各局均被滋扰"等情。迹其凶暴情形,实属目无法纪。

当此矿务初兴,地方痞徒即如此肆无忌惮,必须严拿重处,以肃政治而儆凶顽。仰按察司迅饬该县赵令详细访查此事起衅缘由,克日据实禀复,一面勒限严拿彭星陔、熊克生、刘皋文、陈登元等到案,研讯明确,分别首从,议拟禀候核夺,并将所抢什物逐件追缴。里总熊晓轩、张镜台,事前既失于防范,临时又不为弹压,已属咎有难辞,并即传案查讯,倘查有知情纵容及暗中主使情弊,一并禀明严办。仍移矿务局知照。此缴。六月初八日。

廖树蘅禀请辞卸常宁水口山矿务批[*]

该绅开办水口山，用心良苦，收效亦最速，且于地方民情，亦甚
浃洽^①。平时既负贤能之望^②，临事益征名实之符，佩慰何已！该
绅学识优长，性情诚笃，方将发摅素蕴，宏济艰难，矿务特见端
耳^③。本部院不自忖量，创为此举，所赖二三君子共相赞助^④，以底
于成，何得遽思高蹈，翻然翱翔云霄之表乎^⑤？尚其勉竟前功^⑥，以
副勤望。所请应毋庸议。

---

　　* 此批见录于陈宝箴诗《苏畎学博从常宁矿厂以石山五枚见贻，并缀以诗，瑰玮雄
奇，雅与石称，率次韵戏酬》所附本事，见梅焕宪辑《珠泉草庐师友录》（民国三十七年衡
田刊本）卷三《赠诗》，页二七。此承湖南大学岳麓书院杨代春先生提供复印件。按：此
批另见录于廖树蘅《自订年谱》"光绪二十二年丙申"条，徐一士《一士类稿·谈廖树
蘅》曾予迻录，其文曰："是岁正月往长沙省城。巡抚陈公右铭委以常宁水口山矿务，素
乏讲求，未敢自信，重违其意，勉诺试办。先与公约：'既经信委，请饬官局勿荐人，勿掣
肘，勿以意度未曾经临之事谕办。有效，幸也；无效，自行投劾，不烦举错。'公韪之。以
二月二十八日由省河角解缆，儿子基植随侍。三月初四日抵衡州，十一日至隔水口山
十里之松柏市。……计自八月见矿，九月鲜出，十月则所获更多。事既粗有眉目，重以
磺气蒸蚀，水土恶劣，无日不病，遂以十月赴省面辞。比奉抚院批云："【中略】是日陈
公大宴官士于庭，笑问树蘅曰：'批语何如？'余曰：'米汁虽甘，然偃鼠腹小，恐不能吸尽
西江也。'座客与公皆大笑。余时犹怀去心，友人张琳、杨鼎勋均劝其不必固辞，遂仍回
银场。"（见沈云龙主编《近代中国史料丛刊初编》第一辑《一士类稿》、《一士谭荟》合
册，台湾文海出版社印行，第137～138 页）据此可知，此批应作于光绪二十二年十月。

　　① "浃洽"，《一士类稿》作"惬洽"。
　　② "既"，《一士类稿》作"久"。
　　③ 此句《一士类稿》作"矿务特其见端耳。"
　　④ "赖"，《一士类稿》作"望"。
　　⑤ 《一士类稿》无"翻然"二字。
　　⑥ "其"，《一士类稿》作"共"。

黄鳌、向振翔创造三轮车请准专利立案禀批 *

据禀已悉。仰即试造一具，赍俟核夺。此批。

梁肇荣等创立水利公司禀批（一）**

据禀，"购备机器，创设水利公司，听人租赁，以省人力而广利源"，甚属美举，拟呈规条亦俱妥协，准如所禀办理。"公司专利十年"，事属可行，并准立案。如农商之家合伙自购吸水机器应用，不得一概禁阻。仰即遵照，仍候行知长沙、衡州二府查照。清摺存。此批。

〖附〗梁肇荣等：创立水利公司禀（一）***

具禀职员梁肇荣等，为拟立湖南水利公司，以省人力而浚利源，禀请核夺示遵事：

窃维生财之道，视乎人力，人力之所不及，资乎变通。近世海禁大开，风气为之一变，各省轮船、电报、铁政诸局，莫不以次举办，而农务一项，近复振兴。

湘省地处上游，民田至广，正供所出，甲乎东南。然其地之高亢及洼下之处，或为灌溉所不及，或为积潦之所淹，往往树艺无愆，终成画饼。又如衡郡煤窿并各处石灰窑洞中，皆水涌不息，日夕滔滔，或用人车，或用牛车，岁需数千金或万金不等，而糜烂下体、仓

---

　　* 据《湘报》第三十五号（光绪二十四年三月二十五日出版）《抚辕批示》，原题作《江苏候补县丞黄鳌、附生向振翔禀创造三轮车请予专利饬县立案以开风气由批》。

　　** 据《湘报》第五十四号（光绪二十四年闰三月十七日出版）。

　　*** 据《湘报》第五十四号，原题为《士绅梁肇荣等创立水利公司禀》。按：此禀另见《农学报》第四十册（光绪二十四年七月上），题为《创设湘中水利公司禀》。

卒漂溺之穷民,及枯瘠倒毙之牛只,不一而足。则人力有限之故,而水利之未讲也。

查各省益民之举,近皆援例开办,现拟在于湘省设立水利公司,购办汽机。遇有各境民田高亢上无水注者,可将此器置于低下之处,吸水上行。虽或雨泽愆期,可以随时浸润。桔槔坐废之叹,何自而兴? 其田之低下者,亦即将此器之管插入,但于其水所从入之口先行塞断,则汪洋巨浸顷刻便干。南陌东阡,居然绣壤,不独其鱼之患本有可免,而小民东作之力,并可为之一舒。此汽机之便于农田而浚利源者,非浅鲜也。

又衡郡煤斤一项,岁入甚多,要其所费之赀,即亦不少。尝有开挖正旺而窿水突穿,补救无从,前功尽废,本以求利而不免得祸。盖其深或百余丈,浅亦数十丈,刡刡竞进,幽入黄泉,无业穷民,以厂主之忧水患也,则往往投身窿中,车水度日。其勤者工竣之后,旋自洗涤,尚不至湿气深入;惰者晚食既毕,遽自偃卧于昏黑之中,湿气熏蒸,深入脏腑,所以动致下体糜烂,或两足如刖。然此特残其肢体耳,不幸窿水突穿,则性命胥戕,呼号皆有所不及。

若此之类,不一而足,见者为之恻〔侧〕目,闻者为之茹叹。而各处石灰窑洞所用牛车,必百余辆方能足用,每年之费多至万余金。水出无穷,牛力有限,因之枯瘠倒毙,往往有之。若用汽机,则诸患自绝;且牛车之费既已甚巨,改用此器,不过数千而足。然则物力之不足,可知人力之维艰,此公司之设所宜急也。

现拟援照各省各局成例,共集股本万两,设立水利公司。开办之后,由公司专利十年。此十年中,不准他商照办,以专利益而塞漏卮。至其中之利益,除收回股本、开销各项外,谨以三成提归公款,藉伸报效。如果开办畅旺,再行从丰加提。

所有拟立湖南水利公司,以省人力而浚利源缘由,理合禀恳大人俯赐察核,批示祗遵,实为公便。谨禀。

梁肇荣等创立水利公司禀批(二) *

"购备机器,创设水利公司,听人租赁,以省人力而广利源",甚属美举,拟呈规条亦俱妥协,准如所禀办理。"公司专利十年",事属可行,并准立案。如农商之家合伙自购汲水机器应用,不得一概禁阻。仰即遵照,仍候行知长沙、衡州二府查照。清摺存。此批。

〖附〗梁肇荣等:创立水利公司禀(二) **

敬禀者:

窃维生财之道,视乎人力,人力之所不及,资乎变通。近年风气维新,讲求时务,各省轮船、电报、铁政、矿务诸局,莫不以次举办,而农务一项,尤切民依。

湘省地处上游,民田至广,正供所出,甲于东南。然其地之高亢及洼下之处,或为灌溉所不及,或以积潦而被淹,往往树艺无愆,难期收获。又如衡州煤矿及各处石灰窑洞中,皆水源甚巨,日夕滔滔,土法旧例,以人与牛车挽其中,岁需数千金或万余金不等,而仓猝压溺之穷民,及枯瘠倒毙之牛只,其情极为可悯。则人力有限之故,而水利之未讲也。

查各省益民之举,近皆集股开办,职等拟在湘省创设水利公司,购办汲水汽机,听人租赁。遇有各境民田高亢上无水注者,可

---

* 据《湘报》第一百七十一号(光绪二十四年八月十九日出版)《本省公牍》。按:似系因梁肇荣等时隔数月后再行禀请而批复者。

** 据《湘报》第一百七十一号,原题作《尽先副将梁肇荣等请设水利公司购办机器备租禀》。

将水管置于低下之处,汲水上行。虽或雨泽愆期,可以随时浸润。桔槔坐废之叹,无自而兴。其田之低下、因水涨被淹者,亦即将此器插入,但于其水所从入之口先行塞断,则汪洋巨浸可令速消。南陌东阡,居然绣壤,不独可免其鱼之患,小民东作之力,并可为之一纾。此汽机之便于农田而广利源者,非浅鲜也。

至衡州煤矿一项,本为利薮,有时翻类祸媒。盖其窿深或百余丈,浅亦数十丈,矹矹竞进,幽入黄泉,无业穷民,以厂主之患水也,则不惜佣于窿中博薪,资以度日。其勤者多其洗涤,卧起无乖,尚不至湿气深入,染受疾病;惰者晚食既毕,遽自偃卧于昏黑之中,湿气熏蒸,深入肌髓,所以动致遍体糜烂,或两足如刖。然此特残其肢体耳,尝有开挖正旺,窿水突穿,则性命胥戕,呼号不及,前功尽废,补救无从。

若斯之类,不忍悉数,见者为之恻〔侧〕目,闻者因而茹叹。而各处石灰窑洞所用之牛车,必百余具方足,每年经费多至万余金。水出无穷,牛力有限,因之枯瘠倒毙,往往有之。若非设法变通,诸患无由自绝,况牛车费必逾万者,改用此器,不过数千而足。然则物力之不足,可知人力之维艰,此公司之设所宜急也。

职等现拟仿照各省各局成例,集成股本万两,购办机器,创立水利公司,专利十年。十年之中,不许他商照办,以重股本。至其中之利益,除收回股息馀利、开销各项外,谨以三成提充公款,藉伸报效。俟开办畅旺,再行从丰加提。

所有创立水利公司,购办机器,听人租赁,以省人力而广利源缘由,理合缮录规条,公恳大人察核批示,赏准立案,并行知长沙各府查照施行。

梁肇荣等水利公司购办汽机请专利禀批[*]

前禀业经明晰批示,兹复续禀前来。查《矿务章程》,凡商办之矿,购用机器,应禀由矿务总局核明办理。自不能托名租与他人,如有暗租他人之事,在该公司专利年限之内,尽可查明,禀请禁止。所禀毋须过虑。至所称"提成报效"一节,前批并未叙及,应毋庸议。此批。

〖附一〗梁肇荣等水利公司购办汽机请专利禀^{**}

又禀:

敬禀者:窃职等于本月初一日,以"购办汽机,创设水利公司,听人租赁"具禀,仰蒙批示,赏准立案,并行知长沙、衡州二府查照施行。职等祗领之下,仰见大人振兴时务、惠爱闾阎之至意。因即招集股本,一面派往申江购定机器,并往衡州煤矿及潭邑之雷打石各厂取具包单,以期刻日开办。

惟奉读批示,内有"农商之家合伙自购汲水汽机应用,不得一概禁阻"等谕,宪意无非以农田水利事重且繁,公司甚难兼顾,而城市铺商亦或有合伙自置机器以备不测者,自难概行禁阻。但恐局外觊觎,藉口射利,则职等办理殊多窒碍,不独有妨报效,而公司亦属徒劳。

拟请除官办矿务、农田水利,及城市铺商购机保险,公司不得

---

* 据《湘报》第一百七十一号(光绪二十四年八月十九日出版)《本省公牍》。题作《抚宪批》,后附禀文(见下附一)。按:此批又尝见刊于《湘报》第七十四号(光绪二十四年四月十二日出版)《抚院批示》,仅刊出批文,题作《留南尽先副将梁肇荣等禀购办汽机创设水利公司请专利由批》。

** 据《湘报》第一百七十一号。

过问外,所有各属商办矿窑,购置汲水机器,希图分夺利益者,应请一概归并办理,以符专利十年之限。职等仰体宪德,集股创行,原为开扩地利出息以省人力起见,伏恳分别批示,饬照施行。不胜感激之至。

〖附二〗水利公司招股启[*]

启者:

本公司两奉抚宪批谕,集股购办汽机,以供民田、煤窿、灰塘汲水之用,费省工倍,利益无穷。准公司专利十年,收取租息,专利年限之内,不准他商照办。经奉行知长沙、衡州两府,饬照立案。

今定议开办,鸠集股本,填发股票壹百张,每股收湘平足银壹百两,发给股票一张、股摺一扣、公司条例一本。周年一分五厘行息,年终凭摺支发。每年除分给息银及报销公司用项外,所剩赢余,按各股份成本核结,刻单报闻,或支或存,均听股友自便。实心实事,相期利益同沾。凡有愿入股份共开利源者,请速赴福星街本公司,妥交经手人,领取股票、股摺不误。

水利公司董事同启

〖附三〗长衡福湘水利公司条例^{**}

计开公司条例:

---

　　* 据《湘报》第一百五十七号(光绪二十四年八月初二日出版),此仍旧题。按:《湘报》第一百五十八(光绪二十四年八月初四日出版)、一百五十九号(光绪二十四年八月初五日出版)连日重登。

　　** 据《湘报》第一百七十二号(光绪二十四年八月二十日出版)《本省公牍》,原题作《长衡福湘水利公司招股启》。其启文与前附《水利公司招股启》同,今从略。惟收录其后“公司条例”部分,而予改标今题。

一、本公司集股购置汲水汽机，专为旱潦救护田禾，及包汲长、衡两府属一带煤窿、灰洞积水起见。无论窿洞深曲宽广至数十丈，酌用汽机马力大小，安置水管汲取，不数日内，可睹成效，真属事半功倍、利益无穷。故公司以"水利"命名，实于地利出息大有裨益。

一、本公司现已在申暂行购定汲水汽机四具，每具包做水管四十丈。计二十四马力一具，水管径口计一尺；十二马力二具，水管径口计六寸；四马力一具，水管径口计三寸。准定八月底配齐锅炉、水管，由申起运来湘应用。

一、本公司填发股票，招集股本，计共开股票壹百张，每股收湘平足纹壹百两整。议定周年一分五厘行息，年终凭摺赴本公司总账房支取。每年除分给股份息银，及报销公司一切用项外，所有赢余，议提派红成三成，以作各项司事酬赏，及留存公司生息以备岁修外，仍按各股份成本核结，刻单报闻，或支或存，均听股友自便。如仍仰存公司，照例周年一分五厘行息。

一、本公司每股收取股银百两，填发股票一张，并按票载名目发给息摺一扣、公司条例一本。举办一年，或有股友自愿将股份出顶更名及坐归公司，均听其便。

一、本公司开办之日，按季结算进款数目，及人工薪水、煤炭、油砂、火食一切用度，附报具闻，以便股友通晓公司底细，年终核对赢余数目多寡，以昭凭信。

一、本公司需用之人，惟炉师为专请，每年除按月送给薪水外，应酬提红成一成。此外，书记、管账及各项司事，共提红成一成，量任事大小、劳逸派分。

一、本公司入股各友，皆得与言公司事宜。遇有利弊要害之处，均祈切实告知，以集众益，务期有利共兴、有弊共剔。

一、本公司购置汽机，包租各处窿洞，代汲积水，均立包单，以十年为期。所有修理机器及添置水管应用各项,每年酌提红成一成,仰存公司生息,以备用度,免动股本。

一、本公司集股开办,凡入股份千两及经手收股千两者,准派一人入公司司事。

一、本公司于各公事应酬,及派司事出远采办或勘验窿洞情形,及与各矿商交涉往来夫马用费,均由公司报销开支,馀各自备。

以上条例十则,系与各股友约议集股开办。至公司汽机马力大小,每天用煤、油若干,及包汲窿洞积水宽狭深浅,每年包租价目,并各窿洞距公司远近运脚,总公司、分公司各董事、帐房、书记、司事、炉司、工匠、长夫、跟丁薪工火食,一切详细章程,均俟汽机来湘开用之时,再行邀集股友详议刊发。①

〖附四〗水利公司声明开局告白[*]

水利公司声明开局。本公司由福星街移至紫荆街开办,凡有交纳股份及包租汽机者,请速赴本公司照会不误。

水利公司告白

监生张本奎等创设化学制造公司禀批^{**}

湘省年来泽涸山荒,生计凋落,凡有生财之道,自当悉力振兴,以苏民困。据禀,拟设湖南化学制造公司,先行蒸熬樟脑,恳请立案专利前来,亦属保富之一端,仰即迅速开办。

至樟脑本中国所素有,与创始煎炼者少殊,惟湖南地方初无是

---

① 此段文字,原本较上文低一格排版,现改为仿宋字体排印。

* 据《湘报》第一百七十六号(光绪二十四年八月二十九日出版),原题为《水利公司声明开局》。按:第一百七十七号续登。

** 据《湘报》第一百三十五号(光绪二十四年七月初七日出版)。

物,且该生等系用化学蒸造,并需购备机器,如果蒸造合式,可以销行。应准酌照福州陈紫绥〔绶〕制造纺纱机器成案,在湖南境内专利十五年,以示奖励而资观感。俟将详细章程议呈,再行查核,分别咨行立案。此批。

〔附一〕监生张本奎等:创设化学制造公司禀*

为邀集股分设立化学制造公司,先行蒸熬樟脑,恳恩批准立案事:

窃惟强国先资夫保富,物土深虞其弃材,劝工之典既宏,阜民之泽斯远。生等去岁肄业求贤书院,山长陈举人禳讲求化学,生等熏陶渐染,粗明物理,如铁硫铅矿银圆发轻硫气,蒸以脱取酒精熬樟脑等事,皆经陈山长口讲指画,一一实测。

及山长北旋,生等按法试行,惟铁硫铅矿各件,非有化学材料,无由演习,其蒸以脱取酒精熬樟脑等,屡次试验,无不如法。而樟脑尤所致力创造,小试器具,原本师说,参以己意,总以气不外耗、脑不浊杂、油不混失为善。更由熬脑之法,推之薄荷、艾叶、松香各油,皆可炼取。

考樟脑之为用甚多,而行销外国尤广。从前台湾岁产约洋七百万圆,自台与日本,不惟出口货物亏一巨宗,即内地必需之处,受制居奇,大为民庶之不便。伏查湖南向多樟树,郴、永、辰、澧为尤富,生等熬脑既成,亲友称善,促即举行。谨拟邀集股本银壹万两,设立湖南化学制造公司,暂用土法,先行蒸熬樟脑,俟著成效,即当

---

* 据《湘报》第一百三十五号《本省公牍》,原题作《湘潭监生张本奎、湘乡廪贡生萧仲祁、湘乡廪生王国柱创设化学制造公司禀》。按:此禀另见《农学报》第五十九册(光绪二十五年正月中),题为《湘潭监生张本奎等创设化学制造公司禀》。

购办机器,以次扩充。

查各国工艺之兴,即由专利以鼓舞之。大人莅湘以来,振兴百度,育才劝商,日异月新。顷又于各报恭读工艺专利之明谕,敷天士庶,感奋同深。不揣冒昧,拟恳恩施批准立案,转咨总理衙门,专利二十年,凡在湖南地方,二十年限内,不得仿造。如蒙俯允,生等谨当酌拟详细章程,呈请核定,并公举正绅总理一切事宜。

除备带熬造樟脑器具,恭诣辕下,伏候察验外,为此具禀,仰乞大人察核,批示祗遵,实为德便。谨禀。

〖附二〗洪文治:上呈张本奎等禀词拟批等事[*]

谨将张生本奎等禀词拟批呈电,应否准其专利,仍恳大人钧定。

再,张生日前遵谕过谈,据称,永州一带樟木甚多,需价极廉。晚生昔在永州知宁远等县,所出香蕈皆樟树所造,因力劝试办。渠因邀约入股,晚生当答以"前此所以汲汲访求,系欲为地方开一利源,并非自图贸易。既诸君蒸制有成,即毋庸过问。且寄身节署,宜远瓜李之嫌,不入股,亦不附名"等语回复。并以附陈。恭请崇安。

晚生洪文治谨肃。

安化县商民"人和福"店等呈批[**]

据控蓝田卡局浮收茶厘等情,是否捏情图减,抑事出有因,仰

---

　　*　据舒斋藏摄片。此系洪文治手稿。

　　**　据《湘报》第八十号(光绪二十四年四月十九日出版)《抚宪批示》,原题作《安化县商民"人和福"等呈批》。

厘金总局确切查明具复。词粘并发，仍缴。

永定丁松盛等呈批[*]

据呈是否属实，丁鹤林请领牙帖开设夫行，应否准行，仰布政司查核，饬遵具复。词粘并发，仍缴。

善化士商萧仁义呈批[**]

候据情咨明湖北抚部院，并行按察司，分别移饬各营、县一体防护可也。

岳州营世职刘朝栋禀批[***]

岳州开埠通商，应须如何布置，本部院自有权衡。绅民人等，果有真知灼见，自不妨露呈具请，或禀由地方官查核转详，以资采择。兹阅所禀，虽托"书算、工匠、脚力人等，宜招近地精壮"为辞，实则自请执鞭，希求差使，且用台北旧封投递，殊属谬妄。此等钻营躁竞之徒，岂堪任用？仰岳州营参将严加申斥，并随时约束，勿令任性妄为干咎。此缴。

---

　　[*] 据《湘报》第一百三十八号（光绪二十四年七月初十日出版）《抚宪批示》，此仍旧题。
　　[**] 据《湘报》第一百六十九号（光绪二十四年八月十七日出版）《抚院批示》，此仍旧题。
　　[***] 据《湘报》第一百四十八号（光绪二十四年七月二十二日出版）《抚辕批示》，此仍旧题。

庶吉士熊希龄等请将公文发《湘报》刊刻呈批 *

报馆刊刻奏章、公牍，所以周知时事，通晓民情，使无《公羊》"断烂朝报"之疑，并免《盘庚》"胥动浮言"之惧。开诚心，布公道，古者木铎徇路之音，盖莫捷于此矣。所请自应准予立案。除未定之咨谋、应密之机事，未便遽行宣示外，所有应行之件，仰候随时饬送该馆刊刻，以资考证而实见闻。此复。

对于《湘报》刊登易鼐文章之意见（大意） **

湘报馆初八日刊登易鼐《以弱为强说》一节，嫌其过于偏激，惊世骇俗，非处士所宜言。

〖附一〗湘报馆：复欧阳中鹄论报书 ***

承来教，并述陈大中丞殷拳恳挚之心，于敝馆初八日刊登易君《以弱为强说》一节，"嫌其过于偏激，惊世骇俗，非处士所宜言"。敝馆闻命之余，无任感悚。

虽然，易君偏激之言，诚不能为之曲护，而其哀哀长鸣，冀我朝毅然变更，以力持于存亡呼吸之间，实有忠君爱国之忧而不容泯者。何也？其所陈皆日本明治初年之己事①，彼时日本危亡迫于眉睫，乃能大改一切政学，以有今日之君尊、臣乐、士贵、民荣。此

---

　* 据《湘报》第十六号（光绪二十四年三月初三日出版）《抚辕批示》，原题作《庶吉士熊绅希龄等请将文告公牍随时发〈湘报〉刊批》。

　** 据后附《湘报》第二十三号所载《复欧阳节吾舍人论报书》摘录。

　*** 据《湘报》第二十三号（光绪二十四年三月十一日出版），原题为《复欧阳节吾舍人论报书》。

　① "己"，疑为"际"之误刊。

普天所共闻见，而凡读过《日本国志》一书者，无不以为如此而后生死人而肉白骨也。

故易君处处为本朝画保国、保教、保种之急策，而踵俄皇大彼得、日皇睦仁之宏规，深望我皇上奋然兴起，以有俄、日维新之盛，此其言虽激而其意则诚。况当此噬脐剥肤之际，如人之将死，病者既讳言其死，而为之医者复从容坐谈，视为不甚紧要之疾，而不投以苦口之药石，以冀有一线之生机，则旁观者未有不痛恨于此医之不仁也。

易君久蓄此稿，拟即上京师，尘之天听，继闻南海康工部《条陈胶事》一摺，尚以"偏安"二字，格不得上，遂废然思返，托敝馆为之刊登，以冀当世巨公名卿皆得见之，庶几采其所言代达宸聪，则虽肝脑涂地，甘之如饴。敝馆闵其苦心，登诸报端，亦冀有为陈奏者，则我聪明睿智之圣人，不惟不罪之，而且庸之矣。

宣圣曰："事君勿欺也而犯之。"汉之汲黯、唐之魏徵、明之海瑞，其格君之非，有朋友所不能容之言，而施之于君者，其心果为何而发也？康工部之上此疏，易秀才之为此说，宁不知斯言一出，必致物议哗然，不容于世，甚且有杀身之祸即在目前？而康、易不惧者，冀其尽言而死，虽死犹生也。则视之畏死不言、漠视军国而不言者，固有间矣。此事已往，以后当劝其和平可也。

匆匆布复，伏惟亮察，不宣。

　　　　　　　　　　　　　　　　　　　本馆启

〖附二〗易鼐:中国宜以弱为强说[*]

今日之中国,岌岌乎其危哉！强俄虎视于西北,新倭鹘起于东方,若英、若法,鹰瞵鹗瞬于印度、安南,与我南陲如犬牙之相错。闭关之中土,藩篱撤矣;锁国之东瀛,扃键洞矣。商战而败,朘削我脂膏;兵战而败,灰烬我血肉;坛坫之间,使战而亦败,伤裂我脑气。近且与我不相连属而相通好之德国,相见于兵戈之场,踞我胶州,索我偿费,其祸不知伊于胡底也。而献策者犹垂绅正笏,而扬言曰:"中国宜自强。"吾恐既强之后,已豆剖瓜分于他人之囊橐也。

盖为自强之说者,无过于澄清吏治、整顿海军、振兴新学、讲求商政、修铁轨、造轮船、兴矿务、设电线数大端。澄清吏治,宜辟议院,而中外各官牢不可破也,即辟矣,须十年。整顿海军,宜汰绿营,而衰弱各弁骤不可撤也,即汰矣,须十年。振兴新学,宜废科举,而千万学究难为秦坑也,即废矣,亦须十年。讲求商政,宜裁厘金,而百万局丁将为怨府也,即裁矣,亦须十年。至铁轨遍于域中,轮船塞于海口,矿务、电线畅通各行省,更须十年。又况育议员才,育武备才,育时务才,育商学才,育铁轨、轮船、矿务、电线之工艺才,数者俱不假手于西人,收效且在十年以外。以儳焉不可终日之势,而为此旷日持久之谋,见弹而思鸮炙,见卵而求时夜,黄河之清,人寿几何？是犹取东海之水,以救西岳之火,水至半途,而燎原者已不可向迩矣。

然则奈何？易鼐曰:"独不闻老氏之教乎？人之生也柔弱,其死也坚强;万物草木之生也柔脆,其死也枯槁。故坚强者,死之徒;

---

　　[*] 据《湘报》第二十号(光绪二十四年三月初八日出版),此仍旧题。题下原署"湘潭易鼐撰",今略。

柔弱者,生之徒。"又曰:"知其雄,守其雌,为天下溪;知其白,守其黑,为天下式;知其荣,守其辱,为天下谷。"萧不敏,请陈以弱为强之策四焉:一曰改法以同法,二曰通教以绵教,三曰屈尊以保尊,四曰合种以留种。何谓"改法"? 西法与中法相参也。何谓"通教"? 西教与中教并行也。何谓"屈尊"? 民权与君权两重也。何谓"合种"? 黄人与白人互婚也。

或艴然曰:"中国之法,祖宗定之,子孙守之,举国之臣民便安之,自三代迄今无少变,一旦尽更其旧,不亦倾骇亿兆之耳目,泯灭累朝之常典乎?"

易萧曰:"如子之所云,坐以待毙,亦无不可。若欲毅然自立于五洲之间,使敦槃之会以平等待我,则必改正朔、易服色,一切制度悉从泰西,入万国公会,遵万国公法。庶各国知我励精图治,斩然一新,一引我为友邦。是欲入万国公会,断自改正朔、易服色始。当我朝康熙时,俄皇彼得慕欧洲之政教风俗,思一一效之,乃改正朔,乃易服色,以从欧制,未几百废具举,至于今而俄柴一启齿,环球隐隐震雷声。近时日皇摩祖希都奋志自强,即学俄之所以学欧者,先更张其正朔、服色,前岁得志中国以后,崛立亚东,如壮狮狂跃,不可控制。此二君之用心,其深得三代王者受命之遗意乎? 盖欲与天下之民为更始,申以文诰,疑而不信,驱以刑罚,激而或乱,故不得不借正朔、服色以变其心思而革其耳目。内定民志,外即联邦交。人情党同而伐异,前此之不欲中国入公会者,以正朔、服色之不齐也,于是驰一纸书告各国曰:'自今已往,改朔易服,愿入万国公会,事事遵公法唯谨。'然后各国之要求我而无厌者,可据公法以拒之;我之要求各国而不允者,可据公法以争之;向之受欺于各国、损我利权者,并可据公法以易之。一切制度悉从〈泰〉西,则举行新法如反掌,不至此窒而彼阂,此所谓'禹入裸国,亦随之而裸也'。"

或曰:"'改法'之说,既闻命矣。中国守素王改制之教二千余年,从之则兴,背之则亡,百世常新,毫无缺陷。今欲以异方不可知之'救世教'辱我衣冠之族,此言若行,君其为万世名教之罪人矣。"

易鼐曰:"子言合经,我言行权。事势至无可如何之会,圣人复生,亦不能不济之以权。所谓'通教'者,亦非废我教而行彼教也。特以中国之人,名为奉孔子之教,实未尽孔子之道。教中之士,帖括而已,楷法而已,上之亦不过经学辞章而已。素王有灵,九泉堕泪矣。彼国之奉'救世教'者,虽未能尽体耶稣之道,而遇事有以自主,随时有以自兴,皆为欧美之望国。岂真圣教之不若西教哉?奉教者有善有不善耳。自海禁大开,各省教案鳞沓麇萃,办理不善,动成边祸,目前德国之衅,亦由杀教士酿成之也。今不如奏请明降谕旨:'国中自官绅以及士民,愿入救世教者,听;毁教堂、戕教士者,为叛民,杀无赦。'立见入教者纷纷。我儒教之有真实学问者,从暗中推扩其善意,改革其差谬,弥补其缺憾。其善意则欲斯世共登于仁寿,斯民大发其慈悲,推扩之,而两相忘矣;其间有差谬,改革之,而两相成矣;其间有缺憾,弥补之,而两相化矣。《论语》云:'有教无类。'即是意尔。《中庸》云:'声名洋溢乎中国,施及蛮貊且极之。凡有血气者,莫不尊亲。'二十年之后,圣教将遍行乎五大洲也。是圣教之规模虽曰稍改,圣教之实际实赖以大振。否则,视眈眈而欲逐逐,思绝我圣教者环而起,我将有所不忍言。"

或曰:"'通教'之说,奇尚不诡于正。若夫君臣定位,天尊而地卑,自秦以降,君权日尊,民权日替,黔黎蠢蠢,久相安于无事之天。今反其道,窃恐叛上弑君之祸随起矣。"

易鼐曰："子知其一，未知其二。夫刑赏操生杀，天下之大权当公之，天下未可柄之一人。自讲求新理，精益求精，华盛顿之义举，遂为千古不刊之事，美利坚至今百余年，乃蒸蒸而日上。我朝大一统之规模，君权之尊，固未可与民主之邦并论。然威权行于域中而不能行于域外，推求其故，则以上权过重、民气不伸，民气不伸，国势亦因之而弱。西人之言曰：'中国之民虽强，我不畏也。盖民无不畏官者，官畏京师，京师畏我。'斯何言欤，敢出诸口？闻之者发指，知之者心伤。然则中国欲复三代盛时之治，自宜仿英、德、奥、意君民共主之法。利之所在，听民自兴之；害之所在，听民自去之。民欲设学会，听之；民欲立报馆，听之；民欲集股开矿、开河、修埠头、修铁路，亦听之。民曰：'某官善'，擢之上位；民曰：'某官不善'，置之闲散。民曰：'与某国约章宜更定'，听举国之民集一巨会，以全力争之。然必每省设一'民权司'，以通上下之情。民之所陈，直达于朝廷；朝廷曰：'可'，即下令于民。不至如前此之必由县令以达督抚，由督抚以达朝廷，其中隔阂十数层，以至民隐不上闻，上恩不下逮。如是而中国所宜自有之权利，民必竭力以经之、营之、保卫之，朝廷坐享其成而已。且遇他国有要求朝廷之处，朝廷亦可委之于民权。由是而旧党渐渐解散，新法渐渐推行，元老院不难设矣，日本之骤兴可立俟。"

或曰："是殆所谓屈一时之尊，以长保子子孙孙万世之尊者与？惟是千万年皇王之旧国，四百兆轩辕之贵种，而欲非我族类互通婚姻，将清白之苗裔潜移，膻腥之种类日盛，无乃大不可。"

易鼐曰："是说也，腐儒之所骇，俗士之所嗤，海内识时君子之所未道，无怪子之言然也。夫喾赐少女于盘瓠，异类尚可通婚；汉嫁公主于匈奴，远方亦曾结好；况文明教化百倍于盘瓠、十倍于匈奴之泰西哉？南洋之矮奴，非、美洲之红、黑番，其种甚贱，沦为奴隶,固无论矣。曰波斯,曰印度,曰埃及,悉亚当之裔族,垦辟与中国等,国不可谓不旧,种不可谓不贵,而受役无异黑奴者,诚可为之寒心也。是国无论旧新,强则旧而新;种无论贵贱,强则贱而贵。吾恐今之自诩为贵种者,异日且求为贱种而不可得。留种之计,莫如以诸王郡主、宗室县主,下嫁于俄、德、法列邦之世子;王公、台吉、贝勒、贝子,复广娶列国之公主、郡主。并下一令,曰:'上自官绅,下逮庶民,愿嫁女于泰西各国者,听;愿娶妇于泰西各国者,听。'国家联姻,尤贵择西人之有智力者。既联翁婿、甥舅之亲,即可从其中选用客卿,自当竭力为我用。此所谓以爱力绵国运,以化合延贵种也。且同类相合,其生不繁;同姓为婚,古垂厉禁。西人亦谓'以血脉相通之人配合夫妇,生子多患癫痫';中国禁中表为婚,亦是此意。如以黄、白种人互为雌雄,则生子必硕大而强健,文秀而聪颖,亦未始非人才之一助也。"

凡此四者,自其外而观之,皆示弱也。四者能行,吾知各国必稍澹其按图剖分之念,然后吏治、修海军、究新学、整商政,举行一切铁轨、轮船、矿务、电线,将见富强驰骋于五洲,会盟冠冕夫万国,而俄皇伸足亚东之梦、英国混一陆地之心俱成画饼,不其快与!否则,诚有如新会梁氏之所云"处今之世,变亦变,不变亦变"者,至不变而亦变,则所谓"古法"、所谓"圣教"、所谓"主尊"、所谓"贵种"者,蒙亦不忍言其究竟矣!

〖附三〗吴熙：上陈宝箴书[*]

右帅大公祖大人钧座:

---

　　* 据《陈宝箴友朋书札(四)》,载《历史文献》第六辑,第168～169页。按:据札中引述"改正朔、易服色"云云,此札当系针对易鼐《中国宜以弱为强说》而作。因有陈宝箴所作批语,故予附录,惟将陈氏批语改为页下注。

　　顷阅《湘报》，见诸人议论多可骇异，不独愚见为然。诚以激宕偏驳之词，亦自古书生所恒有，然危亡苦语出自忠愤，其心可谅，其理亦仅止失中，识者犹有取焉，从未有肆口狂谭、毫无顾忌如今日之甚者也。士生不讳之朝，文字之祸断乎无有。即谓不宜宣露情实，而中国底里蚤为外洋所洞窥，升木之猱亦无待教。是二者均此所患，独是儒者立言要自有体①。

　　洋人藐视中国，然不过窃笑之尔、明讥之尔，初未尝连篇累牍、大书深刻，举吾朝野上下日日诟詈，不值一钱也②。不谓吾华之士人反忍肆行诋毁，上而至尊，下而宿学，内而政府，外而封疆，奋其笔舌，刺讥笑骂。而推尊彼族，如帝如天，夸其富强，且美以文明，果皆然乎？

　　即使皆然，而称彼之长，则我之短自相形而见。何不可稍为酝藉，以全国体而戢戒心，乃竟发泄无余，甚至有拟"改正朔、易服色"者。请问：今日之域中，犹是谁家之天下？此真古今仅有之狂生矣！

　　推诸人之意，以为今日燕雀处堂，如醉如梦，不如此耸动，不足以振聩觉聋，其意亦良是也。然而士大夫议论，必须出人意表，仍复入人意中，然后闻者感悦奋兴，群焉信向。如诸所云云，其策既多碍不能行，其说又或狂而且悖，多说十成话，如山东圣墓沦为异域之类。徒令阅者感愤。不愤中华之衰弱，而惟愤极言衰弱者之轻褒中华，尚安望能激厉人心、联络民会乎？吾恐所谓"热力"者，不热而反冷矣；所谓"合群"者，不合而愈离矣③。故诸人以此夸张文胆博取

---

①　陈宝箴批："甚是！甚是！"
②　陈宝箴批："此则不可胜数，或未见耳。"
③　陈宝箴批："此秉三所谓'前明气象'者，盖亦有之。"

才名则可耳,于事安见其有益耶? 且此惟无益而已。

湖湘年少英俊者固多,浮薄者亦复不少,盖先正之流风远矣。或子弟傲睨其父兄,生徒陵蔑其师长,高视阔步,大言不惭,以为学贯中西,则虽决裂大防,固不失为儒者。公度廉访亟欲以宋学匡救之,非无见也。若更习闻此等议论,势必随风而靡,益尚新奇。窃恐崇奖欧洲之说,误会其指归,则忠爱君父之心愈形其淡薄。人心既无可恃,国事尚忍言哉! 愚昧之见之引为深忧者,尤在于此。

熙于诸人多不相知,又素不肯与人争口舌,盖颇能持大贤有耻之戒,耻空谈又无补于时艰也。兹为保全国体、爱惜人材起见,又夙仰明公维持时局之苦心周详而深远也,故略效其一得之悉。若识论之迂,则固已自知之矣。惟节下其辱教之。幸甚! 感甚!

诸人动称"保种保教",痛哭流涕,大声疾呼,若已躬离其祸者,然心诚危且迫矣。然而中国数千年递嬗之人民,天断无忍心绝灭之理。孔子之道与天地无终极,中国伦常、文字万不能废,则孔教亦万不能废。洋人固强悍,山可平,河可开,地亦无如彼何,然彼终无如天何也。熙以为均不足虑也。大抵论洋务须以平淡出之,不必矜心作意。诸人才可爱,意可嘉,惜乎语过当而滋流弊耳。未知钧见以为然否?

赐览后,希扯摧之。

治晚生吴熙顿首谨上。

职员王笏等承顶报馆禀批[*]

查湘报馆之设,系因胶澳事起以后,谣言甚多,熊绅等欲藉此

---

* 据《湘报》第一百七十四号(光绪二十四年八月二十七日出版)《抚院批示》,原题作《职员王笏等承顶报馆批》。

开扩士民见闻，免为流言所惑，致酿乱萌，故有此举。因开办之始经费不敷，请一月暂津贴银二百两，开通后即行停止不发。此外皆不与闻，亦无所谓报销也。嗣见报中所登论说过于庞杂，殊乖设报本意，因之饬令停止。兹该职等于前报停止之后，承顶机器重开，自应由经理前报人授受明晰，与津贴之款无涉，准予如禀立案。仰布政司转饬长沙府传谕知照可也。

湘乡傅基贞呈批[*]

闺门习尚，视家长为从违；闾里习尚，又视士绅为从违。多士果皆能以礼齐家，先为提倡，旧风将不禁自改。敝俗固应革除，更张宜有次第。方今庶政一新，事之大而且急者，多未就绪，未便陈奏及此，应仍由该生等自行劝导，务令广譬曲喻，启人慈爱之心。勿矜新闻异论，以致群疑；亦勿怒骂叫嚣，激之怨怒。巽言所入，悦绎必多，原不必专恃法令也。名单附。

湘乡十八里士绅兴办东山精舍禀批[**]

巡抚部院陈批（光绪二十一年十二月初六日）：

据禀及《东山精舍章程》均悉。"格致"原本《大学》。朱子补传："必使学者即凡天下之物，莫不因其已知之理而益穷之，以求至乎其极。"即赅括近日泰西之学。第只言其理，未究其用。然

<hr>

[*] 据《湘报》第一百六十九号（光绪二十四年八月十七日出版）《抚院批示》，此仍旧题。

[**] 据《时务报》第二册（光绪二十二年七月十一日出版）。原有小题作《巡抚部院陈批》；后附原禀及章程（见下附文）；总题作《湘乡东山精舍学规章程》。题下附《时务报》所加按语："近议各省书院改课实学，得旨施行，诚育才之美制、经国之远谟也。湘中东山精舍倡先兴办，今得所拟章程，详慎平实，爰亟录之，以供众览。海内士夫有先觉之责者，可以兴矣。"

《大学》论"生财有大道",即有"为之者疾"之语。《中庸》"九经"亦云:"来百工则财用足。"是今日泰西各国格致之功用,固已言之矣。

中国以农为本业,故历代所设施,尚未能尽格致之极功、竟《大学》之全量,且其势亦诚可不必。故公输、墨翟之徒,其术不昌;后世智巧之士,徒偶用以为玩具耳。今海外诸国,既已通商吾土,即以财用论,彼疾而我迟,彼足而我乏,其势已不可支;况又以强陵弱,使我坐困而莫展一筹。乃犹于吾中国圣经贤传之所已言者浅尝辄止,不深维"礼失求诸野"之言,而反以之为讳,于彼所以驯致富强之术,概以"淫巧"斥之,而目语此者为"邪说",岂知数典而忘其祖耶?

兹该生等本该乡刘襄勤公未竟之志,就东山精舍讲求实学,所见甚为远大。所议章程,以义理为体,以格致为用,亦均周妥有法。初讲算学,尤湘中诸儒素习之业,如邹叔绩、丁果臣诸先生传述,至今未替。仰湘乡县移会该学,转饬东山精舍绅董,迅即举办,以收兴学育才之效,是所厚望。原禀及章程并发,仍缴。

〖附一〗湘乡十八里士绅: 东山精舍改章兴办禀*

为拟定《东山精舍学规章程》,禀恳批示遵行,以成美举而收实效事:

窃惟国家之隆替,系乎人才;人才之盛衰,由于学校。各省兴建书院,盖以辅学校之不逮,法甚备而綦隆矣。然穷变则通,苟非实事以求是,即物而穷理,恐书院究成虚设,何以造就人才?

---

* 据《时务报》第二册,原题作《十八里士绅上湘乡东山精舍事宜禀》。

湘乡向有东皋、涟滨，建于县城，为合邑公立；嗣因县分上、中、下三里，复各就其地建书院，以便学者。举人等籍隶下里，地邻县治，尝慨书院虽盛，而专校时艺，山长又系本县举贡轮充，兰艾不分，成材终鲜。

原任新疆巡抚刘襄勤公思矫其弊，爰捐集银五千余两，创议添设东山精舍，以劝学育才。又经士绅乐捐，共钱壹万七千余缗计，陆续置买学田贰百亩，其各户捐而未缴者，尚万余缗。正在度地鸠工，而刘襄勤薨于家，任事者遂互相推诿，事因中止。人怀观望，巨款虚糜，举人等心窃疚之。

夫通知古今之宜，以外筹应接之术；博观中外之势，以内立富强之基。陶冶群材，其本莫先于学，而欲铲除积习，亦宜量为变通。

考西国之兴，凡课士、训农、通商、考工，与陆军、水师，无不入学堂读书，共明其理，习见其器，而躬亲其事。彼一切取成于学，男、女五岁不入学者，即罪其父母；人专一艺，而能致用。是其纵横海上，固非徒恃船坚炮利也。

今各国学校，美为极盛，德、法、英次之，俄又次之。其制分初学、中学、上学，初学期满，乃升中学，务循序而渐进。人无废学，地无弃材，既富且强，良在于此。即日本数小岛耳，通国学校乃多至三万一千余所，力行西法，遂启维新，有实学即有真材，故能勃然以兴，屡耀其武。而中国反蹈常习，故务虚文而不求实学，未尝讲明事理，往往受制于洋人。然则欲兴国而强兵、足民而丰财，非劝学以育才，岂有幸哉？

举人等会议深思，拟以东山精舍仿湖北自强学堂成法，分科造士，为算学、格致、方言、商务四斋，教之以实事，程之以实功。庶几风气大开，矫其空陋，专习所学，自然业精于勤，足以养成实材。

惟事以虑始为难，谋以筑室为戒，将冀功以时集，必自上台主持。为此禀恳大人批准行县、行学,转饬士绅,即照所拟章程,及时兴办。循中国义理之学,辅以泰西富强之术,则道器一贯,人才自蒸蒸日上,必有魁奇桀俊出其中,足以得其要领而取之。举人等感念时艰,不胜祷祝,谨拟章程呈览,伏祈批示,以便遵行。谨禀。

〔附二〕十八里士绅:湘乡东山精舍学规章程*

一、建筑精舍,曾经刘襄勤公于东台山下勘定地址,兹为撙节经费起见,拟就原定之莲花屋场妥为修葺,即行开课。俟筹有巨款,收齐各都捐项,再议扩充。

一、师以传道解惑,山长须择品学俱优、中西兼通之士,不得用本县举贡轮充,永杜干求钻营、情面请托诸弊。

一、肄业生暂以二十名为限,不分生、童,皆须报名投考,课以时事论说。观其文学识解,由山长分别等次。一等补正额,月酌给膏火钱贰缗、米三斗;二等为附课,月惟廪米叁斗,俟额缺以次提补。此外,有贵族富家之子弟,愿自备费就舍学习者,听。

一、入舍肄业者,算学为先。目前经费不敷,只能先聘算学山长。盖三角、八线、几何、代数,实为西学根本,不独制造须探源于算术也。将来经费既足,可为推广,如格致、商务、方言,皆各有专门,专而后可以精益求精。但中、西当会其通,诸生于《四书》、《五经》宜仍专一经,以为根柢,矫除章句小儒之习,庶几蔚成经济有用之材。

一、《河图》寓加减之源,《洛书》肇乘除之祖。《周髀》九数,

* 据《时务报》第二册。原总题为《湘乡东山精舍学规章程》,小题作《章程二十四条》。

畴人命官；唐制六科，明算取士；所从来久矣。国朝《钦定数理精蕴》、《仪象考成》诸书，尤为万世学算之准绳。故定制于国子监，额设算学肄业生，满、汉、蒙各若干人，分年教授；比年各省提学，亦加试算学。是算法固人人所当童而习之者也。而俗人或目算学为西学，又谓习算法为效法西人，孤陋寡闻，贻讥大雅。愿有志者毋固毋必，博学审问，讲明其理而切究之。

一、算学当循序精进。初学一年，习几何、代数、平三角、少广；第二年则习曲线、微分、积分；第三年则习弧三角及微积分之深义、立体之几何。

一、学算法、代数者，先学乘、除、加、减四小数，及命分、立方诸学之变。既精，乃讨论对数表之用、算尺之法及代数第一级之理。

一、学勾股者，先学划直线及各种角于地，并按验直线及各种角命度与否之法。既精，乃学三角形、多角形与匀分直线为数段之法，遂及比例线、诸平方形、各种立方质体质之理，参究泰西各勾股便捷之法。

一、学勾股画法者，诸生当于逐日所讨论画法之图，汇成一帙，其所讨论者则为影立体诸形于直、平二向，并求其本质之尺寸等事。

一、学宜崇实。俟经费充足，当于上海多购天、算、地、矿、医、律、声、光、重、化、电、汽学诸书，以供学徒观览讲习，并购泰西仪器及格致制造各学器具，以资考验，俾明其理而开其智。

一、西学之精，莫非原本中国。其立教实源于《墨子》，"尚同兼爱"、"事天明鬼"，尤显然者。至通商、练兵之法，大半本乎《管子》。而设官多类乎《周礼》，用法亦类乎申、韩。重学、光学、汽学、化学、电学诸大端，散见于周、秦各书，尤不可殚数。然则泰西格致之学,未有能出吾书者也。今精舍方言、格致两斋,通其言语文字,以造就译才,兼考求新理、新物,为制器利用之助。是乃昌明中国实学,将以西学化为中学,非弃其学而从西学也。山长平日宜讲明此理,以晓学者。

一、道莫善于通,学不厌其博。精舍每月筹款购《万国公报》两册,每季购《格致汇编》两册,又各种新闻纸如《申报》、《汉报》之类,分给诸生披览,俾通知时务与夷情夷形,自成有用之才。

一、学业以讲求而成,人才以摩厉而出。昔我乡先正曾文正公,与倭文端诸贤讲学于京师,与江忠烈、罗忠节诸公讲练于湖湘,卒定拨乱之功,仁远乎哉!有为者亦若是。《易》曰:"君子以朋友讲习。"《论语》曰:"以文会友,以友辅仁。"精舍诸生,会友讲习以辅仁,而追随乎文正,其勉之矣。

一、《大学》一书,为初学入德之门,其效至于明明德于天下,而其功必始于格致。朱子曰:"人心之灵莫不有知,〈而〉天下之物莫不有理,惟于理有未穷,故其知有不尽〈也〉。是以大学始教,必使学者即凡天下之物,莫不因其已知之理而益穷之,以求至乎其极。"是则西人格致之学,实原本于《大学》,尤无异于朱子补传所言也。今精舍算学、格致、方言、商务虽分四斋,而每人止专一门,盖业精于勤,必专而后精。所有格致诸学,皆从算学入手者,不专心致志,则不能得其要耳。伏读去年闰五月十三日上谕:"凡精于天文、地舆、算法、格致、制造诸学者,准中外臣工保荐。"煌煌天语,立贤无方。诸生患学之不精,不患无进身之阶也。专精格致,以取功名,亦何必科举乎?

一、中国之弱,由于学之不讲、教之不行。今欲自强,明学术以成人才而已。士有专业,而才日以成;则国资其用,而势日以盛。

朱子曰："今日吾人之进德修业，乃是异时国家拨乱反正之所系，非但一身得失荣辱。"其言甚大，有志者当及时自励。

一、学者期于明体达用，研经之外，宜习事于史，详考其治乱得失之故。近代名臣奏议，必手自钞录；经世要务，皆讨论其所以然。积久贯通，庶其术足以匡时；发之为言，亦足以救世。

一、韩子有言："学焉而各得其性之所近。是丹非素，隘也；拘文牵义，陋也。"愿诸生勤学，务其大者、远者，不争汉、宋，不分中、外，虚心以求是，敬业乐群，则学必有成。

一、每月朔、望两课，由山长扃试，凭文取舍，正、附一律。如三次不列等，正课即降为附课，庶其由愧生奋。

一、生徒有游惰浮薄、不守学规者，山长即行斥出。正课由附课序补，附课由额外序补。

一、年终由山长会同湘乡县学甄别一次，定其进境之浅深、质行之优劣。上等奖赏；中等惩诫，仍许留学；惟下等斥出。

一、精舍收发清单，每年由经管造四柱清册，遍请众绅公览，俾知此中赢绌之数，以昭核实而防弊窦。

一、经管如有侵蚀、浮冒诸弊，众绅查察得实，即当公举更换。其款并当禀官追缴，不得徇庇。

一、经管需才，以殷实、老成、廉洁为主。往年刘襄勤公曾举邓绅子霖、杨绅宗衡、翼卿董其事，公正明白，众望克孚。兹拟清算东山精舍历年银钱出入、租谷收稾，及修建横舍一切工程，仍照原议，公请邓绅等经管，由县剳委，以专责成。

一、清算交代之后，所有精舍学规及详细章程，再当集思广益，续行公议，禀请察核存案。

沅州府扩修沅水校经书院禀批[*]

据该府禀"樽节沅水校经书院经费,渐形扩充,除分别贴买田亩,给价收租,岁增谷一百余石、钱一千串有奇,改修讲堂,添补斋含〔舍〕,酌增麻阳县肄业生名额,拟改堂院原议课程"缘由。

奉批:"据禀,筹增经费,添设讲堂斋舍及麻阳名额,均属妥协。至拟改课程,以经学包举理学,去词章而酌增舆地,所见亦极切实,俱可照行。译学既关交涉,尤为通知四国之故所造端,故京师首设方言馆,以为之倡。现在省城亦经开设,务即延访谙熟各国语言文字之人,以资教习,勿仅悬格以待。馀俱如禀办理。仰布政司转饬遵照。楹联容俟续发。仍候督部堂、学院批示。此缴"等因。奉此,并据该府禀司,合就札行。札到该府即便遵照。此札。

〖附一〗江标:沅州府扩修沅水校经书院禀批[**]

据禀,沅水校经书院,经该府到任清理、樽节,扩岁租,添斋舍。又于原课经、史、理、算、词章、时务六门,斟酌裁改,定为经学、史学、算学、掌故学、舆地、译学六门,上规朝制,下顺舆情。其并理于经,该时务于掌故,裁词章,增舆地、译学,识力尤为明卓,具见贤太守宏育英才、克勤职守之苦心。

值此时事多艰、交涉日棘,亟需通权达变、折冲御武之才,凡我臣子,自以建学兴贤为第一义。若得各府州县尽如贤太守之罔辞劳怨,共济艰难,圭璋髦士,以匡时局,庶有豸乎!

---

　　[*]　据《湘报》第十四号(光绪二十四年三月初一日出版)。原题作《抚部院陈批》。然其结尾已添有"等因"、"奉此"、"札行"、"此札"等套语,则实为湘省藩司札行沅州府之札文。今姑仍其旧,惟将藩司札行沅府诸语改用楷体,读者察之。
　　[**]　据《湘报》第十四号,原题作《提督学院江批》。

所有沅水校经书院改订章程,详览再三,无任钦迟,实与本院鼓舞胶庠之隐念深相符合。仍候督部堂、抚部院批示遵行可也。缴。禀存。

〖附二〗连培基：扩修沅水校经堂禀稿[*]

敬禀者:

窃国于天地,必有与立。强弱之形,视乎人才。人才之兴,成于学校。近二十年来,国家于都中设同文、方言各馆,各行省置水师、武备、自强各学堂,亟亟以造就人才为务。去、今两年,山西抚部院胡奏请变通书院章程,并课天、算、格致等学,奉旨允准。又刑部侍郎李、翰林院侍讲学士秦,先后奏请推广学校,整顿书院课程,预储人才,均奉准部议,通行各省遵办在案。湖南湘乡士绅拟定《东山精舍学规章程》,禀奉宪台抚部院批饬:"迅即举办,以收兴学育才之效。"仰见各上宪作兴鼓舞,陶冶群材,揽中外之势,图富强之基,莫不于庠序学校兢兢致意。

沅水校经书院自创建以来,筹款劝捐,折挫频仍。卑府到任,于一切出入款项,勤加清理,凡遇浮费,力求搏节,冀渐扩充,以宏教育。查得朱前守任内,置买邓运均○○○○○○数处田产^①,虽经立契,因欠价未清,产亦虚悬,卑府先后备找价钱六百串,易佃收租。又芷江陈氏续捐田二十亩,系聂盛鳌业,亦经找贴钱五十八串,作为买业,归入书院。现在岁例入数,每年约增谷百余石。二十一、二十二两年,汇收各款,计共余钱○千○百串。

据麻阳县陈令禀称:"三县肄业生住斋名额,惟麻阳独少,拟

请于该县斋额旧章四名外，酌增一名，以示均平"等情。卑府查书院款项既有赢余，该县士子近皆有志向学，未便沮其上进，致令向隅，业经批准，并于章程中载明。

惟书院讲堂规模卑隘，斋舍亦不敷居住。卑府因以两年岁入余款改修，将旧日讲堂木瓦等料移作厨舍，复买民间隙地，添建斋房共二十四间，于上年十二月督工修理。昼夜经营，莫或遑处。讲堂现已落成，斋舍工程约须两月，即可竣事。

查原定课程，以经学、史学、理学、算学、时务、词章六科分门。卑府参酌时势，变通课程，以为原议六科可并者一，可裁者一，应添设而悬一格以待者，亦各有其一。

夫经者，道学之本源，人事之极则。凡天地之大，名物之繁，微显并包，洪纤毕具，故言理学者不能离经，经者理所从出也。舍理以说经，则经义晦；离经以言理，则理境虚。不以理为专门，而一附于经，斯谈经不至穿凿支离，而言理不入禅悟空寂。此其可并者一也。

文艺之在中国，原属末务。《论语》曰："行有馀力，则以学文。"又曰："游于艺。"古之教子弟，以及成人，其先后本末，瞭然易见。顾所谓文艺者，尚非今之词章。自唐宋迄今，以帖括诗赋取士，中国父兄所教，与子弟所学，胥溺于文。而泰西各国，执谨信泛爱之一偏以为教，推格物致知之极功以为学，智作巧述，反得挟其艺以傲。我中学之不振，亦词章阶之厉尔。今必谓"文以载道，不可偏废"，经学、史学，何一非词章所成？若设为专科，希纵杨、马，以雕琢藻绘为工，学步李、杜，以七字五言为事，既于实学无裨，且违朝廷近日振拔人才之意。此其可裁者一也。

伏查侍讲学士秦原奏，整顿书院课程，本胡安定经义治事之意，分类为六：曰经学，经说、讲义、训诂附焉；曰史学，时务附焉；曰掌故之学，洋务、条约、税则附焉；曰舆地之学，测量、绘图附焉；曰算学，格致、制造附焉；曰译学，各国语言文字附焉。此六类者，实于中、西各学校为该贯。

盖史学当通中外古今得失之故，原奏故附以时务。算学当明格致、制造之源，其用乃该夫西学。掌故以本朝会典、律例为大宗，宜兼知各国条约，始能折冲樽俎，有裨时用，是时务不附诸史学而举以标目，实可以包括掌故。

惟舆地之学，在当世尤为急务。大地九万里，环球五大洲，其疆域沿革、山川险要、物产土宜，刻难殚究，非挟专力以赴之，不克周知。沅湘为滇黔门户，宅阻蟠深，地大物博，测量、图绘、矿务、化学，皆可即舆地以次考究。亟宜添设专门，以精其业。

至译学，宜习各国语言文字，翻译西书，考较得失。初学之门，亦著述之林。第海疆、郡邑，商贩辐辏，通事传言，学之较易；沅西僻处，恐难骤期，且风气初开，师承绝少。此所谓应添设而悬一格以待者，亦各有其一也。

今谨酌照部咨原奏之类，易书院先年所定之六科，曰：经学、史学、算学、掌故之学、舆地之学、译学。分为六类，著之课程，俾学者日月就将，力求实是，庶于宪台广学造士、穷变久通之意不相刺谬。是否有当，伏惟裁夺。

岳州属县士绅公恳改课章设学会禀批[*]

据禀已悉。近来钦奉谕旨，饬各省设立时务学堂，讲求实学，

以立自强之基，并变通科举章程，于岁举外复设经济特科，以求体用兼备之士。业经本部院会同学院通行各属，并出示晓谕。诚以世变日新，宏济艰难，非空言所能取效。现当群雄角立之时，苟不亟图变计，培育人材，力求实用，岂能量力比权、巍然并峙？

湖南省城创设学堂、学会后，各府州县亦多渐次举行。浏阳一邑，并将城乡七书院同时更改章程，讲求实学，尤征卓识。岳州涵汇洞庭，钟毓灵秀，该生等拟请照改岳阳书院为经、史、时务、舆、算、词章各门，以课生童之成材者；改慎修书院为学会，以教童年之堪资造就者。可谓敦崇本实、通晓时变，将来人材辈出，实推此举为开风气之先。

候札行岳州府率同巴陵等县，迅即联集绅士公同筹商办法，酌增款项，将变通书院、设立学堂学会章程克日妥议，由该府、县核明，禀呈本部院，会同督学院察核汇齐，奏咨立案，以仰副朝廷育材致用至意。并即知照，仍候学院批示。此批。

〖附〗郭鹏等：公恳岳阳书院改课章设学会禀*

具禀岳州府巴陵县增生郭鹏，廪生龙铨甲，附生姜炳坤、刘光萃、杜燿琨、王第祥，平江县附生张长、廪生叶劲青、增生余堵、附生杨存坚，临湘县附生方傅鸾，华容县拔贡段修钰等，为拟改岳阳书院章程、推广学会，禀恳札饬，以速举办而开风气事：

窃惟自强之道，以育才为先；育才之方，以兴学为亟。方今外患迭乘，国版日蹙，朝廷之旁求虽切，荐剡之奇杰罕闻。岂尽钟毓之无灵？实由培植之未预。近年以来，内外大臣仰体时艰，莫不以

---

* 据《湘报》第四十三号，原题作《岳州府巴陵、平江、临湘、华容等县士绅公恳改变书院章程及推广学会禀》。

开设学堂、变通书院为急务。上年湖南省城奏立时务学堂，并将岳麓书院师课改章，校经书院增置学会，讲求实学，造就人材，以期渐次推广在案。

本年二月，宪台会同学宪通谕内有"钦奉谕旨，增开特科、岁举两途，吁俊之典极隆，登进之阶愈广。凡我髦士，自当及时砥砺，研求实学，期成远大之器，宏济艰难。并札饬各厅州县遵照，劝导士绅多设学堂，并将书院课章酌改，以资造就"等语，仰见宪台鼓舞群材、振兴学校、广开风气、力图富强之至意。

现在内府若湘乡、浏阳等处，外府若宝庆、沅州等处，或创立新学，或酌改旧章，均奉宪台批饬："迅即举办，以收兴学育才之效。"

岳州旧有岳阳、慎修两书院，规模狭隘，斋舍倾颓。前岳州府知府钟守并慎修于岳阳，扩充而增葺之，讲堂宏敞，斋舍精洁。慎修以课经史，岳阳以课时文，仍其旧制，而延山长一人，以督教之。虽习礼横经，儒风斯扇，而怀铅握椠，锢习未蠲。

幸逢国家式焕新猷，屡下明诏，变通科举而抑置虚文，开设学堂以讲求实用，使群勉为识时之杰，以共挽夫国步之艰。我岳州仍守旧闻，不知变计，其何以上应明杨之典、下成通达之才乎？

生等抚兹时局，窃用疚心，拟仿湘水校经书院章程，改岳阳书院为经学、史学、时务、舆地、算学、词章六门，以课生童之成材者；并仿照实学会章程，改慎修书院为学会，以教童年之堪资造就者。

本拟议定章程，禀请岳州府英守转详宪台批准，以便开办。既思岳郡风气未开，舆情难协，道旁筑室，何日观成？且改章必添经费，筹款尤属要图，值此公私竭蹶之余，谁为慷慨好义之举？非得上台特谕，曷由鼓舞群情？生等不揆冒昧，会商同志，敢用渎陈。伏乞宪台俯赐察核，札饬岳州府知府，立谕岳州绅士到城公同计议，迅速开办，以成美举而育真才。

况岳州为湖南门户，番舶不时来往，近日教堂渐设，保护尤宜加意。苟非变通书院，速立学会，以破群盲而开民智，则去岁曹州教案，难保其不复见于岳州也。惟开办之时，所有一切规制、章程，容俟妥议续陈，察核立案。

谨将变通岳阳书院、推广学会原由，除禀学宪外，理合肃禀陈明，伏乞宪台赏准，迅赐批示祗遵，深为德便。上呈。

武冈州士绅公恳变通书院仿立学会禀批*

据禀，近来迭奉谕旨，饬各省变通书院，广设时务学堂，增设经济特科、岁举，破格取士。自省城创立时务学堂、兴南学会后，各府州县渐次办理。拟将该州鳌山、观澜、峡江三书院，一律改课实学，约分八门，先后开办。复就希贤精舍、青云书院，仿南学会章程，设立分会，并各举素有名望、曾经管理书院绅董数人前来。

据此，查湖南各属遵旨设立学堂并仿设学会者日渐加多，足见中兴以来，将相名臣、魁儒硕彦黜华务实之风，去人未远。现在世变日新，正朝廷侧席求贤之会。武冈地虽僻远，而学术渊源向称朴茂，自多杰出之才，因时通变，施以造就之方，其所诣殆未可量。

禀拟办法，亦有次第。举办各绅既为物望所归，又素有意多士，必能识微鉴远，速与玉成。候札饬武冈州迅即联集诸绅妥议兴办，并将拟定章程及绅董衔名核呈本部院察核，汇齐奏咨立案，暨饬各该绅遵照办理。此批。

---

* 据《湘报》第四十六号（光绪二十四年闰三月初八日出版）。

〖附〗陆孝达等：公恳武冈州
变通书院仿立学会禀[*]

具禀宝庆府武冈州酃县教谕陆孝达，安徽候补知县万祖恕，拔贡生李钟奇，举人王佐龙，职员邓琅，廪生萧呈俊、袁灼，增生陆孝笃、傅锡鸿，附生唐镒、钟和兑、翟式彝、张心翊、舒敔，谨禀大人台前，为变通书院、仿立学会，恳恩核准札饬，以开民智事：

窃维文翁化俗，兴学为先；安定分斋，专门以立。非变法不能破锢习，非课实无以造真才。事会之穷，变通则久。近来以来，各省叠奉谕旨，改变书院，广设学堂，新政云兴，不可枚举。

伏读本年正月初六日上谕，增开经济特科、岁举，仰见朝廷破格求才、变法取士之至意。自大人莅湘以来，力图振作，兴南学会，立时务学堂，改变岳麓、校经书院章程，常德、沅州、浏阳、湘乡、宁乡、新化等处，或改书院，或设学会，均遵饬办理在案。

武冈地处远僻，风气较迟，若不亟求改弦，人材何从起点？职等公同会商，拟将鳌山、观澜、峡江三书院，一律改课实学。统向章诸课为一途，并每月三课为一课，合三课膏奖为一课膏奖。课程约分为八门：曰经义，曰史事，曰时务，曰舆地，曰兵法，曰算学，曰方言，曰格致。

惟是门径既广，得师为难；成款本微，另筹有待。拟将经、史、时务、舆、兵五门先行开课，每门一题，每卷二艺。开课之时，须各报定所习何门、兼及何学，报定不得移易，必专力而后有成。经、史不容互兼，恐明体而忘达用。生童务须合案超特，斟酌摊奖。规模既定，再筹巨款，延聘算学、方言、格致教习，分课三门。先所易成，

---

* 据《湘报》第四十六号，原题作《宝庆府武冈州士绅公恳变通书院仿立学会禀》。

后所难办,此变通书院之大概情形也。

此外,又有希贤精舍、青云书院,向以成款太薄,一则规模未备,一则斋舍空存。职等拟就此处,仿南学会章程,设立分会,讲求一切有益政教之学,并劝士绅捐置书籍,或借存学会公阅。俟会成赀集,随购图书、仪器,延聘学长。藉旧业为新基,化无用为有用,此仿立学会之大概情形也。

至于变通书院、仿立学会一切详细事宜,非素有名望、曾经管理之人会同办理,不能免隔阂异同之见,而尤非奉有上宪札委,不能服众心而专责成。

兹有职员唐春炳,廪生张存诰、莫锡庚、万文炜、袁均焕等,可以办理鳌山书院;贡生袁廷炜、杨京华,廪生吴兆鳌,附生舒鼎、萧鸿钧等,可以办理观澜书院;教职萧元吉,贡生萧呈鑑,附生唐鸿钧、刘时迈、傅楚贤、林焕章等,可以办理峡江书院。学会则贡生周用成,廪生张存业、潘振铎,增生陆孝莹等,可以办理希贤精舍;贡生袁公德、刘书勋,附生伍观海等,可以办理青云书院。

职等目击时艰,忧深桑梓,迫匹夫有责之谊,急自强自立之谋。所有变通书院、仿立学会缘由,理合禀呈,伏乞大人赏准批示,札饬武冈州知州极力维持,出示通晓,传谕士绅遵办立案;并由大人札委会办,以重责成。用以开偏隅僻陋之风,而仰承大人体国新民之意。职等不胜激切悚惶之至。谨禀。

宋蹼等请城南书院改课程严学规禀批[*]

据禀:"请将城南书院每月官课,仿照经济特科,以内政、外

＊　据《湘报》第四十八号(光绪二十四年闰三月初十日出版)《抚宪批示》,原题作《肄业城南书院附生宋璞等禀请酌改城南书院课程并严立学规禀批》。

交、理财、经武、格致、考工六门命题；山长馆课仍课《四书》文，兼课时务等题。并严定学规，选举刚直方正斋长二名，专司稽察，分别禀明山长申饬惩治"等语。

查变通书院章程，前经钦奉谕旨转行遵照在案。该生等禀将官课仿照经济特科分门命题，馆课则仍课《四书》文，并课时务，具见志识闳远，锐意讲求实学，不囿故常。从此敬业乐群，互相砥砺，必能造成干济之材，以备国家栋梁之选。

准即如禀照行，并候札饬提调暨监院等，商请院长慎选斋长，严定学规。除将不能遵守之人分别申儆、屏逐外，如有藉肄业为名、遇事生风、纠众狂闹者，即由院长指名送交，立即照例惩治，以端士习而维风化。并即知照。此批。

向丙照等请求忠书院变通斋课禀批[*]

据禀："将求忠书院斋课，仿旧书院章程，改课经学、艺学、译学、律学、杂学、商学、兵学、算学八门，另聘教习，别类讲解，按月出题课试，膏火、经费仍依成例，不必另筹，一切事宜均归书院董事经理"等语。具见讲求实学，志锐识超，殊堪嘉尚。其变通斋课章程，亦与岳麓书院院长上年新定斋课规模大致相同，自应准行。

惟所课八学，门类较多，各学教习能否遽得其人，书院经费能否敷用、不须另筹，候札行提调、监院，商请院长暨书院董事，酌核办理可也。此批。

---

    * 据《湘报》第四十九号（光绪二十四年闰三月十二日出版）《抚辕批示》，原题作《求忠书院附生向丙照等禀变通斋课八门：经学、艺学、译学、律学、杂学、商学、兵学、算学立案由批》。

校经书院恳肃院章禀批[*]

前学宪江于校经堂创开学会,为士子群聚讲习,以期开拓心胸,研求实学,造成远大之器,用意甚美。士子来与斯会者,必皆有志求益,冀日进于高明正大之域。

若如该生等所禀,时常嘈杂不堪,竟至有"朋殴监院"之事,尚复成何事体?访闻系"因怒殴斋夫向索火食垫钱,监院从中理处,遂致迁怒肆闹"等情。不思斋夫自难久垫火食,索取岂得为过,乃辄恃势殴打,并于监院前肆行无忌。似此粗鄙暴戾,决非有志向学人所为。恐系市井不安本分之徒,冒充士子,溷迹学会,藉图寄食生事。若不切实查究,不惟大为学会之累,且令先后两学使倡开风气、广育人才之盛心,顿为此辈挠败,转不免为时诟病,所关实非细故。

害马不除,骅骝为之气短。候饬该监院将其时滋闹根由,并为首倡闹肆殴姓名,会商学会公绅,确切查明禀复,候咨明督学院照例究惩,并将学会章程严加厘正,以维风教。此批。

〖附〗何树荥等:校经书院恳肃院章禀[**]

具禀校经书院肄业生何树荥、李钧鼐、易鼐、徐崇立、何来保、蔡霖炜、姚联奎、罗树屏等,为学会骚扰,恳肃院章事:

窃去岁江学宪创开学会,因位置无处,附于院西。当即流品莫知,不堪嘈杂;迩者喧宾夺主,横舍嚣然。此固各书院之所无,亦江学宪之所不料者也。生等弦诵难安,历时已久。至昨十二日,朋殴

---

[*] 据《湘报》第五十八号(光绪二十四年闰三月二十二日出版)。

[**] 据《湘报》第五十八号,此仍旧题。

监院，伐鼓鸣钟，轰集里闾，观者千计。院规紊乱，良用愀然。为此公恳大人台前，可否设法安插，以杜寻衅而肃院规，实为德便。上禀。

巴陵增生郭鹏等预筹学会学堂经费禀批 *

据禀已悉。查湘中运售出境土产，以谷米为大宗，而谷米、杂粮厘金，较他省尚为轻减。本部院曾于光绪二十一年因灾请免，嗣因岁事丰稔，始复奏请抽收，仍较旧章减收十分之二。

兹该增生郭鹏等以"请照前院吴加抽求贤书院、各善堂经费之例，于岳州出口谷米、杂粮厘金内，每石附抽数文，专提为岳州时务学堂之用。出之贩户则无伤，归之学校则有益"等语，联名具禀前来，自是为维持大局起见。

查岳州当湘、鄂之交，商民云集，前准总理衙门咨行，已允在该处设立通商口岸。事当创始，风气未开，全在地方公正明白士绅讲明约章，开通民智，一化从前拘泥歧视积习，俾主客永远相安。尤须传习多师，捐弃空文，讲求实学，预储特科、岁举之才。现在迭奉谕旨，饬各省设立时务学堂，人材所系，亦即观听所归，自宜从速举行，以资劝导。

现既无别款可应急需，事又未可延缓，所请"附抽岳州出口谷米、杂粮厘金，以为常年经费"之处，但使于食户、贩商不至受病，饬由岳州府县与该处厘局察核情形，平实办理，当属可行。仰厘金总局将省城熊绅希龄等所禀并案核议，果无窒碍，即将划归岳州分数及给领支销章程，一并详复核夺，再行饬遵。禀发，仍缴。

---

* 据《湘报》第七十六号（光绪二十四年四月十四日出版）。

〖附〗郭鹏等：预筹岳州学会学堂经费禀[*]

岳州府巴陵县增生郭鹏等，为学会、学堂筹款惟艰，禀请恩准于岳州出口谷米、杂粮厘金附抽数文，以为常年经费事：

窃生等前月禀请变通书院、推广学会，沐批札行岳州府县集绅商办在案，仰见宪台作育人材、开通民智之至意。惟是地瘠民贫，首难筹款，群儒仰屋，束手兴嗟。

伏查岳州为湖南门户，出口货以谷米、杂粮为大宗，每岁若逢畅旺，其数将及五百万石有余。运至汉口销售，价低时每石得钱三千七八百文，昂时四千数百文，而完厘则每石仅抽三十余文，约合"每百抽一"之数，其厘金可谓极轻矣。闻前抚宪吴创设求贤书院及各善堂，亦于此中加抽数文，以为经费。集腋成裘，取少用宏，出之贩户而无伤，归之学校则有益。

生等再四商筹，拟请援照前例，于岳州出口谷米、杂粮项下，每石附抽数文，专提为学堂、学会之用。每年按季由厘局解缴府县，转发办事公正绅士收存，开支造册报销，由府县代详宪署核办，以重公款而昭实用。理合具呈。为此公恳大人俯赐批准，札饬厘局议定附抽章程，择期举办施行，实为德便。上呈。

新化县请交卸回省恳速委员接署禀批（稿）^{**}

时局日新，需材孔亟。屡奉上谕整顿书院、添设学堂。凡在臣工，理宜力求作育之道，成就干济之才，以上副宵旰忧勤、旁求俊乂

---

　*　据《湘报》第七十六号，原题为《巴陵增生郭鹏等筹办学会学堂禀》。

　**　据舒斋藏摄片。按：此为陈宝箴手稿，原题作《新化县禀请交卸回省恳迅赐委员接署批》。又按：此稿另见录于《陈宝箴遗文（续）》，载《近代中国》第十三辑，第343～344页。

之至意。

本部院于各属士绅此等呈词，无不立予批行，不独新化一县为然也。前据该县绅士邓光绳等，联名禀请开设实学堂，当经批行办理。若言皆可取，应即迅速举办；如或事多窒碍，势有难行，亦当详察情形，按切事理，酌中定议。并即晓示众绅，秉公核办，一面禀候示遵，方合政体。

地方官果能律身严谨，复遇事开诚布公，士绅自尔翕服，纵有骄纵之习，亦断不敢动辄藐玩，无理取闹。该县稍有办事之才，而意气太盛，胸次太褊。前上单禀，情见乎词，既自晓辩不休，又辄摭拾乡曲猥鄙谣言，琐琐陈渎。其平日当官之挟持意见，逞臆多疑，不能深洽人心，大概可知。

平心而论，新化绅士固不免有径行自遂习气，而该县之局量机锋，亦自有令人难近之处。彼此皆以意见用事，公事自难曲全，于理均有不合。

昔贤闭阁思过，惟自咎平日德望不足孚众，诚意不足感人，该县自问何如？乃不求反己，惟知责人。前禀因已委员往查，未经批斥；此次来禀，又复满纸不平，悻悻求去。试问本部院之于该县，有何冤抑难堪之事，而愤懑若此？

新化本属瘠区，又因绅士避位，士习官常，此风均不可长。该县自抵新化任以来，尚为无大过举，如果人地不宜，院司自有权衡，亦非该县所宜预也。仰布政司转饬知照。此缴。二月十一日。

浏阳县归并书院改设学堂禀批[*]

阅禀慰悉。变通之速,询谋之同,一时殆无与比者。仰即如禀办理。仍候学院批示。此缴。

〖附一〗徐仁铸:浏阳县归并书院改设学堂禀批^{**}

据禀,该县"会同绅士,将南台书院暂借为致用学堂,定内、外课额数。合一城四乡之力,每岁共派钱五千缗,作为膏火。按钱百串取内课一名、外课二名,分已、未冠,各取其半,课以中学、西文。俟三年后再集众议,择地营建,筹款推广"等情。具见该令苦志经营,尽心教育,殊可嘉尚。

惟查刘〔浏〕邑士风既称醇朴,地方亦尚充裕,必俟三年后再行集议、筹款推广,恐该县早已调迁,设后来者不能如贤令尹之勤奋有为,则事岂不旋成即废耶?仰再迅即会商士绅,详筹妥议,订立章程,务使事持久远,人材奋兴,本院有厚望焉。切切。仍候抚部院批示。缴。禀存。

〖附二〗黎筑云:浏阳归并书院改设学堂禀^{***}

敬禀者:

案奉宪台会同抚宪、学宪札开:"钦奉上谕,增开特科、岁举两途,撰发告示,饬即交绅转发各团编〔遍〕贴晓谕。并遵照前奉部

---

　*　据《湘报》第八十三号(光绪二十四年四月二十二日出版)。原题作《抚院陈批》。

　**　据《湘报》第八十三号。原题作《学院徐批》。

　***　据《湘报》第八十三号,原题为《黎大令禀抚宪、学宪稿》。

议通行，或就旧有书院酌量变通，或添设学堂，以资作育，务须认真遵照办理具复"等因，奉此。

遵查卑县城乡书院有六：城曰南台，东乡曰狮山、洞溪，西曰浏西，南曰文华，北曰文光，皆延师课读。其中肄业诸生，虽不乏聪俊可造之资，然皆习于帖括，终不免为成格所拘。当兹时事孔棘，卑县士绅亦自知平日所学无裨于当今，亟思变通，以革故从新，咸期振作。

因去年省中设立时务学堂，延请名师，教以当务之学，闻风之下，莫不鼓舞奋兴，随仿设算学馆及群萌学会，风气为之一开。继复欲改书院为学堂，以众论有异同，致未议妥。兹奉前因，遵即传集在城各绅，悉心筹议，佥以设学堂为急务，随将告示交给该绅等，谕令会同各乡团绅妥商议复去后。

兹据职员涂启先等禀称："职等前议并城乡六书院为一致用学堂，本仿省门时务学堂之规，当以众论未惬，未经议妥。昨复集耆髦婉商再四，询谋佥同。拟暂借南台书院为致用学堂讲舍，取内课四十名、外课八十名。合一城四乡之力，每岁共派钱五千缗，为一年膏脩之赀。按钱百千取内课一名、外课二名，已冠自三十岁以下，未冠自十九岁以下，各取一半。已冠习中学，兼治时务；未冠治西文，必兼中学。教必因材，事必务实。择期开办，俟三年后再集众议，择地营建，筹款推广，必使地足容一邑之才俊，财足赡一岁之脩膏，分别办理"等情前来。

卑职查该职所议，实属因时变通，为多士开日新之路。浏邑士风朴茂，及时砥砺，必有奇才异能崛然奋起，宏济艰难，用以副朝廷旁求俊义之至意。除再饬令会议妥细章程，另行详请立案外，理合将遵饬会绅筹议改设学堂缘由，先行禀乞大人俯赐察核示遵。谨禀。

〖附三〗浏阳令黎:涂启先等
浏阳创设致用学堂禀批*

并书院为学堂,中、西并习,预储人才,系奉旨饬办,为当务之
急。据禀:"会集复商,拟合城乡六处书院,并算学馆、中立团,分
别酌派五千串,均派三载,以明年为始。借南台为讲舍,收内课四
十名、外课八十名,按钱百千派取内课一名、外课二名。已冠自三
十岁以下,未冠自十九岁以下,各取一半。如三年收效,再集众议,
择地营建,筹款推广。或一邑共筹,或四乡分设"等情,具见和衷
共济、斟酌至善,仰即照议举办。其一切详细章程,并再会商妥拟,
开摺具复,以凭转禀上宪立案。方今时局孔棘,朝廷增开特科、岁
举两途,求才至为迫切。此邦士风朴茂,及时砥砺,必有奇才异能
崛然奋起,宏济艰难,本县遍观厥成,与有荣焉。

〖附四〗涂启先等:浏阳创设致用学堂禀**

为创设致用学堂,商定派费试办,公恳核示存案,以宏教育而
垂永久事:

窃惟酌古准今,弊必去其太甚;图终慎始,事贵审其可行。近
世以爵禄饵英髦,学子以诗文干科第,所习无用,厥术弥卑。人材
衰微,举世诟病,外夷姗笑,国步艰难。朝廷博采群言,屡下明诏,
添学堂而讲时务,增岁举而设特科,仿圣门四科之分途,兼《大学》

---

* 据《湘报》第八十三号,原题为《浏阳县黎大令批》,载在涂启先等禀件之后,总题
之曰《浏阳县创设致用学堂禀并批》。

** 据《湘报》第八十三号,原题作《浏阳县创设致用学堂禀》。按:可参阅谭嗣同
《改并浏阳城乡各书院为致用学堂公启》(载《湘报》第十一号)、涂儒翯撰《浏阳县拟设
致用学堂大概章程》(载《湘报》第十二号)。

"三纲领"之微旨,用挽积弊,匪攻异端。

浏邑地处偏隅,闻风鼓舞,前议并城乡六书院为一致用学堂,本仿省门时务学堂之规,因卑为下,势似易行,化私为公,众偏难惬。其间守旧之党妄以变法为非,群口竞相訾謷,盛事几乎梗阻。又洞溪为东乡一隅之塾,未可比南台一邑之公,畛域攸分,挹注不易。

当兹创始,不厌求详。昨复集耆髦,婉商再四。乃合一城四乡之力,定派一岁五千缗之款:南台派一千缗,算馆与西、北二乡各派六百,东乡派一千二百,南乡派八百,中立团派二百,恰足五千。均派三载。今年所派,约俟冬初悉缴浏通公钱店,酌量生息,为明年启馆之需。如明年不需五千,次年尽可减派。借南台为讲舍,收内课四十名、外课八十名。按钱百千派取内课一名、外课二名。次年钱即减收,课额取仍照旧。已冠自三十岁以下,未冠自十九岁以下,各取一半。已冠习中学,兼治时务;未冠治西文,必兼中学。教必因材,事必务实。本孔门"博文约礼"之训,储下邑通今博古之材。如收效于三年,当再集夫众议,必使地足容一邑之才俊,财足赡一岁之脩膏。先宏中学之规模,兼及专门之学业。或四乡分设,或一邑共筹。化偏私之见,何事不可求成?尽作育之心,此举无难尽善。兹为嚆矢,仰赖权衡。是否有当,理合公恳公祖大人赏赐核示,俾可遵行,并饬存案,以垂久远。职等不胜仰企之至。谨禀。

王先谦等公恳整顿时务学堂呈批（大意）[*]

以众绅有门户意见，深自引咎。

〖附一〗王先谦：《葵园自定年谱》（节录）^{**}

叶奂彬吏部_{德辉}以学堂教习评语见示，悖逆语连篇累牍，乃知其志在谋逆。岳麓斋长宾凤阳等复具禀，附批加案，请从严禁遏。余遂邀奂彬诸君具呈中丞，附录斋长禀词，请整顿屏斥，以端教术。中丞批词含胡，但以众绅有门户意见，深自引咎。

〖附二〗王先谦等：公恳整顿时务学堂呈^{***}

具呈前国子监祭酒王先谦等^①，为学堂关系紧要，公恳主持廓清，以端教术而挽敝习事：

窃为政先定民志，立学首正人心；损益乃百世可知，纲常实千古不易。湘省风气醇朴，人怀忠义，惟见闻稍陋，学愧兼通。上年

---

* 据后附王先谦《葵园自定年谱》摘录。按：陈宝箴《熊希龄等公恳整顿通省书院禀批》（详后），述光绪二十四年五月二十二日，"接省城书院诸院长暨绅士数人公呈，并附呈院中诸生公函及钞呈手摺，请整顿时务学堂。以事属已行，不复批答，且院长分属宾师，未便以官事常格相加，乃函复。"然此复函仍被王氏视若批复，故于《葵园自定年谱》内径称之曰"中丞批词"。今姑从旧例，暂置为批。

** 据王先谦《葵园自定年谱》（光绪三十四年冬长沙王氏刊本，版心镌"王祭酒年谱"）卷中，"光绪二十四年戊戌五十七岁"条，页五十二至五十三。

*** 据王先谦《虚受堂书札》（光绪三十三年丁未秋刊本）卷一，页五十四至五十五，原题作《附公呈》。按：此件上递抚院，时在光绪二十四年五月二十二日。又按：此呈另见苏舆辑著《翼教丛编》（光绪二十四年八月武昌重刻本）卷五，题作《湘绅公呈》。

① 此句《翼教丛编》作"前国子监祭酒王先谦、前云南补用道刘凤苞、编修汪鎣、工部郎中蔡枚功、候选郎中张祖同、吏部主事叶德辉、工部主事郑祖焕、分省补用道孔宪教、前宁夏府知府黄自元、前华容县教谕严家邕等"。

开设时务学堂，本为当务之急，凡属士民，无不闻风兴起。乃中学教习广东举人梁启超，承其师康有为之学，倡为平等、平权之说，转相授受。

原设立学堂本意，以中学为根柢，兼采西学之长，堂中所聘西学教习李维格等，一切规模，俱属妥善。至于中学所以为教，本有康庄大道，无取凿险缒幽。梁启超及分教习广东韩、叶诸人，自命"西学通人"，实皆康门谬种。而谭嗣同、唐才常、樊锥、易鼐辈，为之乘风扬波，肆其簧鼓。

学子胸无主宰，不知其阴行邪说，反以为时务实然，丧其本真，争相趋附，语言悖乱，有如中狂。始自会城，浸及旁郡，虽以谨厚如皮锡瑞，亦被煽惑，形之论说，重遭诟病。而住堂年幼生徒，亲承提命，朝夕濡染，受害更不待言。是聚无数聪颖子弟，迫使斫其天性，效彼狂谈，他日年长学成，不复知忠孝节义为何事。此湘人之不幸，抑非特湘省之不幸矣！

今皮锡瑞不为珂里所容，樊锥复为邵阳所逐，足见人心不死，率土皆同。从前士绅公议，拟俟梁启超此次来湘，禀请钧夺，昨闻其留京差委，学堂自必另聘教习。窃以为本源不清，事奚由治？伏乞大公祖严加整顿，屏退主张异学之人，俾生徒不为邪说诱惑，庶教宗既明，人才日起，而兼习时务者不至以误康为西，转生疑阻。学校幸甚！大局幸甚！

绅等迫不得已，冒渎威严，惟祈格外鉴谅。上呈。

熊希龄等公恳整顿通省书院禀批[*]

翰林院庶吉士熊希龄、户部主事黄膺、翰林院庶吉士戴展诚、前广西知县吴獬、候选训导戴德诚等呈"通省书院积弊太深,由于山长无人,恳请遵旨加力〔力加〕整顿①,以作育人才事"。批:

据禀,所拟《整顿书院六〔七〕条》,规模、条理,大略粗具。所言通省书院应行因革损益之宜,亦自言之成理。

至称"所延山长,仅传一家之言,适开攻击之的,由于在上者无教法章程以树之则"等语,此实书院通弊,本部院亦实不无疚心。大抵书院专习时文,时文既敝,书院亦因之而敝,高才宿学遂多不措意于此,此亦理势之所必然。

然上年创设时务学堂,兼讲中、西之学,总教习所定章程,明通正大,刊刻传布,无人指以为非,亦无"异端"之谤。乃自梁总教去后,中学物论繁兴,本部院始渐有所闻,因委盐道总理其事,藉资整饬。旋复购得坊刻课艺文批,大为骇怪,已而审非学堂所刻,又闻熊庶常曾有毁板之事,复檄总理黄道严行查禁。一月以来,极为学堂一事殚心整顿,并非知而不为。

及本月二十二日,接省城书院诸院长暨绅士数人公呈,并附呈院中诸生公函及钞呈手摺,请整顿时务学堂。以事属已行,不复批答,且院长分属宾师,未便以官事常格相加,乃函复。后于二十五日又接该绅等公呈,请整顿通省书院。虽为应有之义,惟现既奉旨饬查省会及各府厅州县书院,自应恭候谕旨,或有颁发通行章程,

---

* 据《湘报》第一百十四号(光绪二十四年五月三十日出版)《本省公牍》,原题作《抚宪批示》。

① "力加",据后附熊希龄等原禀校改。下同。

始可钦遵办理。

　　该绅等于各书院院长诸人具呈指斥学堂之后，甫及三日，即有此呈。且昨日戴绅德诚来见，面称："近日门户攻击之风甚盛，倘有人以德诚名并列具呈，请置弗论"等语。及是日接收此呈，即有戴绅联名，且其弟展诚亦皆列名呈首。因复细加察阅，其中指斥诋诽之词，虽属泛论，若甚有不平之意者。然且于递呈次日，即刊入《湘报》，诚难保非传闻误会，怀挟意见，互相攻讦，有如戴绅德诚所云者。

　　前次钦奉上谕，深以"门户纷争，互相水火，徒蹈宋明积习"为戒。湘人素怀忠义，当兹时局艰危，皇上变通学校，锐意振兴，正当各矢血诚，同心仰体，凛同舟遇风之义，图阋墙御侮之功。善则相劝，过则相规。以期有为必成，不至为德不卒。庶几培养贤俊，上副旁求，即以藉图报称。

　　若或互相倾轧，同室操戈，徒以快一时之意。从此自重之士，于桑梓振作之务，必致不敢预闻；他时及溺之嗟，虽悔胡及？且该绅等平日所自期许者，将居何等耶？本部院行能无似，诚不足以感人，才不足以洽众，复不度德量力，好为苟难，区区之怀，终恐付之流水。闭阁内省，疚何如之？

　　《语》曰："小不忍则乱大谋。"又曰："躬自厚而薄责于人。"愿与诸君子交勉之而已。此复。

〔附〕熊希龄等：公恳整顿通省书院禀稿[*]

具呈翰林院庶吉士熊希龄、户部主事黄膺、翰林院庶吉士戴展诚、前广西知县吴獬、候选训导戴德诚等，为通省书院积弊太深，由于山长无人，恳请遵旨力加整顿，以作育人才事：

窃本年正月初六日钦奉谕旨："特开经济特科、岁举，并饬各省督抚、学政将各书院、各学堂切实经理，随时督饬院长、教习详细训迪，精益求精。"五月初五日复奉谕旨："乡、会试及生童岁科各试，原用《四书》文者，一律改试策论。"十五日复奉谕旨："京师创设大学堂，总教习综司功课，尤须选择学贯中西之士，奏请选派等因。钦此"在案。仰见朝廷变法，首在兴学；兴学之本，先重师范。

湖南通省书院不下百余，而岳麓、城南、求忠尤为通省士子所观摩之区，既非一府一县私立之书院，凡属湘人，皆有与闻之责、议事之权。绅等目击时艰，深维积弊，谨将应加整顿之事胪陈大概，以备采择：

一、定教法。现在科举初变，风气初开，民间兴学毫无条理。所延山长，仅传一家之言，适开攻击之的，由于在上者无教法章程以树之则也。拟请宪台延聘纯正博学、兼通中西之儒，编立教法，应读何书、应习何学，均有次序。师弟授受均本乎此，庶杜门户之争，亦示共由之路。如能由宪台奏请朝廷颁示分门教法条规，将来乡、会考试题目，即不离夫教法之中。就其所学，觇其所用。则天

<hr/>

　　*　据《湘报》第一百十一号（光绪二十四年五月二十六日出版），原题作《公恳抚院整顿通省书院禀稿》。按：皮锡瑞光绪二十四年六月二十二日记略云：五月二十六日，熊希龄（秉三）与黄膺、戴德诚禀呈陈宝箴，言书院积弊、山长非人，"意在沛公"（影射王先谦）；"廿七日，秉三刊其上中丞书，自明心迹及王、张、叶三君之行为。"见《师伏堂未刊日记》，载《湖南历史资料》，1959 年第 2 期。

下一道同风，矢诸正鹄，士子不致纷纭旁骛，流入异端矣。

一、端师范。学术之衰，由于无师。从前书院，大半虚文，往往回籍绅士视为养老之资，或假师位以要结官长，招摇纳贿。其积弊殆有五焉：一论资格。则非科甲清贵不能当山长，而科甲皆从八股出身，不知经史，奚明时务？二分畛域。则非本地士绅不能当山长，倘聘他省之人，束脩或重，于是觊觎排挤，无所不至。三山长不住院。则学生无所问难，院规无所整肃，士习由此败坏。四山长不敦品。前院歌童，后庭女乐，效法马融，遂忘鹿洞。品行如此，何堪师表？五山长由私荐。一有书院缺出，则阴求贵要为之先容，甚有暗托同党，公禀荐举，而由官吏批准者。无耻如此，乌能为师？以上诸弊，各处皆然。拟请宪台札饬各属书院，自此次改章后，务延明正通达之士，不得以庸陋者充数。师严而后道尊，人才自可奋兴矣。

一、裁干脩。湖南从前各处书院，山长半由省垣荐人前往，而所荐者又非其人，于是该州县官绅设一调停之法：每年愿认送干脩一百金或二百金，由书院经费中摊出，以为省中荐人之费。现在永州濂溪书院、衡州石鼓书院尚是如此，其他可知。近日已奉明诏，饬查各书院膏火款项，拟请宪台札饬各府厅州县一律裁去干脩，作为正款，以节浮费。

一、定期限。外府州县延聘山长，往往到馆迟延，或到馆一二月，即将全年课题于两月中命学生作完。该山长自谓事毕，乃向州县官需索束脩，以谋回里。其孳孳为利，不顾廉耻，至于如此。嗣后拟请宪台厘定期限，凡山长住院，以十个月为度，不得视书院为传舍，致负朝廷殷殷教育之至意。

一、勤功课。近来各处书院山长，大半不欲住院，每月仅出课题了事，而学生课卷又多不寓目，往往托亲友、门生代为点窜。虽属师课,无非条子人情,甚至以喜怒为取舍,大乖公道,何以服人?且为山长者,在察各学生性之所近而教之,仅阅课卷,与官署中阅卷幕友何异?亦奚容多设此山长也?拟请宪台厘定各书院课程,虽不能照学堂章程"中、西并学",亦须令学生每日必呈劄记一条,山长评阅榜堂,以示鼓励而昭实学。

一、严监院。各书院因山长之不住院,而学生太多,乃立"斋长"名色以领袖之。斋长既与学生相等,无人敬畏,安能约束?以至书院积弊丛生,赌博嬉游,在所不免。且斋长不公正者,往往肆其谗说,鼓惑山长;学生终年不见山长之面,虽有衷曲,莫能往诉,甚有酿成争端殴斗者。嗣后拟请宪台札饬本地教官为监院,或以绅士充当,限令住院,申明条规,如学堂管堂之法,庶可裁去斋长,免滋流弊。

一、速变通。时局日急,只有兴学育才为救亡之法。现在朝廷既饬学政:"院试即试策论",则整顿书院尤刻不容缓。此省先变,则较他省先占便利;此府先变,则较彼府先占便利。然从前山长,多半守旧、不通时务之人,若听其久拥皋比,则坐废半年岁月;若一旦辞去,又觉不近人情。拟请仿江苏另延山长之法,将本年束脩全行致送,另筹款项,延请博学主讲,以免旷时弛业,致误学生前程。其有能见几者,自知才力不及,不敢尸位素餐,退避贤路,亦可不固留也。

以上七条,皆湘中当务之急。绅等无学无派,与人鲜争,兹为通省大局起见,特此冒昧上陈。伏乞宪台俯念湘人固陋之忱,仰体朝廷旁求之意,钦遵屡次谕旨,饬令各府厅州县官绅,将所有书院切实整顿,以争先着而惠士林,理合具禀。为此公恳大公祖大人核实批示施行,实为德便。上呈。

杨宣霖等请酌改岳麓等书院章程禀批*

据禀已悉。凡书院于每年岁首或先一年岁终，考试一次，名曰"甄别"。得与于取者送院肄业，不与于取者不送院肄业。此天下书院之通例，非独湘省岳、城、求三书院为然。以此类推，送肄业者以后得应官课，不送肄业者以后不得应官课，理固然也。

即以岳、城、求三书院论，光绪十八年以前，凡取正、附课者，得一年膏火；月课则无正、附、额外名目，但分超、特、一等。初次抚院月课，非甄别曾取额外者，不得应；自藩司以下各官课，则不必曾取额外，从宽破格，一体与应得奖。历查旧案，并无不取甄别准应抚课之例。

自十九年前院吴改定章程，变岁计为月计。岁首一考，仍名"甄别"，有膏火，无奖赏。自后每月一课，虽名"月课"，而等第皆以正、附、额外差别，有膏火，并有奖赏。抚课非取甄别者仍不得应；而自抚课起，挨次投考，挨次酌取，若补甄别者。然于宽大之中仍寓限制之意，立法公平，并非苛刻。

今该增生等禀请废去投考，凡应课者，无论甄别取录与否，一律弥封，不加区别。是不特与不应抚课向章不符，即初次甄别一考有名无实，而送院肄业亦等诸告朔之饩羊，为无谓矣。

大凡利之所在，众即争趋。自前院吴改章，每月膏火比从前二倍而强，故应考诸生往往一人数卷。班固《〈儒林传〉序》云："盖利禄之途然也。"嘉惠愈厚，缺望愈多。如一人考三书院，仅取其二，其心必不快；又如一家之中，父子、兄弟、叔侄各考数卷，或遗其一，

---

　　* 据《湘报》第一百十九号（光绪二十四年六月十七日出版）《本省公牍》，原题为《岳麓、城南、求忠三书院斋长杨宣霖等禀请酌改院章批》。

其心必犹不快。

即如本年甄别，仅举岳麓而论，按照二十二年无科场年分本部院考试成案，录取额外五百名；较之十八年无科场年分前院张考试仅取额外三百名，已多至二百名。而外间狃于上年有科场千名数目，谓少取五百名。岂知此次岳麓卷少，即并雷同及文气不顺者亦予登录，尚不足千名乎？然则"投考向隅，居乡不便"之说，不过为附近者言之；若远隔百里以外，其不能每人而悦之也明矣。

凡事或因时制宜，或有举莫废。边幅太狭，固非优待士林；界限全除，亦复有乖政体。现当改试策论，从事正新。诸生既请规复旧章，则其就此应加酌夺者，不止一事。

如向章，一名只准得膏火一分，有兼取两书院正、附课者，扣一留一。今则一名遍考三书院，师事既无专属，应课日又不尽一卷之长，徒务以多为贵，故篇多急就、艺乏专精。似应一名仍只准考一书院。此宜复旧章者一。

向章，考试均用真名，考究确实，方准入学，领取正、附膏火。今则伪姓诡名，任意充斥，生监已多假托，童生则尤无忌惮，竟有以"华盛顿"、"拿破仑"、"刘邦"为儿戏者。其初次甄别，群怀侥幸，钞录雷同，一院多至一二百卷，不成事体，莫此为甚。似应于报名时，由监院教官亲加查考。生员则行查该学，限日具复，无其人，即予扣除；贡监则将执照呈验，无照不准报名；其童生亦设法具保，以杜混冒及谬妄诸弊。无论甄别、投考，均照此行。此宜复旧章者二。

向章，月课以次日辰刻解卷。自改新章，人咸务得，其一人获取甄别数卷，大都住省城者居多，该监院教官瞻徇人情，遂亦故意延缓，往往迟至申、酉刻始行解卷，殊属非是。似宜仍以辰刻为限。此宜复旧章者三。

至于膏火以周寒畯，实则专为住院生童之资。故从前取课，间有住院给米、不住院扣米之别。以若辈不远千里或数百里，负笈从师，向学心苦，比住家及处馆省城与仅因应课来往者不同，上官视之，固当稍加另眼。今或于区别之中示体恤之意：凡住院生童，无论取录甄别与否，概行准应藩司以下官课。办法由各该斋长将住院生童姓名按斋造册，分别已取甄别、未取甄别，各为一起，呈缴该监院教官复加查验，转檄藩司，由藩司向山长咨取住斋册核对。如有弊混，经查出或被攻发，斋长撤除；监院教官初次记过，第二次撤去监院差使。臬司以下官课，以此为例。生监查学验照，童生取保，均照行。其非住院生童，或仍挨次投考如故。此宜酌复旧章而仍参用新章者，通前为四。

夫以一省之财，育一省之士，楚弓楚得，本部院何所用其予夺重轻？然课额向有定名，即令尽弛藩篱，何能尽如人意？必以恐为怨府，亟市私恩，使虚者益竞于虚，作伪滋章，毫无实事求是之意，恐亦非奖励真才、主持风化者所宜出。

惟事必协诸同然，斯理乃衷于尽善。除本部院两次月课均照旧章办理，学院月课应届时由监院教官请示遵照外，其藩司以下月课应如何变通之处，仰盐法道会同两司、粮道，并率同长沙府，将本部院所指四节，应否再加酌量，或自明年为始，或本年即予厘定，一并详议禀复，再行饬遵。禀钞发。

溆浦县申送时务学生请变通章程禀批*

据禀及另单均悉。学问虽不必限定年岁，而年齿太多，心思、

习气易置较难,不如甘白之质,和采易施。至调习唇舌,必在髫龄。读泰西人书而不通其语言文字,惟听命于舌人,难免毫厘千里之失,此讲西学必以言语为初基也。至地方果有奇杰真材,不妨据实禀举。

所请"不限籍贯及官员子弟就学"一层,目前经费不敷、房舍有限,未免窒碍,然所论自是不易,容当设法筹措,以广教育。此缴。

茶陵州申送时务学生尚未得人请示禀批[*]

据禀已悉。该州风气未开,见闻未扩,士民尚不知新学之为有益,自难免各怀疑虑。即如开矿、种植两端,于湖南尤为大利所在,而故见自封,矿师、农师之术,无人能解,坐令货弃于地,终守困穷。即此两端,显而易见,其他慨〔概〕可想矣。

计维先就洣江书院旧章酌量变通,多购西学书籍,发给肄业生童讲习,以导先路而启向往之心。俟有情愿投考之人,再行具文申送。此不特为造就人材之始基,即将来地方兴利诸事,亦较易于倡导,仰即遵照办理。此缴。

熊希龄等时务学堂建造购木请饬免厘禀批^{**}

建造时务学堂,系本省紧要公务,所购木料,为数无多,自应准予免厘,候札行厘金总局转饬遵照。摺存。

　＊　据《湘报》第八十一号(光绪二十四年四月二十日出版)《抚宪批示》,原题作《茶陵州禀奉札搜求聪俊子弟送入省城时务学堂尚未得人请示由批》。

　＊＊　据《湘报》第五十七号(光绪二十四年闰三月二十一日出版)《抚辕批示》,原题作《翰林院庶吉士熊希龄等禀建造时务学堂所购木料请饬局免厘由批》。

为首县县试事面谕赖令、陈令（大意）[*]

长沙、善化两县县试，于二、三场，策以经济时务。

〖附一〗湘潭士绅公恳变通县试月课禀、县令陈宝澍批暨樊锥附识^{**}

湘潭公恳变通县试月课禀

湘潭县生员曹典植等，为公恳变通县试月课，呈请提倡，以广风气而资造就事：

窃见抚宪暨学宪奉旨添设经济一科，分特科、岁举两途，现经出示晓谕通省士子一体知悉遵照；又学宪刊发条戒，"通饬各该生童观览服习，勉为实学通才，如不能为经古杂文，即时文尚有可观，生则难望高等，童则难予进取"等因。仰见大宪钦遵谕旨，求才孔亟，并闻通饬各厅州县多设学堂，酌改书院课章。

此诚转虚为实之机、淬柔为刚之会。生等自应及时砥砺，各自奋兴，力除锢陋。久约同志，拟请仿照岳麓书院及湘水校经堂章程，创立学会，如省城新设南学会之例，因拨筹经费碍难骤成。

今公祖甄别书院生童兼试杂艺，俾诸士温故知新，开通志识，将前此虚伪之习、后来讲学之基转移于一举，幸何如之？惟由此推行，似宜多出经世各题，听各自专长一艺，即作完卷论。每课限以

---

　　* 据《湘报》第三十八号所载《湘潭公恳变通县试月课禀并批》后录樊锥附识（详附一）摘录。按：此谕大意另见《湘报》第七十九号所载《巴陵拔贡王第祺等请变通县试禀并批示》（详附二）。

　　** 据《湘报》第三十八号（光绪二十四年三月二十九日出版）。原有总题为《湘潭公恳变通县试月课禀并批》，今酌改；禀、批，又各有小题，今仍旧。

两日,俾远处周知,闻风鼓舞。其卷应由公祖署内评定,以昭激劝。

生等引领翘企,尚虑乡僻囿于见闻,末由振作士气。兹集议拟请县试除头场外,如有不作四书文者,初覆试专门题,约以特科六事;二、三覆试经史、时务题,末覆仍试专门题。果能学识宏通、体用具备,应一体取列前茅,以开风化而裨实用。

可否仰恳俯赐察核批准,并请会同儒学出示晓谕城市乡村,俾阖邑人士知所宗尚,争自琢磨,共体上台提倡实学至意,感服莫名。循途渐进,月异日新,将来创立学会,庶有张本。生等不胜祷切待命之至。谨呈。

湘潭县正堂陈大令宝澍批

据生员曹典植、朱彝鼎、赵璧、刘绍基,童生梁焕彝、陈希哲等禀已悉。奉抚宪、学宪札饬,奉谕旨岁举之外另行特科,所以广求人才、共济时艰也。特科分为六门,类皆经济之学,应试者先由地方官考验申送,再由各大宪采其所长,咨送礼部,恭候召试。本无一定年限,与常行考试不同。

县试即在岁举之列,似未便遽变向章,改试经济诸题,致违定制。惟该生等如果于特科拟试专门之学确有心得,尽可遵照抚宪、学宪示定章程,由公正士绅保荐,本县会同儒学先行考试,申送省城各书院,俾得各资造就,以为他日登进之期,亦本县所深望也。

右禀及批,系湘潭友人寄来。阅竟喟然叹曰:“湘潭人士之为是请,有心哉! 有心哉!”

惟陈宇初大令批语谓“违定制”,则殊误焉。国朝令甲并无四五场俱用时文之例。即以乡试而论,头场时文,二场经义,三场策问,固不专取时文也。且学使按临各府,亦先试经古。近日徐大宗师手谕谓:“如不能为经古杂文,生则难望高等,童则难予取进。”其苦心造士可感也。

批语又谓："经济特科必由地方官考验申送。"恭读本年正月上谕，饬下京官三品以上、外官督抚学政各举所知，岁举则由各省学臣调取。反复推求，所谓"由地方官考验申送"之语，实无明文，殆陈大令之偶尔误会耳。

方今世局艰危，人才消歇，朝廷特开科目，网罗天下豪俊之士，共济时艰。抚部陈公惓惓君国，每上念皇上霄旰之忧勤，绕室彷徨，泪流交睫。故叠颁手谕，殷勤训迪，以兴学育材、变通章程为第一义。昨日长、善两县县考，且面谕赖、陈两大令："于二、三场，策以经济时务。"盖深冀一二良有司共体苦衷，相为指臂也。

吾愿天下之为督抚者总以懔遵朝旨为心，天下之为州县者总以仰体宪政为法则，国有起色矣。因批语稍误，特为补正。樊锥附识。①

〖附二〗巴陵士绅请变通县试禀、县令周批示暨晓谕告示*

巴陵拔贡王第祺等公恳变通县试禀

具禀拔贡生王第祺，廪生龙铨甲、李群镐、陈戊、任佑涛，增生郭鹏，附生刘光莘、杜耀琨、李弁、姜炳坤等，为公恳变通县试旧章，提倡学校，以开风气而育真才事：

窃惟人才振兴，由官长之作育；风气旋转，在科举之变通。士子僻处乡隅，囿于闻见，素恃时文、试帖为登进之阶，骤语以讲求经

---

　　① 此附识原较上文低一格排版，今改以仿宋字体排印。

　　* 据《湘报》第七十九号（光绪二十四年四月十八日出版）。原有总题作《巴陵拔贡王第祺等请变通县试禀并批示》，今酌改；批、示，原各有小题，今仍旧；禀，原无小题，今酌加。

济、研究中西各书,鲜不瞠目而诧。无他,上之所取不在是,即下之所学不在是也。

现金鹗书院业经宪台延聘算学教习,讲求天、算,并改官课旧章,捐廉加奖,洵足培实学而育真才。犹复捐购报章数分,备书院生童观览。仰见宪台遵旨求才、提倡实学之至意。

惟改张书院,固属培植之基;而变通考试,尤足一心志而资鼓舞。查功令所载,府县考试,或五六场,或六七场,并无必试八股之例。现长、善县试,抚宪面谕赖、陈两大令:"于二、三场,策以时务。"浏阳县试,黎大令于正场后另场考试,分经学、史学、时务、算学、舆地五门,听其专门、兼习,俟末覆毕,合头场一律校阅,始行揭晓。无非虑士人故见自封,不克研求内政、外交等实学,特变更考试,使知求才者意之所向,人自争趋。

生等窃思,吾岳当湘、鄂之冲,尤为要地,巴陵首善,士习尤纯。拟请公祖于县试时,除头场仍试时文外,复试各场,或以经、史、舆、算分试专门,或以交涉、掌故用觇卓识。果系研求实学,即头场时文稍逊,亦必取列前茅,以示奖励。庶一县之人知所宗仰,无不争自磨琢,勉为有用之材。智慧既开,不独办理学堂、学会,易观厥成;即西人来岳行教、通商,亦知宣布约章,开导愚顽,使不至启衅异族也。

生等不自揣度,谨会商合邑士绅,公同具禀,伏祈俯赐批准,并期县试期前出示晓谕城乡,俾阖邑人士厚自栽培,蔚为桢干。人才幸甚,天下幸甚。

巴陵县正堂周批

正场遵照旧章,复试自应兼考时务,准如所禀立案,并即出示晓谕城乡。

又示

为出示晓谕事：

案据拔贡生王第祺等禀称："窃惟人才振兴，由官长之作育云云，伏祈俯赐批准，并期县试期前出示晓谕城乡"等情，据此合行出示晓谕。为此示仰阖邑文童知悉：尔等须知国家求才至意，务宜讲求时务等学，以便临期考试。切切。特示。

〖附三〗《湘报》：浏阳兴学 *

浏阳改并书院之事，县官黎筑云大令甚为勤恳，已将《抚院、学院变通书院告示》张贴城乡，并通谕各绅迅速举办。又闻县试二、三场专试时务、算学。文翁治蜀，不能专美于前矣。

为考送留日学生事面谕时务学堂（大意）**

考送东洋学生，必先尽学堂挑选咨送。

〖附〗时务学堂牌示 ***

为牌示事：

照得现奉抚宪面谕："考送东洋学生，必先尽学堂挑选咨送。"该学生等，务于本月十三日以前，迅速来堂照常肄业，听候抚宪示期考试，毋得迟延自误。特示。

---

　* 据《湘报》第二十四号（光绪二十四年三月十二日出版），此仍旧题。

　** 据后附《湘报》第一百四十号所载《时务学堂牌示》摘录。

　*** 据《湘报》第一百四十号（光绪二十四年七月十三日出版）《本省公牍》，此仍旧题。

张伯良等恳请严提劣衿质讯雪谤禀批 [*]

据禀并抄粘揭帖所刊宾凤阳等《上禀王院长缄》①，殊深诧异。

查本年五月间，岳麓王院长等以"学堂关系紧要，公恳主持，以端学术而挽敝习"等语具呈到院②，并附宾凤阳等《上王院长缄禀》各件③。本院查宾凤阳原函只有指斥教习诸人学术宗旨之语④，尚无格外污蔑之词。

兹阅该学生等抄粘此函，其中丑诋诬蔑⑤，直是市井下流声口，乃犹自托于"维持学校"之名⑥，以图报复私忿。此等伎俩，阅者无不共见其肺肝。若出于读书士子之手，无论不足污人，适自处于下流败类，为众论所不容耳⑦。

又查揭帖所称"不解这班禽兽"及"学堂诸人自命豪杰，至阴为此禽兽之行"数语，鄙俚恶劣，有如梦呓狂吠，为前次王院长附来宾凤阳等原缄所无⑧，是否宾凤阳等自行删去，迨刊有揭帖时始行增入⑨？抑或另有痞徒假托羼入⑩？

　＊据《湘报》第一百六十二号（光绪二十四年八月初八日出版）《抚院批示》，原题作《时务学堂肄业生张伯良等禀批》。按：此批另见录于王先谦《虚受堂书札》卷一，页五十至五十一，题作《抚院陈批》，文字略异。

　①　"上禀王院长缄"，《虚受堂书札》作"上王院长禀函"。

　②　"等语"，《虚受堂书札》作"等词"。

　③　"上王院长缄禀"，《虚受堂书札》作"呈王院长函禀"。

　④　"本院查"，《虚受堂书札》作"本部院查阅"。

　⑤　《虚受堂书札》无"其中"二字。

　⑥　"学校"，《虚受堂书札》作"学教"。

　⑦　"不容"，《虚受堂书札》作"不齿"。

　⑧　"原缄"，《虚受堂书札》作"原函"。

　⑨　"刊有"，《虚受堂书札》作"刊布"。

　⑩　"羼入"，《虚受堂书札》作"羼杂"。

惟揭帖传播已久①，宾凤阳等岂无见闻？如果系为人所假托妄增，自应早为辨白，以自明其不为此市井无赖之行，乃竟默无一语②，听其流播，是诚何心！

此等飞诬揭帖，原于被谤之教习与肄业诸人毫无所损③，惟其意专欲谣散学堂、阻挠新政，显违朝廷兴学育才至意④，又大为人心风俗之害，极堪痛恨！

仰总理学堂布政司迅饬长沙府查明宾凤阳等系何学生员⑤，立传到司，澈底根究出自何人、刊于何地何时⑥，务得确情禀复，严加惩办，以挽浇风而端士习。切切。仍候学院批示。

此禀及宾凤阳原缄并发⑦，仍缴。

〖附一〗张伯良等：恳请严提劣衿质讯雪谤禀*

为恳请严提劣衿，审讯实坐，以雪冤谤而昭名节事：

窃湖南遵旨设立时务学堂，蒙抚宪助拨巨款，调取生徒，肄业其中，所期望者甚殷。学堂课程、章程，均经宪台鉴定，条理严密。即致信、会客，亦须管堂察验，私毫不敢错紊。外间舆论，且反有归咎条规过严，此人人所共见共闻者也。

五月间，王先谦、叶德辉、张祖同、孔宪教、刘凤苞、蔡枚功、汪鹮、黄自元、郑祖焕、严家鬯等，假学术为名，觊觎谋占学堂总理及

---

① 《虚受堂书札》无句首之"惟"。
② 此句《虚受堂书札》作"乃竟嘿无一言"。
③ "诸人"，《虚受堂书札》作"诸生"。
④ 此句《虚受堂书札》作"既显悖朝廷兴学育才之至意"。
⑤ "总理学堂"，《虚受堂书札》作"总理学堂事务"。
⑥ 此句《虚受堂书札》作"彻底根究，究竟出自何人、刊于何时何地"。
⑦ 《虚受堂书札》无此句及下句。
* 据《虚受堂书札》卷一，页四十八至五十，原题作《时务学堂禀词》。

教习各席,挟嫌捏词,具呈抚辕。又据称"有岳麓生宾凤阳、杨宣霖、黄兆枚、刘翊忠、张锦焘、欧阳鹏、吴泽、彭祖尧、张砥中等原函,并呈抚宪"等情。

生等本拟与之互讦,辨别是非。以前奉上谕举宋明积习为戒,又屡次上谕申儆臣工,虽痛斥守旧党之挟私,而又稍予姑容,以冀其改过自新。故生等仰体朝廷德意,一切置之不论不议之列。

讵料该劣衿宾凤阳等势穷词遁,既见有天下书院均改为学堂之上谕,又见六月二十三日上谕揭出抚宪办事苦心,有"惩办阻挠新政绅士"之语,而学堂、报馆、学会晏然自如,保卫局大著成效,商民称善,新政之设,势如水之流行。该劣衿等变羞成怒,而又不敢彰明较著,于是造为谣谤,鼓惑人心,并将前次原函添加蜚语,谓"学堂教习争风,择堂中子弟文秀者,身染花露,肆行鸡奸",刊刷揭帖,四处张贴分送,冀以泄其私忿。

生等伏思古今学术源流各异,本可不必计较。惟此乃生等一生名节攸关,岂能曲为容忍!伏思宪台立设学堂,原以造就人材,讲求立身大节,以副朝廷育植之至意。若如该劣衿等揭帖肆加诬蔑,污人品行,以无为有,生等受此奇辱,上无以对宪台,中无以报父母,下无以告师友,复何面目存立人间!

生等年虽幼弱,亦尝明于"士可杀不可辱"之义,此冤不雪,则生等靦然苟活,不齿人类,虽生之年,犹死之日。宪台亦何必建造学堂,送考出洋为也?生等含冤莫白,愤激填膺。为此公同具禀台辕,立恳派差赍提劣衿宾凤阳等十人到案质讯,严加追究,果系何人所捏?是否有人指使?务期水落石出,以雪此耻。不独生等感戴二天,即生等之父母师友亦没齿不忘矣。

生等悲痛饮泣,誓不俱生。除禀抚宪、学宪外,理合具禀陈明。所有原刊书本、揭帖附于后,伏乞宪台批饬,差提该劣衿等到案,质讯施行，实为德便。

〖附二〗徐仁铸：张伯良等恳请
严提劣衿质讯雪谤禀批[*]

　　据禀并抄粘各件，阅之不胜诧怪。夫辨论学术，本非挟忿逞私之事，何得以市井秽恶毫无影响之谈极口诬蔑？复阅一过，至不忍形之笔墨。君子之行，不以所恶废乡，宾凤阳等竟敢狂吠不休，毁辱桑梓，不识是何居心！

　　此等谣言，原不值有识者一哂，与学堂教习、肄业生之名节毫无所累。惟本院职司风教，若不严行根究，无以对三湘读书向学之士。仰三学官传谕各士，确切查明宾凤阳等系何学生员，立传讯究，以惩滥习而定士心。切切。弗误。

〖附三〗王先谦：致徐仁铸书^{**}

　　前日闻台端因学堂禀控揭帖一案，批饬传讯宾凤阳等，弟即拟奉函为之剖析。适见抚辕牌示，弟遂上书中丞，旋赴书院，饬带诸生投到。今午回城，复函告中丞矣。

　　天下止有匿名揭帖，无署名揭帖。若取致人之书，加入污人之语，张之衢路，以柄授人，自来未闻此异事。学堂禀称"四处张贴"，而城中官民人等佥称未见，此岂可横加栽诬者？台批云："宾凤阳等狂吠不休"，以鄙见测之，"狂吠者"自有其人，非宾等也。不日公堂对簿，根究学堂得自何人、来自何地，不独为学堂弭谤，兼

为敝书院洗诬，诚为快事！

弟忝居讲席，从不袒护生徒。至此事由来，因诸生欲厘正学术，致书鄙人，遂致鬼蜮横行，恣为诋斥。弟蓄愤未摅久矣，不敢不引为己任，一雪斯言。

阁下主持康教，宗风所扇，使承学之士望景知归。此次敝郡岁试，弟之亲友以"南海圣人"获隽者，不下十人；以"南海先生"入选者，则指不胜屈。两次面谕生童，赞扬康学，大众皆点头领会。足见湘人虽愚，未尝不可化诲。惟事必行之以渐，似不宜过于迫急。若以威势强人服从，则与西国以兵力胁持行教何异？此则企望之余，不能不一言也。

俟公暇，再谒谈。

〖附四〗徐仁铸：答王先谦书[*]

昨诵手谕，十分惭悚。铸待罪贵省，从不敢为操切之举。吾丈儒林领袖，夙所钦迟，故到湘后，遇事求教，所刊告示、条诫，无不送呈鉴核。窃谓其中尚无背谬不通之处，与康学正如风马牛也。康某七八年前曾见一面，并未深谈。至今对面，若不言明，犹不识也。其所著书，止见其最旧之《伪经考》，并《改制考》初未寓目。至于民权、平等之说，向所深绝，友人中有谈此者，从未附和一词。即去冬与吾丈晤谈，何尝及此等义哉？

湘省士子之求新者，方虑其浮动无根，不能平实道地，清夜筹画，正欲得一善法，以遏其奔轶无范之端。前此见三学宫学约平正切实，并非守旧，心极器之。故曾有查问主笔名姓之举，拟奖而扬

---

　　* 据《虚受堂书札》卷一，页六十三至六十四。原置于《与徐学使仁铸》之后，题作《附复书》，题下有注："此复书已在光绪戊戌八月初四日。"

之也。在外棚见禀词，有笔墨好者，辄询主笔，亦留意人士之道耳。而叶君奂彬，一无商量，于所刊平语中谓侄"推重康学"，试问有何证据？若谓铸与其徒梁君稔，则梁亦非铸延来者也。士子信以为实，乃致援以为揣摩之端，郴州已见数卷，记有何树荄者用之，曾大加申斥。本棚则尤繁矣。来函谓见取列者有之，不知有万余卷以此黜落者也。推原其故，则奂彬实鼓动其机。宝、永等处并无此风。自叶书出，而萌芽于郴，渐盛于衡，至本棚，则不可究矣。

　　自问平日初无开罪奂彬之处，即欲有所辨论，何难进而一商？奂彬亦一学人。向来深佩其淹贯，且拟时与商榷异同。乃遽率意刊扬，颇所不解。在外棚已郁郁于中矣，出棚后毫无闻见，如坐漆室，并《湘学报》底稿选自何人，概不得知也。至在本棚堂上讲论康某，则裁抑之词十居八九。若谓"大赞康学"，尤不明其传讹之故也。

　　前日校经送学之后，敬谒台座，本拟一白其冤。且心以为长者与铸本无丝毫芥蒂，若能对面一吐，则其曲折之故自明。且贵省方负时名，尤欲商一维持之策。即铸与奂彬本系通家，素无间隙，亦欲待公调停其际，化笔墨为烟云。不图台从外出，蓄念至今，乃反复诘责。若再不细陈委曲，则铸且终不白于长者之前矣。

　　铸到湘后，疾病繁多，兼以思亲不遂，不日即拟陈情归养。若念往日求教之诚，与此时枉得主名之非，实惟吾丈矜而容之。

　　专此布复，即请台安。

　　宾凤阳案，因诸生百余人环堂而哄，不得不严批以安其心，免致先生他故。是以各学已将被告报齐，而数日以来并未提究，亦欲博访而得其平也。

宾凤阳等诬蔑学堂匿名揭帖辨明无涉禀批[*]

据长沙府转呈该生宾凤阳等各禀,大略辨明匿名揭帖内刊该生等上王院长一书窜入诬蔑时务学堂学生之语,"不特为原书所无,及不知为何人捏造增入,且并未见过此帖,否则何肯不早为辨明"等情,均悉。

查该生等前上院长厘正学术一书,虽在本部院查明饬毁学堂课艺刊板及饬改聘各教习之后,其词自是雅正,此等鄙劣揭帖,与原书语气不类,固可一望而知。惟外间传播此种揭帖,本部院早有所闻,虽亦揣及痞徒妄增,而未见该生等一语辨白,故于学堂诸生考试具呈时,批饬总理学堂布政司饬传原上书人根究,自属应有之义。

兹据禀前情,本部院详加访察,近来匿名揭帖往往遍传各处,而省会城厢内外未见张贴,该生等所称"并未见有此帖,以故无因辨白。又向有亲族在学堂肄业,断无污蔑之理"等语,自系实在情形。既不知为何人所增,又本非原书所有,即与该生等无涉。仰布政司转饬长沙府访查刊刻揭帖痞徒,严拿讯办,并饬县严禁刻字各店,毋得替人刊刻匿名书帖,致干重惩。切切。此批。

〖附一〗宾凤阳等:上王先谦书^{**}

夫子大人钧座:

窃我省民风素朴,自去夏以前,固一安静世界也。自黄公度观

---

* 据《湘报》第一百七十四号(光绪二十四年八月二十七日出版)《抚院批示》,原题作《岳麓书院斋长廪贡生宾凤阳等禀批》。

** 据《虚受堂书札》卷一,页五十二至五十四,原题作《附宾凤阳等书》。按:此札另见录于《翼教丛编》卷五,题为《宾凤阳等上王益吾院长书》。

察来，而有主张民权之说；自徐砚夫学使到，而多推崇康学之人[①]；自熊秉三庶常邀请梁启超主讲时务学堂，以康有为之弟子大畅师说，而党与翕张，根基盘固，我省民心顿为一变。

《湘报》刊浏阳谭嗣同之言曰："南海康工部精探道奥，昌明正学，其徒梁孝廉克肩巨任，一洒俗儒破碎拘挛之陋，而追先圣微言大义之遗。吾湘人士闻风兴起，怀德慕思"云云。吾不知康所探者何道，而谭所怀者果何德也？吾人舍名教纲常，别无立足之地；除忠孝节义，亦岂有教人之方？今康、梁所用以惑世者，民权耳，平等耳，试问权既下移，国谁与治？民可自主，君亦何为？是率天下而乱也！

平等之说，蔑弃人伦，不能自行，而顾以立教，真悖谬之尤者！戴德诚、樊锥、唐才常、易鼐等，承其流风，肆行狂煽，直欲死中国之人心，翻亘古之学案。上自衡、永，下至岳、常，邪说浸淫，观听迷惑。不解熊、谭、戴、樊、唐、易诸人是何肺腑，必欲倾覆我邦家也！

夫时务学堂之设，所以培植年幼英才，俾兼通中西实学，储备国家之用。煌煌谕旨，未闻令民有权也，教人平等也。即中丞设学之意，亦未尝欲湘民自为风气，别开一君民共治之规模也。朝廷官长不言，而诸人以此为教，则是藉讲求时务行其邪说耳。

夫合中西为学堂，原欲以中学为根柢，兼采西学之长。堂中西学，自有教习订立规模，与中学不相涉也。中学所以为教，人皆知之，无待别求门径也。而梁启超等自命西学兼长，意为通贯，究其所以立说者，非西学，实康学耳。且若辈之言曰："教自我立，无待彼兴。西人一来，双手奉献，彼必不肯惨施杀戮。"又曰："今日教学诸人，即是兴朝佐命。"果尔，今之为学堂、学会，非徇警路人之

---

① "推崇"，《翼教丛编》作"崇奉"。

木铎，直吹散子弟之楚歌。朝廷诰谕频仍，大吏多方筹画，而以成就如许无父无君之乱党，果何为哉？

窃谓各省奉旨开设学堂，本系美举，我省人士，闻风振兴。今择师一不慎，不以立学，转以败学；名为培才，实则丧才；天下受益，我省受害。且贻人心风俗无穷之忧，不仅一时一事而已。中丞公事繁多，或未检察及此；夫子名流领袖，若再缄默不言，上负君国，下误苍生，问心何以自安①？务祈函达中丞，从严整顿，辞退梁启超等，另聘品学兼优者为教习，我省幸甚！学校幸甚！

梁启超等所批学堂课艺、日记，或出手书，或系刻本，或近日改刊，皆有悖乱实迹②，不可磨灭。加以案语，摘录呈电，俾知其人其说难以姑容。迫不得已而为之，非好事也。

〈受业宾凤阳、杨宣霖、黄兆枚、刘翊忠、欧阳鹏、朱应湘、吴泽、彭祖尧等同禀③。〉

〖附二〗黄兆枚：揭帖诬蔑辨明实无闻见呈词*

敬呈者：

窃举人于本年春间入都赴试，颇闻乡先生以湘省学派歧异，不无訾议。迨归自京师，详加考究，始知指摘之所由来。因不审固陋，与前同学宾凤阳等上书岳麓院长，请函商抚宪，整顿时务学堂。旋经院长呈词抚宪，附粘书中，止辨论学术宗旨，并无诬蔑等语，已蒙抚宪电察。昨时务学堂诸生以揭帖污蔑等语上禀抚宪，蒙抚宪

---

① "自安"，《翼教丛编》作"自解"。

② "实迹"，《翼教丛编》作"实据"。

③ 此句据《翼教丛编》补入。按：据《时务学堂禀词》及《举人黄兆枚呈词》，似犹应有张锦澡、张砥中等，并列名此书。

* 据《虚受堂书札》卷一，页五十九至六十，原题为《附举人黄兆枚呈词》。

牌示，亦谓："诬蔑等语，为宾凤阳等原函所无。"至于不早辨白一节，举人实无所闻见。果否四处张贴，传播已久，伏乞确查。

举人忝列贤书，稍知自爱。揭帖之事，止为痞徒所有；若此项揭帖，尤属丧心狂吠，稍有廉耻者之所不为。学堂诸生受此冤辱，自应禀请追究。惟是举人与学堂诸生向无嫌怨，并有族弟黄颂銮、黄锡銮在堂肄业，凭空蜚语，玷辱宗党，揆之情理，实非举人之所敢知。

至前同上书院长之湘乡举人张锦焘、安化举人刘翊忠，现不在省，与举人同学最久，相知最深，揭帖之事可保必无，合并声明。谨呈。

〖附三〗杨宣霖等：辨明揭帖实情蒙冤请雪呈词[*]

敬呈者：

窃生等肄业岳麓书院，经院长王派充斋长，平日遵守卧碑，颇知自爱。前因时务学堂教习以康有为平等民权、无父无君诸谬说奉为教宗，于学术人心似有妨碍，不忍含默，故与同事之外府斋长宾凤阳及长沙举人黄兆枚等，公函禀呈院长，并摘录教习评语附呈。经院长转呈抚宪台鉴。

昨初六日，时务学堂学生张伯良等以生等刊刷揭帖控院，不胜骇诧。窃生等志在厘正学术，何至甘居下流？且将原函增入蜚语，列名刊布，授人以柄，虽至愚不出此。此中情理，料在宪鉴之中。生等近两月以来，实不闻外间有传播揭帖之事，故无由早为辨白，且学堂诸人，至今始行禀究。此即揭帖初出之实在情形也。

＊　据《虚受堂书札》卷一，页六十至六十一，原题为《附杨宣霖等呈词》。

　　诚如抚宪牌示:"另有痞徒假托",一以诬蔑学堂,一以陷害生等,匪沐追究,则学堂诸生遭奇横之辱,生等亦蒙不白之冤。敢恳俯询张伯良等,见外间何处有揭帖张布,并得自何人、何时,跟踪追究,当不难立雪飞诬,严整恶习。生等不胜惶悚待命之至。

　　至被控首列之贡生宾凤阳,六月中回衡山本籍,刻下尚未到院,理合申明。谨呈。

卷三十一　公牍九

徐家幹等会禀议结临湘教案批[＊]

据禀，办理情形尚属妥协。仰即会同传集关石团地方、附近团绅保甲及各姓户族，剀切开导，务令认真保护，以期民教永远相安。并候行知布、按两司，分别移行该管道府知照。

〖附〗徐家幹、巫国玉：会禀议结临湘县关石团教堂拆抢赔偿案_{附互订善后约款五条}

湖北候补知府徐家幹等会禀：于光绪二十一年十月初一日奉督宪札开，照得湖南临湘县关石团教案久未办结；近又有教士在该县城内购买房屋，因民情汹汹，不能相安，亦未办结。现在法国德领事复同兵轮驶赴临湘，已饬江汉关道照会该领事："迅速回汉，

　　＊ 据李刚己辑录《教务纪略》，上海书店1986年据光绪三十一年南洋官报局印本影印出版，卷四上《成案》，第23～28页。原题作《临湘县关石团教堂拆抢赔结并互订善后约款五条》，于徐家幹等禀词后，顺录此批，后附互订善后约款五条。现予分析，批词单出，而以原禀及约款附后。按：原刊本仅称"湖南抚院批"。但据陈宝箴光绪二十一年十月十六日《奏报湘抚到任日期并谢恩摺》（见本集上册卷二《奏议二》），其接任在十月十二日，与徐家幹等所禀议结赔偿约款（初六日）、前往临湘面加开导（十一日）各节时间紧接。又，宝箴赴湘途经汉口时，奉总署十月初一日电传，先行知悉临湘教案，遂与署湖广总督谭继洵"会同商办"，并曾致电总署（详陈氏同年十月初三日《致总署电》，见本集卷三十三《电函一》）。由此可断，此批宜系宝箴履新后不久所拟发。

听候办结,免致地方居民惊疑。"派委卑府等驶赴临湘,会同刘令赶将关石团及城内新购地基两案妥速办结,总期民教相安。并弹压保护,勿任滋生事端,是为至要各等因。

奉此,卑府遵即于初三日驶抵临湘县查看。法国兵船湾泊县西大江,尚无故寻衅端之意。初二日,法国德领事进城游玩,地方沸腾,经该县会同城守并岳州府委员张巡检开珍督率兵役,分别弹压保护,幸安无事。而绅民犹郁郁不平。

查十九年关石团堂屋被焚并被抢衣物一案,经前县刘令凤纶饬地方绅民赔修,并先后将失散衣物追出二十七件,传交教民具领。而安教士总以赔修堂屋未能照依原样,不愿往住。又以单报衣物多未追交,执定"原屋、原赃",故与为难,遂致案悬未结。而不意其复蓄志于城内也。

本年八月十九日,保甲、培元两局绅首廖云汉、田凤昌、易冠经等,并莼湖书院肄业诸生,扭送城内民人张文谟赴县,称"有不知来历人向张文谟私买房屋居住,深恐游匪、逃犯藉资托迹,应请查究"等情。经该县讯据张文谟供称:"卖屋属实,价未言妥,尚未立契。"问系卖于何人,亦不能指证确凿,初固不知其为教士所托买者,当将张文谟收管。而教士安熙光,并未到县呈明指实张文谟房屋系买为本地天主教堂公产,故亦无从察考。

事经月余,突于九月二十三日,法德领事同"飞熊"兵轮带送安教士来县。先派安教士拜晤,约以明日领事、船主谒商办理一切。该县以事关交涉,答候赴府请示再办,亲送安教士出署,分派丁役护送。无知愚民追随而谩骂者有之,而谓"丁役串党,掷石击伤该教士,头顶血流",则实未有其事。至该县赴府回县,兵船先已开去,传集城绅商量调办。而德领事复同兵船带送安教士于本月初一日到县,民心忿憾,较前愈甚。虽经会同城守并张委员竭力弹压，而传单、约帖悬遍城乡，其势汹汹。

随于初三日，卑府派同补用巡检吴熙诏并两湖肄业廪生吴鸿景，分赴保甲、培元两局并莼湖书院，剀切开导，均称："关石团汪昌太房屋既经卖与教士，受值立契，自应遵约，听其管业设堂。即如城厢内外，有愿将自己基地明白契卖，断不阻挠。在城士民，亦当互相约束，不准生端启衅。但欲藉张文谟暗串不妥之买卖挟令成议，贻湖南通省士人唾骂，万难允行。"众情如此，骤难转圜。商同卑职国玉，于初四日偕赴兵船，相机商办。

初据德领事面称："关石团房屋被汪成道等焚拆，并抢劫衣物等件，地方官不与究结；此次在城内购买屋基，地方官又为阻止，未免违约。"卑府等以"约章所载，自应遵行，惟城内房屋，买主无名，经地方绅民禀县押究，并未据安教士呈明。事隔一月，突来议办。是已曲在教士，而不在县令。若以未成买卖必欲强民顺从，恐贵国亦无此理。即使城内买地事属确实，而辗转请托，滋人疑议；亦与本年三月施大臣照请总理衙门申明同治四年章程内'置买房屋，契据不必专列传教士及奉教人之名'之意不相符合"等语，切实辩论。

该领事乃罢议城内之地，而以"关石团案，屋须原样、赃须原物、犯须拿办、堂须保护，并嗣后城内买屋，有业主情愿者，地方官绅不得禁阻"等情商量立约。言渐近理，事尚可行。地方汹汹，久持非计。即约于初五日同赴县署面议。先交议约五条，当面商辩，略为删改。而"原屋、原赃"之说，则仍坚执如前。窃思中土人民焚拆抢掠，按例惩办，尚应追赔，案涉教堂，何能异视？惟事越三年，官历两任，必求屋还原样、赃还原物，终恐案结无期。商筹变通之计，只可估价赔偿，听其自理，更可少费周旋。

据该教士面称："买屋价钱百串；复加修理，又费多金。"查阅勘单,原屋一进三间,高二丈五尺,檐高一丈五尺,较商民住屋似觉不同。虽经两次赔修,究与原屋有异。安教士与教民汪昌太失散衣服、什物,据原单开载,其已追给领者尚只十之二三。内有外国圣袋、套边花祭衣料,并各书籍,不易购办。因复通融商计,酌中估赔。

据该教士所言,必欲于城内择给片地作抵赔款,得寸进尺,隐情显见。随以"民心未平,急不可得,非幸地方官舆情素洽,早已生出事端"等语,反复辩折。遂定议赔偿银四百两,交安教士承领,以了其事。仍改入议约,照分五条,注明结案。其城内购屋一节,则仍以"业主愿卖,听其自便"为从容调停之计。即于初六日偕赴兵船,书约画诺办结。仍各执一纸,以免翻异。

关石团地方向称强悍,该教士前往修堂,未必遽能顺服,只以城内屋基势难议及,且恐既居城内,又须兼住关石团,以广其教,则此后更滋多事,故不得不就其原买堂屋赔修议结。当与德领事熟商,令将兵船定期初七回汉,暂令安教士寄住新堤教堂,听候约往。

卑职国玉即于十一日会同该县赴该地方,传集各团保甲绅首,并附近各姓户族,面加开导,取具"不再滋事"切结,藉资钤束。并将饬派营勇带往弹压,以昭慎重。倘蒙宪恩赏给告示,晓以利害,责成团保互相保护,则民教或可永久无虞。

所有会商办结临湘教案,并议约五条,是否有当,理合缮摺会禀。

湖南抚院批:【下略】

附录互订教案善后约款五条①

一、教士前年在关石团置买房屋,改为华式教堂,被汪成道、汪

---

① 此从旧题。

成达、汪成莫等焚拆抢掠一案，今议定赔银四百两，交教士承领，自将房屋修理。并将原案各单内失散未归各衣物等件，自行置用。日后安教士修堂之际，所需工匠、木瓦各项，地方官派人照料，以免推诿。

二、纠众焚拆抢掠之汪成道等，现已远飏，急难获办，俟签拿到案，即行惩究。

三、地方官会同委员，护送安教士至关石团修理房屋居住、传教，并保护嗣后相安无事。倘有不法棍徒再滋事端，地方官严拿惩办。

四、临湘县城内，嗣后教士按照本年三月十八日施大臣照请总理衙门申明同治四年章程，置买地基建造房屋，业主愿卖者，听其自便，地方官绅不得明应暗阻。买妥立约，送请地方官照章税契。

五、地方官与各大宪委员会衔出示晓谕："前年安教士在关石团地方买屋改堂被焚拆抢掠一案，现经会商赔结，护送居住、传教，尔绅民等当以礼相待，万不可轻扰。如违，照例严办。其日后在城内买基建造或买屋改修教堂，百姓愿卖者，听其自便，按照约章，无须报明地方官请示准办。地方官绅不得阻止买卖，以全友谊。"

黄家茂保护游历洋人吴福礼等禀批（稿）*

据禀已悉。顷据清泉县盛令禀称"卖书教民寓所系在对岸"等语①，是其什物被毁，水师弁勇仓猝难以照料，自是实情。至德

国游历人谔尔福（即吴福礼），日前由衡折回，经过省河，专人求附轮船拖带。经本部院派一能通洋语之人，前往询问通事逃走情形，并告以沿途及在衡郡开单需索情事①，谔尔福概不得知，极为惊讶，务请缉拿该通事李文廷到案，严究治罪。并言"自汉口开行至衡，从未棒打该通事及水手人等"②。尝呼水手询问，言语支吾③，其中恐有与该通事通同情弊。不审护送哨弁是否水手所说④，仰即确询禀复，毋稍含糊。此缴。

〔附〕洪文治：为洪江教案等事上陈中丞书*

谨查洪江市踞沅水上游，为滇、黔达楚门户，外人垂涎已久。前此法国欲于贵州开矿，设栈洪江，英人闻知，必争先著。去年杨格非在衡州失书数册，尚喋喋不休。此次雅学诗等船只被焚，竟不索赔，迅返常德，难保不函致驻汉领事，张大其辞，藉端要挟，开设通商埠头。若然，则沅靖一带交涉事件为日方长，政不知如何归结。

阅会同县禀，弹压保护非不认真，至"挤泼洋油，惹燃火星"等语，则是寻常命案化大为小、开脱罪名叙法。至谓"滋事之人，多从外来"，亦为将来不能获犯地步。

从来习气，只缘上下相蒙，以致酿成今日之祸。交涉事重，必须字字核实，乃能代为筹画。即有不可形诸公牍之处，亦不妨函致

---

① "开单"二字，系增补者。
② "水手"前原有"该船"二字，继自删去。
③ 此句及下句，初作"皆言实无责打之事"。
④ 此句及以下两句，初作"不审护送哨弁系闻何人所说，仰即询明禀复"。
* 据舒斋藏摄片。此为洪文治手稿。按："雅学诗"事，可参阅《为美教士在常德郡城租屋请予酌核妥议事咨鄂督文（节录）》题注（见本集卷二十六《公牍四》）。

首府,面为禀陈。地方事务,各守令果能殚竭心力,仍有意外之虞,大人无不谅其苦衷,若尚沿积习,粉饰推诿,必将贻误事机。此意于县禀中碍难批出,可否请谕首府函致靖州潘牧,嘱令转饬各属,嗣后务必实事求是,万勿稍涉欺罔之处,敬请大人钧定。

晚生洪文治谨上。

□□府禀焚抢教堂案批(稿)[*]

【前缺】办,以儆凶顽而弭后患。

至禀内既称"教士入署,刘副将,张都司,方、邝二弁,与该府县等一同接晤甚欢",是该副将等均已先入府署,何以哄闹之时,刘副将反从外面赶来,不能入署? 前后矛盾不符。而刘副将详文,亦仅称"带兵弹压,方至府署,市众不下万人,以致受伤,经兵丁扶至'亨泰升'店内,始饬把总邝正元带兵救护"等语①,情形大有可疑。

除檄委张道成基,带同苏令宣烈,驰往详查是日哄闹情形,并将被殴各员弁兵勇伤痕,逐一查验明确,分别真伪,开单具报。所有实系出力防护致受重伤兵勇,应请酌给调伤银两,以示体恤。

一面责成该府县会同防、绿各营将弁,选派兵勇差役,严拿倡率滋闹及放火、伤人、抢物首要各犯,勒限□□□内按名弋获②,讯

---

　　* 据舒斋藏摄片。按:此为湘抚幕僚遵缮录稿,而经陈宝箴审阅者。见存四页,而前半缺失。于该教案发生地点,因此尚难确断。代拟篇题,故亦暂作"□□府"云云。文尾签发日期之"廿九"二字,为陈氏填写;又,"缴"字上压钤有"真实不虚"印章一枚。篇末复有陈氏墨批:"录批叙委札稿。"

　　① 此下原有句云:"其都司张开在于何处躲避,则来详、会禀均未叙及",后经陈宝箴删去。

　　② "勒限"后原有空格,现以"□"代替。

取确供，从重禀办，及查起原赃具报①。逾限不获，定即先行照例奏参。倘兵勇掩捕，痞匪仍敢持仗抗拒，准予格杀勿论。该府等疏防于先，勿再怠忽于后。切切。

仰布、按二司迅速分别移行遵照，仍候督部堂批示。缴。六月廿九日②。

雷市厘局、清泉县会禀
查抄舞弊巡丁谭文达家产等情批（稿）*

据禀已悉。查《英国和约》第八款内开："耶稣圣教、天主教传授习学者，一体保护，其安分无过，中国官毫不得刻待禁阻"等语。指明"安分无过"，则不安本分而有过犯者，自当分别惩办。各国条约，文字虽小有出入，而大致均属相同。《荷国条约》第四款内开："中国习教民人，犯中国律令之事，仍由地方官照例惩办；如无过犯，不得刻待禁阻。"声叙尤为明晰。

此案谭文达先充雷市巡丁，舞弊犯法，方始投入教堂，希图幸免。以中国民人，犯中国律例，与教士毫不相干，自应由地方官审办③。

仰按察司克日遴委明干人员前往，会同该县，按照条约，与英人安维理辩论清楚，随将该犯谭文达提解来省，发交长沙府审明，照例详办。至该犯所有资财，非置买田房，即系合伙贸易，仍饬该

---

① "及"字，系由陈宝箴增补者。

② "廿九"二字，系由陈宝箴增补者。

* 据舒斋藏摄片。按：此为湘抚幕僚奉拟之稿，而经陈宝箴审阅者。原题作《雷市厘局、清泉县会禀查抄雷市厘卡舞弊巡丁谭文达家产情形开摺请示批》。篇末签发日期之"初一"两字，亦出陈氏手笔；"存"字上，另钤有"真实不虚"印章一枚。

③ 此句初作"自应听中国官员审办"，继由该幕僚自行修改。

县详细访查①，禀明酌夺，并由司转移厘金总局查照，暨候督部堂批示。缴。摺存。八月初一日。

李升为周汉扭殴候审所委员事禀批*

查革员周汉，又名周孔徒，前因刊布教堂谣言书帖一案，经督部堂张承准总理各国事务衙门咨行查办，奏委湖北粮道恽道来湘提审，据称远出未到，讯取户族供结禀复。旋据禀以"患有心疾，迹类疯狂"，奏请革职，声明"俟查传到籍，严加管束，不准潜至省城，妄为生事，仍随时察看，倘疯病日盛，滋生事端，即据实奏明严整〔惩〕"等因各在案②。

该革员幸邀宽典，理应凛遵管束，永不妄为，乃敢仍前来省。近日附郭等处，复多有周孔徒揭帖，标以"齐心竭力"四字，其说与昔年口吻无二，末条有"悉将耶稣妖巢、妖书、妖器焚烧"及"三日后，违令者合门屠之"等语。似此煽惑人心，实属背谬已极。当此胶州衅起、国家多事之秋，迭奉谕旨，通饬保护教堂，消弭衅端，以全邦交之谊。凡我臣民，具有天良，宜如何上体宵旰焦劳，下为保全地方起见，敬谨遵行。乃犹敢于此时刊布揭帖，激动祸机，若惟恐致乱不速，苟非别有肺肠，何以出此？

本部院痛念时艰，断难坐视。比饬司委，另会同宁乡县，查传周汉到省，暂交候审所看守候讯。乃该革员于印委查传时，既直认

---

① 此句初作"仍应由县详细访查"，继自修改。

* 据《湘报》第二十一号（光绪二十四年三月初九日出版）《抚辕批示》，原题作《候审所委员王倅家丁李升禀批》。按：可参阅陈宝箴光绪二十四年三月初八日《致张之洞》（见本集卷三十四《电函二》）。

② "严惩"，据张之洞光绪十八年三月二十五日《查办湖南刊布揭帖伪造公文一案摺》（见《张之洞全集》，第二册，第840～844页）校改。

自刊揭帖,肆口狂詈,到所后辄将该所委员器物打毁一空,兹又将委员王倅扭殴关闭。经臬司饬长沙县前往提讯,尤复语无伦次,且有"索取三万金及妓女四名"等语,支离诞妄,不可名状。

此等猖狂情形,无怪揭帖中狂妄谬诞之言不一而足,若不严行管束,倘致酿成巨案,其为大局之害,何可胜言?候饬按察司派员将尔家主王丞取出,一面确察周汉如果实系疯颠,即照"疯病之人,令地方官锁铐封锢"及"到案不能取供者,即行严加锁锢监禁"例,由司查照办理可也。此批。

〔附〕李升:为周汉扭殴家主事禀*

具禀候审所委员家丁李升,为禀明事:

窃小的家主候补通判王承烈,奉委管理候审所差,于二月二十九日奉臬司发到革员周汉一名,饬令小心看守①。

乃该革员到所即糊言乱骂,家主劝慰不理②。供给饭菜③,食毕即将碗掷碎。初二日,忽将家主花厅内器具、物件、灯窗玻璃及所挂字画尽行打毁,看守人役好言相劝④,即挥拳殴打,气力极大⑤,人皆不敢近前⑥。经家主再三婉劝,始得暂止。曾经家主赴辕面禀。

---

* 据舒斋藏摄片。此为陈宝箴手稿,且颇多改笔。是知该禀实系宝箴亲自代拟。原稿后另附周汉三月初九、初十日亲供数纸,此略。

① "小心"二字,系增补者。

② "劝慰"前原有"极意"二字,继自删去。

③ 此句及下句,均系自行增补者。

④ 此句初作"看守人役近前"。

⑤ 此句句首,初拟补入"且"字,继而涂污。

⑥ "人",初作"诸人"。

讵本日早饭后①,忽将家主扭殴,拉入伊卧房内,将房门紧闭,狂言肆骂,说要与家主同死②。家人等欲破门夺出③,又恐伊有伤家主性命。且力大无比④,情同风魔,所内人等都不能近身。寻思无法,只得赴臬司衙门禀报⑤。蒙委长沙县前往开导,仍不开门。除请长沙县面禀外,为此叩恳大人辕前察夺施行。迫切上禀。

光绪二十四年三月初六日。

宁乡县为考试士民恳释周汉事禀批 *

查周汉又名周孔徒,前因刊布教堂谣帖一案,经督部堂张承准总理各国事务衙门王大臣,以"各处教堂,皆因造言者摇惑人心,指名周汉",咨行查办,特奏委湖北粮道恽道来湘提审,据称远出未到,讯取户族供结。以"患有心疾,迹类疯狂",据情奏请革职,声明"俟查传到籍,严加管束,不准潜来省城,妄为生事,仍随时察看,倘疯病益甚,滋生事端,即据实奏明严惩"各在案。

该革员幸邀宽典,即应永不妄为,乃月前近省等处,复多粘周孔徒揭帖,标以"齐心竭力",内有"悉将耶稣妖巢、妖书、妖器焚烧"、"三日后,违令者立刻合门屠之"等语。此时山东胶州因教案起衅,各国兵轮群集,时局万分艰危,我皇上宵旰忧劳,迭降谕旨,通饬保护教堂,冀弭衅端。凡我臣民,稍有天良,宜如何上念君父大义,下念桑梓隐忧,敬谨遵行,互相劝勉。乃犹敢于此时刊布焚

---

① "早饭后",初拟作"清晨"。
② "要",初作"将要"。
③ "夺出",初作"抢出"。
④ 此句及以下两句,均系增补者。
⑤ 自此以下,原拟如此收束:"只得叩恳大人作主施行,实为恩便。迫切叩禀。"
* 据《湘报》第二十五号(光绪二十四年三月十四日出版)《抚院批示》,原题作《宁乡县禀考试士民代为周汉邀恩伏恳准予保释禀批》。

毁教堂揭帖,激动祸机,若惟恐召乱不速,苟非别有肺肠,何以出此?

本部院痛念时艰,断难坐视。卷查周汉系因前案革职,交地方官管束,且以"心疾疯狂"复奏,例应由家属禁锢;家属不能管束,即应由官锁锢监禁之人。兹复刊传揭帖,妄为生事,即令照案奏请严惩,罪所应得。乃本部院不遽深究,姑饬臬司委员会县提省,暂交候审所看守,原欲曲为保全,俾免陷于重戾,已于候审所王倅家人禀剀切批示。

该令职任地方,宜以大义晓示士民,俾知周汉此等举动显背谕旨,直为国家挑衅速祸,重贻君父以不解之忧,且为地方召无穷之害。即非乱民,岂尚得以"忠义"藉口,遽为禀请保释? 须知此时照疯病例监禁,尚可望其痊愈;若任其搆祸已深,虽欲保全,亦复何及? 该令此禀,殊属冒昧,苟非违道干誉,只图见好目前,即系考试之时受人迫胁。

风闻该县有考童滋闹不堪情事,即为此案而发,如果属实,必有棍徒或周汉党与从中搆煽,仰即速行查讯拿究具复。倘敢恃众强抗,即据实禀明,以凭派营会拿到案,从严究办,并奏请将该县照例停考,以挽浇风。本部院但知准理度义,为所应为,不能为流俗悖理乱真之言所摇惑也。仰即遵照。此缴。

〖附一〗罗棠:论拘禁周汉事 *

已革道员宁乡周汉,刊布揭帖,煽启教祸,中丞廉其状,拘至省,系诸候审所待谳。汉乃嚣毁室若器,闭守者而扼其吭,几毙。

---

* 据《湘报》第三十号(光绪二十四年三月十九日出版),此仍旧题。题下原署"浏阳罗棠撰",今略。

中丞震怒，下之狱。

或以谓罗棠曰："汉之所为，固干律令，要其心，则愤国威凌替，张脉偾兴，以激而横决。训饬之，斯已矣，加以拘禁，毋乃过欤？"

罗棠曰："此戎首也，罪魁也。匪惟彼教之仇雠，抑亦吾教之蟊贼也。戮之不足以蔽辜，拘禁奚过焉？"

或乃勃然变乎色，曰："子何言之甚也！世衰道佻，主弱兵强，西教浸淫于中国，素王改制之精心，不绝如线。汉积愤懑不平之气，一意孤行，不避危难。一二气谊之士，方鉴其苦衷，曲为解脱，宁乡人士，至以罢试要于上。而子顾以为'戮之不足以蔽辜'，毋乃不谅其愚而罪之甚欤？"

罗棠曰："吾中国几以闹教亡其国矣！其难乃至今而不息。然而吾湘犹能苟安一隅，不首遭屠割之祸者，何也？则幸而不有宵人稗士藉闹教以阴行其媒蘖，西人无所致怨怒，方且敬我爱我，不遽覆我，是以有斯须之安也。今汉以匹夫之勇、妇人女子之诟誶，而犯五大洲之不韪，眈眈强邻，方患无词可执，以弋猎我土地、人民，无故而授以隙，夫焉有不麇集而狼噬者？是汉之所为，匪直害我国家，殆将毒我数千百万之湘人也！牧人去其害马者而已；国律之起，恶其乱群。于此而谓不当戮者，其亦乱群害马之言而已矣。"

夫西教之行于中国也，据《景教流行中国碑》，自唐而已然，然宗风未畅，无得而称。有明之末，利玛窦氏东来，徐光启舍宅而师之。逮入本朝，圣祖仁皇帝量兼覆载，立贤无方，西士汤若望、南怀仁，皆以精畴人家言，得膺显秩。康熙三十一年，明颁谕旨，准泰西人在中土传教，军民人等任便随从，不得阻挠。道、咸之间，叠奉谕旨，准其遍传内地，保护之例，载入约章。

　　窃尝旁究彼教宗旨，览其《旧约》、《福音》等书，一以敬天爱人为主，非有他不善也。至其阐救主之真灵，稍近夸诞，曾惠敏、薛京卿日记谓彼中绩学之士亦心非之。故华人之从教者，大率愚氓、贱隶、妇孺之流；若吾素王之徒，则未有弃其学而学焉者。夫以康、乾全盛之时，力足拒绝彼教，而任其传授之，且加之保护者，岂以树素王之敌而贻争于吾民哉？盖灼知彼之教旨劝善戒恶，不悖《尚书》"降祥降殃"之理，而天堂、地狱之说，浅近明显，俾之启导愚蒙，未始非吾教之一助，故听之而不禁也。

　　顾服言既异，隔阂易生；畛域未融，猜忌难泯。于是有"挖目取心"之谣，状其惨毒，视左道魇蛊采生之术，抑又过之。闻者疾首蹙额，人人仇视教士，而迫欲刿刃于其胸。溯其讹言之兴，实由明季白莲教尝有折割剖孕之事，而西教盛行，实丁斯会，桃僵李代，用有沈冤。

　　儒生撰著，漫不加察，虽以顾亭林、魏默深之鸿博，犹误采入《天下郡国利病书》、《海国图志》中，三复白圭，一言不智，吾不能为贤者宽矣。又况杨光先之《不得已录》，纯出忌妒排挤之私乎？至夏燮著《中西纪事》，身办教案，明知其诬，曾不少以一言辨正，尤为疑误后学，而莫测其是何居心。夫使西教而果有是也，则绵绵二千年，蔓延百十国，乃无一人一士智于中国者，而闭目结舌，甘受荼毒，不一发其覆而遏其流耶？

　　往者天津教案起，曾文正公奉旨查办，公固尝熟闻前说者，逮入津境，即出示招告，冀得左验，庶可以白死者之冤结，而折教士之凶横。乃刻意搜求，毫无证据，始知析骸剖腹之谈，悉出会匪奸民，腾蜚说以图不逞。爰用大张示谕，力破诪张，骈戮亡算，并严办地方官，而外衅以平。

　　自时厥后，亡命之徒，祖述故智，摇惑人心，各省焚毁教堂、杀毙教士之案，层见迭出，几于无岁无之。致西人詈我为"野蛮"，诋我为"无教"，一案出而恫以兵力，索赔重金。宵旰忧劳，臣邻憔悴，包羞忍耻，财殚力痡。星火燎原野，涓流成江河，陵夷至于去岁胶州案起，德人首难，宣尼陵墓，沦为异域。俄、英、法、日四国继之，豆剖瓜分，各据形胜，黍苗麦秀，凄矣其悲。揆厥祸始，谁则尸之？

湘省常德、衡州、澧州等处教堂，频年肇衅，赖有司毕力弹压，竭虑调停，仅乃免于决裂，不图汉复出而扬其波也。夫汉忝厕搢绅之列，辄敢信口雌黄，肆其狂悖。泰西曾取其揭帖，译登报章，见者靡不诧为奇闻，引为大耻，谓："此非中国之细民，乃巍然监司大员也，且侈然自命'周孔徒'也。其上焉者如此，则其下焉者可知；其秀焉者如此，则其顽焉者可知。"以我文明之邦，乃与野蛮无教者伍，坐视鄙夷益甚，恫喝益深，而神州骎骎陆沈不可为矣。

悲夫！悲夫！中国人士，不务实学，专怙虚骄。好骂等于山膏，当车奋其螳臂。窃流俗之虚誉，启邻国之戒心，不顾流祸桑梓、贻忧君父。昔韩魏公云："为此鬼怪辈害事。"如汉者，得不谓之鬼怪乎！

且汉而果一意孤行，不避危难，则当由候审所移禁司狱时，虽刀锯在前、鼎镬在后，宜怡然甘之而不辞。乃自许"文文山"、"杨椒山"，及"俎豆千秋"之言尚未绝口，而一闻监禁，即狂呼"救命"，战栗觳觫，面如土色，摇尾乞怜，丑态百出。并从前亲手所书之揭帖、私函等件，载在官府，储为档案，而亦不敢承认，狡称非己所出。至为佯狂无赖，婪索金银、妓女，以自溷秽而冀末减。此皆万目丛睹、昭昭无可掩匿之事。向所谓一意孤行、不避危难者，至此不知何往，前倨后卑，截然两人。真铁汉？真铁汉固如是耶？

嗟乎！平居谈气节，则义形于色，及临小利害，奴颜婢膝，以求苟免,如汉者何可胜道? 独怪其欺世盗名、挑衅召侮,搢绅士儒犹从而爱护之、指臂之,称其憪不解西学为高节。不知汉尝私属其子于蒋少穆观察,在上海机器局从洋人学习洋文,汉岂真不知西学之美哉? 特欲借诋西学为市名计耳。今又诋西教不已,安知不又别有肺肠耶?

向非中丞力维时局,不惜浮言,绝宁士之求,严妖民之禁,则匪人潜煽,祸将有不忍言者。夫至祸机已裂,不可收拾,则虽处汉以极刑,支解磔膊,亦复何补毫末哉! 余故曰:"不独彼教之仇雠,抑亦吾教之蟊贼也。戮之不足以蔽辜,拘禁奚过焉?"

〔附二〕霍必澜:为周汉揭帖事咨湘抚文
附《湘报馆附识》*

驻汉英领事霍为照会事:

案查以前各处每有毁谤教会、辱骂西人之揭帖,屡经本领事照请严禁,缉拿造帖之人究治在案。

现接湖南来函,据称"长沙、湘潭十数州县地方,仍有早年造帖之人周汉复编极恶揭帖,各处粘贴"。本领事接阅之下,深为烦闷,察核其中语句,专意使百姓恼怒、谋害西人,激成极大衅端,查与近事关系极为重大。

惟现值紧要之际,深盼贵抚部院刻即赶紧饬将造帖之人周汉拿押究办,免生意外之虞。除将揭帖抄送查阅外,为此照请贵抚部院迅赐札饬施行。

---

* 据《湘报》第七十三号(光绪二十四年四月十一日出版),原题作《汉口英领事咨文》。其后缀有湘报馆之附识,原较该《咨文》低一格排版,今改用仿宋字体排印。按:霍必澜(Pelham Laird Warren),时任英国驻汉口总领事。

此系前日汉口英领事来文，本馆托人抄出，刊登报章，布告诸君。

凡事须有远虑，可免近忧。中丞为此举者，非宿憾于周汉与见好于洋人也。胶州之事，以匪盗杀二教士而割地赔款，俄占旅大，法索两广，英租威海，又开四省口岸。因一隅而牵动全局，泄一愤而辱及君父，故血气之勇不可无节制也。昨报广西永安州戕毙教士一案，法又要索五款。"小不忍则乱大谋"，诸君何不详思而审处乎？

平心而论，周汉居宁乡，捐田产，兴义举，未尝非一乡之善士，乃因穷无所遇，激而为此。苟一时逞其私愤，兵连祸结，全省糜〔靡〕烂，民不聊生，是以数百万人之身家性命，丧于周汉一人孤注之一掷也。即幸而不至用武，而海岸全失，利权尽去，使君父赔钱呕气，于心安乎？

中丞之拘周汉，正所以保全周汉也。譬之家中子弟在外滋事，为之家长者见几而作，将此滋事之子弟闭置密室，不令再犯。即有来理论者，见彼家长如此严整家法，其气自平，必不至恃强相逼矣。今为家长者反加袒护，置之不理，必为人控告，将此滋事之子弟扭送衙署，严刑惩办。试问此家长将此子弟闭置密室愈乎？抑受刑衙署愈乎？拘禁臬狱者，即闭置密室也；不使外人索而甘心者，即免其受刑衙署也。吾知诸君必解此中之旨矣。

夫各国欺凌，无理取闹，稍有人心者，孰不知耻？孰不知愤？然同一耻愤也，有得当者，有不得当者。得当者深谋远智，阴图自强，连合群力，以为恢复之计，昔之太王、勾践是也；不得当者匹夫按剑，欺杀孤客，砖石瓦块，反堕油索者之术，今之胶州、永安州是也。

诸君细思，中丞近日创立武备学堂，议设枪炮厂于洞庭湖口，其心何为乎？日筹粮饷，加练新军，其心又何为乎？夫亦曰欲图自强，以雪国家前日之耻愤而已矣。吾愿诸君勉为大勇，勿为小勇可也。本馆附识。

〖附三〗皮锡瑞:光绪二十四年四月十一日日记(节录)*

外国领事移文，要拿周汉办罪。附论一段，义极明畅。右帅亦言此事保全湖南不少。洋人前以岳州通商，恐周汉鼓众作乱，欲调兵船前来，以"周汉已监禁"答之，乃止。彼聋瞆者，安得使彼皆知之耶？

岳麓书院肄业诸生杨宣霖等联名禀批**

阅禀具见悃诚。惟前阅《时务》各报，于传闻"德国弁兵毁伤即墨文庙祀像"一节，均已迭称其讹。乃昨日复见《湘报》登有此事呈词，极为骇诧。比即饬发印电，飞致山东抚部院张，询明底实。应俟山东复电到时再行核办，并即宣示知照可也。此批。

澄湘营剔除积弊并拟防练兼施禀批***

查该管带笃实果毅，不辞劳怨，所拟六条均极精切，仰营务处转移遵照，认真办理，以祛积弊而肃戎行。如有因该管带切实整

---

* 据《师伏堂未刊日记》，载《湖南历史资料》，1959年第1期。

** 据《湘报》第八十八号(光绪二十四年四月二十八日出版)《抚院批示》，此仍旧题。按：《知新报》第五十四册(光绪二十四年四月十一日出版)刊登麦孟华等《公车上书请办德人拆毁山东孔庙摺》，第五十五册(四月二十一日出版)续刊《请联名上书查办圣像被毁公启》；《湘报》第八十五号(光绪二十四年四月二十五日出版)亦刊有该摺，后附《公启》。可参阅。

*** 据《湘报》第四十五号(光绪二十四年闰三月初七日出版)。

顿，不便私图，辄行造谣阻挠者，定即严查究办，断不至为所荧惑也。

〔附〕熊兆祥：澄湘营剔除积弊
并拟防练兼施禀稿[*]

　　管带湖南澄湘水师营补用游击熊兆祥，为呈明剔除澄湘营积弊，并拟防练兼施各端，禀请饬遵事：

　　窃游击前于四月初十日接奉宪台札饬调带澄湘水师营，自到防以来，凡延见哨弁、点验勇丁，所有营制、营规，无不面为诰诫，至再至三，以期仰副宪训整饬营伍之至意。惟查澄湘营积弊甚深，操练久疏，营务因之废弛。欲为整顿，如治久病者然，必先探其病根，以去其邪气，然后投以补剂，以复其元气。兹谨将应禁、应行事件，敬为宪台缕晰陈之：

　　一、酌减存饷以杜亏累。查营中炮船，除长龙、中一、中二三船归副哨兼理外，其余二十二号，每船向存勇丁两月口粮，归哨弁经理，遇有远差、远防，未能按月支领口粮，预储此款，以备火食之需。其立意固属甚善，惟恐日久弊生，哨弁任意扯用，多有亏空。该勇丁知其填还不易，因势挟制，不受约束，酗酒肆赌，无所不为。该哨自知有亏，亦惟隐忍瞻徇，不欲指名禀革，甚至伙同勇丁乘间放赌，多方盘剥，图销存款。究其流弊，曷可胜言？业经传饬各船哨弁，只许酌存勇丁一月口粮，从前多存者，按名退还。并饬换防回营时，即将退还各款若干，当堂逐一验发，以免阳奉阴违。其新存一月口粮，仍交该哨弁管理，不许乱用分文，既可备差防较远之伙食，复可免亏累难偿之情弊。

---

　　* 据《湘报》第四十五号，此仍旧题。

一、禁借贷以清镠辖。营中派防各厘卡、市口之炮船，访闻带船哨弁与该处委员、地绅往来熟习，多有藉垫各勇伙食，暂行告贷钱文，以供浪费者，特虑借款难偿，或至伙串巡丁，卖放私货，勾通痞豪，遇事诈索。此事虽未经举发，不可不预为之防。现在一面函知各卡委员，并于分防市口张贴告示，晓谕地方毋听弁勇借贷，以免镠辖。一面密遣随身稳靠之丁，潜往厘卡、市口各处，暗地访查有无前项串通情弊，随时禀报，以示警戒。

一、平船价以昭公允。营中更换哨弁，其座船壹只，设为顶项名目。无论船之良窳，高议价值，少至一百三十串、一百五六十串，多至二百余串不等。平日所欠各勇存饷并一切帐项，皆于座船取偿。新充哨弁者，明知船价太高，款无所出，而隐忍承受，亦欲为后来转顶地步，故有带哨五六年尚有旧欠未清者，其情殊可悯也。游击窃查各哨座船，皆从三等货船买来，并无从新制造者，其船价不过五六十串，而每年尚领"座船费"钱二十六千四百文，迨至座船顶与他人，约计所领之费已浮于所买之费，似当议减，不得议增。查长江水师各营章程，其顶受座船，视船之大小、新旧，议价之轻重、高低，如有两不相愿者，听其自行买卖，不得压逼顶受。其法甚善。现与各哨酌商，仿照长江水师各营章程，稍为变通，定为三等价值：其头号座船，定价一百串；二号座船，定价八十串；三号座船，定价六十串。其有彼此不愿者，另买另卖，仍听自便，勿许有压逼顶受等情，庶展转受累之弊可以少除也。

一、酌垫口粮以防欺蔽。营中炮船派防稍远厘卡、市口，换防以三个月为期。遇有该船告假勇丁，向由各哨垫发口粮后，或隔一月，或隔两月，始行开单呈报。究其情由，以为各哨离营较远，假勇呈报不急，可以听其便宜行事。不知假勇不随时呈报，则果系何日告假，无从查考，徒凭报单，难免不迟填日期，受其朦混。又况听其便宜行事，哨弁且得因缘为奸，到防后即可私裁一二名勇丁，贪图缺旷银两，以充私囊，及换防回营，就地雇人填补，或捏报告假。种种弊病，防不胜防。游击自到衡防，凡各哨弁报有假、革勇丁，随即挑选精壮之丁补入，以实其缺。并饬各哨弁：船上遇有假、革勇丁，随时缮单呈报，不得久停。该假、革勇应领尾饷银两，即令该勇来营，由游击垫发，庶足以昭核实而免欺蔽。

一、禁需索以肃营规。查澄湘营官公棚听差之传号旗牌，向有索取新放哨官"喜钱"，或十串，或二十串不等，又有每节取各哨"节规钱"二十串之弊。经游击勒令一律禁革，并严饬各哨弁勿得私相馈送。

一、勤操练以振军声。查水师之设，原为肃清河道起见。时值承平，无事调遣，遂择沿岸人烟稠密之处，或系厘卡，或系市镇，分派炮船驻扎，以助稽察而资弹压。近来以来，遂专以防务为重，而操练疏焉。哨弁未经战阵，悮怯居多；勇丁均系游民，疲玩不少。夫无事固以防务为重，而事变莫测，岂得徒拥炮船，无所事事，任其虚糜帑饷，坐耗精力？倘一旦有变，何能济其缓急？筹思及此，不胜隐忧。今拟稍为变通，防练兼施。其练之之法，先从驻扎老营长龙与中一、中二暨离营稍近各防炮船起手。每月逢一、六两日，操演头、尾大炮；三、八两日，操演刀乂〔叉〕各杂技。俟练有成效，又调换远防各炮船回营，轮派操演，庶防务不疏，而营务自整。惟水师素习静镇，一旦炮声轰击，必至骇人听闻；又以既勤训练，则勇丁之强弱必分，汰弱留强，难免不生众怨。第游击受恩深重，目睹时艰，讵忍玩愒因循、苟图安逸？计自受军以来，感激兴起，凡属职分应为之事，莫不尽心竭力，以图仰报于万一。

所有澄湘营应禁、应行缘由，理合呈请宪台俯赐查核，批饬遵行。

为筹设保卫局事面谕黄遵宪（大意）*

省城内外，户口繁盛，盗贼滋多，痞徒滋事，不免扰害。上年窃案，多至百余起，破获无几。而保甲团防局，力不足以弹压，事亦随而废弛，非扫除而更张之，不足以挽积习而卫民生。该署臬司所拟《保卫局章程》四十余条，深以为然，应饬令发刻，先行布告，一面筹办。

职商蔡以谦等联名吁恳速办保卫局禀批**

保甲本向来善政，相沿既久，遂成具文。省城户口繁密，五方杂处，稽察尤难，该职商等所称"盗贼痞徒，商民多为所累"等语，均属实在情形。苟非改弦更张，不足以资整饬。是以拟将省城保甲局改为保卫总局，饬司会同诸绅另议章程，呈候核办。其各属及长、善乡间保甲册籍，仍并归该总局查核。业经本部院札委该署臬司悉心筹画，俟回盐法长宝道任后，政务较简，责成总办，并已刊刻关防，给领开用各在案。

现今在事官绅，所见佥同，偶有论议，系属互相参考、斟酌损益，期于折衷至当。立法之始，不厌求详，并无中止之说，抑正求经久可行，期此后不至有中止之事。该职商等身亲阛阓，情形为所深知，据禀词意恳切，自系为利害切身起见，候饬催该总局迅速筹办就绪，克日举行可也。着即知照。此批。

---

　　* 据《湘报》第三号所载《臬辕批示》（详《职商蔡以谦等联名吁恳速办保卫局禀批》附一）摘录。

　　** 据《湘报》第十七号（光绪二十四年三月初四日出版）《抚辕批示》，原题作《职商蔡以谦等联名二百余人禀恳迅饬开办保卫局事务批》。

〖附一〗黄遵宪:杨先达等、 马仲林等、张瑞林等绅商联名吁请 速办保卫局各禀分别批示[*]

保卫局之设,初则绅士颇有疑议,继而各街商人闻之欢欣鼓舞,惟恐中止,纠合群商联名具禀桌辕,立请开办。共得十六禀,稿长难以尽录,仅将第七禀及第六禀经黄廉访剀切批示者,刊登于后。

第七次杨先达等禀请速办保卫局批

据禀既悉。考三代盛时,君民上下,同心同德,相维相系。国有大政,必谋及卿士,谋及庶人,推之国人曰贤、国人曰杀,一刑一赏,未尝不与众共之。故立法至公,而政无不举。本署司屡衔使命,遍历泰西,觇其国,观其政,求其富强之故,实则设官多本乎《周礼》,行政多类乎《管子》。

考之《管子》,"五家为轨,十轨为里,四里为连,十连为乡",故人与人相保,家与家相爱,居处相乐,行作相和,其声相闻,足以无乱,其目相见,足以相识,此齐桓所以霸诸侯者也。而西人法之,邑有邑长,乡有乡长,合之而为府县会。

考之《周礼》,有司救,有司市,有司虣,有禁暴氏,有野庐氏,有修闾氏,掌民之邪恶过失、市之治教刑政,而禁其斗嚣暴乱、矫诬犯禁者,此周公所以致太平者也。而西人法之,有工务局,有警察

---

* 据《湘报》第三号(光绪二十四年二月十七日出版)、第六号(光绪二十四年二月二十日出版)。皆以《桌辕批示》为总题。批文三件,原各有小题,今仍其旧。《湘报》第三号于登刊杨先达等、马仲林等禀批共两件之前,加有按语,今并予收录,改用仿宋字体排印,用示区别。

局,国无论小大,遍国中无不有巡捕者,故能官民一气,通力合作,互相保卫,事举令行。此实中国旧法,而西人施之于香港、上海之华人,亦无不视为乐郊,归之如流水。耳闻目见,其效如此。

本署司奉命来湘,蒙抚宪奏委署理臬篆。茈任以来,迭奉抚宪面谕以【中略】本署司以为,欲卫民生,必当视民事如己事;欲视民事如己事,必当使吾民咸与闻官事。当即酌拟《保卫局章程》四十余条,意在官民合办,使诸绅议事而官为行事。呈之抚宪,抚宪深以为然,饬令发刻,先行布告,一面筹办。

兹据各绅商等百余户、职员等二百余名,联名吁恳从速举办,具征众情踊跃,咸以为便。本月初九日,既奉抚宪扎将保甲团防局裁撤,改办保卫局,委本署司为总办,回盐道本任后,仍责成经理此事。上奉宪谕,下从舆情,自当刻日开办。现已分画地段,租赁房屋,购备器具,各事就绪,即日举行。

惟念本署司初到湘中,风土人情,未能谙悉。除原议章程业经分布外,依附保卫局而行者,尚有迁善所五所,每所容留失业人四十名。又保卫局开办后,拿获犯人,亦送此所,计额亦可容四十名。皆延聘工匠,教令工作,俾有以养生,不再犯法。此项章程,现既付刊,容日再当分派各户。

又保卫局拟分三十局,统城内外以三万户计,每局约辖一千户。拟每二百户即举一户长,每千户共举五户长,以该处居民、商店充其选,遇事即邀集各户长为议事绅士,到局公议,照原拟章程第四十三条而行。所用巡查,即照依分局所辖各户,令户长公举,再照局章选用。

以上二条,皆章程中未及详载者。此外或尚有未尽事宜及不无窒碍之处,尚须择期邀集众绅商会议,届期仍望各抒所见,匡我不逮。一俟议定,即行开局,用速成效而顺众情。切切。此批。

第六次马仲林等禀请速办保卫局批

昨据杨先达等先后来司具禀,业经批示。所拟章程,士大夫之有识者、贤长官之实心者,多以为然。

初谓民情可与乐成,难与图始,未必询谋金同;今统阅各禀,催请举行,词极迫切。盖以盗窃之滋扰、地棍之讹索、无赖之强乞,以及在官之蠹役、外来之恶痞,均为汝等切身之害、噬脐之祸。彼安富尊荣者不尽知,而汝等均身受之,思所以辟害而免祸,故其词迫切如此也。念及此,益为之恻然心动。

上下之离散、官民之壅遏,乃至如此,父母斯民之谓何?诚不可无以通其情而去其蔽。此局既奉抚宪扎委本署司为总办,责令一手经理,自当尽心竭力,不避劳怨,刻日举行。前批及此批,着即传钞共览,一体知照,以靖地方而慰民望。

张瑞林等禀请速办保卫局批

保卫一局所定章程,原本《周官》、《管子》之遗法,前据杨先达、马仲林等来司具禀,业经本署司明白宣示,谅已传饬共览。所立章程,虽未敢云尽善,而一经刊布,城乡内外,相率禀请速行,足见群情踊跃,可与图治。

既奉抚宪饬委本署司为总办,即回盐法道本任,亦令专司其事,以重责成,现正分别赁屋设局,刻日举办。尚望同心协力,恪守约令章程,苟有不善,可随时商议。局中苟不遵章,可由绅士查明撤换。行之既久,不独痞徒敛迹,盗贼可清,而且诚信相孚,忧乐与共,官民上下,相维相系,地方既安,商务亦必有起色。成效可睹,即以汝等之禀为左券可也。

〖附二〗唐才常：论保卫局之益[*]

保卫局何为而设也？所以去民害，卫民生，检非违，索罪犯，而官绅士商种种利益，罄简难书也。或者不体陈大中丞、黄廉访慈祥恺悌之心，而依违其间，横生异议，其未闻中西政治之本原，无责耳矣。岂吾湘地痞之充斥、会匪之潜滋、差役之讹诈、强丐之横暴、夜窃之窝藏、道路之秽塞致疾、商店之谣风倒闭，俱一无闻见，而以扫荡廓清之保卫局为不然耶？夫天下之事，两利相形取其重，两害相形取其轻，犹为得多失少，况明明有利无害，有得无失，菽麦能辨，黑白昭然，而訾之，而虑之，诚不解其何心也。

人之言曰："中国向来有保甲、团练之法，何必于西人是师？"

曰："不然。《周官》：'司救掌万民之邪恶过失，而诛让之'；'司市掌［司］市之治教刑政，量度禁令'；'司虣掌宪市之禁令，禁其斗嚣〈者〉，与〈其〉暴乱〈者〉、出入相凌犯者'；以及匡人、撢人、禁暴氏、野卢〔庐〕氏、修闾氏，凡以警察市政，保国卫民。故纪纲肃穆，盗贼远迹，和亲康乐，同我太平。窃尝怪孔子为司寇三月，夜不闭户，道不拾遗，何以神化若此，今乃知之矣。今西国有警察部，无不与《周官》暗合。《传》曰：'天子失官，守在四夷。'《记》曰：'礼失求野。'吾能取其法，还之中国，斯可以上对古人，下慰民心。且凡事但求有益而已，不必问其中与西也。"

人之言曰："处今之世，大祸伏眉睫，疮痏溃皮肉，救时君子当从练兵下手，若斯之举，无乃枝叶乎？"

曰："不然。西人之觇国势者，入其疆，土地辟，市政修，万民

＊　据《湘报》第二号（光绪二十四年二月十六日出版），此仍旧题。题下原署"浏阳唐才常撰"，今略。

和乐，令行禁止，即为有文化之国，而根本实原于警部。不特此也，保卫局不立，则户口不清；户口不清，则匪徒不靖。处藏垢纳污之所，不独兵不可练，无论如何新政，皆形窒碍，是此举为一切政治之根原也。吾闻日本警部，有事则授以军械，御灾捍患，即为常备兵之一种。省垣诚推此意行之，渐至各府州县，照章办理，是为一省增无数常备兵，而保甲、团练之精意不过如此，安得以枝叶目之？"

人之言曰："省垣行之，匪徒无所匿迹固已，其如驱之各乡镇何？"

曰："不然。此局另设迁善所五处，所有犯人，令其学习工艺，充当苦役，则从前无业游民，必当稍易行径。即令一时他遁，而由省垣推之，各府州县各乡镇，悉以此意行之，则奸人无所施其技，而勉图执业者必多。此西人'改贱为良'之说，而先王转移执事之深心也。"

人之言曰："此意诚善，然汉时有'游徼'之职，而无裨司隶；北魏设置候官数千人，职司伺察，名曰'白鹭'，皆微服厕居府寺，行之数十年，以受贿舞法罢之。若使今之巡丁蹈北魏覆辙，则反行滋扰，流弊无穷。"

曰："不然。凡事未行而逆料其生弊者，此最不通之论，而因循苟安之人所藉口也。夫北魏之'白鹭'伺察，不过如今州县衙门差役，动至千余人，日日摩牙厉爪，以吸民间膏血，并非为救疾苦、扶颠危起见，亦并无互相管束之制。若此举，则每小分局巡查十四名，即有巡查长一名、巡查吏二名管束之，乌有三人不能管束十数人之理？又凡巡查，非奉有局票，不能擅入人家，乌有无故滋扰之理？而况每地巡查若干名，即由该地户口公举，不称其职则易之，乌有该地不举妥人充当之理？夫汉唐而降，岂无明君贤相曲体民情者？然君相责之郡县，郡县责之胥吏、差役，其权力至胥吏、差役而止,以下更无从过问。今则别巡查于差役,公权力于绅民,而谓上下不相通者,决无是事。且天下事必待行之未当而随时变通,俾臻妥善,乃汤盘日新之义,而泰西、日本勇于改制、精益求精之理;如未行而遽以'流弊'之说沮之,则虽尧舜汤文,无一举万全者矣。"

人之言曰:"章程精密,吾无间然,惟巨款难筹,徒为'房捐'、'铺捐'之说者,必拂人心。"

曰:"不然。凡民难与虑始,故目下由抚宪拨款试办;办之诚善,则稍取商民之锱铢,以供局用,决无不乐将伯之理。吾闻省垣户籍约三万有奇,商户居其大半,局费每年亦不过数万金,即尽取之三万户中,尚不敌迎神赛会、地棍滋扰、衙役勒索三分之一,而况并无尽取民间之说。吾见此局一行,则地痞之充斥、会匪之潜滋、差役之讹诈、强丐之横暴、夜窃之窝藏、道路之秽塞、商店之谣风,一概廓清,直为各商户斩却无数葛藤,凡有天良,能无感激? 稍取赢余,岂为悖理? 且试即三万户约略计之,除一万户极贫不抽费外,以二万户牵算,但于每户每月取钱二三百文,已大致足敷保卫之用。则试问商斯土者:与其供地棍、衙役之诛求无厌,何如出无多之费而收无尽之益? 孰得孰失,必有能辨之者。尝见泰西赋敛极繁,户税极重,而民不怨者,以为民事而取之,旋为民事而散之也。今兹之举,何以异是? 彼栋宇连云、厚赀坐拥者,恐议及'房捐'而滋狐疑,而沮大计,其实何曾有'房捐'之说? 吾愿有心人深念商户小民无保卫之苦而恻然在抱,则知斯举之万不容已矣。"

今夫泰西、日本之有警察部也,长官主之,与凡议院章程不同。平心而论,此事本官权可了,而中丞、廉访必处处公之绅民者,盖恐后来官长视为具文,遂参以绅权,立吾湘永远不拔之基,此尤大公无我、至诚至信之心,可以质鬼神、开金石、格豚鱼。凡我湘人,当如何感激涕零,襄兹盛举,而犹有未慊于中者,诚吾所大惑不解者矣。嗟夫,自私自利之谓"利",公利美利之谓"义",人生不勘破此层,则无论旧法新法、中法西法,俱可以"多事"、"喜事"尼之,其不流为乡愿之天下以自戕其种类者几希,可不谓大哀乎!

〖附三〗湖南保卫局章程*

一、此局名为"保卫局",实为官、绅、商合办之局①。

二、本局职事,在去民害,卫民生,检非违,索罪犯。

三、本局设议事绅、商十□人②,一切章程,由议员议定,禀请抚宪核准,交局中照行。其抚宪批驳不行者,应由议员再议。或抚宪拟办之事,亦饬交议员议定禀行。

四、凡局中支发银钱、清理街道、雇募丁役之事,皆绅、商主之;判断讼狱、缉捕盗贼、安置犯人之事,皆官主之。

五、局中设总办一人,总司一切事务;会办大员一人;绅一人。

六、于长沙府城中央设总局一所,城中分东、西、南、北,设分局四所,城外设分局一所,共分局五所。每所辖小分局六所,共设小分局三十所。

七、每分局设局长一员,以同通州县班补充;副局长一员,以绅、商充。

八、每小分局设理事委员一员,以佐贰杂职充;理事委绅一员,

---

* 据《湘报》第七号(光绪二十四年二月二十二日出版),此仍旧题。按:该章程另见《知新报》第六十册(光绪二十四年六月十一日出版)《京外近事》,新闻标题为《湖南创设保卫局拟参用西国巡捕法章程》,后附章程四十四条。

① 此句《知新报》作"实为官、绅合办之局"。按:《知新报》所录此章程,自首条起,统无"商"字,一律仅作"绅"或"绅士"。未审何故。

② "十"后原有一空格,现以"□"代替。按:此句《知新报》作"本局设议事绅士十余人"。

以绅、商充。

九、每小分局设巡查长一名、巡查吏二名、巡查十四名。小分局三十所，共设巡查四百二十名。

十、此项巡查，并非差役，例无禁锢。凡充当巡查，（一）须年在二十岁以上、三十五岁以下者①；（二）须曾经读书识字、粗通文理者；（三）须身体强健、能耐劳苦者；（四）须性质和平、不尚血气者；（五）须有保人；（六）须考验；（七）不准以曾经犯罪之人充当。

十一、此项巡查，除奉有官票另行差委之外，其寻常职事：（一）凡有杀人放火者、斗殴伤者、强窃盗者、小窃掏摸者、奸淫拐诱者，见则捕之；有民人告发，则诉其事于局，执票拘捕之。（二）凡行路之人，无论天灾、人事，遇有急难，即趋救之；醉人、疯颠人、迷失道路者，即送归其家；残疾人、老幼妇女、远方过客，均加意维护。（三）凡所辖地内道路之大小、市街之长短、户口之多寡，必一一详记；所住人民，必熟悉其身家品行；若无业人及异色人，常默察之。（四）凡聚众结会、刊刻谣帖、煽惑人心者，见即捕拿。（五）凡街区扰攘之所，聚会喧杂之事，应随时弹压，毋令滋事。（六）车担往来，碍行道、伤人物者，应设法安排，毋令阻道。（七）道路污秽、沟渠淤塞，应告局中，饬司事者照章办理。（八）凡卖饮食，物质已腐败，或物系伪造者，应行禁止。（九）见有遗失物，即收存局中，留还本人。

十二、凡巡查非奉有局票，断不许擅入人屋，违者斥革，兼监禁作苦役。

十三、凡巡查不准受贿，亦不准受谢，查出斥革，并监禁作苦

---

① 原刊作"一"，今加括号作"（一）"。凡条文内之序数字，统改如此。下同。

役。

十四、凡巡查不准携伞执扇,不准吸烟,不准露坐,不准聚饮,不准与街市人嘈闹戏谈,违者惩罚。

十五、凡巡查准携短木棍一根,系以自卫,不准打人,并不许擅以声色威势加人。内处同事,外对众人,务以谦和温顺、忠信笃实为主。

十六、各分局巡查,概分为两班,每日分六次,每四个钟点换班。每日从正午十二点起,为第一班,至四点钟换第二班,至八点钟换第三班,至十二点钟换第四班,至四点钟换第五班,至八点钟换第六班,至十二点钟又换第一班。如是轮流,周而复始。每换班时,由局中派出后,在街巡查,始行换回。换班回局后,所有食饭、歇息之事,均在局中,不许他出。

十七、初次当差,均作为四等巡查,其遇事有功,或日久无过,可以递升至三等、二等,辛工亦可酌加。

十八、巡查如有行为不端之事,经本局查出或他人告发,查实照扣辛工,重则斥革、监禁,另有章程。

十九、巡查吏专司侦探事务,搜索罪犯,帮同巡查长,督率各巡查以从事,另有章程。

二十、巡查长所属各巡查,归其督率,受其节制。

二十一、各小分局设理事委员一人,以佐贰杂职充,每日以日出到局,日入归家,督率在局各役,遵照章程经理事务,事必身亲。在局办事,不许著袍褂公服;步行查街,不许乘轿。

二十二、小分局理事委员,遇事应禀知分局局长,或移知各小分局,即用"理事委员"衔名,自钤小印径发。遇有巡查禀请出票拘传之时,亦准理事委员将总局给发之票照章填给。

二十三、凡地方人民,遇有犯案,经巡查拘传到局者,即由理事委员问明,禀送各分局分别办理。

二十四、凡地方人民，或因口角斗殴滋事，申诉到局者，准由理事委员劝解和释；不能了结者，送分局办理。或于地方有所损害，或于人民有碍平安者，经人告发，亦准由理事委员传问，系本局应理公事，即送分局办理。其户婚、田土争讼之事，本局不得过问。

二十五、各小分局委员，不准设立公案，不准擅用杖责。

二十六、小分局副理事，以绅、商充，帮同理事，督率巡查，以办理局务。

二十七、小分局副理事应住局中，所有局中出入银钱、管理器物，是其专责。

二十八、分局局长，以同通州县班充，每日以日出到局，日入归家，督率在局各员，遵照章程经理事务。

二十九、所有地方人民，违犯本局禁令，即第十一条所载各事，或本局巡查不守本局章程，即十二、十三、十四、十五、十六条所载各事，由各小分局拘送到局者，由各局长讯问。除罪犯徒流以上应送总局办理外，馀均由局长分别轻重，随时发落。

三十、本局另设迁善所五所，即附五分局办理，所有拘传到案、审实发落之犯人，即发交迁善所，令其学习工艺，充当苦役，另有章程。

三十一、各分局副局长，以绅、商充，帮同局长，督率员役，以办理局务。

三十二、各分局副局长应住局中，所有局中出入银钱、收支器物，是其专责。

三十三、凡各分局及总局，均应设书识□名①，专司缮写纪录

---

① 　此条中之各空格，《知新报》均易以"数"字。

之事；丁役□名，专司伺候讯案、接送犯人之事；杂役□名，专司奔走使唤之事。用人多少，视事之繁简，再行酌核。

三十四、总局设委员四人，以同通州县充。内专司文案二人，一切禀、详、移、札文牍，均归拟稿；专司审案二人，所有各分局送到犯人，归其审讯。

三十五、此项文稿，均别立格式，变通旧体，以期简易，以归迅速。除另设章程系寻常事件业经拟定者，径由文案缮发外，其他一切文牍，均呈由会办、总办标行。

三十六、此项罪犯，除情罪重大者，案结之后，仍发交长、善监及府监收管外，其他均发交迁善所办理。

三十七、总局委绅二人，以绅、商充，应住局中，所有各分局、小分局购置器物，归其专办。一切公用器物，由总局购备，发交各局支领应用。所有各分局支发银钱，归其专责。应将用出之银钱随时登记，交由会办、总办查阅，每六个月刊刻一次，分派各局，并悬贴局门。

三十八、本局会办大员一员，管理稽查局中一切事务，凡系缉捕盗贼、判断讼狱、安置犯人之事，均会同总办签行。

三十九、本局会办绅士一员，管理稽查各局委绅、各局巡查一切事务，凡系支发银钱、清理街道、召募巡查之事，均会同总办签行。

四十、本局总办一员，一切事务均归稽管。

四十一、本局事属创办，所有未尽事宜，及应增、应改章程，再随时邀集议定，交本局遵行。本局只有行事之责，并无立例之权。

四十二、本局除议事员绅及本局总办不支公费外，总局会办官一人，月支公费银一百二十元；会办绅一人，月支公费八十元；委员四人，每人月支公费六十元；委绅二人，每人月支公费五十元。分局局长官五人,每人月支公费五十元;副局长绅五人,每人月支公费四十元。小分局委员三十人,每人月支公费二十元;委绅三十人,每人月支公费十六元。巡查长三十人,每人月支公费八元;巡查吏六十人,每人月支公费六元;四等巡查四百二十人,每人月支公费四元。凡巡查长、巡查吏、巡查、饮食、官服,均由官给。

四十三、本局议事绅士十□人①,以本局总办主席,凡议事均以人数之多寡,定事之从违,议定必须遵行。章程苟有不善,可以随时商请再议。局中无论何人,苟不遵章,一经议事绅、商查明,立即撤换。

四十四、本局总办,以司道大员兼充,以二年为期,期满应由议事绅士公举,禀请抚宪札委。议事绅士,亦以二年为期,期满再由本城各绅户公举,其有权举人之绅士,俟后另定章程。

〖附四〗湖南保卫局增改章程[*]

一、总局委绅,每月公费银三十二元。

一、五分局委绅,即副局长,每月公费三十元。

一、所用各员,均由会办官选举,由总办定用;所用各绅,均由会办绅选举,由总办定用。

一、所用各员,系由会办大员自拣,抑或何人保荐;所用各绅,系由会办大绅自拣,抑或某绅、商保荐。均须于名簿注明,以公众览。

---

① 此句《知新报》径作"本局议事绅士十人"。

* 据《湘报》第二十三号(光绪二十四年三月十一日出版),原题作《保卫局增改章程》。按:《湘报》第一百二十六号刊载《湖南保卫局分局员绅职事章程》,第一百二十七号刊载《湖南保卫总局巡查职事章程》,第一百四十六号刊载《保卫总局清查户籍章程》,第一百四十七号刊载《保卫总局清理街道章程》,可参阅。

一、所用各员绅，如不遵章程，不能称职，经会办员绅查明，即行撤换。由总办查明，亦即行撤换。其由各绅、商指告者，经会办、总办查悉，亦即行撤换。各小分局员绅，或经分局局长、副局长查悉，禀由总办、会办察实，亦即行撤换。

〖附五〗湖南迁善所章程*

一、于长沙府城内外，共设迁善所五所，归保卫总局管辖，依附保卫局而行。

二、于保卫总局中设一所，为迁善所办事处，于此收发公文，遇事则总办、坐办、提调均在此会议。

三、迁善所一切事务，均归保卫局总办稽查管理。

四、迁善所设一坐办大员，以保卫局坐办兼充，所有公文，由总办、坐办会衔签行。亦设一坐办绅士，稽查管理，亦会同总办签行。

五、设提调二员，以知府或同知充，每日轮流到所，稽查一切。

六、驻所委员一员，以同通州县充，每日在所办理各务。

七、所中公事，亦归保卫局分局委员兼辖，所有收发犯人各事，应会同驻所委员办理。

八、每所设理事二员，以佐贰杂职充；副理事一人，以绅士充。所有所中失业人、犯人收羁到所，一切工役、程课、督责、看管，以及鞭挞、拘锁用法之处，皆官主之；一切起居、饮食、稽查、保护，以及疾病、困苦用恩之处，皆绅主之。

----

* 据《湘报》第七号（光绪二十四年二月二十二日出版）、第八号（光绪二十四年二月二十三日出版），此仍旧题。按：《湘报》第一百四十八号另刊《湖南迁善所章程》（共计八章五十一条），可参阅。

九、理事官、绅相助为理,刑法为官专管,银钱为绅专管。

十、每所收留失业人,以四十名为额,此外尚有应行收留之人,先报名列册,俟有学成出所之人,额缺再补。羁管犯人,亦以四十名为止,如尚有应行羁管之人,再择所中情罪较重者分送府、县监,或系改过自新、学业有成者,释放出所。

十一、此项失业人,由各小分局分段稽查。如年轻失教,由其家长呈首者;或游荡无依,时在街市扰累讹索,有人指控者;或贫困异常,及懒惰不堪,由其族长、姻戚引送者,统谓之"失业人"。应各令缮具保结,拘传到所,责令学工,另有章程。

十二、犯人系由各分局委员判断,应将所犯何案、应禁多少日期开单移送。入所后,即责令学工。其情节较重应充苦役者,另有章程。

十三、所有工作,如成衣、织布、弹绵、刻字、结辫线、制鞋、削竹器、造木器、打麻绳之类,每所延教习八人,每教习一人管工十人,教之工作,兼督其程课。其有素属文弱,曾读书识字,不能作工者,亦可督令钞写。

十四、湘省著名如浏阳之葛布、辰州之楠木、永州之锡器、宝庆之竹器、桃源之绿布,将来均可分类制造;又有外洋入口之灰面、铁钉、烟叶,由华出口之草帽边各类,将来亦可延师学习仿造。

十五、以后通沟洫、修道路、筑城池各项土木工役,亦可将所中各犯及失业人押令充当。

十六、此项应需之纱布、丝绵、竹木各项成本应备之物,先由所中预备,再行发交各教习,分给各人工作。

十七、各项业成,由委绅发出分售。除归还物料成本外,如失业人所作有赢余,以三成给作零用,以七成分别存储,俟其出所时,给为资本;如犯人所作有赢余,以五成弥补该犯饭食之需,以五成给该犯，俟出所时，给为资本。

十八、所中所作工役，均有定时如每日应作若干时候、有定程如每人应作多少工夫，如各工役执业勤奋，有逾于常课者，所得卖物馀利，概行给与本人。

十九、每所应有失业人及犯人住房，每一间约住六人，编列号数，派定分住。每夕由委员、委绅点名一次，眼看归号歇宿，即行锁门。锁匙交给看管人及杂役，轮流守护，次日清晨启门。

二十、各犯初到，进所由委员分别派拨归号，并将该犯遍身搜检，如带有行凶器具、行窃事物及洋药烟具洋烟尤须严查，凡到所各失业人及犯人有烟瘾者，另由所中发给戒烟丸药、水旱烟袋、洋火、火石、火刀、银钱等件，一概提出另记，俟保释时给还。其凶器、窃器不准给还。

二十一、各犯初到，仍上锁纽。一月以后，由委员察看，安分习业者准脱锁纽，以示劝勉。倘有不服管束及嘈闹斗殴者，由委员送保卫分局，分别惩责锁押，情轻者发回所中，勒作苦役，情重者发府、县监。

二十二、每所应有工场一大所并天井、回廊，以为工人作工之地。

二十三、每所请教习八人，每人教工人十名，教令工作，兼令管督。教习亦自行作工，以作模楷而资表率。

二十四、每所设看役人八名，以供奔走，以资弹压。此二项人，日夜轮流看守，不得稍离，亦分班当差，每四个点钟即换班一次，如保卫局巡查章程。

二十五、每屋一间，约住失业人三名、犯人三名。以八十名计，每所应有此项住房十三四间。

二十六、每人应给予床铺一张，凡到所之失业人及犯人，各给予衣服，冬间加给絮被一床，绵袄、绵裤各一件，夏给席一张。此两项人,服色各有分别,亦另有式样。

二十七、失业人每日给饭食银元五分,即一毫之半,每月一元五角,犯人给饭食钱四分,一毫十分之四,每月一元二角,概归厨役承办。每日食饭,有一定时刻、一定蔬菜,有不如法者,由委绅查明,将役惩罚、责革。

二十八、每所除厨房、门房外,应有浴堂一所,每间一日即令洗浴,有不洁者,照章惩罚。

二十九、每所设监禁一间,犯人不服管束、怙恶滋事者,经住所委员查明,仍上锁镣,发入监狱,满日再脱。

三十、五所之外,另设病院一所。犯病者由委员验明,送病院调治。病故报县验明,给棺殓埋,并饬知其亲族,如愿领棺自葬,准其领回,委员报明备案。

三十一、此项迁善所所需费用,均有一定款项,由官支给。每六个月将所用各款,照依保卫局局章,缮贴局门,悬示于众。

三十二、除有定款项及上开人数外,如有乐善绅、商情愿捐助,或将贫穷无业之人送来学工,或自认助养多少人,如每人每日饭食银元五分,每月一元五角,愿捐十五元者,即系助养十人,所中咸一律经理。惟此项人,限于住所,必须朝到暮回,倘有各绅、商另赁附屋,扩充各所,保卫总局亦允分派委员,照章经理。

三十三、所中坐办公费,归保卫局照支。提调月支公费八十元,驻所委员月支公费五十元,驻所理事每员月支公费十四元,副理事月支公费十四元。开办之后,再酌量事之繁简,定人员之多少、公费之厚薄。此外,杂役、门役、厨役,各给月费,另有章程。

三十四、所有未尽事宜,及应增、应改章程,再随时由保卫局总办邀议事绅、商议定照行。本所各员,亦只有行事之责,并无立例之权。

〖附六〗光绪二十四年六月十二日上谕[*]

谕内阁:"近日各省裁汰营勇①,保卫地方全在严查保甲,以辅兵力之不足。各省办理保甲章程非不详备②,叠经谕令从严稽察,率皆视为具文,并未将现办情形详晰复奏,殊属因循废弛。自此次申谕之后,各该督抚务当严饬地方官,于保甲一事实力举行,以期民情固结,奸宄无从匿迹。仍将整顿办法先行切实具奏,以副朕绥靖闾阎至意。"

视察保卫局时对该局之评价(大意)^{**}

步武整齐,气象严肃。

〖附一〗《湘报》:保卫开办^{***}

省城绅商禀请创办保卫局,经官绅合议,妥定章程,于昨初九日各局一律开办。城厢内外,人心贴然,已有成效可观。虽前日大、小西门外偶有痞徒滋事,已经大宪密访拿获数人,当必从严惩办云。

---

　　* 据《清实录·德宗景皇帝实录》,见《清实录》,卷四二一,第 523 页。按:此谕另见《光绪朝东华录》,详第四册,总第 4148 页。

　　① "近日",《光绪朝东华录》作"近因"。

　　② "非不",《光绪朝东华录》作"未必"。

　　** 据《湘报》第一百四十号所载《保卫局总办六月初九日手谕照录》(详附二)摘录。按:光绪二十四年六月初九日即湖南保卫局开办日期。

　　*** 据《湘报》第一百二十号(光绪二十四年六月十八日出版),此仍旧题。

〖附二〗黄遵宪:保卫局总办手谕 *

今日中丞到局,极称本局步武之整齐、气象之严肃,足慰诸君子数月以来从事之劳、用心之苦,弟亦与有荣施。惟开办之始,百事纷冗,益当黾勉,以求成效。弟意此刻当因民所利,从宜从俗,所有诘奸禁暴,当用循序渐进之法,一步紧一步,以符保民而不扰民之义。乞将此意普告同事一体知照为感云云。

桂东县举人邓润棠等禀
分设保卫局并拟练勇章程批 **

据禀,该县近年保甲无稽查之责,乡团乏董事之绅,以致奸宄潜踪、匪徒结党,深为可虑。合县向有团租,岁可实收八百余石,因无人经理,已成闲款,往往有侵蚀混收之弊。拟请提拨此项团租,于县城设立保卫分局,练勇五十名,择人管带教习,两日训练一次,每次给发八十文,以备缓急扩充,并拟章程十则面呈前来。

查阅所拟设局、练勇章程,简便切实,不必另筹经费,第将地方闲款提出,化无用为有用,办理已觉裕如,法无便于此者。候饬保卫总局转饬桂东县查照所拟办法,迅即督率举行,以期保卫地方,藉收实效。所有此项团租,悉数提作该分局练勇之用,毋任诸项人等仍前视为闲款,混收虚糜。如有劣绅地痞觊觎把持,即由县传案严究,并由总局颁发省城现办章程,以资参酌。

因思此等团租公款,不独桂东一县有之,通省各属似此有名无

---

　　* 据《湘报》第一百四十号(光绪二十四年七月十三日出版)《本省公牍》,原题作《保卫局总办六月初九日手谕照录》。

　　** 据《湘报》第二十四号(光绪二十四年三月十二日出版)《抚辕批示》,此仍旧题。

实款项，如保甲、团练、积谷及各项善堂等类，经理绅董苟不得人，为所侵蚀虚糜者不知凡几。若由地方官绅切实清厘，提作练勇之费，每县多者百余名，少者数十名，仿照两日一练之法，所费无多，不必劝捐扰民，而城乡足备调遣，官民两便，有实功而无流弊。即使公款实有不足，再由官设法调剂，当亦无难。

仰保卫总局会同布、按两司，将该举人禀拟章程复加察核，通饬各府厅州县，各就地方情形一体遵照办理，并将遵办缘由克日通禀立案，以凭考核。切切。此批。原禀及章程抄发。

衡阳、清泉县士绅公恳
推广南学会与保卫局禀批*

据禀："民智未开，正气未聚。亟宜仿办学会，以开导士民之心；仿办保卫，以团聚士民之气"，并推及于"教案之起，由于匪徒诱未尝学问之民庶"等语，洵为洞见本原、默维气运之论，于地方之安危、民生之休戚关系极大。

衡州山水繁会，代产贤杰，允为湘省胜区。惟既多聪颖之民，即易染浮嚣之习，所赖二三长德硕士，识微鉴远，董正而裁成之，文武并用，长久之术也。凡事利与弊恒必相因，惟办理得人，则利多而害少，且可有利而无弊，故天下无无弊之法，而赖有防弊之人。

兹阅所举衡、清两邑各绅，既为时望所归，必深明公极私存、义极利存之道。候如禀札行衡州府督率衡、清两县，博采群言，研考利弊，联集诸绅等，妥筹办法，详议章程，并酌拟明正绅董数人，禀请核饬遵照。此批。禀钞发，清摺附。

---

　　* 据《湘报》第四十一号（光绪二十四年闰三月初二日出版）。

〔附〕赵赓梅等:公恳推广南学会与保卫局禀[*]

具禀衡州府衡阳县岁贡生赵赓梅,清泉县优附生左全孝,衡阳县廪生邹日煊,附生夏荣甲,廪生夏钦、陶炳麟、彭见绥,附生刘乙辉、尹淦、罗太开、王家燊、杨寅丙、张鹏翰,清泉县廪生萧宗湘、罗伯勋、谢作漳、尹鸿翔,附生尹长龄、李嗣庚、莫覃瀛、萧邦恒、罗时杰、杨江沐、谢铿等,为恳求推广南学会与保卫局,以开民智而卫民生事:

窃绅等伏处草莽,仰聆中丞大人创设南学会、保卫局,不胜欢欣忭舞,以为崇文会武、嘉惠湘南,在此一举。衡、清虽属下邑,敢不仰体德教,踊跃趋承? 谨于即日公同泥首台前,恳求推广举办,以副爱士泽民之至意。

惟风气之开,衡州较难,且地居上游,为粤、桂通衢,往来行贾尤夥,五方杂处,无赖丛集。而衡、清县境,东北接衡岳,西连湘乡、邵阳,皆丛山深林,藏匿奸徒,形迹诡秘。以丛集之匪徒,诱未尝学问之民庶,则教案相寻而起,实为无形之隐患。

夫戕杀一二教士,无损于西人九牛一毛,而辱吾君父、蹙吾国土,且为吾二千余年孔子之泽,以一朝之忿疾不仁,而召乱者显树之敌。去年胶州之乱未弭,前车可鉴,堪再尝试耶? 是皆由民智未开、正气未聚,以至于此。急急仿办学会,以开导士民之心;仿办保卫,以团聚士民之气。智开而后可与言有为,气聚而后可与言有守,故私意谓德政推广所及,尤宜先逮衡、清。

昔曾文正以团练起家,削平大难自衡州起,诚以洞庭据长江之

---

[*] 据《湘报》第四十一号,原题为《衡州府衡阳、清泉县士绅公恳推广南学会与保卫局禀》。

首领,蒸湘扼洞庭之肩背,高屋建瓴,其势顺也。今欲仿办南学会、保卫局,先于府城设立总局,为合办公所。

惟学会以讲求各种学问、便人阅书为主,半日读书,半日体操,总期有济实用。凡在四民,皆可入学,但必性情敦厚、志趣不俗,方许列名。如已入会而不遵守章程,或向有劣迹者,公议屏出。区统于都,都统于县,县统于府,而总统于南学会。各人愿学者,量力集资,资多则可以设学堂、购书籍、制仪器,资少则暂备茶酒、讲论之资,逐渐开办。此私拟仿立南学会之大略情形也。

保卫之立城市,全仿省章,而练人之多少,视乎经费之丰歉。咸、同时,各绅耆办团,筹费操之裕如,富者捐资,强者出力。乡里则地阔人散,较之城市,须变通办理。清查户口,比屋抽丁,每村视众寡壮稚,派一二人、三四人不等,日间仍安耕作,早夜自行操演。乡绅时时勤为教习,城绅每届两月,赴乡巡操,有赏资、无工食,每年中竟日操演者不过三四十日,赏给不过数千金。以团防办法,归保卫统属,庶几举重若轻,立可集事。

练法由拳勇而刀锚,而火器,而洋枪,以渐而进,总期易行,不在张大。衡、清近十年来,风气日益劲悍,人人思动,少年子弟喜习拳勇,且动赋远游,视吴、粤若门户,无聊之徒或更诱入匪党。故但患无公正绅耆倡率团练,如上宪肯为主持,正士亦皆有老幼庐墓之念,其谁不力思效命?正士出,局章定,因乡里少年之动机,勒以兵法,不须多费才力,其气已聚,后来再加法度,易易尔。

都绅由公举公废,而外以学会为之范围,不患其有滋扰旷废诸弊。昔江忠烈念天下隐忧在伏莽,于新宁集诸父老为团练法,每月朔会乡村子弟,剀切譬喻,俾知亲亲长长之义,示禁数条,首约"不得入会匪",仍搜捕社中不法者,以兵法部勒其众,数月一乡肃然,遂为湖南乡勇之起点。今绅等于规仿先贤之余,尚拟推广举行蓝田吕氏《乡约》，秉其礼让麻嘉之意，为升平体积之基。将来兴学校以启迪秀良，振农功以讲求制造，均当次第开拓，以图厥成。

至于保卫费用之巨，以购枪为最，衡人之游宦各省者，可以函商捐置，如今调补湖北东湖县夏时泰，现已捐置抬枪四十杆于十都私团，具征外省宦游见闻较广，鼓舞更易。城、乡合办保卫局，务必更有起色。此私拟仿照保卫局，推广乡办，略为变通之大略情形也。

但举行学会易，举办保卫难。非有德望素著之绅耆为之总，不能举办；非有才能出众之绅士为之副，不能赞成；而尤非奉有上宪札委，不能服众心而专责成。

兹有衡阳县绅耆冯邦楝、常鼎，清泉县绅耆丁良骏、罗纹，衡阳县绅士程崇信、冯纲孝、廖廷铨、夏绍范，清泉县绅士周先稷、萧邦恺、杨檠、萧镜藻，其德望才能，均为两邑人士所推重。绅等来省之日，会同两邑耆衿，再三酌定，系为各保身家起见，万不敢稍涉偏私，致贻伊戚。其是否可任，尚求札饬衡州府朱守博采群议，严核利弊，并令该绅等酌度事势，详定集费、办事章程，即由衡州府宪申详台前核定批行，方为允洽。专札委办，以重责成。

所有恳求推广学会、保卫局，略为变通办理缘由，理合禀呈，伏乞大人速赐施行，不胜悚切拜祷之至。谨禀。

计钞粘年貌清摺一合。

候选郎中黄廷璐等联名请办民团禀批[*]

据禀："遵旨兴办民团，系为安靖人心、弭盗贼，并恐痞徒、游

---

　　* 据《湘报》第四十二号（光绪二十四年闰三月初三日出版）《抚辕批示》，原题作《候选郎中黄廷璐等联名禀请兴办民团批》。

民遇有洋人游历,藉端滋事,思为防患未然"等情,实有保全身家与维持大局,二者义本相因,识虑至为深远。惟凡举一事,利与弊恒相倚伏,团练相沿已久,流弊尤所宜防,究之总以得人为要。

据称"事关地方利弊,必应有所责成",洵为不易之理。所举在籍前山东布政使汤绅,物望久孚,以之总办兹事,分举各绅,必能筹画精详,有利无弊,藉收拔茅连茹之效。准如所禀,照会以专责成,俾速妥议章程,酌核办理可也。此批。

汤聘珍赍呈公议拟就团练章程禀批 *

来呈并《公议团练章程》六条均悉。查第一条所称:"办法当以清查匪类、操演技艺为主,一切务求简易,不涉铺张。并以洋人传教、通商、游历,奉旨允行,务各父诫其子、兄诫其弟,毋得布散浮言,滋生事故,贻累地方。"

第二条称:"团练全在得人,否则恐滋流弊,拟暂先从长、善两县开办,其他郡县,得一人则举办一处,不拘以阖省同时举办,亦不拘阖省必全举办。"

第三条称:"省城地方,弹压甚严,且皆士宦绅商,无丁可练,自应从乡间办理。其在乡市镇,仍归入团练,以资守望。"

第四条:"所需经费,就地筹画,总须听其自愿,毫不抑勒。其捐就之钱谷,各归各团应用,另择团内殷实公正绅耆,轮年掌管,由团正、副核定数目,开单支取,按年按月榜列,以供众览。"

第五条:"练丁并无定数,应视团境广狭、筹费多寡为衡,不必期与各团划一,亦不合数团为一团。练丁皆择自农民,不以无业游

---

　*　据《湘报》第七十一号（光绪二十四年四月初八日出版）《抚辕批示》,原题作《前山东布政汤绅聘珍赍呈公议拟就团练章程由批》。

民充数。”

第六条：“团练重在清查，遇外来形迹可疑之人，登时驱逐。团内各家，各置小锣一面，遇有抢劫之事，则登屋鸣锣，附近各家，闻声往捕兜拿。如已经缚执，不得任意殴戕，立即解局，转送地方官惩治。又于各团设‘树艺社’，其荒山可种植者，向山主租佃垦种，招无业之人工作，严申盗窃砍伐之禁”各等语，均为保固地方、销患无形起见。

而所称“办理全在得人，否则恐滋流弊”，尤为计虑周密。诚照章切实举行，于地方大有裨益。应如所议，暂先从长、善两县开办。候即饬局刊发关防，并札饬各府厅州县查照，慎择明正绅耆，各就地方情形，妥商办理。发去树艺告示一千张，并即查照。此复。清摺存。

〖附一〗公议湖南团练章程*

一、此次办理团练，实因恭读上谕：“饬令各直省联络民团。”查湖南民团自军务肃清以来，久已有名无实，若非及时整顿，则团且无存，又何联络之有？ 凡我绅民，食毛践土二百余年，敢不仰体皇上轸念时艰、思患预防之至意，各抒忠愤，赶为举行？ 其办法当以清查匪类、操演技艺为主，不可存卤莽御敌之心。一切务求简易，不涉铺张。至洋人传教、通商、游历，皆载在条约，奉旨允行，务各父诫其子、兄诫其弟，毋得妄生猜忌，布散浮言。彼以礼来，我以礼待，免致滋生事故、贻累地方。虑深操微者，谅其喻之。

---

* 据《湘报》第六十一号（光绪二十四年闰三月二十六日出版）。按：此仍旧题，题下原有报馆附识：“此稿由龙芝生侍郎送来，嘱先刊登，以供众览。”又按：《湘报》第四十号曾刊载《湖南通省开办团练章程》三十七条（熊希龄撰），可参阅。

　　一、团练全在得人，否则恐滋流弊。拟暂先从长、善两县开办，其他郡县，得一人则举办一处，不拘以阖省同时举办，亦不拘以阖省必全举办。凡一县之团，各就向有之团，易团总为团正，并添一团副，分理其繁。其团正、团副，必公正孚乡望者充之。另设一司事，住局办公。凡团正、团副，皆不与词讼，不履公堂。旧者得人则仍之，否则易之。如团内一时无可选充者，则以邻团团正、副兼之，毋循毋滥。

　　一、团练当行之乡间，如省城地方，为文武官府驻扎之处，弹压甚严，毋庸办理，且所居之仕宦绅商，亦无丁可练，自应从乡间办起。其在乡市镇，则仍归入团练，以资守望。

　　一、团练所需经费，自应就地筹画，或按亩抽取，或另行劝募，总须俯顺舆情，毫不勒抑。其捐就之银钱、谷石，各归各团应用，不事抱注，免生意见。并各于团内另择殷实公正绅耆，轮年掌管，遇有需用，由团正、副开明款项，核定数目，具单支取，以杜滥用浮销之弊。入数按年一榜局门，出数按月一榜局门，以供众览。省局拟就曾文正祠设立，而经费尚无所出，但诸从撙节，能年筹千余金，亦可济用。

　　一、团练练丁并无定数，应各视团境之广狭、筹费之多少，权衡丁数，不必期与各团划一，亦不必合数团而为一。练丁皆择自农家，不得以无业游民充数。各团各由团内择一曾在军营充当营哨官者为教习，团内无人，择自邻团，或请拨自防营。所练以劈山炮、抬枪、洋枪为主，刀矛则兼习之，惟不习拳棒，以免私斗。开首各就各近地间空之所演习架式，练稳手脚，一俟稍有可观，再由团正、副按期次第阅看放响、打靶、合操等事。其应需枪炮，各团携资来省城制造局监同制造，凡劈山炮、抬枪、洋枪，均应造归一律，并均应改用铜帽火，以避风雨。其造就之枪炮，均各局贮团局，临操领用，操毕缴还。其平时演习，则以坚木仿式为之。其应需药、铅、铜帽等项，能按季领自官中，则尤昭严慎。练丁以一年为期，手脚已臻娴熟，则不令仍与操事，应再另行择丁续练。似此相积有年，则人人各娴技艺，进退寓兵于农矣。脱有召募，旦夕即可成军，而愿否应召募，则仍听之。

一、团练重在清匪，各团正、副应首先逐户据实查造户册，不以绅富、平民稍有异视。其无业、不安分之户，则编为另册，随事稽查，绝不容纵。遇外来形迹可疑之人，则登时驱逐，不准各户容留。烟馆除市镇准留二三家外，其铺路僻居，概不准其开设，并严禁赌博，则盗源自绝。团内各户，各置小锣一面，遇有抢劫之事，则登屋鸣锣，附近之家，闻声各持械往捕兜拿。如盗贼敢于拒捕，格杀自非得已；如已经缚执，则不得任意殴戕，应即解送城局，转送地方官衙门惩治。又于各团立一"树艺公社"，以百钱为一股，择其荒山之可种植者，商由山主划出，估作若干股分，或向其租佃，视树之枯老迟速，以定年限，再由本境股实酌集股本，以资垦办。凡游民、无业者，招徕入山工作，准以工资入为股分。所种桐、茶、杉、橘、桑、麻、薯、菜，惟土宜是视，不拘一种。山为公社，则人人可以管禁蓄长，尤易尽人之力，以尽地之利，有不待十年而成效大著，游民亦渐绝矣。凡团内私自蓄禁之山，亦应严申山禁，则种植愈广，有裨地方洵非浅鲜。

〖附二〗光绪二十四年九月廿三日上谕（节录）*

湖南巡抚陈宝箴奏："遵旨筹办团练，委在籍前山东布政使汤聘珍总理其事。"【中略】均报闻。

---

* 据《清实录·德宗景皇帝实录》，见《清实录》，卷四三〇，第 646～647 页。

〖附三〗俞廉三：遵旨拟将湖南
团练训练成军片*

（光绪二十六年八月初六日）

再，臣承准军机大臣字寄："光绪二十六年六月初二日奉上谕：'通政使司参议胡祖荫奏《湖南团练办有成效，请招集成军，以备调遣》一摺。胡祖荫著即兼程回籍办理乡团，务当督率绅民，激发忠义，认真训练，毋得有名无实。至筹备饷糈、军械，著与俞廉三熟商妥办，迅速成军，听候调遣等因。钦此。'"

臣查湖南团练先经前抚臣陈宝箴遵旨筹办，查有在籍前任山东布政使汤聘珍晓畅戎机、素孚人望，委令总理其事，刊发关防，于光绪二十四年四月十二日在省城设立团练总局，次第举行，奏明在案。

惟向来团练所重只在清查匪类、各保乡村。兹奉谕旨："训练成军，听候调遣"，自应将所团丁壮略照营规，预编队伍，仍仿古人"寓兵于农"成法，就耕耘刈获告竣之时按期训练，俾渐娴熟。兹胡祖荫业已到湘，拟请令其总理团练局务，仍以前经奏委之汤聘珍为会办，以资熟手。

再，查湖南粮储道但湘良，昔从胡祖荫之祖父前湖北抚臣胡林翼戎幕多年，于军务极为谙练，现办湖南营务处，诸臻妥协，一切团练事宜，拟请并令该道会同商办，庶官绅联络，更有裨益。谨附片具陈，伏乞圣鉴。谨奏。

硃批："著照所请。"

---

* 据《光绪朝硃批奏摺》，第47辑，第291～292页。

江华县拿获会党请分别惩办禀批[*]

江华县禀"访闻井塘等处有会匪潜匿滋事，拿获徐茂槐、张凌瀛两名，分别禀请正法、监禁"由，据禀已悉。该县井塘等处地方，会匪潜谋滋事，现经拿获匪首徐茂槐等，起出飘布，亟应迅速惩办，势难久稽。惟必须研审明确，毫无疑义，方足以彰国法而定人心。

据禀"徐茂槐听纠入会，复充会内粮台"等情，查阅该犯供词，并无"充当粮台"之语；张凌瀛供称"潘有亮为粮台"。禀、摺各不相符，殊欠切实。

仰永州府克日委员，并移拨防勇，将该犯徐茂槐提解到府，悉心研讯。如果确系匪党渠魁，即行就地正法，仍传首犯事地方，悬竿示众，以昭炯戒。张凌瀛一犯，准如所禀，暂行监禁。一面会同防、绿各营，严缉逸匪吴大栋等，务获禀办，并候咨请广西抚部院转饬恭城等县一体协拿。仍候督部堂批示。缴。供摺、飘布均存。

宁远县拿获会党就地惩办禀批^{**}

宁远县禀"拿获会匪黄嘉瑞、欧阳发茂，并起获飘布、马刀等物，讯供明确，先将该二犯就地惩办情形开具供摺，照摹飘布呈核"由，据禀及另单均悉。该县拿获会匪黄嘉瑞，前据衡永道禀报，当经批示，并札饬统带亲军副、前等营张提督庆云，派拨弁勇，会同各地方官查缉去后。兹据具禀前来，查阅摹呈飘布，语言悖谬，并起获马刀、旗脚等件，逆迹昭著。该令于讯明后，即将黄嘉瑞并续获匪首欧阳发茂二犯立即处决，以彰法纪而遏乱萌，办理尚合

* 据《湘报》第二十号（光绪二十四年三月初八日出版）《抚辕批示》。

** 据《湘报》第二十号（光绪二十四年三月初八日出版）《抚辕批示》。

机宜。

广西地方自上年灌阳土匪滋事之后，伏莽到处潜滋，日昨又据靖州禀报，有"马平县三都司眷属被匪戕害"之语。永、靖二府州所属，与粤省在在毗连，亟应严密稽查、认真搜捕，勿令匪党阑入勾结，贻害地方。仰即会同防、绿各营，严缉逸匪吴大栋等务获，一面提取刘新发讯取确供，议拟禀办。仍候督部堂批示。缴。供摺、飘摹均存。

郴州遵札查明李加启等劫杀情形禀批（稿）[*]

查阅来禀另单，语多荒谬。如厘卡改票，系属格外从宽，并非加严，且经禀明厘金总局，亦非私自舞弊，各盐贩如果疑有弊端，尽可具呈上控，岂容藉口焚卡杀人？且该牧既知各处厘局责成州县稽查，如果不以改票为然，即当禀请核示^①，乃事前默无一语，事后率据枭匪浮言，欲坐卡局员绅以"更章激变"之罪，而宽枭匪罪名。似此不顾大局纲纪及税饷重务^②，一味祖护私枭^③，诚不知是何意见^④？

至李加启一犯，原系匪党渠魁，倡率凶徒，围卡焚杀，防勇放枪抵御，分所当然，即使登时轰毙匪徒，固属照例格杀。况据该牧禀

---

　　* 据舒斋藏摄片。此为抚署幕僚遵拟稿，而经陈宝箴点窜者。原题作《郴州禀"遵札查明盐枭李加启等抢劫白石厘、杀毙防勇及杀伤司巡各实在情形，请核示饬遵"批》。篇首有陈宝箴眉批："速"；篇末有宝箴墨批"阅"字，另钤签发文稿专用章二枚：一为"真实不虚"，一为"毋敢慢"。

　　① 此句幕僚原作"亦可据实禀请核示"。

　　② 此句原作"似此不顾税饷重务"。

　　③ 此下陈宝箴原拟补入"合邱青魁前案视之"，继自删去。按：邱青魁一案，可参阅《饬查毁抢宜章白石厘卡案札（稿）》（见本集卷二十八《公牍六》）。

　　④ "诚"字，系陈宝箴增补者。

称："六月二十三日，据其伯母李段氏呈明，李加启已于六月初二日为首打卡之时，业经炮毙，呈请验办"等情，如果属实，当时何以不赴宜章县报恳诣验？迟至两旬之久，始赴该州具呈。其为虚捏，不问可知。测其隐衷，不过自知罪重①，伪称伤毙，冀免缉拿，并故意呈请验办，以为抵制之计。夫以防勇格杀盐枭，有何罪过？不知请办何人？该牧于此等无情之词，并不严予驳诘，反称"讯有牵供"，一若得此一供，遂可诿咎防营，尤属谬戾。

又据称："获案之李加喜、段仁古，音同而字不同，与谭普庚供指不符"云云②。然总应提普庚与之质讯，始能得实。乃该牧于已获未质之"李加启"，辄轻信为非；捏控炮毙之"李加启"，则欲指为是。此中情事，尤滋疑窦。总由案关重大，诚恐致干严议③，因而设心推诿④，不顾倒行逆施，至于此极。

若凶徒聚众之所，无论系在该州南关，抑由宜章折岭下前往，悉在该州辖境之内⑤，且南关若已聚众⑥，该处团保切结岂足凭信？种种支离，更无所用其辩争。仰按察司会同厘金总局严加申饬，一面按照指斥各节⑦，确切查明，责成接署州蔡牧，督县会营，严缉匪犯，务获审讯⑧，录供禀办。仍即录报督部堂暨候批示⑨。缴。

----

① 此句初作"不过自知负罪深重"，继由陈宝箴删定。
② 自此句至"尤滋疑窦"，均系陈宝箴增补者。
③ "诚恐"后原有"缉凶不获"四字，后由陈宝箴删去。
④ "设心"，原作"百端"。
⑤ 此句原作"胥属该州辖境"。
⑥ 此句及以下两句，均系陈宝箴增补者。
⑦ "按照指斥各节"、"确切查明"，均系陈宝箴增补者。
⑧ 此句及下句，原作"务获审办"。
⑨ 此句原作"仍候录报督部堂批示"。"暨候"二字，由幕僚自行增补；"即"字，则系陈宝箴改定。

厘票、清摺均存。七月廿二日。

长沙县讯明张泽云等请分别惩处禀批(稿)[*]

　　查此次广西郁林等处之乱,即系会匪、游勇勾结起事。前准广西抚部院黄电咨:"四县次第克复①,馀匪四散,恐逃入湘境,请饬严密查拿",业经飞饬毗粤各州县遵照在案。复经本部院访闻,省城内外,现有会匪杨紫卿等,勾结党与,开堂放飘,密饬卫队管带刘俊堂严切访拿。业于六月十七日,因假造钱票拿获该匪张泽云,搜出飘布一包,会匪名单一纸,及伪造钱票,并各钱店图章数十件②。

　　发县审讯,据供:"匪首杨紫卿系在营当勇时旧识③,已早往南洲厅去讫"等语,本部院即知此供狡妄④,饬令在城门守拿。该县及刘管带,俱为所咍〔绐〕⑤,派人往南洲缉拿,不获,果访知杨紫卿于张泽云到案后二日⑥,始行逃往宝庆,旋于该处拿获到案。

　　是张泽云一犯,其为杨紫卿死党,毫无疑义。若非通同放飘,岂有杨紫卿尚在省城,即将飘布多件及各匪名单寄放他处之理?似此匪据确凿之犯,该县前既信其狡供⑦,几令匪渠漏网;兹复听其避重就轻,仅拟监禁。当此严惩会匪之时,殊不足以昭炯戒而戢

---

　　* 据舒斋藏摄片。按:此为陈宝箴手稿,原题作《长沙县禀"讯明伪造钱票并受寄会匪飘布名单之张泽云,并单内有名之周子彬、黄寿松,拟分别永远、限年监禁请示"由批》。

　　① "四县",初作"四城"。

　　② 此句初作"及各钱店图章多件"。

　　③ 此句及下句,初作"匪首杨紫卿已前往南洲厅去讫"。

　　④ 此句及下句,初作"本部院即知此供不确,饬令在城搜拿"。

　　⑤ "咍",似为"绐"之误写。

　　⑥ "果",初作"始"。

　　⑦ "前",初作"始"。

乱萌。

仰长沙府即饬长沙县，将张泽云一犯，押赴市曹就地正法具报。其周子彬、黄寿松二犯，仍仰该府亲提复讯。并将刘俊堂前次拿交县审之匪犯朱胜宾、林树堂、周云生三名，及起获定海山、鼎湖山飘布、名单等件①，一并提府查讯②，务得确供，分别妥拟禀办③。切切。缴。供摺存。七月二十九日。

〖附一〗洪文治：为张泽云案拟罪量刑事呈复陈中丞*

大人钧座：

谨查假造钱票，向照诓骗问拟。律载："诓骗人财物者，计赃，准窃盗论。"又，名例律载："称准者但准其罪，罪止杖一百，流三千里，免刺。"凡称"罪止"者，虽至斩绞，亦止杖、流，不入于死。又律载："窃盗得财，以一主为重，并赃论罪。"注云："'以一主为重'，谓如盗得二家财物，从一家赃多者科罪；'并赃论'，谓如十人共盗得一家财物，计赃四十两，虽各分得四两，通算作一处其十人各得四十两之罪。造意者为首，该杖一百；馀人为从，各杖九十"各等语。

又查历年成案，道光九年陕西司一起，富金太伪造钱票，计赃二十五两零，依律准窃盗论："窃盗赃二十两，杖八十，免刺"。嘉庆十一年山西省一起，殷林等于八月之内纠伙诓骗至八次之多，实属生事扰害，照"棍徒扰害，拟军"例，量减一等，杖一百，徒三年。同治四年陕西司徐应珍等私造官号钱票，陕抚请比照咸丰四年奏

---

① "名单"二字，系增补者。
② "查讯"，初作"研讯"，继自改为"查核研讯"，最终定为"查讯"。
③ "分别"二字，系增补者。
* 据舒斋藏摄片。此为洪文治手稿。

定章程"私造钞票,诓骗行使,不计赃数多寡,为首私造之犯拟斩监候"问拟,刑部两次驳令按律另议。又同治七年陕西司一起,韩老二等私造官钱票一百张,每张注钱一千文,共用出十六张,将韩老二照"诓骗准窃盗论,计赃一两以上,杖七十"律上加一等,拟杖八十,免其刺字,酌加枷号一个月,因系官钱票,故加一等。从犯减一等问拟各在案。

此案张泽云等假造钱票,如果得赃在一百二十两以上,按律应拟杖一百,流三千里,或酌量情罪,加拟军遣,惟不能按窃盗本律拟绞监候。

肃复。恭请崇安。

晚生洪文治谨上。

〖附二〗《湘报》:为民除患[*]

省城张德〔泽〕云素行不法,踪迹诡秘,城乡良懦多暗受其害者,久经抚宪访拿,昨十七日复饬卫队刘管带俊堂会同西城保卫分局,于是夜初更时候拿获于小东街石牌坊巷内,并起出飘布数十张、钱店图章数十方、假票数十纸,并票板、零星图章,共七包。经刘管带解赴抚辕,当将该犯发交长沙县收审,不日当按律治罪,以快人心。

〖附三〗《湘报》:捕匪续闻^{**}

长邑著名匪徒周子彬(绰号"副龙头"),经抚宪访闻,于本月二十日二更时,饬卫队刘管带会同西城保卫局委员,在明月街烟馆

内拿获。又,二十一日五更时,在马家巷烟馆内拿获匪徒副印黄金元(即黄寿松,亦长沙人),比即发交长沙县收审矣。

〖附四〗《湘报》:缉捕首匪[*]

前月卫队会同西城保卫局拿获造假票人张泽云,并搜出飘布甚多,查系正龙头杨紫卿所为,比经抚宪饬令严拿。顷闻卫队刘管带俊堂拣派什勇踩到宝庆府城,竟将匪头杨紫卿(即杨令波)拿获到省云。

〖附五〗《湘报》:匪首正法^{**}

昨卫队在宝郡拿获匪首杨紫卿到省,业登前报。兹悉该匪到案后,迭次供认不讳,即于十四日正法,仰见上宪严惩匪类雷厉风行。暴客一除,良民自安矣。

〖附六〗《湘报》:匪徒伏诛^{***}

前月卫队刘管带会同西城保卫局在小东街拿获匪徒张泽云,并起出飘布及假票、图记,已登前报。兹悉该匪叠经长沙县尊研讯,供认不讳,昨于三十日复经长沙府尊提讯确实,禀请上宪,即行正法。然查该匪系杨紫卿会中之副龙头,今并就戮,仰见宪令严明,除恶务尽,良民当同深感戴矣。

---

* 据《湘报》第一百四十一号(光绪二十四年七月十四日出版),此仍旧题。

** 据《湘报》第一百四十四号(光绪二十四年七月十七日出版),此仍旧题。

*** 据《湘报》第一百五十八号(光绪二十四年八月初四日出版),此仍旧题。

委员苏令、衡阳县朱令讯明桂和尚案禀批（稿）[*]

据禀已悉。桂和尚（即僧悟月）既经该令等讯无为匪情事，毋庸监禁。惟该僧学习拳棒，时常与人斗殴，其赋性强梁，不守清规，已可概见。应即勒令还俗，解交原籍邵阳县①，查传户族，取具的保，领回管束，毋任出外生事，仰按察司转饬遵照。

再，该县伏莽甚多，匪盗不时窃发，此等游僧，本部院既有风闻，不能不饬拿究。该印委各员，查讯明确，尽可据实禀请核示，乃称"未便枉坐以罪"，又云"从重酌予监禁二年"，一若本部院必欲加以重罪者，殊属不明事理，并即由司申饬。此缴。二月初四日。

团总樊治道等禀恳严惩滋闹钱店痞徒批^{**}

痞徒结党，扰累钱店，恶俗殊堪痛憾。仰长沙府即饬善化县，将现获痞徒唐子章等澈讯严究，并饬会同长沙县出示严禁，随时切实访拿惩办，以戢浇风而安市肆。仍谕各该钱店亦宜公平贸易，勿令痞徒以"欺懦怕恶"藉为口实，致长刁风。切切。禀发，仍缴。

湘潭县申报钟俊才在保病故禀批^{***}

徒罪以上人犯，始行收监，律有明文。钟俊才〈在〉奸所登时

＊　据舒斋藏摄片。按：此乃湘抚幕僚遵缮清稿，而为陈宝箴核定饬发者。原题作《委员苏令、衡阳县朱令会禀"奉札访拿之桂和尚，讯无为匪情事"批》。篇末签发日期之"初四"两字，系陈宝箴手笔，另于"缴"字上压钤有"真实不虚"印章。

①　"解"前，原有"递"字，继圈去。似即由陈宝箴审阅删却。

＊＊　据《湘报》第二十六号（光绪二十四年三月十五日出版）《抚辕批示》，原题作《团总樊治道等禀恳严惩滋闹和隆钱店痞徒唐子章等批》。

＊＊＊　据《湘报》第七十三号所载《臬宪通饬各州县札》（详《临湘县申报监犯欧召善保外医病禀批》附文）摘录。

杀死奸夫①,律得勿论。无罪之人,本不应收监;杖罪以下,例归外结,并不咨达,亦无部复可奉。此案前据桂前司议详,当经本部院批结,该县不将其省释,致监禁一年有余,今已病故,尚称"未奉部复",大属不合。应饬各属清查,如有似此误监人犯,立即省释,毋使瘐毙。

痛责各州县历年谳狱积弊深重(大意)[*]

〈湘省历年谳狱,积弊深重。六七十州县,监禁羁管,至数千人之多,烦冤抑郁。痛责之曰:〉人怨神怒,上干天和。

临湘县申报监犯欧召善保外医病禀批^{**}

据申已悉。查应免罪囚,法司核复,文到之日,即行释放。又应追埋葬银两,勒限一个月追完;如十分贫难,量追一半;若限满勘实力不能完,取结请豁;定例各有专条。

此案监犯欧召善,因戳伤王昌合身死,拟绞监候,恭逢光绪二十年八月十六日恩诏援免,于二十二年四月十八日奉准部复,行司转饬遵照在案。该县于奉文后,即应释放,何得因"埋葬银两未清",将其羁禁两年?自因不谙定例,以致错误。

该县一处如此,其余各属亦恐不免。仰按察司饬承,将各厅州县申赍监犯月报清册,逐一查核,如有应释未释人犯,即由司札饬,提禁交保,以清图圄而免淹滞,并饬该县知照。此缴。

---

① "在",据《知新报》所录该批补入。
* 据《湘报》第七十三号所载《臬宪通饬各州县札》摘录。
** 据《湘报》第七十三号所载《臬宪通饬各州县札》(详附文)摘录。

〔附〕黄遵宪:通饬各州县清革谳狱积弊札 *

钦命二品衔署理湖南按察使司盐法长宝道随带加一级黄,为通饬事:

案奉抚部院陈批临湘县申报监犯欧召善患病保外医调一案,奉批:"据申已悉。【中略】"等因,奉此。查上年九月内,据湘潭县详报钟俊才在保病故一案,曾奉抚宪批示:"徒罪以上人犯,【中略】"等因,当经本署司录批通饬在案。以为各州县奉文之后,自必触目警心①,将监管人犯逐一清查,分别省释,不至再有滥禁之人。

兹奉前因,并据该县申报到司,检阅卷牍,殊为诧异。夫以逢恩赦免之囚,而因"埋葬银两未清",羁禁两年之久,该令既不勒限追完,又不查实请豁、提禁省释,殊不可解。足见各州县平日于羁管人犯全不留心,即各上司谆谆诰诫,亦复视为具文,慢上残下,殊可浩叹。

本署司自莅湘省,权陈臬事,亲见拟罪招解之犯囊头械足,鸠形鹄面,匍匐案下,无复人色。询及管禁几时、身受诸苦,无不涔涔泪下,甚则伏地痛哭,不能仰视。所有监禁羁管一切情状,大都圜扉矮墙,蹐天蹐地,食饮不饱,坐卧无所。而污秽所积,蒸为灾疹,死亡枕藉,血肉狼戾,传染毒气,无不生疾。医方疹病,官已验尸,汤药未进,席裹继出。即在寻常,亦已十囚五死,若遇天灾,更不堪问。

---

* 据《湘报》第七十三号(光绪二十四年四月十一日出版),原题作《臬宪通饬各州县札》。按:《知新报》第六十六册(光绪二十四年八月十一日出版)曾节录此札,题作《署湖南臬司黄遵宪谕饬州县整顿刑狱札》。

① "触目警心",《知新报》作"触目惊心"。

以此种监狱,而禁卒、看役反据为利薮。一人受押,凡随身之物,一钱尺布,搜刮净尽。食宿之地,溲便之所,一举一动,无不多方抑勒。甚至置之涸秽,戴以溺器,擅用非刑,恣其凌虐。缚于短凳,中贯长扛,使不得转动,谓之"施榨方";系其肢体,半悬于空,使不得反复,谓之"吊半边猪";缚手足大指以悬空者,谓之"扳罾";反缚而悬者,谓之"倒扳罾";并有"烟熏火炙"、"踩刺筒"、"鹰衔鸡"、"打地雷"、"猴儿偷桃"等类名色。种种酷虐,甚于地狱。稍有人心,尚为之口不忍述、耳不忍闻,何况若辈身受其苦?

古人有言:"画地为狱议不入,刻木为吏期不对。"盖狱吏之尊、罪囚之苦,古今同慨,而湘中讼狱之繁、人犯之多,其弊为尤甚。有滥控之犯,如藉故陷害,一纸牵诬,多至数十人者;有久羁之犯,如案情疑难,犯供游移,一押至十数年者;有牵连之犯,如命盗重案中之指作干证曾经在场者;户婚、田土、钱债各案中之曾作中人、媒妁及说事过钱者;有轻罪之犯,窃盗斗殴案中之形迹可疑,贫穷不堪,无人领归,无人取保者。又有前任未及办结释放,后任不加觉察者;有初审留作证佐,原拟再审,久而置之不理者;有始因人犯未齐,暂羁候审,久而忘其所以者。更有门丁、书役内外串通,或藉案弋致,挟嫌安拿,私押差厅,肆其讹索;或案已审结,官许发放,族保未集,依旧淹留者。

国家设狱,原所以禁暴止奸。果系大盗要凶,恶贯满盈,孽由自作,犹可言也。其市井鼠窃之徒,室家雀角之讼,或由于饥寒交迫,或出于伶仃无告,亦不问所犯轻重,动辄长羁永禁,虽在缧绁,非其罪也。蹊田夺牛,罚已重矣,若夫失火之殃、余波之及,本为事外无辜之人,亦受牵连下狱之累,至使株连之罪,锢之终身,瓜蔓之抄,逮及十族。又如证人一项,实有益于问官,为民上者,需之甚殷,本应优待,而亦夺其生理,豺虎是投,视作累囚,牛骥同皂,尤为无礼无义、不仁不智之甚者矣。牧令一官，为民父母，谁非人子，各有天良，而日坐堂皇，奄奄尸位，竟使无罪之民骈手絷足，横加禁锢，抚膺自问，能无悚怵？

本署司莅任以来，留心察吏，僚属中虽有一二操守难信之辈，而剥削民膏、淫刑以逞，如已革之余良栋、吕汝钧者，似尚无其人。而六七十州县，监禁羁管，至数千人之多，烦冤抑郁，抚宪至谓"人怨神怒，上干天和"，其故何哉？人皆有不忍人之心，岂一行作吏，遂视民如仇雠、草芥，竟性与人殊耶？

反复以思，或亦有不得已之故焉？一事报官，获犯到案，有上司之督责，有彼造之指控，而供词各执，人证未齐，定谳则未能，释放则不敢，惟有姑且监禁之一法。此其故由于不明，不明则不能决断，而监系者不知几案，不知几年矣。亦有不及知之事焉？一人之身，百事丛脞，有家丁之朦蔽，有胥吏之舞文，而积牍丛压、深居简出，左右之人辄伺其间隙以售奸，于是有私押、私拷之弊。此其故由于不勤，不勤则不能清查，而监羁者又不知几处，不知几人矣。由前之说，其责不专属之各府厅州县；由后之说，其责不能不属之各府厅州县。

今本署司敬与管狱、有狱之官约凡十五条：

一、凡律得勿论及例应减等者，现奉抚宪批示，除令局员督责司承稽核月报，调卷开单，另行札查外，并望各牧令先自极力清查，与各幕友调核案卷，禀明核办。

二、命盗重案中，有滥控多人，日久未结，查明实非其罪者，将姓名、事由开具简明清单，禀请核办。如经本署司核准批释，将来或事主原告再行上控，或抚宪、刑部有所驳诘，本署司实任其咎，不与各牧令相干。

三、窃盗、斗殴、一切轻罪之犯，如监羁有年者，应饬令该团内绅士具保释放。如无人担保，亦可传集该姓户族，发交领回，责成约束。

四、各命盗重案中之被告，审明如系无干，立即省释。或本属在场，或稍有干系，并非凶盗，罪在笞杖以下者，分别交保，俟缉获正凶，再传案备质。

五、户婚、田土、钱债各案内之中证、媒妁及说事过钱人，如有不合，当堂照例笞杖发落，或其事不能遽结，均令在保候讯，不准收押。

六、州县保户，率皆差役、书歇充当，无保即须收押，故保户得从中勒索规费。嗣后保户应听本人自择，铺户均可具保，不准书差从中捏禀，把持拦阻。保户出具保结，为书差蔽搁，不能通入，准于升堂时呈递，或拦舆禀呈。

七、欲防丁役私押、私拷之弊，非随时自到监羁各所亲查，无由杜绝。清查之法，每月数次，得闲即往，并无一定时刻，庶使人猝不及防。另用粉牌将监禁各犯姓名、收放月日，书于其上，悬褂〔挂〕头门①，俾众共览。榜中无名，官已省释，仍遭私押，许被害之人及其亲属随时拦舆喊控，绅士、商户随时函告，查明立将丁役重办。

八、将监管人犯案由，自设一簿，或自开一单，置之座右，隔数日必一清理，逐日收封册籍，必须亲自标判，不可诿诸亲属、幕友。庶所收人犯名数、姓氏，常在目中，某案已结、未结，某犯应释、应审，时时警省，以免日久遗忘。

九、监狱本典史专管，州县宜随时督率稽查，丁役如有拷索、克扣、凌虐，均惟典史是问。其州县管禁家丁及各羁所积弊，均责成典史稽查，禀印官察究，毋得徇隐。丁役有弊，典史如能自行举发，

---

① "挂"，据《知新报》校改。

免其议处。经理得法，并准由印官照例请奖。

十、既经此次查办以后，前任移文交监羁人犯清册，接任者亲自点查有无多少，将此项清册开具简明案由，出具人数切结，随到任文书申报，〈以〉凭考核①。

十一、此次文到后，立限一个月清理，将以前监羁人犯实有若干名并释放人数，开单禀复。

十二、各州县月报册中，羁管人犯，多非实数，此次查办释放之人，有月报册中未及开载者，本署司并不责备。其实在不能遽释者，亦准声明案由，补造入册，期昭核实。

十三、此次查办后，月报册中仍有与实在监羁人数不符，以及应释不释任意羁押，或经上控发觉，或遣委员查明，定即详明两院，从严撤参。

十四、管监、家丁、禁卒、看役，应由官捐廉，优给工食。如有索取规费、酷拷诈索、凌虐罪囚，曾经典史禀知，或民人控告，本管官不据实举发者，即照二十二年抚宪通饬办理。

十五、凡轻罪已决人犯，素鲜执业，又无户族的保，碍难遽释者，应由各府〈厅〉州县设立公所②，教以工艺，期有恒业，化莠为良。现奉抚宪檄司，仿照《湖北迁善所章程》，详议饬遵，已于省城附保卫局设立迁善所，约可容四百人，会同绅士办理，拟另札通饬各属一体照办。府厅州县如能各就地方情形，先筹办法，禀候察核，尤所企盼。

本署司权理臬篆既半年矣，公牍往返，从不强人以难行之事，亦不责人以无补之言。此次查办人犯，凡我同僚，揆度地宜，体察

---

① "以"，据《知新报》补入。

② "厅"，据《知新报》补入。

民情，斟酌事势，如有不能行之故与夫不得已之情，望即从实禀明，和盘托出，凡有可以通情分谤之处，本署司必独任其责，断不推诿。至于谳狱之不明，奉职之不勤，此在该牧令等自尽其心，非本署司所能代任。若仍蹈故辙，掩饰弥缝，作无益以害有益，是甘为不肖之尤，本署司惟有执法以从其后耳。总之，本署司开诚布公，所厚望于同僚者，只此"实事求是"四字而已。

合行札饬，札到该〈州县〉即便遵照①，毋再玩忽因循，狃于积习，致干严谴。切切。特札。

臬司李经羲请严禁白役诈索扰害详批*

蠹役藉差索扰，大为闾阎之害，最堪痛恨。来详指陈积弊，剀切详明，所拟办法，亦俱周妥，仰即分条刊刻，通饬各厅州县一体遵照办理。其有阳奉阴违及任意纵容者，查出立即严参，决不稍为宽贷。仍由司立案，遇有交卸，即专案移交，随时访察，以免日久废弛。并候督部堂批示。缴。

〖附一〗李经羲：请严禁白役诈索扰害详稿**

为详请通饬禁革事：

照得州县为亲民之官，凡民间户婚、田土、命盗，无论大小事件，皆须赴诉；国家抚字、催科各大政，亦皆责之于州县。故朝廷命官分职，惟州县为最重；而设立粮、捕、壮、皂各役额数，亦惟州县为最多，诚以催收钱粮、缉捕凶盗、传唤被证、递解饷犯，事繁责重，在

---

① "州县"，据《知新报》补入。

* 据《湘报》第一百六十八号（光绪二十四年八月十六日出版）《本省公牍》。按：原刊顺序为前"详"后"批"，今已调整。

** 据《湘报》第一百六十八号，原题为《李仲仙方伯详稿》。

在需人。乃行之既久,弊窦丛生。内班之下,复有外班;正役之后,尤多白役。签票一行,爪牙四出,任其攫噬,莫可如何。

本司访闻湘中繁缺州县,差役动辄二三千名;即至简州县,亦不下八九百名。正额之外,余额数倍之;余额之外,白役更数十倍之。名目繁多,有增无减。匪独卯册未载姓名,本官未见面貌,即各班总役,亦并不能尽识其人。无非辗转援引,群相招揽,藏垢纳污,无所不有。甚至游棍、罪犯、窃盗、会匪,亦皆改换名籍,溷杂其中,始则藉为逋逃之薮,继则肆其盘踞之能,蕴毒腹心,最为隐患。

且其营求至易,来去自由。但得交识一散役,稍以财物为饵,便可引认师徒,央求带领,挂名当差。之后,为之刺探外事,设计生财,摆弄吓诈,矜能献巧。头役非党羽为助,无以张鹰犬之势,又深喜若辈指纵利便,可以坐致供纳,遂觉狼狈相依,情同父子。见官则甘言帮衬,犯事则挺身庇全,即受官府刑笞,亦不肯据实供指,诚恐相因致败,私约互为容隐。平日各分朋党,彼此忌嫉亦深,一遇当官究诘,无敢以片言攻讦者,否则不为同类所容,竞起而仇报之。以是群小争趋,甘为比匪,日积日众,流弊难名。

马快豢贼,坐地分赃,收取月规,到处皆是。私刑拷供,教攀诈赃,种种凶恶,尤堪发指。地方官因失察故,纵处分过重,率皆明知故昧,不敢举发;即被人控告,亦不得不曲为掩盖。若辈窥破机关,恃以无恐,凶胆日张,欲焰日炽,外则勾连讼棍,内则串通门丁,声势固结,咸以轶法为惯技,一若"堂上三尺之律,实赖我辈行之,岂有圈套极熟,而反不能自脱"者也。他如抽取赌费,包庇娼寮,恐吓诓诈,藉端扰累,又其余事,更难枚举。

长、善两县,差多而疲,窃案鲜有破获,带案每致拖延,而遇事生风,挑衅架讼,机械百出,能事悉见。湘潭差厅,公项极足,赌酒征歌,每月必有数次,平居淫纵如此,临事凶虐可知。最可异者,衡、清两县差役，私设有"三义堂"名目，置买田产，踪迹极为诡秘。遇有孤身过客，以及无知乡愚，担携银钱服物，往往凭空指为窃盗，恣意拷索。或设计诱入密室，暗进迷茶；或串通盗船水贼，为之递线窝赃。倾陷良懦，不可胜计。间有被害之人，赴官呈告饬追，率以无从查缉，一拖了事。西路各州县差役，入会通匪者尤多，密探官署消息，随时泄递风声，魁目倚为奥援，要案无从拿办。甚至一署之中，宅门以外，无不在会者，官亦相率颟顸，置而不究。此种情形，言之骇听。

　　州县衙门，政务殷繁，一举一动，不得不驱使差役。递犯、护饷、探差、值宿各事，皆属苦役，藉口赔累。地方出有劫案，上司指拿要犯，事机吃紧，平日未募线勇，仓猝无从措手，非望差役出力，不能依限捕获。故平时概从宽假，转藉讼词案件，作为调剂之需。每出一票，即非要案，亦有六名、八名之多，所差者大约总头两名，其余皆系散役。

　　所谓总头者，只在衙门伺听公事，引带控案，票虽坐差，多不亲去，率遣散差带领白役前往，一票八差，而白役之随行者，往往不止一倍。一至乡间，恣意骚扰，先索供应，次讲差费，稍不遂意，即毁室碎器，锁带妇孺，本人如或避匿，又从而牵及户邻，必令惊扰不安，饱填欲壑而后已。凡票上有名之家，勒索既遍，空票回销，迨奉催传，又复前往，所到之处，十室九空。

　　间有被扰不堪，激动地邻公忿，口角争闹，辄即毁票装伤，回县捏诉，谓其"倚众殴抗"，禀请加派差勇，同往协拿。官或不察，为其所愚，则率领徒党汹汹而往，擅作威福，其锋更不可当。柔懦乡愚，见官惟差言是听，往往忍气吞声，不敢与较。

　　即有强黠者赴官控告，衙门内外，丁役通同一气，或揹戳不盖，或搁禀不投，必使控诉无门，废然而返。无奥援者，动以威喝使散；

通声气者，暗中挽人劝和。迨至喝不能散，和不能解，呈控到官者，不过十之一二。奉谕查究，则差头必为多方掩饰，设计解免。官稍明白而严厉者，提案责惩，始则环跪邀恩，继则危言要挟。甚至纷纷具禀告假，名曰"散班"；相率不领签票，号为"顿板子"。必使官为所制，不敢穷追而始已。

但属差役，无不奸诈。物以类聚，针芥易投。凡地方不安本分，游手狡猾痞徒，觅食无所，皆图挂名差役。未为差役，犹虑被控拘拿；既充白役，有名可借，便可凭空生事，任意作恶，求其安静，必不可得。若遇拿办要匪，则又畏缩不前，百十成群，亦无所用。故论者谓："州县添一挂名之白役，即地方多一害人之蛇蝎。"若不设法禁革，从重惩办，贻害闾阎，殊非浅鲜。惟是相沿已久，积弊甚深，非严定规条，实力整顿，断不能挽回锢习，祛除巨害。

本司拟与各州县申明定约，各量其辖境之宽窄、缺分之繁简、词讼之多寡、民情之强弱，将署内原有总、散、白役传齐考验，严加挑选，酌留若干名，通禀上司各衙门，明定数目，立为限制，此外不准添一挂名白役。其剔去者，立即将姓名、籍贯开注明白，刊印告示，遍贴通衢，使城乡一律知晓。如有业经除名，仍敢冒充差役，在外滋事，准民人扭送严办。

其剔存者，另立清册。点名时，各给与盖印腰牌一面，时刻悬挂在身，如在外生事，不及将本人扭送者，准将腰牌扣留呈验，官即按牌追究。签差传案，须出腰牌为验，如腰牌与票内姓名不符，即为顶替，准将腰牌扣留，指名呈控。并将剔存各役开明保荐、年貌、身材、姓名、籍贯，书列木榜，终年悬挂头门外间，一览了然。不独冒名顶充、影射撞骗诸弊，可以不杜自绝，即列榜有名差役，设或在外生事，人人皆可照榜指认，呈控到官。

其有因事革役者，随时于榜内开除补载，务极明晰，勿嫌烦琐。

该榜或一月一更，或一季一换。凡最为狡恶衙役，犯案如鳞，往往官革而私不革，易官仍复朦充，莫妙于用照相留影之法，将其面像照出，存署备查，永杜朦充。仍复标明劣迹，拓印数张，悬挂于头门、城隍庙及县属著名市镇，使众目共睹，皆识其人。近省繁盛州县，街市有照相法者，皆可酌量行之。或于该犯面刺"蠹役"二字，使其涅入肌理，不能磨灭，庶可稍知儆惧，不敢肆为朦混。

　　签差照例一票一差，不啻虚应故事，能言而不能行，然动辄八名、十名，亦觉徒滋扰累。嗣后酌定词讼案件，每票不得逾四名；命盗重案，签差至多亦不得过六名、八名。如恐签差过少，犯户纠众抗拒，官可亲自下乡，传集户族，勒交人犯。此等悍徒，必不多见，如其有之，多差转致酿事，愚顽未必知惧，狡黠反可藉口，不如官自督率，操纵在手，差、犯均不敢妄逞。再，凡派差赴乡传案，预先从严约束，不准乘轿带担、行李累累，违者重惩革退。此习能除，扰累自减。

　　每见州县传案，初次差票，皆用硃笔标出差名，迨至催传，希图省事，率标以"原役"二字，于是无论何人，皆可顶充。本案原派若干名，乡愚无从知悉，而应传人证，则以"后开并前票"一语括之。此种差票，直与空白无异，到处皆可讹诈，弊窦无穷，为州县者，不可不慎，尤不可不随时留心体察、限定。以后差票，务将差名并所传人数，一一于票内亲注明晰，仍预先将此层办法出示晓谕。如差役赴乡传案人数与票不符，原、被即不必接待，倘敢倚强滋事，准其投团捆送，立予究治。

　　惟民间指告差役，最为委曲烦难，非准其击鼓、拦舆，并许士绅代为函递，无由得达。必先于示禁之内剀切叙明，庶几恶蠹敛迹，不敢恣意横行。然防之虽密，惩之不严，仍属无济于事。人至充当差役，永无进身之阶，各班总头犹有身家，或尚顾惜颜面；至于白役,率皆无赖,廉耻早丧,若仅予笞责示辱,办与不办无异。嗣后白役诈赃之案,轻必予以监禁,重则照例遣戍,若诬陷良民,凶恶昭著,屡犯不悛者,竟可立毙杖下,无所用其姑息。

各班差役,如敢纠众要挟,如前所言"散班"、"顿板子"之类,尽可据实禀请,移拨营兵,前往弹压拘拿。准将倡首恶差拿获讯明,禀请就地正法,惩一儆百,虽严无害。其余从场各役,亦分别情节轻重,监禁枷杖,发交户族领回管束,永远不准复充。一面另行招募,悉数更换。如此办理,各州县有恃无恐,方敢放胆严惩,而白役流毒,庶几稍息。

州县一官,关系极重。常见有为州县者,矢志洁廉,宅心忠厚,勤勤恳恳,不敢虐害小民,而没世之后,子孙日就式微,不能昌炽,人皆莫解其故,反为惋惜。殊不知明不足防微杜渐,才不足禁暴戢奸,一味宽柔,以致差役、家丁窃权舞弊,倾人之家,荡人之产,暗损阴德,罪有攸归,上天报施,未尝或爽。

各该州县有父母斯民之责,岂可任令白役成群结党,鱼肉黔黎?纵小民愚懦可欺,上司纠察莫及,而扪心清夜,寝馈何以自安?回顾后人果报,亦甚可畏。惟有上下一心,实力禁革,随时稽查,严行惩治。如州县奉饬之后,仍复视如未见,一切虚应故事,并不认真照行,一经委员查实,或被控发有据,应请从严奏参革职,决不稍从宽贷,以示令在必行。风声所树,群知警惕,果能切实遵办,民困得以稍苏,地方即受福无量。

本司承乏刑名,本有专责,初以探讨未竟,未敢遽事更张,今则久而益稔,每与绅耆论及,悉皆指为深恶,正拟督饬举办,适值交卸有期,图谋不先,董成无及,重负委任,愧疚实深。惟伏念在事一日,当勉尽一日之心,既洞知积弊所在,断不敢稍安缄默,用特将拟办缘由,缕晰具详,仰乞宪台严切批示,通饬各州县一体遵照,切实举办,庶乎令行禁止,不至视为具文,弊窦得以一清,吏治必有起色矣。是否有当,伏候训示祗遵。为此照详。呈两院。

〖附二〗李经羲:通饬各厅州县
严禁白役诈索扰害札[*]

为通饬事:

照得本司访闻湘中各州县白役甚多,藉差索扰,地方居民深受其害。现经指陈积弊,并拟清查禁革、稽察防杜各办法,详奉抚宪批行,通饬一体遵照办理。兹将原详刊刻刷印,装订成本,除由司立案,嗣后各牧令奉委赴任,随时由司署颁发刊本、详批,饬令切实遵办,并不时委员驰赴各属查报察核,分别劝惩外,合行札发通饬。

札到该□□即□遵照①,限奉文一月内,将原有总、散各役传齐点验,严加挑选,各量缺分繁简,酌留若干名,造具年貌清册,并一切遵办情形,详晰通禀各衙门,听候查核。一面遵照详内所指各节,留心稽察,实力整顿。本司虽交卸有期,仍当遵奉院批,专案移交,随时访察。该□奉饬之后,倘敢视为具文,一切虚应故事,并不认真照行,一经委员查实,或被控发有据,定请从严奏参革职,决不稍从宽贷。切切。特札。

〖附三〗李经羲:再陈差役积弊
请切实严办详稿^{**}

为详明事:

---

　*　据《湘报》第一百七十五号(光绪二十四年八月二十八日出版)《本省公牍》,原缀于《李仲仙方伯详稿》之后,题作《附录通饬各厅州县札》。

　①　此处原有空格,现易为"□"。下同。

　**　据《湘报》第一百七十五号《本省公牍》,原题为《李仲仙方伯详稿》。

案查本司《详请严禁白役诈索扰害》一案,奉宪台、抚宪批:"【中略】"等因①,奉此。本司遵即查照详批,刊刻印发,严饬通省各厅州县一体切实遵办,并限于奉文一月内,先将如何分别遵办之处,通禀上司各衙门核夺批示,定章立案,以杜推延而垂久远。

窃维差役积弊甚深,贻害最重,凶恶情状,人所共知,而各州县怵于功令之严、考成之重,转皆甘为隐忍,鲜见有举发惩办者。固由性懦识暗、因循姑息积习囿之使然,然其中亦岂无明敏果决、关心民瘼之员?乃亦明知故昧,相率牵就,隐衷难白,必有因由。本司再四寻思而未有得,近日接见僚属,复虚衷详加考究,始知蠹役挟制,本官巧滑阴险,有令人莫可思拟者,谨再为我宪台陈之:

州县衙门一举一动,不得不假手差役。如解饷、递犯,一有疏失,处分綦重,平时约束稍严,即不免舞弊纵放,有意倾陷。解役罪名,不过徒遣,且往往中途逃回,安然无事,而地方官签差考成,即系于若辈之手,此虽挟制一端,而已有防不胜防之虑。

最可诧者,串盗陷官,计尤险恶。闻前湖南候补知县沈锡周任湘潭时,察知该县快役弊窦多端,把持最甚,到任严加整顿,不稍宽假。各役私怀怨恨,无可报复,遂暗中勾串匪徒,于初更时窜伏城内,即在县署之前连劫钱店两家。迨沈令闻风出署查拿,各匪徒登舟远遁,差役相率观望,并不上紧捕缉,任听比追,杳无影响。沈令虽察知隐情,终无从廉得实据,例限已迫,破案无期,若非前宪下洞悉原委,曲予矜全,奏请调任,沈令即难免严谴,湘省官场引为鉴戒。

至于平日驭之略严,遇事掣肘,呼应不灵,更属常态。本官始犹绳治之,久则惮烦虑患,不免气馁意夺。并有于本官在任之日,

---

①　此处所略,与前录《臬司李经羲请严禁白役诈索扰害详批》同。

威令所慑，莫敢抗违，而心怀怨毒，无隙可逞；一遇交卸，即指为报复机会。竟敢通同地方劣绅刁监，纠集无赖党羽，或乘其将卸之际，藉事捏情，窃名上控；或探明起程之时，横阻舟舆，百端肆辱；甚有蜂屯蚁聚，跟踪至数十里外，仍将官舫拦回者。接任之官，夙好无嫌，无不出为弹压，立予解散；如遇素有衅隙，或交代隐存意见，阳为按理，阴置不问，若辈因之益肆凶横，更无忌惮。

　　是除蛇蝎之恶类，反受狐鼠之侮辱，束手无策，行路揶揄。迨回省后，据实禀陈，而省中早有谣传，寅僚播为谈柄，是非疑似之间，上台猝难剖察，或疑其平日官声不好，临行人与为仇，事难征信，愤不及伸。即使终得自明，而触念寒心，逢人述戒，平日本隐挟有畏难之见，此时更各存反噬之虞，宜乎讳莫如深，相率务为敷衍。

　　此等情形，虽未必到处皆然，而实为事所必有。今欲革除蠹役，若不先揭发隐私，明白开谕，诚恐禁令虽严，顾虑莫释，但求虚张巧饰之方，终无实践力行之效。强毅者或始勉而中懈，懦葸者更惶迫而迟疑，善政难行，虚文奚补？

　　惟有仰乞宪台剀切批示：各州县果能破除积习，实力整顿，以致结怨蠹役，种种掣肘倾陷，为情势所不及防者，除将舞弊差役查拿，尽法严惩外，许其据实禀明，无稍隐讳。当主持者悉为主持，能保全者必为保全，但使心迹可原，决不苛绳刻责。

　　去任之时，差役如敢纠率党羽，与官为难，责成后任弹压拿办。倘因挟嫌受惑，坐视不理，重损官威，败坏风气，准前任指实禀揭，立予撤参。如差役敢于官去时嗾耸讼棍讦控滋闹，查明本官在任尚无劣声，曾经严惩衙蠹，其中实有主使，除于各衙门立案不行，仍饬澈底严究，照例坐诬。并将主使恶蠹拿问究治，轻则永远监禁，重则立毙杖下，务使凶狡无可施技，有司不存戒心。断不令州县因严办差役之故，致日后为所牵陷，受其侮害，无以自全。

似此曲予体谅，先事筹维，已属无微不至。若该地方官仍怀畏难取巧之见，不肯切实遵办，直是居心徇玩，任意疲延，全无吏才，何堪民牧？严谴之加，咎由自取，虽有百喙，亦无可以藉口矣。是否有当，理合具文详请宪台察核批示，一并通饬，实为公便。

　　除详督部堂、抚部院外，为此备由，呈乞照详施行。

卷三十二　公牍十

长沙县职员常叔年等呈批[*]

仰长沙府督率局员审明详办,毋任延讼。切切。词发,仍缴。

长沙县监生周玉堂等呈批^{**}

据称该族龟山祖茔,乾隆年间,湘阴龙祖贤来山,冒认古冢为祖坟,与尔祖口角,经地邻劝解,书字以杜后衅。龙人冒冢自此始,迄今百余年,只准挂祭无异。所书何字,未据抄呈。如果龙姓凭空冒认祖坟,尔等先人岂甘任其祭扫? 既已听其挂祭,则有故可知,即此可见所呈不实。不准。抄粘存。

〖附〗黄遵宪:长沙县周玉堂呈批^{***}

长沙县周玉堂呈,查阅县判钞粘不明,候长沙县录齐全案,查明候批。

---

* 据《湘报》第一号(光绪二十四年二月十五日出版)《抚辕呈词批示》,原题作《长沙县职员常叔年等批》。

** 据《湘报》第三十三号(光绪二十四年三月二十三日出版)《抚辕批示》,此仍旧题。

*** 据《湘报》第一号(光绪二十四年二月十五日出版)《臬辕呈词批示》。

长沙县生员袁云岩等呈批 *

据称此案业已由司批府提审。查阅抄粘,未将司中词批录呈,是否属实,仰按察司查核饬讯具复。词粘并发,仍缴。

长沙县客职杨明照呈批 **

上年屡据呈控,均经明晰批斥。仰布、按二司转饬长沙县遵照前批,详革究追,毋任狡延。切切。词粘并发,仍缴。

长沙县监生周有文等呈批 ***

前词业经明示,兹复续呈前来,仰长沙府即饬长沙县将讯断缘由禀复核夺。词粘并发,仍缴。

长沙县职员李光熙等呈批 ****

据称案已息销,是否属实,仰长沙府转饬长沙县查明详复。词粘并发,仍缴。

---

* 据《湘报》第五十一号(光绪二十四年闰三月十四日出版)《抚辕批示》,此仍旧题。

** 据《湘报》第五十一号(光绪二十四年闰三月十四日出版)《抚辕批示》,此仍旧题。

*** 据《湘报》第七十九号(光绪二十四年四月十八日出版)《抚宪批示》,此仍旧题。

**** 据《湘报》第一百五十一号(光绪二十四年七月二十五日出版)《抚宪批示》,此仍旧题。

长沙县职员李映吾呈批[*]

前据职员李光熙等遣抱周升，以"李映吾等上控李怡卿一案，业经理处寝事"等情来辕具呈，当经批饬查明详夺。兹具呈称："李光熙等呈词，系属窃名投递。"如果属实，殊为狡诈。仰长沙府转饬长沙县遵照前令批示，澈底讯明，并究出窃名具呈之人，一并严惩。词粘并发，仍缴。

善化县监生左恒源呈批（一）^{**}

龙佑香被控两年，匿不投审，其为情虚畏究，已可概见。仰长沙府饬宁乡县勒限比差，务将龙佑香等拘获，移解善化县讯究，毋任匿延，致干未便。切切。词粘并发，仍缴。

善化县监生左恒源呈批（二）^{***}

船户龙佑香等屡经批饬拘解，迄今两年有余，尚未解到，显系差役受贿包庇。仰长沙府速饬宁乡县严比原差，立将龙佑香等拘获，移解善化县讯究，毋得任延，致干未便。切切。单并发，仍缴。

善化县命妇黄彭氏呈批 *

黄福恒（即伯华）屡向黄宗炎讹索，甚至纠伙窃抢，已准两江督部堂先后咨明立案，毋容饰词代辩。所呈不准。

善化县监生盛桂圃等呈批 **

前据善化县禀"请将盛鹿笙被殴身死案内被告王升和（即王六）、王石泉（即王九）暂行交保"，当经批司查核饬遵在案。兹据具控前来。查盛鹿笙受伤殒命，经该前县将王六等带案研审，并无输服供词，亦无确切证据，自非将肇衅之王裕泰拿获根究，不能水落石出。现在王裕泰远飏无踪，王六、王九在押已越七年，该县将其暂行交保，俟拿获王裕泰提同质审，自系正办。现控呈词系称王裕泰督王六、王九凶殴，而于何人用何凶器，致伤何处，何人下手毙命，亦不能明白指实，仍属空言，不足以昭折服。

又查善化县禀，卷查尸父盛莲峰具报原词，据称"王裕泰与胞弟王五均系不法正犯，王六、王九系属为从凶恶"等语；核阅钞粘报词，内称"王裕泰统凶犯王六、王九等，冲毁殴伤六子鹿笙毙命"，并不叙及王五，与县禀不符。有无删改情弊，仰按察司即将抄粘札发善化县核对原卷，克日禀复，一面勒拘王裕泰务获，审明详办。词粘并发，仍缴。

---

* 据《湘报》第一号（光绪二十四年二月十五日出版）《抚辕呈词批示》，原题作《善化县命妇黄彭氏批》。

** 据《湘报》第一百五十二号（光绪二十四年七月二十七日出版）《抚宪批示》，此仍旧题。

湘阴县职员杨名照呈批 *

前据长沙县将讯断情形详细具禀,批司查核饬遵在案。仰长沙府转饬长沙县迅即照案完结,毋任狡延。词发,仍缴。

湘阴左钦敏呈批 **

呈词未叙事迹,抄粘仅录批语,无凭察核。仰长沙府转饬湘阴县查明案卷,禀复核夺。词粘并发,仍缴。

湘潭客职周恩湛等呈批 ***

此案如果业经委员会县讯明,两造咸服,该县何至于甫经断结之后,旋复翻断,将结涂销?所呈不近情理,难保非因所断未能遂意,捏情延讼。不准。钞粘附。

湘潭县客职罗绶吾等呈批 ****

此案现据湘潭县仰委各员会禀,“两造所控情节,均已讯明。惟因尔等不肯遵书‘不准私相授受,过载直下’之语,欲将‘过载直下’四字改为‘偷漏厘金’四字,而行户王吉隆等亦不肯改换,尚未断结。本年开印后,屡经差传尔等,均不投案”等情,业经批局饬讯在案。

兹复叠据呈控，查核呈词，大抵纸商行户各具私心，以致争执不已。仰厘金总局饬该县勒集人证，会讯断结，勿令延讼。抱告李庆和押发收审。词粘并发，仍缴。

湘潭县客职彭润泉等呈批 *

纸行纸商互相讦告，缠讼日久。兹据呈称"纸商周恩湛等藉讼敛钱，任意卡索"等情，如果属实，大干法纪。仰厘金总局迅饬湘潭县录批出示严禁，一面会同委员集讯究结。词、单并发，仍缴。

湘潭令陈、委员刘审办罗少卿迷窃各案会禀批 **

据湘潭县陈令、委员刘倅会禀"复讯积匪罗少卿用药迷窃得赃各案惩办情形"缘由到院。据此，除批"据禀已悉，仰即迅速查明。不系停刑日期，监提匪犯罗少卿、张交朋二名，照章正法，枭示具报。刘豫林一犯，姑准如禀，暂行牢固监禁。一面悬赏购线，严缉逸匪贺林山，务在必获，俟到案时，一并审明禀办。毋得图以一禀了事，时过辄忘，致蹈玩吏积习。并移委员知照，仍候督部堂批示。缴。供摺存，印回"外，行司转饬遵照办理。

〔附〕黄遵宪：湘潭迷窃犯刘豫林请正法详文 ***

为详请示遵事：

----

　　*　据《湘报》第五十一号（光绪二十四年闰三月十四日出版）《抚辕批示》，此仍旧题。

　　**　据后附《湘报》第二十号所载《黄公度廉访批牍：详湘潭县迷窃匪犯刘豫林请正法一案》摘录。

　　***　据《湘报》第二十号（光绪二十四年三月初八日出版），原题为《黄公度廉访批牍：详湘潭县迷窃匪犯刘豫林请正法一案》。

案奉抚宪、宪台札开:"【中略】"等因,奉此。

本署司查湘省近来迷窃之风甚炽,以东路为最,各州县因其系属窃案,或规避处分,隐匿不报,或报而并不实力查拿,行旅受害,殊非浅鲜。此案非奉抚宪、宪台屡次谆饬水陆各营实力严缉,无由破获。既经究出真情,尚何所用其姑息?

刘豫林一犯,随同张交朋等迷窃二次,复买药二百根,照例本应斩决,该县意存姑息,禀请监禁十年,殊涉轻纵。奉抚宪、宪台严切批司委员复审明确,一并就地惩办。该县、委复以渠魁贺胡子未获,拟将该犯监禁候质。殊不知刘豫林本系游勇,随同罗少卿等用药迷窃二次,情真罪当,已与立决之例相符,且购买迷药二百根,希图行使,情节甚属可恶,似未便任其久羁显戮。

至贺林山(即贺胡子),诚为此案罪魁,该令虑其拿获之日,恃无质证,狡供避就,用意甚是。惟查案内尚有刘席珍一犯,系罗少卿雇工,虽未听从为匪,而久在罗少卿左右,素与贺林山认识,其一切诡秘行踪,较刘豫林更为熟悉,尽可留以待质,未便将罪无可逭之刘豫林留待刻难弋获之贺胡子。且稽查审办命盗重案,从无以应死人犯待质稽诛。

本署司拟请将刘豫林一犯,仍遵抚宪、宪台前次批示,一并正法,传首犯事地方,悬竿示众,以昭炯戒而快人心。除电饬湘潭县将刘席珍毋庸递回原籍,暂时羁禁该县监内,俟缉获贺林山等,备质后再行发落外,本署司为严惩匪类、绥靖地方起见,是否有当,理合具文详请宪台查核示遵,为此照详。呈两院。

湘潭县职妇丁周氏控谢之庆案呈批[*]

卷查该氏及丁月兴等,屡次来辕具控,均仅称"谢润生（即谢之庆）等将丁劲生殴伤身死",并未指称黄氏共殴。兹忽呈称"丁劲生被谢之庆及伊妻黄氏殴毙",显系任意株连。

丁劲生尸身,业据［据］该县验明,实系因病身死,填格通赍。本部院因丁日〔月〕兴等具呈翻控,批司委员会审,并未批验,乃辄捏称"沐批委验"。

即此二端,其呈词之狡妄失实,已可概见。仰按察司即饬委员,会同湘潭县,讯明究结禀复,勿令延讼。词、单并发,仍缴。

〖附〗黄遵宪:为湘潭县职妇丁周氏控谢之庆案札饬长沙府^{**}

钦命二品衔署理湖南提刑按察使司按察使盐法长宝道黄,为札饬事:

奉抚宪批,据湘潭县职妇丁周氏控谢之庆殴毙伊夫弟丁劲森一案,奉批:"【中略】"合就札行,札到该府,即便分饬遵照办理。切切。此札。

湘潭县民赖中林等呈批^{***}

此案前已由司委提,据称业由委员讯明,未据禀报到院。所呈

---

* 据《湘报》第五十二号（光绪二十四年闰三月十五日出版）《抚辕批示》,原题作《湘潭县职妇丁周氏呈批》。按:《湘报》第七十九号《臬宪札饬》内亦全文引录陈宝箴此件批文,惟于"丁劲生"之名,则作"丁劲森",未审孰是。

** 据《湘报》第七十九号（光绪二十四年四月十八日出版）,原题作《臬宪札饬》。

*** 据《湘报》第七十九号（光绪二十四年四月十八日出版）《抚宪批示》,此仍旧题。

是否属实,仰按察司查明,分别办理。词粘并发,仍缴。

湘潭县客贡侯方城呈批 *

前据马学璜等来辕具控,业经明晰批驳。兹据具呈各情,查核抄粘谳结,尚属平允。仰长沙府转饬湘潭县查明,如果所呈情节与原断相符,即饬马学璜等遵断完案,毋得抗延。词粘并发,仍缴。

湘乡县谷云焕等呈批 **

据禀,争山互讼已阅数年。仰长沙府转饬湘乡县集案复讯,断结详复。词粘并发,仍缴。

湘乡县职员黄渭春等呈批(一) ***

称傅真棠业已潜回。仰按察司即饬湘乡县勒差查拘,并着傅云翘交出,讯究详办。词、单并发,仍缴。

湘乡县职员黄渭春等呈批(二) ****

傅真棠业经咨请浙江抚部院饬伊父傅守泽鸿交出,现在尚未交到。此案延讼日久,自非提省不能断定。仰按〈察〉司即饬长沙府委提人证到案,讯究断详。词粘并发。

---

　* 据《湘报》第一百六十九号(光绪二十四年八月十七日出版)《抚院批示》,此仍旧题。

　** 据《湘报》第二十六号(光绪二十四年三月十五日出版)《抚辕批示》,此仍旧题。

　*** 据《湘报》第三十号(光绪二十四年三月十九日出版)《抚辕批示》,此仍旧题。

　**** 据《湘报》第六十五号(光绪二十四年四月初一日出版)《抚辕批示》,原题为《湘乡县职员黄渭春控傅真棠一案禀批》。按:此批又见载于《湘报》第七十九号(光绪二十四年四月十八日出版)《抚宪批示》,题作《湘乡县职员黄渭春等呈批》,文字小有出入,如于"断定"二字,刊作"定断"。

湘乡县彭聂氏呈批[*]

尔子彭玉哇、彭春哇溺水身死,业经该县验明:"彭玉哇周身无伤,彭春哇左眉丛有一石伤",填格通详在案。相验尸身,众目共睹,伤痕之有无、多少,断不能遗漏、隐瞒。

兹据具控前来。查阅钞粘尔夫报县呈词,江六十、江伦四仅闻喊闹,并未往视,江南九只见白汗衣人,又未说出姓名,情形本极闪烁。此词分列"八奇",确系讼笔。附粘亲供所称"教官、把总请托,门丁受贿"各节,均系空言,且为讼师反复剖辩,又未赴该管道府衙门呈告,其为逞刁越控,情事显然。

惟控关殴毙一家二命①,又称"勾通差串,勒令江敦八服毒,禀县不批"等语,若不澈底根究,无以折服其心。仰按察司即委妥员前往,会同湘乡县,勒令人证,研讯确情,分别究拟详办。如所控系属虚诬,并即究出唆讼之人拿案,照例惩治。词粘并发,仍缴。

醴陵县武生余承澍等呈批^{**}

两造互争寺产,业经该前县周令讯详立案。嗣据余运昌等来辕具控,又经批饬:"仍照原断完结。"兹复据控前来,所称"挥金嘱县,县弥豪坦〔袒〕"等语,全无证据,任意诋诉,已属谬妄。钞粘首列乾隆三十一年碑文,接录本部院批发湘潭县汪国保一案批语②,均与现控绝不相干,无非借作挟制之计。

查明所录碑文即系礼部议准"禁革檀越",通行已久,载入《学政全书》,明言:"寺庙各有生监主持,名为'檀越',一切田地、山场,视同己业,最为恶习,应一概革除,不许藉有私据,争夺讦告。"是万宗寺田产,无论是否尔等祖人所捐,尔等均不得过问。

至湘潭汪国葆一案,原饬查讯明确,勿任含糊捏充,与此案寺田业经该县讯明,实系余运昌等祖人所捐,与尔等无涉者迥殊,何得强引比况?

且周令原断,尔等既不遵依,又不静候勘明复讯,辄即纠众逞强,砍伐树株,实属异常刁悍。仰按察司即饬醴陵县勒集人证,澈底讯究详复。词粘并发,仍缴。

醴陵县余文盛呈批[*]

据称,此案业经由县集讯。仰按察司即饬醴陵县讯明断结具详。词粘并发,仍缴。

醴陵武生晏宗彬呈批(一)[**]

朱晏氏被期〔其〕亲夫侄朱玉益殴砍身死,尸子朱金二与犯兄朱金三,将朱玉益活埋致毙,业经该县验明详报。兹据呈称"朱晏氏系朱德二等毒殴惨毙,实止额颅一伤,馀俱死后所加,装作朱玉益砍伤,其朱玉益亦非活埋"等情。查已死朱晏氏尸身,经县验明,额颅一铁器伤,左脚腕、左耳根、左右两腿肚各有生前刃伤,肚腹、脊背等处,乃系死后伤痕;朱玉益眼开睛突,实系活埋身死。验

---

[*]　据《湘报》第一百五十一号(光绪二十四年七月二十五日出版)《抚宪批示》,此仍旧题。

[**]　据《湘报》第一百二十五号(光绪二十四年六月二十四日出版)《抚院批示》,原题作《醴陵县晏宗彬控朱德二呈批》。

报甚为明确。

再阅抄粘，尔控县初词内，称"朱德二等嗾朱玉益挟拂借米之嫌，执斧砍毙氏命"，是原指朱玉益为下手正凶；至闰三月十八，续词始改称"朱德二等忿踞殴毙"，前后自相矛盾。所云"朱德二、朱良一主使砍毙"，又无确切证据。是朱大绎所控尔等"牵诬图诈"，恐非虚语。仰按察司即饬醴陵县勒限比差，迅将朱金二等传带到案，讯明详办，毋延。切切。词粘并发，仍缴。

醴陵武生晏宗彬呈批（二）*

前词业经明晰批示。兹据续呈，坚称"朱玉一并非活埋"①。仰按察司即饬醴陵县查明所控各节，并将原验情形及该武生等与晏宗喜等服属亲疏，先行切实禀复，一面勒集人证，讯明详办。词发，仍缴。

醴陵县民蔡其合呈批**

夜光珠璧，古来虽有是名，其物则实罕购，且皆不作锭形；乌金、黄银，亦为世所宝贵，而黑夜不能发光。据称掘地得物如锭，色黄，夜视光耀四璧〔壁〕，语近荒唐，已难深信。且尔既已为宝物，自必郑重收藏，探悉名目、价值，再行出售，岂肯轻以示人？即使宾国许为至省包售善价，尔何以不与偕行，又不凭中立约交付？情词种种支离，抄粘县判又与县批语意不符，显系捏造刁控。不准。抄

---

　　*　据《湘报》第一百三十八号（光绪二十四年七月初十日出版）《抚宪批示》，此仍旧题。

　　①　"朱玉一"，前批作"朱玉益"。

　　**　据《湘报》第一百六十六号（光绪二十四年八月十三日出版）《抚辕批示》，此仍旧题。

粘附。

醴陵欧阳淦呈批[*]

查核呈词暨钞粘渌口巡检报县原禀,情词互异。仰按察司即饬醴陵县亲身前往调核契据,将该巡检衙署与会馆毗连界扯〔址〕,及该署墙木,有无毁伐形迹,逐一勘明,一面传集巡书甘立庸并应讯人证,质讯明确,禀复核夺。词粘并发,仍缴。

益阳胡临之呈批^{**}

仰按察司即饬益阳县勒缉逃凶刘心一等,务获审办,毋延。切切。词粘并发,仍缴。

宁乡县侍卫贺绍南等呈批^{***}

此案已据该县验报,两造毙命一人、受伤四人,自系彼此互斗。文春甲等既因阻挖煤窿前往,岂有舍挖煤之人、反殴旁人之理?所呈全系支饰之词,不足凭信。单开被告三十八名之多,尤见有心株累。仰按察司即饬益阳县勒集人证,提取现获凶犯文黑七等研审确供,照例拟办,勿任藉命拖累。切切。词粘并发,仍缴。

---

* 据《湘报》第一百六十九号(光绪二十四年八月十七日出版)《抚院批示》,此仍旧题。

** 据《湘报》第一号(光绪二十四年二月十五日出版)《抚辕呈词批示》,原题作《益阳胡临之批》。

*** 据《湘报》第六十五号(光绪二十四年四月初一日出版)《抚辕批示》,原题作《宁乡县侍卫贺绍南等呈控文春甲等杀毙凶夺一案禀批》。按:此批又见载于《湘报》第七十九号(光绪二十四年四月十八日出版)《抚宪批示》,惟另题作《益阳县客侍卫贺绍南等呈批》。或者是贺绍南先后以宁乡籍、益阳客籍,两次分别递呈?批文全同,仅"研审"作"研讯",有一字之别。

益阳县职员李学鸿呈批[*]

此案屡经批饬查讯。仰长沙府转饬益阳县传集人证,调齐簿据,核讯明确,据实禀复。如有亏短,速即严追,勿稍延宕。切切。词粘并发,仍缴。

益阳监生龚英才控龚汉林、龚恺呈批^{**}

前据呈控,业经批饬勘讯。仰长沙府即饬益阳县遵照前批,勘明确讯,分别究坐详复,勿任缠讼。切切。词粘并发,仍缴。

益阳监生黻荣呈批^{***}

查阅呈词及抄粘各件,何青云因挟尔追谱之嫌,先后抢谷二百四十余石,并搬去家资、什物等情,业经控县讯断。虽亲属因事抢夺,与他人凭空劫掠不同,其所抢赃物,自应如数追缴,何以该前县王令集讯,仅止断赔钱三十串了事? 所呈是否属实,抑当另有别故? 仰长沙府即饬益阳县录案禀复核夺。词粘并发,仍缴。

益阳职员艾世璜呈批^{****}

词语含糊,多不可解。词前仅称"伊等吞公嚼祖",并不指出

---

* 据《湘报》第八十九号(光绪二十四年四月二十九日出版)《抚辕批示》,此仍旧题。

** 据《湘报》第一百二十五号(光绪二十四年六月二十四日出版)《抚院批示》,此仍旧题。

*** 据《湘报》第一百三十八号(光绪二十四年七月初十日出版)《抚宪批示》,此仍旧题。

**** 据《湘报》第一百三十八号(光绪二十四年七月初十日出版)《抚宪批示》,此仍旧题。

姓名；单开被告艾世稼等七名，所注"吞公殴叔"各情，均无确切证据。果有其事，何以在县具词仅请续增规条，不请质讯追究？词内"访至抚民府讨示，蒙毛府追出"等语，所称"抚民府"似指南州厅而言，益阳县案因何访至南州？并云"歇户以漆藏鱼，明款暗害"，尤不近理，情节支离太甚。不准。抄粘附。

益阳县监生涂孔昭等呈批 [*]

两造互争坝水、坟山，业经由县讯断。兹据来辕翻控，不将谳结抄赍；据称府臬批县复讯，亦不将批语抄录。自因判断允协，指驳详明，故意隐匿，希图蒙混。不准。抄粘附。

益阳县监生周星阶呈批 [**]

叠据具呈，均经明白批示，毋庸恋讼。抄粘附。

益阳职员徐士鹏等呈批 [***]

龙尚湖所开"豫中孚"钱店倒欠各债，应即由县勒限严追，分发各债主具领。其"豫中孚"店如果实有放出未收账项，须令呈出切实凭据，再行如数追还，各清各款，勿任藉口狡延。仰长沙府转饬益阳县遵照办理。词粘并发，仍缴。

----

[*]　据《湘报》第一百五十一号（光绪二十四年七月二十五日出版）《抚宪批示》，此仍旧题。

[**]　据《湘报》第一百五十一号（光绪二十四年七月二十五日出版）《抚宪批示》，此仍旧题。

[***]　据《湘报》第一百六十九号（光绪二十四年八月十七日出版）《抚院批示》，此仍旧题。

宁乡县民程锡球呈批 *

铜鼓堆坟山如系尔世守之业,何吉康造契图占,掘尔父棺,逞凶伤人,彼此互控到县,该县何至不以尔呈印契为凭,反据何康吉〔吉康〕白契定断? 殊觉无此情理。词称"何雨哇夤缘贿嘱",事无证据,所云"定遭抢棺焚尸"等语,亦系悬揣之辞,全不足信。查阅抄粘,仅录尔等词供,何吉康等呈状、口供及县中判谳,一字不录,显系有心隐匿。不准。抄粘附。

宁乡县民钟元乔控张福春禀批 **

命案以相验为凭。张绍修尸身经该县亲诣验明,实系受伤身死,岂能由尔空言混狡,指为"缢毙"? 惟据称"尸母张陈氏及族人,先向张何氏家滋闹,经张福春央唐致和凭团保和钱四十串领埋,事隔八日,忽串张福春诬指为该犯殴毙"各情,是否属实,仰长沙府即饬宁乡县克日备案,查讯情形,先行禀复。一面传集人证,悉心研讯,已死张绍修在该犯家内佣工四年,究竟有何嫌隙,先日至该犯家讨取衣服,是否实有其事,切实追究。如系正凶,即严刑磨审,照例拟抵,不得任其狡赖;如系无干,实由尸亲择肥而噬,亦即据实通禀,另缉正凶,毋再宕延,致滋藉口。抄粘并发。

---

　　* 据《湘报》第三十三号(光绪二十四年三月二十三日出版)《抚辕批示》,此仍旧题。

　　** 据《湘报》第八十号(光绪二十四年四月十九日出版)《抚宪批示》,原题为《宁乡县民钟元乔以"妒毙愤缢,贿和串诈"上控张福春禀批》。

宁乡县民胡美峹控胡安恭呈批 *

查阅抄粘县判内开："胡贤书等所呈雍正、乾隆间接买彭姓两契，均抵石嘴为界。"兹仅抄呈乾隆四十年九月十二日彭伪书等出笔一契、同日胡手康出笔一契，均无"石嘴"字样，其雍正年间之契并未抄呈，显有不实不尽情弊。仰长沙府转饬宁乡县录案禀复核夺。词粘并发，仍缴。

宁乡范柏松呈批 **

此案前据宁乡县朱令禀复，业经批饬讯详。据呈各情，仰长沙府转饬接署县郑令传集人证，质讯明确，究断详复。词粘并发，仍缴。

安化县民妇李萧氏呈批 ***

尔女姚李氏被夫姚耀南殴伤身死，已据该县验明通详，并将查讯情形附禀在案。兹据具控前来，呈称"姚李氏系被伊翁姚成良，及其子姚镇南等，并女晚秀七人殴毙"，毫无证据，且下笔即称"兽翁"，其为讼棍主唆，藉命罗织，已可概见。仰按察司转饬安化县即提凶手姚耀南，照例复审拟办，一面比差勒拿扛讼之李楚藩务获，澈审严究，以儆刁健而免株累。切切。抱告王升，押发收审。词粘并发，仍缴。

---

* 据《湘报》第一百二十五号（光绪二十四年六月二十四日出版）《抚院批示》，此仍旧题。

** 据《湘报》第一百六十九号（光绪二十四年八月十七日出版）《抚院批示》，此仍旧题。

*** 据《湘报》第三十号（光绪二十四年三月十九日出版）《抚辕批示》，此仍旧题。

安化民梁学晔呈批 *

上届丁酉科场，报称："年老监生，并无应请恩赐之人"，业经学院查核，咨明在案。具控该县已革廪生梁昺龄"冒顶故监梁宝贤姓名，捏称举人，刊刻硃卷"等情，如果属实，殊为藐法。仰长沙府转饬安化县传案讯究详复。词粘并发，仍缴。

安化县民曹用臧呈批（一）**

此案久经由府提审。兹据呈称"仵作夏林供称：'蒋龚氏实系溺水身死'"等语，核与县详迥不相符。如果属实，当该前县应令相验之时，该仵作何以并不据实揭报？殊不可解。所呈是否捏情诿卸，仰长沙府澈底审明详办。词粘并发，仍缴。

安化县民曹用臧呈批（二）***

此案提省逾一年，尚未审结，是否非检不明？仰按察司即饬长沙府速行查讯，照例分别办理，毋延。切切。词粘并发，仍缴。

攸县职员刘祚唐等呈批****

查湘省光绪二十三年［湖南省］举行丁酉正科乡试，所有未经中式年老诸生，当即备文咨查，旋准提督学院江以"各年老增附

---

　　* 据《湘报》第一百三十八号（光绪二十四年七月初十日出版）《抚宪批示》，此仍旧题。

　　** 据《湘报》第三十九号（光绪二十四年三月三十日出版）《抚辕批示》，此仍旧题。

　　*** 据《湘报》第一百五十一号（光绪二十四年七月二十五日出版）《抚宪批示》，此仍旧题。

　　**** 据《湘报》第一号（光绪二十四年二月十五日出版）《抚辕呈词批示》，原题作《攸县职员刘祚唐等批》。

生,或不满三科,或增加年岁;其各监生,或不满十科,或增加年岁。均属与例不符。监照已经发还,谕令回籍"等因,咨复过院,当经行知在案。兹据呈控刘昌黎"假冒恩赐举人,勒索花红,强挑公谷"等情,如果属实,殊干法纪。仰长沙府转饬攸县拘集人证,讯明追究详办。词粘并发,仍缴。

攸县夏昭铨呈批[*]

房屋基址,总以契据为凭。尔与石阳宾馆首事互争墙界,既经控县勘明集讯,所有谳结,并未抄赍。词内"头捆青巾,击鼓鸣锣,惊跌孕妇"等语,似系故意张大其词,殊难凭信。仰长沙府即饬攸县详复核夺。词发,仍缴。

茶陵州监生陈琼台呈批^{**}

据称:"雷余元侵食义谷及育婴谷石,复主使雷恩荣兄弟抄抢",如果属实,该州何至不行追究,反将尔管押勒结?所呈甚不近理,不足凭信。惟前据具呈,业经批饬将讯断情形禀复核夺,迄今日久,尚未复到,亦属迟延。仰按察司催饬茶陵州克日遵照前批,据实禀复,勿再延宕。切切。词、单并发,仍缴。

邵阳县邹祥国等呈批^{***}

此案业经委员会县查讯,该县将尔邹贵成收管,自有应收之

---

*　据《湘报》第一百六十五号(光绪二十四年八月十二日出版)《抚院批示》,此仍旧题。

**　据《湘报》第八十号(光绪二十四年四月十九日出版)《抚宪批示》,此仍旧题。

***　据《湘报》第一号(光绪二十四年二月十五日出版)《抚辕呈词批示》,原题作《邵阳县邹祥国等批》。

故。议称"勾绅贿县"，难保非理曲情虚，饰词上控，希图延岩
〔宕〕。不准。抄粘附。

邵阳县生员王季衡等控刘盛国呈批[*]

此案前经委员朱守会府查明，〈议结〉禀复在案，是非贤否，目
〔自〕有定评。尔等以并不干己之事，砌款粘单，联名渎告，实属不
守卧碑，大干例禁，本应发府革究，姑宽批饬不准。粘单附。

邵阳县监生王辅濬呈批^{**}

事不干己，且越多年方始具控，难保非挟嫌诬讦，前据宝庆协
刘副将录呈转详①，业经批司饬府确查，并传该监生王辅濬讯供禀
复去后。控据各情，仰按察司会同布政司，转饬宝庆府遵照前批，
分别查明讯供，禀复核夺。词粘并发，仍缴。抱告李福，押发收审。

新宁县禀刘能瑗控案批^{***}

据禀已悉。此案起于室家细故，而事系伦常，又经上控，有关
人心风俗。刘能瑗于娶妾后，仅迎母女而止，刘徐氏同归，即云：

---

　　* 据《湘报》第一百二十五号（光绪二十四年六月二十四日出版）《抚院批示》，原
题作《邵阳县生□王季衡等控刘盛国呈批》。按：此批又见载于《湘报》第五十号（光绪
二十四年闰三月十三日出版）《抚辕批示》，题作《邵阳县生员王季衡等呈批》，文字小
有异处，如"议结"、"自"等，兹予采入，用作补正。

　　** 据《湘报》第一百三十八号（光绪二十四年七月初十日出版）《抚宪批示》，此仍
旧题。

　　① "宝庆协刘副将"，即上批所云"刘盛国"。可参阅张之洞光绪二十三年六月十
八日《咨南抚院查宝庆协刘副将禀聂家遂纵差扰民并抄抢巨案（附单）》，见《张之洞全
集》，第五册，第3465～3470页。

　　*** 据《湘报》第二十四号（光绪二十四年三月十二日出版）《抚辕批示》，此仍旧题。

"留居与回母家,听其自便",已有弃妻之意,形于语言。古语云:
"贫贱之交不可忘,糟糠之妻不下堂。"人心之厚薄,即征世道之污
隆。刘能瑗先贫暴富,刘徐氏既未闻失德,其平日亲操井臼,奉养
衰姑,岂无可念? 乃遽因多财娶妾,弃之如寇雠。凉薄之风,亦守
土者所宜惩戒。

　　该县只以情难强合,断令酌给资财,养赡终身,既如刘能瑗之
意,尽断葛藤,亦为刘徐氏稍存体面,与臬批及户族调处之方,均相
符协。乃刘能瑗犹抗不遵结,恋讼不休,极为可恶。仰按察司核饬
该县仍照原断讯结具报,刘能瑗如仍执迷玩抗,即由县详革,究惩
勿贷,以儆浇风。此缴。

签发臬司复查新宁县民李得有案(节录)*

　　据该司审解新宁县民李得有捆殴杨姓窃贼致令冻饿身死一案
到院,【中缺】此签仍缴。计发原详一本。

〖附〗黄遵宪:呈复新宁县民李得有案禀稿**

　　为呈复事:

　　案奉宪台签开:"据该司审解新宁县民李得有捆殴杨姓窃贼
致令冻饿身死一案到院云云,此签仍缴。计发原详一本"等因,奉
此。

　　查此案前据该府招解到司,曾据另文申称:"事主殴贼,照'擅
杀拟绞'之例,系指贼死于殴打之伤者而言,若止将捆殴,伤不致

---

　　* 据后附《湘报》第三十四号所载《黄公度廉访呈复禀稿:呈复新宁县李得有捆殴
杨姓窃贼致令冻饿身死一案》摘录。
　　** 据《湘报》第三十四号(光绪二十四年三月二十四日出版),原题为《黄公度廉访
呈复禀稿:呈复新宁县李得有捆殴杨姓窃贼致令冻饿身死一案》。

死，而死由别故，即不能科以‘擅杀’之条。既不能科以‘擅杀’，即有‘概予勿论’之例。杨姓窃贼被殴各伤，均不甚重，不至于死，而死于是晚之天冻下雪。雪时严冻，贼与乞丐无伤亦死，与人何尤？”谓“该县将李得有审依‘擅杀’减等拟流，未免失之于重”。疑其重者，意谓“死由于冻饿也”。

而李前司则以“原验含糊，恐现讯供词不无装点”，谓“已死杨姓乞丐，既验有致命右脊膂一伤，焉知不死于此伤而死于冻饿？该县将其减流，似属有意开脱，未免失之于轻”。疑其轻者，意谓“死由于伤也”。

当将该犯发交谳局，反复推讯，再三究诘，则与该县原供毫无歧异，均系实情。本署司到任，接准移文，调取原详，悉心查核。该犯李得有将杨姓乞丐殴伤后，抬赴凉亭，眼见该犯饥寒交迫、九死一生，竟弃之不顾，忍心害理，情属可恶。原验虽系“受伤后冻饿身死”，而其所以冻饿，实因伤痛不能行走所致。若因死于冻饿非死于伤，竟予勿论，似涉轻纵。

然该犯如果有心殴毙，则必下手于致命之处，或乱梃交下，不顾死生。今所殴伤痕，尽非要害；加以绳缚手足，亦不过因物被偷窃，捆殴泄忿；其剥还乞丐身穿之棉衣，原系事主被窃之本物，亦碍难责以“残刻”。以饿丐而当严寒，会逢其适，以致于死，其情亦不无可原。且系行窃罪人，该县将其比依事后殴伤窃贼，照“擅杀罪人，律拟绞”例上，量减拟流，度理衡情，尚属允协，是以照转。

兹奉前因，遵复提取该犯李得有，遵照指示之处，悉心研讯。据供：“光绪二十一年十二月十五日，小的船泊县城西门外河边云云，_{照详册供录至}适林玉泉到河边过渡，看见喝住，上船将绳改放杨姓乞丐躺卧船头。林玉泉问明情由，盘出姓氏，当即走散。小的驾船营生，家道贫寒，因杨姓乞丐说所窃絮被业既卖钱花用，是以用木棍在他手脚上殴打几下，欲其说出买主，以便取赎，并非使力狠殴，有心致死。后经林玉泉从旁解放，杨姓乞丐躺卧不走，小的尚疑他故意装点，希图油赖，是以将船撑到对岸，唤同徐继轩，把他抬放凉亭，开船下驶。是处系在县城对河，以为杨姓乞丐必当爬起，依旧行乞，自寻生活。不料是晚天雨下雪，杨姓乞丐竟在凉亭冻饿身死。今蒙诘讯，杨姓乞丐并无亲属，是林玉泉报知保正报案，岂肯反与小的串供避就？小的如果将杨姓乞丐当时殴毙在县城河岸，耳目甚众，岂能隐瞒？只求详察"等供。据此，本署司一再推鞫，以为拟议此案罪名，应以该乞丐是否"伤死"，是否"冻饿死"，抑或"受伤后冻饿身死"为断。

此案查前县叶令原验，杨姓乞丐身受拳殴一伤、木器五伤，面色黄瘦，肚脐低塌，有饿死之形，而乏受冻之状，报为"受伤后冻饿身死"，未甚明确。然"面色黄瘦、肚脐低塌"等类情节，虽属饿状，而与冻死情形亦尚不相违背。

该犯李得有将该乞丐捉获捆殴，解放后抬放凉亭，事在光绪二十一年十二月十七日，正值严寒，又复雨雪，窃穿棉衣既经事主收回，身余旧单汗褂一件，其寒可知。查阅见证林玉泉所供，目击该乞丐躺卧凉亭，手足发颤，确有受冻情形。该乞丐所受伤痕，多在手足，均非致命之处，即脊膂右一伤，部位虽属致命，而色红肿，未至骨损，并不甚重，似非因冻饿不至即日殒命。原验虽有"饿"而无"冻"，而按之天时，察其死事，证以现讯供词，其受"冻"尤甚于"饿"。

查《洗冤录》所载："冻饿之尸，面色痿黄，口有涎沫，牙齿硬，身直，两手紧抱胸前。检时用酒、醋洗，少得热气，则两腮红，面如芙蓉色。"此专指受冻身死者而言。若冻而兼饿，情形自有不同，况原受有伤，则更未可一概而论。该县僻处偏隅，仵作多不谙练，当厂或未必用酒、醋浇洗，而原报既指为"受伤后冻饿身死"，则"口内涎沫"以及"两手紧抱胸前"等类形状，势有必至，谅系漏填。

且《洗冤录》一书，本为检尸而设，备录各节，以便参考，谓"冻死者有此各种情形"，非必谓"冻死者必兼备各种情形"也。"两手紧抱胸前"，系为恶寒，藉以自护，此冻死通行情状。然或因伤痛而不能抱胸；或因饿极而无力举手；临绝之时，手适未抱，亦未可知。

往反驳查，亦只系空言禀复。如果原报相验，并饿状而亦无之，则死系因伤。罪名出入攸关，本署司亦不敢率尔照转。今既有饿状，遗漏冻情，一切供证确凿，未便因此遂疑其不由冻死，似可据供更正，免将该犯发回，致滋拖累。

至于由死减流案件，向系解候勘讯，请专本具题。原详"声请咨达，年底汇题"，实系承书疏忽、清缮错误。除于详内一律更正、解候亲讯外，爰奉签饬，理合具文呈复宪台察核。为此照验。呈抚宪。

华容县生员罗国宾等呈批 *

控争湖淤，多系影射冒认。该生等所呈各情，是否属实，仰岳州府转饬华容县查明，禀复核夺。词粘并发，仍缴。

益阳县民丁秀廷等呈批（一）**

上年八月内，据该民人等来辕具控，当经批府饬县讯追详复。

---

　*　据《湘报》第三十三号（光绪二十四年三月二十三日出版）《抚辕批示》，此仍旧题。

　**　据《湘报》第三十五号（光绪二十四年三月二十五日出版）《抚辕批示》，此仍旧题。

迄今日久，未据追赃给领，所控"差役包庇"，自非无因。仰岳州府即饬华容县克日比差勒保，迅将卢炳煌交案究追，毋任庇延。切切。词、单并发，仍缴。

益阳县民丁秀廷等呈批（二）[*]

此案业经该县讯断，录案具详。兹复续控前来。查核县详，该民人丁秀廷等失马十五匹，查至卢炳煌等马厂，误认高作梅寄卖骒马所生之驹为伊所失之马，以致兴讼，而马主高作梅并未到案，是否实系误认，尚未查认明确。如果卢炳煌等并无窝贼销赃情弊，即应坐丁秀廷等以诬告之罪，不应反令卢炳煌等资给钱四十千文，遂其讹诈之私。如其控出有因，则当严加追究，不容含糊了结。仰按察司即饬华容县勒集人证，澈底讯明，分别究断，以期平允而昭折服，毋任玩延。切切。词粘并发，仍缴。

平江县职员黄培基呈批^{**}

前据具控，业经批饬讯详。兹据续呈，并不将县中如何讯断切实叙明，供谳亦不抄赍，仅抄县词五张，均称"未沐批示"，恐无是理，难保非因指驳详明，故意隐匿。仰岳州府即饬平江县，将讯断缘由据实录案，禀复核夺。词粘并发，仍缴。

武陵县民苏开铭呈批（一）^{***}

王郭氏有女待字，先央郭松亭向尔媒说，尔既再辞，该氏不难

---

　　* 据《湘报》第一百六十九号（光绪二十四年八月十七日出版）《抚院批示》，原题作《华容客民丁秀廷呈批》。盖因兴讼于华容县，故此称"华容客民"也。

　　** 据《湘报》第七十九号（光绪二十四年四月十八日出版）《抚宪批示》，此仍旧题。

　　*** 据《湘报》第三十号（光绪二十四年三月十九日出版）《抚辕批示》，此仍旧题。

另行择婚,何必更令周明升邀饮向劝? 王郭氏果欲观尔状貌,无妨明言,又何须暗地窃窥? 业已窥见允许,何又无故悔婚? 情节种种支离,不足凭信。查阅抄粘县判,内有验尔年貌"实非二十余岁"之语,难保无冒认情弊。臬司批语详明允当,着即遵照回县,听候断结,毋庸恋讼。抄粘附。

武陵县民苏开铭呈批（二）[*]

　　前据具控,当经明晰批示,兹复续呈前来,仰常德府转饬武陵县据实录案,禀复核夺。词、单并发,仍缴。

安乡职员陈鸿才等呈批^{**}

　　查此案前据该职员陈鸿才等遣抱京控,当经行司讯明:"所控各情,均系已结之案。陈鸿才、钟雅亭以原告无名之人影射已结命案,赴京呈控,无非意在争洲,图翻旧断。应请立案不行,饬县查拿原告陈鸿才、钟雅亭务获,从重究办"等情,具详前来,当经批示:"如详办理",并分咨查照在案。

　　兹该职陈鸿才等,复敢坚执前情,来辕渎控,实属刁狡已极。仰按察司即提抱告胡明颢,督饬谳局委员,勒令将陈鸿才等按名交出,一面札饬安乡县确查陈鸿才是何职衔,先行详革,勒限严拿,务获究办,以儆刁风。毋庸再传被告质讯,致遂其拖累之计。切切。词粘并发,仍缴。抱告胡明颢,押发收审。

　　*　据《湘报》第七十九号（光绪二十四年四月十八日出版）《抚宪批示》,原题作《武陵县客民苏开铭呈批》。

　　**　据《湘报》第一号（光绪二十四年二月十五日出版）《抚辕呈词批示》,原题作《安乡职员陈鸿才等批》。

安乡县客民钟雅亭等呈批[*]

此案前据京控，业经由司讯明，详请立案不行，专拿陈鸿才等，治以应得之罪。嗣据遣抱告胡明颢及以刘杜氏出头翻控，均将抱告押发在案。兹据具呈投案，此等刁狡之徒，其呈词全不足信，即所称"陈鸿才遭风溺毙"，亦难保非假捏情词，冀免追究。仰按察司查照原案究明惩办，以儆刁顽。原告钟雅亭、唐兰桂，押发收审。词粘并发，仍缴。

安乡县客孀妇刘杜氏等呈批^{**}

陈鸿才等京控一案，业经由司将抱告讯明收结，照例详销，兹乃指为"不遵法度"，实属谬妄。如此恋渎请提，无非希图拖累。仰按察司即提该原告等研讯，是否自行起意，抑有主使之人，从严究办，以儆刁顽，勿稍宽纵。切切。词、单并发，仍缴。

安福县增生江炳南等呈批^{***}

此案前经批查，应候复到核夺，毋庸预为呈辩。抄粘附。

永定县教职田青云呈批^{****}

据称，尔被田祚阶控告，提道听审，寓歇户道书汪仙舟家，汪仙

---

  * 据《湘报》第五十号（光绪二十四年闰三月十三日出版）《抚辕批示》，此仍旧题。

  ** 据《湘报》第五十一号（光绪二十四年闰三月十四日出版）《抚辕批示》，此仍旧题。

  *** 据《湘报》第五十一号（光绪二十四年闰三月十四日出版）《抚辕批示》，此仍旧题。

  **** 据《湘报》第二十六号（光绪二十四年三月十五日出版）《抚辕批示》，此仍旧题。

舟勒索保费银三百六十两,包不收押。旋经委员查讯,将尔收押,则汪仙舟之捏词诓骗,不问可知,尔岂不知省悟,仍恳〔肯〕给三千六百两之多? 迨经该前道亲讯,谕令归家,如果汪仙舟仍向索银,尔当时何以不即赴道指控,迄今案经将近一年,方始来辕具呈? 情词殊难凭信。

惟所控汪仙舟先后索诈赃银,共计四千四百余两,有催收信据及过付可凭,虚实均应澈究。仰按察司克日委员前往,将原、被、过付人等按名提解来省,由司澈审严办。如有一语虚诬,亦即按律反坐。切切。抱告胡二,押发收审。词粘并发,仍缴。

〖附一〗洪文治:为田青云案上陈中丞书[*]

谨查永定县教职田青云控汪仙舟一案,赃数甚巨,而证据确凿,似非尽出虚诬。

综核全卷,揆度情形,窃疑田青云本系富户,又充团总,以为致死窃贼无关轻重,冒昧捆溺,迨被控告,始知死系族人,不能照"擅杀窃盗"幸邀宽典。于是百计营求,但图免罪,挥金如土,固所不惜。其凶犯朱总材一名,李令等原禀并无其名,由今观之,亦难保非贿买顶凶,是以田青云当时不敢控告。迄今事已逾年,朱总材亦解院勘审,想不致再有翻腾,方始放胆指控,希冀还赃,其居心实属狡诈。

此案幸而尚未题出,若已具题,而尸亲又起贪心,控告顶凶情节,则枝蔓丛生,不可收拾。是以拟具批札,请将此本暂行扣留,由司再行考较切实,免蹈承审失入之咎。惟此案如即提省,未免与前任陈道不甚好看。若批道审,则田青云见朱总材案尚未定,虑其供

---

[*]　据舒斋藏摄片。按:此件未署名,由笔迹推测,宜系湘抚幕僚洪文治手书。

出实情,不过由汪仙舟稍退赃,即以误听人言,怀疑误控,首悔请销,敷衍完案。应否饬司提究之处,谨请大人钧定。

〖附二〗洪文治：呈报田青云案批札各稿[*]

田青云案批、札各稿,遵改呈电。此案得赃,窃疑非但道署家丁,即承审委员亦恐不无染指。方今时事日棘,民情渐离,全赖清勤慈惠有司固结人心,为保邦根柢,岂容墨吏更加朘削?前月廿三日郴州民李盛恩控词,赃数亦不甚少,惟恐系以断赔之款捏称诈赃,拟姑俟该州复到,再酌是否。并乞大人钧定。

晚生洪文治谨上。

慈利贡生向鸿恩控王老八呈批^{**}

前经据控饬查,仰按察司转饬慈利县遵照前批,克日查明,禀复核夺,毋延。词粘并发,仍缴。

南州厅客职陈思忠等呈批^{***}

查阅呈词及粘录各件,虽藉请禁堤垸立言,实因互争淤州起见,所呈不足为凭。筑堤果碍水道,地方官自能查禁;尔等如有应领之照被人冒领,亦应自行赴厅听候讯断,毋庸来辕控告。抄粘附。

---

* 据舒斋藏摄片,此件为洪文治手稿。

** 据《湘报》第一百二十五号(光绪二十四年六月二十四日出版)《抚院批示》,此仍旧题。

*** 据《湘报》第五十号(光绪二十四年闰三月十三日出版)《抚辕批示》,此仍旧题。

南州厅民汤梦鹏等呈批 *

查此案先于光绪二十年,经黄学文窃列多名,雇倩赵洪章顶替京控,业已由司讯明,详请咨销。二十一年十月内,尔汤梦鹏等、黄学柏与汤庆荣,来辕翻控,又经本部院批饬押发。旋据南州厅禀:"解到之汤庆荣,系樊森代替,并非本身。"兹复联名渎控,且隐匿前案,希图曚混,实属逞刁恋讼。所有具呈之汤梦鹏等四名,是否雇替,均不可知。仰按察司即饬南州厅将原告汤梦鹏等按名传到,查照原案,澈讯严究,以儆刁健。词粘并发,仍缴。

衡阳县民张相卿控张合阳呈批 **

词叙情节,甚属含糊,所称"书役、门丁受贿舞弊",均系空言,并无据可质。查阅抄粘县批,有"所抢谷石,据户族供,仅三百石之谱,断不由尔浮报"等语,是该县饬令赔谷三百二十石,本系据供定断,何得妄控图翻? 不准。抄粘附。

衡山县贡生康汉卿呈批 ***

卷查上年二月内,据该民人拦舆禀控,当经批县查详,今已逾年,未据查复。兹据续控前来,王康氏身死,无论是殴是缢,既经该前县验明,总应详报。仰按察司即饬衡山县先行查明禀复,一面确切讯究补详,勿稍瞻顾迟延。切切。词粘并发,仍缴。

---

　　* 据《湘报》第五十二号(光绪二十四年闰三月十五日出版)《抚辕批示》,此仍旧题。

　　** 据《湘报》第一百二十五号(光绪二十四年六月二十四日出版)《抚院批示》,此仍旧题。

　　*** 据《湘报》第五十号(光绪二十四年闰三月十三日出版)《抚辕批示》,此仍旧题。

衡山文童赵凤池呈批[*]

据控差役刘成等苛派勒索等情,果有其事,何以并不赴县呈告?查核词叙各节,多系空言,并无确切证据,且非切己之事,殊难凭信。仰衡州府转饬新任衡山县黎令确切查明,禀复核夺。词粘并发,仍缴。

安仁县附生谭作舟等呈批^{**}

呈词声叙甚不明晰,县谳亦未钞呈,无凭查核。仰按察司转饬安仁县将现审供判备录,详复核夺。词粘并发,仍缴。

耒阳县职员姚寿金等呈批^{***}

异姓争坟,碑谱本不足据。尔等与周谭氏互争坟山,称系互管,并无契据,碑石又称挖匿,复无见挖之人,所呈毫无凭据。案经由府提审,仅录口供,不抄府谳,显系有心隐匿。不准。抄粘附。

嘉禾李显修呈批^{****}

亲属抢夺,其中必有因由,如果实系枪替作文肇衅,则彼此均有应得之罪。仰按察司即饬嘉禾县勒集人证,讯明究办。词粘并发,仍缴。

---

   * 据《湘报》第一百三十八号(光绪二十四年七月初十日出版)《抚宪批示》,此仍旧题。

   ** 据《湘报》第三十号(光绪二十四年三月十九日出版)《抚辕批示》,此仍旧题。

   *** 据《湘报》第七十九号(光绪二十四年四月十八日出版)《抚宪批示》,此仍旧题。

   **** 据《湘报》第一百六十九号(光绪二十四年八月十七日出版)《抚院批示》,此仍旧题。

郴州客民陈裕源等呈批（一）*

前据具控，业经批饬在案。兹复续控前来，仰郴州即行查明，如果金增宝等实有该欠钱文，即饬算明清偿可也。词粘并发，仍缴。

郴州客民陈裕源呈批（二）**

前据呈控，叠经批示在案。兹复续呈前来，金增宝兄弟有无应给钱文，仰长沙府转饬长沙县将金增宝等关传到案，质讯断详。词、单并发，仍缴。

郴州民李盛恩呈批***

大凡刁徒诬告、丁役吓诈，必藉可乘之隙，方能施其诬陷、勒索之计。据尔词称，李松柏等凭空捏控"丁役人等，于未讯之前吓诈衙规"，何已讯之后复能向尔勒索多赃？尔如自问无亏，又未收押，岂肯不即呈诉，辄以如数付交？查阅抄粘，仅有李松柏原控呈词及户族公禀，于该州判谳并未录呈，显多不实不尽之处。惟控告赃数甚巨，指有过手票据可凭，虚实均应澈究。仰按察司即饬郴州克日查明录案，先行据实禀复核夺，勿稍回护迟延。切切。词粘并发，仍缴。

---

　　* 据《湘报》第三十六号（光绪二十四年三月二十六日出版）《抚辕批示》，此仍旧题。

　　** 据《湘报》第一百六十九号（光绪二十四年八月十七日出版）《抚院批示》，此仍旧题。

　　*** 据《湘报》第三十九号（光绪二十四年三月三十日出版）《抚辕批示》，此仍旧题。按：可参阅本卷前录《永定县教职田青云呈批》所附洪文治《呈报田青云案批札各稿》。

宜章县民曾进贤等呈批[*]

此案业经由县讯断，不将供判抄呈，难保非审输图翻。仰郴州转饬宜章县将讯断情形禀复核夺。词粘并发，仍缴。

宜章县民曾广有呈批^{**}

伤痕是跌是殴，形迹显然，不难分辨，岂仵作所能捏报？情词已难深信；单开被告至十九名之多，更难保非藉命罗织。惟曾崇得于上年十二月十七日身死，迄今半年，未据详报，殊不可解。仰按察司即饬宜章县迅将验讯情形据实禀复，一面填格通详，毋得延宕。词粘并发，仍缴。

永兴县监生唐际虞呈批^{***}

前据殴〔欧〕匡氏两次呈控，均经批驳。嗣据该县以"唐盛旦（即东山）畏究潜逃，及何学海等抗传不到"等情详请褫革，又经批示在案。何得又以"有无贿嘱"等疑似之辞代为呈辩？仰郴州即饬永兴县先行录案禀复，一面勒限比差，拘集人证，澈底讯明，分别究追详夺。词粘并发，仍缴。

　＊　据《湘报》第五十号（光绪二十四年闰三月十三日出版）《抚辕批示》，此仍旧题。

　＊＊　据《湘报》第一百六十五号（光绪二十四年八月十二日出版）《抚院批示》，此仍旧题。

　＊＊＊　据《湘报》第一号（光绪二十四年二月十五日出版）《抚辕呈词批示》，原题作《永兴县监生唐际虞批》。

宁远县监生杨耀堂呈批 *

尔兄杨泮藻，经县差传"着交抢犯"，尔因挟尔兄产之嫌，窃名控府，希图倾陷，实属狡诈已极。嗣据来辕呈告，当因词不近情，批饬查复。嗣据宁远县将案内情节禀复前来，又经批府讯究。兹据续呈，仍系支饰浮词，不足驳诘。仰按察司即饬永州府遵照前批，确切究明，照例反坐，以儆刁健，勿稍宽纵。切切。词发，仍缴。

宁远县民杨水保呈批 **

尔与妹夫熊炳荣合开药店，熊炳荣承领花银，至湘潭买备药材，旋将资本耗费，所有赊欠药债，业经尔父还清，复助给盘费，令其回家。事已清楚，与李春和等毫无干涉，李春和等何能无故将其赶回索诈？尔父如无应给之项，该县何至凭空断给花银五百圆？其中自有别情，呈词显有不实不尽之处。至熊炳荣及尔祖母病故，均称"死于李春和之手"，乃讼棍抵赖恶习，尤不足凭。不准。抄粘附。

道州职员何庆德控冯宝锷、冯胜南呈批 ***

前据该府详销何绍颖与冯友德控争田塘一案，声明"何庆德呈控冯宝锷强砍毁占一案，容提集人卷，另审究结"等情。兹据续控前来，仰永州府催提人证，讯明断结详复。词粘并发，仍缴。

---

　* 据《湘报》第八十号（光绪二十四年四月十九日出版）《抚宪批示》，此仍旧题。

　** 据《湘报》第五十一号（光绪二十四年闰三月十四日出版）《抚辕批示》，此仍旧题。

　*** 据《湘报》第一百二十五号（光绪二十四年六月二十四日出版）《抚院批示》，此仍旧题。

沅陵县客监刘启茂等呈批[*]

此案现据孙炳文具控,批司饬讯。仰按察司即饬沅陵县并讯详夺。词粘并发,仍缴。

沅陵县民孙炳文呈批^{**}

尔买伍富德铺屋,既系彼此情愿,别无镠镢,张宏吉系佃住之人,安能日久占踞?熊景灏等如何架控,该前县如何讯断,均未切实叙明。尔初次控县,及熊景灏等呈词,并县谳结,俱不备录,情词甚属含糊。正核示间,续据监生刘启茂等互控前来。孰实孰虚,仰按察司转饬沅陵县录案禀复,一面传集人证,确切讯明,秉公断结详夺。词粘并发,仍缴。

沅陵县孙黄氏呈批^{***}

此案前据沅陵县录案具详,查核所断,尚属平允,业经批饬:“如详销案。”著即遵照县断,缴契完案,不得以老妇出头,捏情刁翻。抄粘附。

沅陵县客民伍珍臣呈批^{****}

此案前据沅陵县录案具详,查核所断,尚属平允;嗣据孙黄氏

---

* 据《湘报》第八十号(光绪二十四年四月十九日出版)《抚宪批示》,此仍旧题。
** 据《湘报》第八十号(光绪二十四年四月十九日出版)《抚宪批示》,此仍旧题。
*** 据《湘报》第一百五十一号(光绪二十四年七月二十五日出版)《抚宪批示》,此仍旧题。
**** 据《湘报》第一百五十一号(光绪二十四年七月二十五日出版)《抚宪批示》,此仍旧题。

来辕翻控，又经批驳在案。毋庸饰词请提。抄粘附。

沅陵生员孙树桐呈批*

尔堂弟孙振先称尔姜胡氏与万一先有奸，前往掩捕，业经剪脱发辫，是捉奸已有明征。至称尔母胡氏"登时气毙"，并无证据。况"气毙"二字，律例并无明文，又将坐以何罪？所呈殊无情理，声叙亦甚支离，难以凭信。惟牵涉经历擅受，虚实均应查明。仰按察司转饬辰州府确查，具复核夺。词粘并发，仍缴。

溆浦县廪生谌仙元等呈批**

据称，唐三布匠抢夺该生票钱，该前县既将唐三布匠拿获，何以并未追究，辄予保释？所呈是否实情，仰按察司即饬溆浦县查明禀复，一面拘讯究追。词粘并发，仍缴。

溆浦县民舒鳌泉呈批***

据称，李厚之强夺舒必纳已许邓姓之女为姜，如果属实，殊干法纪。该前县黎令业已讯明押缴，委员杨令因何反断李厚之完娶，并将尔父舒涤责押？其中必有别情，所呈甚难凭信。抄粘该前县王令牌示，语意含糊，多不可解。仰溆浦县即将先后讯断缘由据实录案禀复。词粘并发。其抄粘各件，如有增删、改窜之处，亦即逐一查案注明，随禀赍缴，毋延。切切。

----

*　据《湘报》第一百六十六号（光绪二十四年八月十三日出版）《抚辕批示》，此仍旧题。

**　据《湘报》第七十九号（光绪二十四年四月十八日出版）《抚宪批示》，此仍旧题。

***　据《湘报》第八十号（光绪二十四年四月十九日出版）《抚宪批示》，此仍旧题。

辰溪县廪生张盛治呈批[*]

控词毫无证据,任意逞刁,无非希图罗织拖累。仰按察司即提张盛阶等审明,分别拟办。并提该原告,将所控各节逐一研究,如有一语涉虚,亦即按律反坐,以惩刁健而戢浇风。切切。词粘并发,仍缴。

芷江县民陈贵学呈批[**]

尔与陈爵天互争家产,缠讼多年。兹陈爵天业已身故,复据具控前来。查阅抄呈道、府各批,均极明晰,乃犹讦告不休,难保非因所断尚未遂欲,饰词图累,抑或所给田亩果系硗产?仰沅州府克日录案禀复核夺。词粘并发,仍缴。

古丈坪张先银呈批[***]

危显常等父故被掘①,如与尔无干,何至被其指名控告?既经危荣喜供出发冢报雠情由,该厅何至仍将尔等羁押?所呈殊难深信。仰按察司即饬古丈坪厅勒限比差,拘集犯证,审明详办,毋延。词粘并发,仍缴。

---

　　[*] 据《湘报》第三十七号(光绪二十四年三月二十八日出版)《抚辕批示》,此仍旧题。

　　[**] 据《湘报》第三十六号(光绪二十四年三月二十六日出版)《抚辕批示》,此仍旧题。

　　[***] 据《湘报》第一百三十八号(光绪二十四年七月初十日出版)《抚宪批示》,此仍旧题。

　　① "故",疑作"坟"。

江华县客职刘德垓呈批[*]

　　垫办军需银两，只准请给虚衔、封典，并有截止限期。仰布政司查明原案，晓示遵照。词粘并发，仍缴。

---

　*　据《湘报》第三十号（光绪二十四年三月十九日出版）《抚辕批示》，此仍旧题。

图书在版编目(CIP)数据

陈宝箴集.中/汪叔子,张求会编.-北京:中华书局,2005
(国家清史编纂委员会·文献丛刊)
ISBN 7-101-04440-9

Ⅰ.陈… Ⅱ.①汪… ②张… Ⅲ.陈宝箴(1831~1900)
-文集 Ⅳ.Z425.2

中国版本图书馆 CIP 数据核字(2005)第 023423 号

责任编辑：冯宝志

国家清史编纂委员会·文献丛刊

陈 宝 箴 集(中)

汪叔子　张求会 编

*

中华书局出版发行

(北京市丰台区太平桥西里 38 号　100073)

http://www.zhbc.com.cn

E-mail:zhbc@zhbc.com.cn

北京市白帆印务有限公司印刷

*

880×1230 毫米 1/32·20$\frac{1}{8}$ 印张·2 插页·439 千字
2005 年 5 月第 1 版　2005 年 5 月北京第 1 次印刷
印数:1-3000 册　定价:57.00 元

ISBN 7-101-04440-9/K·1890